大学赤本シリーズ

315

中央大学

法学部－学部別選抜

一般方式・共通テスト併用方式

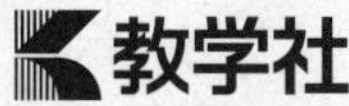

はしがき

おかげさまで，大学入試の「赤本」は，今年で創刊70周年を迎えました。

これまで，入試問題や資料をご提供いただいた大学関係者各位，掲載許可をいただいた著作権者の皆様，各科目の解答や対策の執筆にあたられた先生方，そして，赤本を使用してくださったすべての読者の皆様に，厚く御礼を申し上げます。

以下に，創刊初期の「赤本」のはしがきを引用します。これからも引き続き，受験生の目標の達成や，夢の実現を応援してまいります。

本書を活用して，入試本番では持てる力を存分に発揮されることを心より願っています。

編者しるす

＊　＊　＊

学問の塔にあこがれのまなざしをもって，それぞれの志望する大学の門をたたかんとしている受験生諸君！　人間として生まれてきた私たちは，自己の欲するままに，美しく，強く，そして何よりも人間らしく生きることをねがっている。しかし，一朝一夕にして，この純粋なのぞみが達せられることはない。私たちの行く手には，絶えずさまざまな試練がまちかまえている。この試練を克服していくところに，私たちのねがう真に人間的な世界がはじめて開かれてくるのである。

人生最初の最大の試練として，諸君の眼前に大学入試がある。この大学入試は，精神的にも身体的にも，大きな苦痛を感ぜしめるであろう。あるスポーツに熟達するには，たゆみなき，はげしい練習を積み重ねることが必要であるように，私たちは，計画的・持続的な努力を払うことによって，この試練を克服し，次の一歩を踏みだすことができる。厳しい試練を経たのちに，はじめて満足すべき成果を獲得できるのである。

本書は最近の入学試験の問題に，それぞれ解答を付し，さらに問題をふかく分析することによって，その大学独特の傾向や対策をさぐろうとした。本書を一般の参考書とあわせて使用し，まとはずれのない，効果的な受験勉強をされるよう期待したい。

（昭和35年版「赤本」はしがきより）

挑む人の、いちばんの味方

1954 年に大学入試の過去問題集を刊行してから 70 年。赤本は大学に入りたいと思う受験生を応援しつづけてきました。これからも，苦しいとき落ち込むときにそばで支える存在でいたいと思います。

そして，勉強をすること，自分で道を決めること，努力が実ること，これらの喜びを読者の皆さんが感じることができるよう，伴走をつづけます。

そもそも赤本とは…

受験生のための大学入試の過去問題集！

70年の歴史を誇る赤本は，500点を超える刊行点数で全都道府県の370大学以上を網羅しており，過去問の代名詞として受験生の必須アイテムとなっています。

なぜ受験に過去問が必要なのか？

大学入試は大学によって問題形式や頻出分野が大きく異なるからです。

赤本の掲載内容

傾向と対策

これまでの出題内容から，問題の「**傾向**」を分析し，来年度の入試に向けて具体的な「**対策**」の方法を紹介しています。

問題編・解答編

- 年度ごとに問題とその解答を掲載しています。
- 「**問題編**」ではその年度の試験概要を確認したうえで，実際に出題された過去問に取り組むことができます。
- 「**解答編**」には高校・予備校の先生方による解答が載っています。

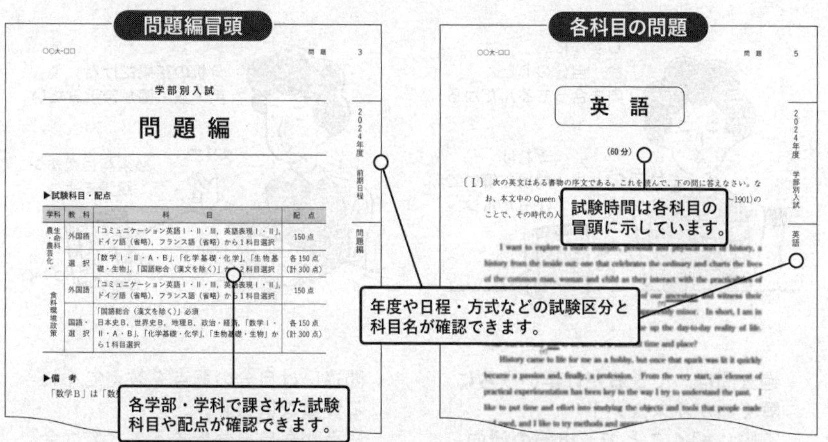

他にも，大学の基本情報や，先輩受験生の合格体験記，在学生からのメッセージなどが載っていることがあります。

掲載内容について

著作権上の理由やその他編集上の都合により問題や解答の一部を割愛している場合があります。なお，指定校推薦入試，社会人入試，編入学試験，帰国生入試などの特別入試，英語以外の外国語科目，商業・工業科目は，原則として掲載しておりません。また試験科目は変更される場合がありますので，あらかじめご了承ください。

受験勉強は

過去問に始まり，

STEP 1 なにはともあれ

まずは解いてみる

しずかに…
今，自分の心と
向き合ってるんだから
ムーン
それは
問題を解いて
からだホン!

過去問は，**できるだけ早いうちに解く**のがオススメ！
実際に解くことで，**出題の傾向，問題のレベル，今の自分の実力**がつかめます。

STEP 2 じっくり具体的に

弱点を分析する

分析の結果だけど
英・数・国が苦手みたい
スリー
必須科目だホン
頑張るホン

間違いは自分の弱点を教えてくれる**貴重な情報源**。
弱点から自己分析することで，**今の自分に足りない力や苦手な分野**が見えてくるはず！

合格者があかす
赤本の使い方

傾向と対策を熟読
(Fさん／国立大合格)
大学の出題傾向を調べるために，赤本に載っている「傾向と対策」を熟読しました。

繰り返し解く
(Tさん／国立大合格)
1周目は問題のレベル確認，2周目は苦手や頻出分野の確認に，3周目は合格点を目指して，と過去問は繰り返し解くことが大切です。

過去問に終わる。

STEP 3　志望校にあわせて

苦手分野の重点対策

明日からはみんなで頑張るよ！
参考書も！ 問題集も！
よろしくね！

呼んだ？
なにを!?
どこから!?
グッ
グッ

参考書や問題集を活用して，苦手分野の**重点対策**をしていきます。**過去問を指針**に，合格へ向けた具体的な学習計画を立てましょう！

STEP 1 ▶ 2 ▶ 3　サイクルが大事！

実践を繰り返す

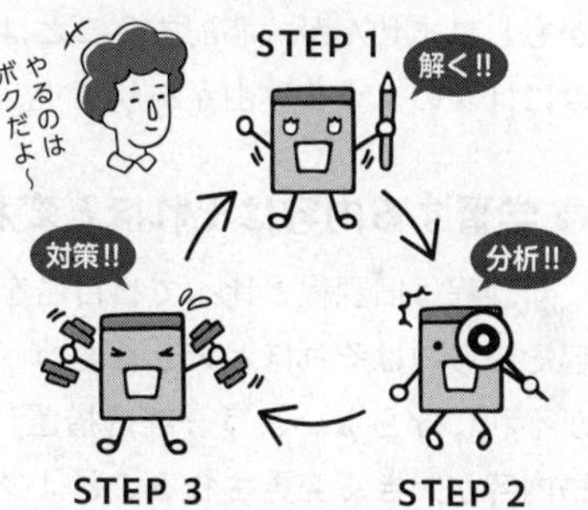

やるのはボクだよ〜
STEP 1
解く!!
分析!!
STEP 2
対策!!
STEP 3

STEP 1〜3を繰り返し，実力アップにつなげましょう！**出題形式に慣れること**や，**時間配分を考えること**も大切です。

目標点を決める

(Yさん／私立大合格)

赤本によっては合格者最低点が載っているので，それを見て目標点を決めるのもよいです。

時間配分を確認

(Kさん／私立大学合格)

赤本は時間配分や解く順番を決めるために使いました。

添削してもらう

(Sさん／私立大学合格)

記述式の問題は先生に添削してもらうことで自分の弱点に気づけると思います。

新課程入試 Q&A

2022 年度から新しい学習指導要領（新課程）での授業が始まり，2025 年度の入試は，新課程に基づいて行われる最初の入試となります。ここでは，赤本での新課程入試の対策について，よくある疑問にお答えします。

Q1. 赤本は新課程入試の対策に使えますか？

A. もちろん使えます！

OK

旧課程入試の過去問が新課程入試の対策に役に立つのか疑問に思う人もいるかもしれませんが，心配することはありません。旧課程入試の過去問が役立つのには次のような理由があります。

● 学習する内容はそれほど変わらない

新課程は旧課程と比べて科目名を中心とした変更はありますが，学習する内容そのものはそれほど大きく変わっていません。また，多くの大学で，既卒生が不利にならないよう「経過措置」がとられます（Q３参照）。したがって，出題内容が大きく変更されることは少ないとみられます。

● 大学ごとに出題の特徴がある

これまでに課程が変わったときも，各大学の出題の特徴は大きく変わらないことがほとんどでした。入試問題は各大学のアドミッション・ポリシーに沿って出題されており，過去問にはその特徴がよく表れています。過去問を研究してその大学に特有の傾向をつかめば，最適な対策をとることができます。

出題の特徴の例	・英作文問題の出題の有無 ・論述問題の出題（字数制限の有無や長さ） ・計算過程の記述の有無

新課程入試の対策も，赤本で過去問に取り組むところから始めましょう。

Q2. 赤本を使う上での注意点はありますか？

A. 志望大学の入試科目を確認しましょう。

過去問を解く前に，過去の出題科目（問題編冒頭の表）と2025年度の募集要項とを比べて，課される内容に変更がないかを確認しましょう。ポイントは以下のとおりです。科目名が変わっていても，実際は旧課程の内容とほとんど同様のものもあります。

英語・国語	科目名は変更されているが，実質的には変更なし。 ▶▶ **ただし，リスニングや古文・漢文の有無は要確認。**
地歴	科目名が変更され，「歴史総合」「地理総合」が新設。 ▶▶ **新設科目の有無に注意。ただし，「経過措置」（Q3参照）により内容は大きく変わらないことも多い。**
公民	「現代社会」が廃止され，「公共」が新設。 ▶▶ **「公共」は実質的には「現代社会」と大きく変わらない。**
数学	科目が再編され，「数学C」が新設。 ▶▶ **「数学」全体としての内容は大きく変わらないが，出題科目と単元の変更に注意。**
理科	科目名も学習内容も大きな変更なし。

数学については，科目名だけでなく，どの単元が含まれているかも確認が必要です。例えば，出題科目が次のように変わったとします。

旧課程	「数学Ⅰ・数学Ⅱ・数学A・数学B（数列・ベクトル）」
新課程	「数学Ⅰ・数学Ⅱ・数学A・**数学B（数列）・数学C（ベクトル）**」

この場合，新課程では「数学C」が増えていますが，単元は「ベクトル」のみのため，実質的には旧課程とほぼ同じであり，過去問をそのまま役立てることができます。

Q3.「経過措置」とは何ですか？

A. 既卒の旧課程履修者への対応です。

多くの大学では，既卒の旧課程履修者が不利にならないように，出題において「経過措置」が実施されます。措置の有無や内容は大学によって異なるので，募集要項や大学のウェブサイトなどで確認しておきましょう。

○旧課程履修者への経過措置の例

- 旧課程履修者にも配慮した出題を行う。
- 新・旧課程の共通の範囲から出題する。
- 新課程と旧課程の共通の内容を出題し，共通範囲のみでの出題が困難な場合は，旧課程の範囲からの問題を用意し，選択解答とする。

例えば，地歴の出題科目が次のように変わったとします。

旧課程	「日本史 B」「世界史 B」から１科目選択
新課程	「**歴史総合**，日本史探究」「**歴史総合**，世界史探究」から１科目選択※ ※旧課程履修者に不利益が生じることのないように配慮する。

「歴史総合」は新課程で新設された科目で，旧課程履修者には見慣れないものですが，上記のような経過措置がとられた場合，新課程入試でも旧課程と同様の学習内容で受験することができます。

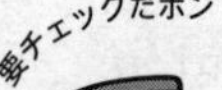

新課程の情報は WEB もチェック！
より詳しい解説が赤本ウェブサイトで見られます。
https://akahon.net/shinkatei/

科目名が変更される教科・科目

	旧課程	新課程
国語	国語総合 国語表現 現代文A 現代文B 古典A 古典B	現代の国語 言語文化 論理国語 文学国語 国語表現 古典探究
地歴	日本史A 日本史B 世界史A 世界史B 地理A 地理B	歴史総合 日本史探究 世界史探究 地理総合 地理探究
公民	現代社会 倫理 政治・経済	公共 倫理 政治・経済
数学	数学Ⅰ 数学Ⅱ 数学Ⅲ 数学A 数学B 数学活用	数学Ⅰ 数学Ⅱ 数学Ⅲ 数学A 数学B 数学C
外国語	コミュニケーション英語基礎 コミュニケーション英語Ⅰ コミュニケーション英語Ⅱ コミュニケーション英語Ⅲ 英語表現Ⅰ 英語表現Ⅱ 英語会話	英語コミュニケーションⅠ 英語コミュニケーションⅡ 英語コミュニケーションⅢ 論理・表現Ⅰ 論理・表現Ⅱ 論理・表現Ⅲ
情報	社会と情報 情報の科学	情報Ⅰ 情報Ⅱ

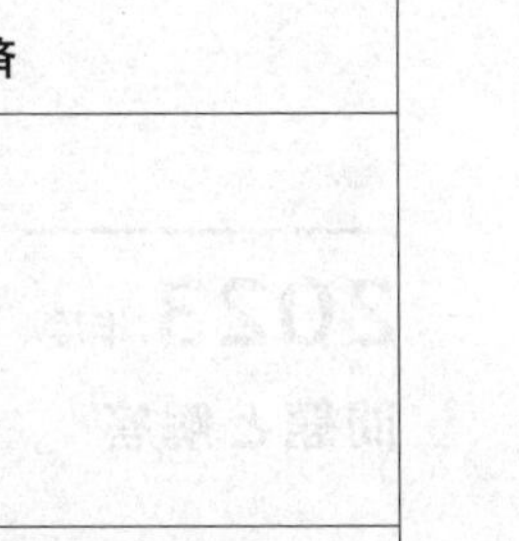

大学のサイトも見よう

目　次

最新年度の解答用紙は，赤本オンラインに掲載しています。

https://akahon.net/kkm/chuo/index.html

※掲載内容は，予告なしに変更・中止する場合があります。

基本情報

沿革

1885（明治 18）　英吉利法律学校創設

1889（明治 22）　東京法学院と改称

1903（明治 36）　東京法学院大学と改称

1905（明治 38）　中央大学と改称，経済学科開設

1909（明治 42）　商業学科開設

1920（大正　9）　大学令による中央大学認可

1926（大正 15）　神田錦町から神田駿河台へ移転

1948（昭和 23）　通信教育部開設

1949（昭和 24）　新制大学発足，法・経済・商・工学部開設

1951（昭和 26）　文学部開設

1962（昭和 37）　工学部を理工学部に改組

1978（昭和 53）　多摩キャンパス開校

1993（平成　5）　総合政策学部開設

2000（平成 12）　市ヶ谷キャンパス開校

2004（平成 16）　市ヶ谷キャンパスに法務研究科（ロースクール）開設

2008（平成 20） 後楽園キャンパスに戦略経営研究科（ビジネススクール）開設
2010（平成 22） 市ヶ谷田町キャンパス開校
2019（平成 31） 国際経営学部と国際情報学部開設
2023（令和 5） 茗荷谷キャンパス開校

ブランドマーク

このブランドマークは，箱根駅伝で広く知られた朱色の「C」マークと，伝統ある独自書体の「中央大学」を組み合わせたものとなっています。2007 年度，このブランドマークに，新たに「行動する知性。」というユニバーシティメッセージを付加しました。建学の精神に基づく実学教育を通じて涵養された知性をもとに社会に貢献できる人材，という本学の人材養成像を示しています。

学部・学科の構成

大 学

●**法学部** 茗荷谷キャンパス
- 法律学科（法曹コース，公共法務コース，企業コース）
- 国際企業関係法学科
- 政治学科（公共政策コース，地域創造コース，国際政治コース，メディア政治コース）

●**経済学部** 多摩キャンパス
- 経済学科（経済総合クラスター，ヒューマンエコノミークラスター）
- 経済情報システム学科（企業経済クラスター，経済情報クラスター）
- 国際経済学科（貿易・国際金融クラスター，経済開発クラスター）
- 公共・環境経済学科（公共クラスター，環境クラスター）

●**商学部** 多摩キャンパス
- 経営学科
- 会計学科

国際マーケティング学科

金融学科

※商学部では，各学科に「フレックス・コース」と「フレックス *Plus 1*・コース」という 2 つのコースが設けられている。なお，フリーメジャー（学科自由選択）・コースの合格者は，入学手続時に商学部のいずれかの学科のフレックス・コースに所属し，2 年次進級時に改めて学科・コースを選択（変更）できる。

●**理工学部**　後楽園キャンパス

数学科

物理学科

都市環境学科（環境クリエーターコース，都市プランナーコース）

精密機械工学科

電気電子情報通信工学科

応用化学科

ビジネスデータサイエンス学科

情報工学科

生命科学科

人間総合理工学科

●**文学部**　多摩キャンパス

人文社会学科（国文学専攻，英語文学文化専攻，ドイツ語文学文化専攻，フランス語文学文化専攻〈語学文学文化コース，美術史美術館コース〉，中国言語文化専攻，日本史学専攻，東洋史学専攻，西洋史学専攻，哲学専攻，社会学専攻，社会情報学専攻〈情報コミュニケーションコース，図書館情報学コース〉，教育学専攻，心理学専攻，学びのパスポートプログラム〈社会文化系，スポーツ文化系〉）

●**総合政策学部**　多摩キャンパス

政策科学科

国際政策文化学科

●**国際経営学部**　多摩キャンパス

国際経営学科

●**国際情報学部**　市ヶ谷田町キャンパス

国際情報学科

（備考）クラスター，コース等に分属する年次はそれぞれで異なる。

大学院

法学研究科 / 経済学研究科 / 商学研究科 / 理工学研究科 / 文学研究科 / 総合政策研究科 / 国際情報研究科 / 法科大学院（ロースクール）/ 戦略経営研究科（ビジネススクール）

大学所在地

茗荷谷キャンパス

多摩キャンパス

後楽園キャンパス

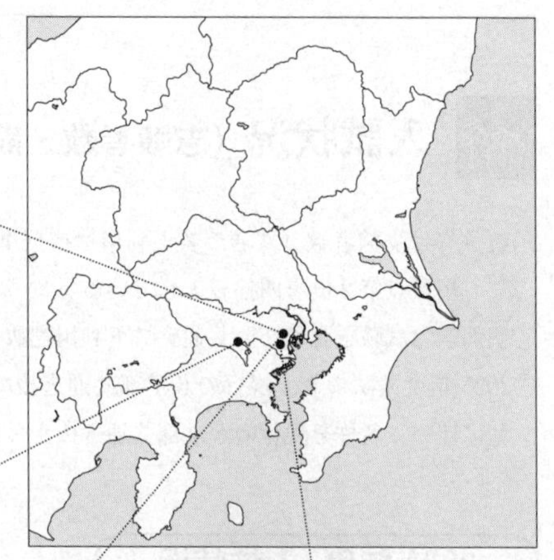

市ヶ谷田町キャンパス

茗荷谷キャンパス	〒112-8631	東京都文京区大塚1-4-1
多摩キャンパス	〒192-0393	東京都八王子市東中野742-1
後楽園キャンパス	〒112-8551	東京都文京区春日1-13-27
市ヶ谷田町キャンパス	〒162-8478	東京都新宿区市谷田町1-18

入試データ

入試状況（志願者数・競争率など）

○競争率は受験者数（共通テスト利用選抜〈単独方式〉は志願者数）÷合格者数で算出し，小数点第２位を四捨五入している。

○個別学力試験を課さない共通テスト利用選抜〈単独方式〉は１カ年分のみの掲載。

○2025 年度入試より，現行の６学部共通選抜では国際経営学部の募集を停止する。それに伴い，名称を現行の６学部共通選抜から５学部共通選抜に変更する。

2024 年度　入試状況

● 6 学部共通選抜

区分			募集人員	志願者数	受験者数	合格者数	競争率
法	4教科型	法律	20	308	293	106	2.5
		国際企業関係法	5	10	10	3	
		政治	5	67	67	42	
	3教科型	法律	36	1,185	1,115	153	5.8
		国際企業関係法	10	147	141	33	
		政治	20	403	391	98	
経済	経済		60	1,031	986	215	4.6
	経済情報システム		5	101	100	11	9.1
	国際経済		10	176	169	25	6.8
	公共・環境経済		5	118	115	16	7.2
商	フリーメジャー		70	1,206	1,146	287	4.0

（表つづく）

区分			募集人員	志願者数	受験者数	合格者数	競争率
文	人文社会	国文学	7	151	145	41	3.7
		英語文学文化	7	237	226	70	
		ドイツ語文学文化	3	90	85	30	
		フランス語文学文化	3	105	99	38	
		中国言語文化	3	62	62	19	
		日本史学	3	120	114	28	
		東洋史学	4	50	46	16	
		西洋史学	4	129	124	30	
		哲学	3	93	91	22	
		社会学	3	184	172	36	
		社会情報学	3	89	87	27	
		教育学	3	101	95	20	
		心理学	3	168	162	31	
		学びのパスポートプログラム	2	37	35	8	
総合政策	政策科		25	427	404	111	3.0
	国際政策文化		25	323	306	128	
国際経営	4教科型		10	32	31	12	2.6
	3教科型		20	283	269	60	4.5
計			377	7,433	7,086	1,716	—

(備考)

- 法学部，文学部及び総合政策学部の志願者数・受験者数は，第１志望の学科・専攻（プログラム）で算出している。
- 法学部，文学部及び総合政策学部は志望順位制のため，学科・専攻（プログラム）ごとの倍率は算出していない。

●学部別選抜〈一般方式〉

区分				募集人員	志願者数	受験者数	合格者数	競争率
法	4教科型	法律		60	638	595	228	2.6
		国際企業関係法		5	47	43	17	2.5
		政治		20	126	116	60	1.9
	3教科型	法律		269	2,689	2,533	606	4.2
		国際企業関係法		60	527	496	155	3.2
		政治		128	1,152	1,089	326	3.3
経済	I(2/14)	経済		135	2,055	1,893	314	5.0
		経済情報システム		79	606	556	156	
		公共・環境経済		60	777	720	164	
	II(2/15)	経済		90	1,293	1,158	151	4.7
		国際経済		113	1,135	1,033	319	
商	A(2/11)	会計	フレックス	115	1,087	1,035	289	3.4
			フレックス Plus 1	40	267	263	66	
		国際マーケティング	フレックス	120	1,159	1,103	356	
			フレックス Plus 1	20	151	145	38	
	B(2/13)	経営	フレックス	130	1,632	1,539	296	4.8
			フレックス Plus 1	20	347	327	48	
		金融	フレックス	40	743	697	187	
			フレックス Plus 1	15	82	75	20	
理工	数			32	817	702	205	3.4
	物理			33	920	785	226	3.5
	都市環境			45	796	680	155	4.4
	精密機械工			80	1,365	1,147	303	3.8
	電気電子情報通信工			65	1,166	969	257	3.8
	応用化			78	1,351	1,111	290	3.8
	ビジネスデータサイエンス			65	758	660	178	3.7
	情報工			66	1,683	1,424	267	5.3
	生命科			43	481	419	167	2.5
	人間総合理工			32	234	195	58	3.4
文	人文社会	国文学		29	459	441	130	3.4
		英語文学文化		77	487	464	210	2.2
		ドイツ語文学文化		22	123	115	50	2.3
		フランス語文学文化		34	264	250	114	2.2
		中国言語文化		23	162	154	66	2.3
		日本史学		43	450	438	165	2.7

（表つづく）

区分			募集人員	志願者数	受験者数	合格者数	競争率
文	人文社会	東洋史学	25	152	146	56	2.6
		西洋史学	25	254	242	76	3.2
		哲学	36	322	307	110	2.8
		社会学	47	443	423	166	2.5
		社会情報学	43	187	182	70	2.6
		教育学	32	301	295	98	3.0
		心理学	41	416	393	112	3.5
		学びのパスポートプログラム	10	66	59	14	4.2
総合政策	政策科		30	955	854	118	6.8
	国際政策文化		30	806	709	113	
国際経営			70	1,171	1,106	324	3.4
国際情報			60	1,052	992	181	5.5
計			2,735	34,154	31,078	8,075	—

（備考）

- 経済学部，商学部及び総合政策学部の志願者数・受験者数は，第１志望の学科（コース）で算出している。
- 経済学部，商学部及び総合政策学部は志望順位制のため，学科ごとの倍率は算出していない。

●学部別選抜〈英語外部試験利用方式〉

区分			募集人員	志願者数	受験者数	合格者数	競争率
経済	I（2/14）	経済	13	432	409	88	4.2
		経済情報システム	8	119	109	11	
		公共・環境経済	7	334	320	100	
	II（2/15）	経済	9	409	369	86	4.5
		国際経済	13	439	401	87	
理工		数	3	2	2	0	—
		物理	2	14	12	7	1.7
		都市環境	2	25	20	11	1.8
		精密機械工	2	16	12	6	2.0
		電気電子情報通信工	2	24	17	10	1.7
		応用化	2	27	20	9	2.2
		ビジネスデータサイエンス	2	16	14	6	2.3
		情報工	2	7	6	2	3.0
		生命科	2	10	8	5	1.6
		人間総合理工	5	9	7	5	1.4
文	人文社会	国文学	若干名	13	13	5	2.6
		英語文学文化		31	30	13	2.3
		ドイツ語文学文化		11	11	8	1.4
		フランス語文学文化		23	21	9	2.3
		中国言語文化		9	9	4	2.3
		日本史学		12	12	5	2.4
		東洋史学		12	12	5	2.4
		西洋史学		21	17	7	2.4
		哲学		21	21	8	2.6
		社会学		35	32	12	2.7
		社会情報学		12	12	4	3.0
		教育学		12	12	3	4.0
		心理学		34	33	6	5.5
		学びのパスポートプログラム		9	8	3	2.7
総合政策		政策科	5	68	56	26	2.3
		国際政策文化	5	128	107	45	
国際経営			20	640	616	228	2.7
国際情報			5	147	136	25	5.4
計			109	3,121	2,884	849	—

（備考）

- 経済学部及び総合政策学部の志願者数・受験者数は，第１志望の学科で算出している。
- 経済学部及び総合政策学部は志望順位制のため，学科ごとの倍率は算出していない。

●学部別選抜〈大学入学共通テスト併用方式〉

区	分	募集人員	志願者数	受験者数	合格者数	競争率
法	法律	52	630	552	231	2.4
法	国際企業関係法	13	80	67	22	3.0
法	政治	26	238	213	102	2.1
経済 Ⅰ(2/14)	経済	9	153	131	16	3.8
経済 Ⅰ(2/14)	経済情報システム	7	53	43	15	
経済 Ⅰ(2/14)	公共・環境経済	6	26	22	21	
経済 Ⅱ(2/15)	経済	6	69	59	7	4.1
経済 Ⅱ(2/15)	国際経済	12	21	18	12	
商	フリーメジャー A	10	163	150	50	3.0
商	フリーメジャー B	10	123	110	37	3.0
理工	数	13	219	198	55	3.6
理工	物理	10	248	228	60	3.8
理工	都市環境	9	252	228	48	4.8
理工	精密機械工	20	271	252	65	3.9
理工	電気電子情報通信工	20	310	294	67	4.4
理工	応用化	25	352	314	110	2.9
理工	ビジネスデータサイエンス	13	255	231	54	4.3
理工	情報工	13	314	286	47	6.1
理工	生命科	10	239	217	90	2.4
理工	人間総合理工	12	109	101	35	2.9
総合政策	政策科	15	95	74	28	2.2
総合政策	国際政策文化	15	126	96	50	
国際経営		10	94	70	23	3.0
国際情報		10	210	196	55	3.6
計		346	4,650	4,150	1,300	―

(備考)

- 経済学部及び総合政策学部の志願者数・受験者数は，第 1 志望の学科で算出している。
- 商学部フリーメジャー・コースは，学部別選抜 A（2/11 実施）・学部別選抜 B（2/13 実施）それぞれ 10 名の募集。
- 経済学部及び総合政策学部は志望順位制のため，学科ごとの倍率は算出していない。

●大学入学共通テスト利用選抜〈単独方式〉

区			分	募集人員	志願者数	合格者数	競争率
法	前期選考	5教科型	法律	115	1,566	1,103	1.4
			国際企業関係法	19	256	182	1.4
			政治	52	392	262	1.5
		3教科型	法律	24	1,279	411	3.1
			国際企業関係法	6	610	187	3.3
			政治	12	533	203	2.6
	後期選考		法律	6	68	13	5.2
			国際企業関係法	3	29	5	5.8
			政治	6	61	8	7.6
経済	前期選考	4教科型	経済	16	380	118	3.0
			経済情報システム	7	52	19	
			国際経済	11	41	16	
			公共・環境経済	6	27	11	
		3教科型	経済	8	367	37	6.8
			経済情報システム	4	57	15	
			国際経済	5	72	21	
			公共・環境経済	3	38	6	
	後期選考		経済	5	104	5	10.2
			経済情報システム	5	35	5	
			国際経済	5	45	5	
			公共・環境経済	5	20	5	
商	前期選考	4教科型	経営 フレックス	14	298	138	2.0
			会計 フレックス	14	198	111	
			国際マーケティング フレックス	14	79	57	
			金融 フレックス	8	73	26	
		3教科型	経営 フレックス	12	701	144	4.2
			会計 フレックス	12	309	78	
			国際マーケティング フレックス	12	278	91	
			金融 フレックス	4	99	20	
	後期選考		経営 フレックス	4	48	4	8.7
			会計 フレックス	4	40	4	
			国際マーケティング フレックス	4	30	4	
			金融 フレックス	4	21	4	

（表つづく）

区分					募集人員	志願者数	合格者数	競争率
理工	前期選考	物理			5	389	87	4.5
		都市環境			9	347	57	6.1
		精密機械工			8	405	111	3.6
		電気電子情報通信工			10	328	73	4.5
		応用化			10	476	129	3.7
		ビジネスデータサイエンス			13	317	64	5.0
		情報工			7	425	58	7.3
		生命科			5	215	68	3.2
		人間総合理工			8	135	39	3.5
文	人文社会	前期選考	4教科型	専攻フリー	40	692	290	2.4
			3教科型	国文学	11	203	74	2.7
				英語文学文化	11	272	99	2.7
				ドイツ語文学文化	6	73	32	2.3
				フランス語文学文化	5	100	40	2.5
				中国言語文化	6	75	30	2.5
				日本史学	5	137	35	3.9
				東洋史学	6	91	41	2.2
				西洋史学	6	148	47	3.1
				哲学	5	138	50	2.8
				社会学	5	197	63	3.1
				社会情報学	3	69	19	3.6
				教育学	3	120	38	3.2
				心理学	3	132	26	5.1
				学びのパスポートプログラム	2	37	11	3.4
		後期選考	国文学		若干名	18	3	6.0
			英語文学文化			12	1	12.0
			ドイツ語文学文化			19	5	3.8
			フランス語文学文化			9	2	4.5
			中国言語文化			9	0	―
			日本史学			4	0	―
			東洋史学			6	2	3.0
			西洋史学			9	1	9.0
			哲学			7	2	3.5
			社会学			11	3	3.7
			社会情報学			6	0	―
			教育学			10	2	5.0
			心理学			10	2	5.0
			学びのパスポートプログラム			4	0	―

（表つづく）

区分			募集人員	志願者数	合格者数	競争率
総合政策	前期選考	政策科	24	423	118	2.9
		国際政策文化	25	445	180	
	後期選考	政策科	5	56	9	5.2
		国際政策文化	5	38	9	
国際経営	前期選考	4教科型	7	160	69	2.3
		3教科型	17	933	231	4.0
	後期選考	4教科型	3	29	3	9.7
		3教科型	3	68	2	34.0
国際情報	前期選考	4教科型	10	106	42	2.5
		3教科型	10	392	136	2.9
	後期選考		5	124	24	5.2
計			755	16,414	5,716	—

(備考)

- 経済学部，商学部及び総合政策学部の志願者数は，第１志望の学科（コース）で算出している。
- 経済学部，商学部及び総合政策学部は志望順位制のため，学科ごとの倍率は算出していない。

2023年度 入試状況

●6学部共通選抜

区分			募集人員	志願者数	受験者数	合格者数	競争率
法	4教科型	法律	20	363	340	118	2.5
		国際企業関係法	5	9	9	3	
		政治	5	86	82	53	
	3教科型	法律	36	1,311	1,241	156	5.5
		国際企業関係法	10	122	119	47	
		政治	20	364	348	107	
経済	経済		60	989	945	238	4.0
	経済情報システム		5	111	103	21	4.9
	国際経済		10	250	239	44	5.4
	公共・環境経済		5	117	113	15	7.5
商	フリーメジャー		70	1,268	1,215	302	4.0
文	人文社会	国文学	7	176	164	41	4.2
		英語文学文化	7	185	175	65	
		ドイツ語文学文化	3	90	85	29	
		フランス語文学文化	3	251	245	45	
		中国言語文化	3	100	97	27	
		日本史学	3	123	116	19	
		東洋史学	4	58	49	16	
		西洋史学	4	107	101	27	
		哲学	3	82	74	26	
		社会学	3	251	241	46	
		社会情報学	3	111	107	31	
		教育学	3	101	97	24	
		心理学	3	208	203	26	
		学びのパスポートプログラム	2	53	52	6	
総合政策	政策科		25	372	363	101	3.0
	国際政策文化		25	295	281	116	
国際経営	4教科型		10	44	41	14	2.9
	3教科型		20	314	296	60	4.9
計			377	7,911	7,541	1,823	—

(備考)
- 法学部，文学部及び総合政策学部の志願者数・受験者数は，第1志望の学科・専攻（プログラム）で算出している。
- 法学部，文学部及び総合政策学部は志望順位制のため，学科・専攻（プログラム）ごとの倍率は算出していない。
- 新型コロナウイルス感染症等対応のための特別措置を実施し，上表以外に，経済学部2名，文学部2名の合格者を出した。

●学部別選抜〈一般方式〉

区分				募集人員	志願者数	受験者数	合格者数	競争率
法	4教科型	法律		60	647	596	241	2.5
		国際企業関係法		5	42	39	16	2.4
		政治		20	107	98	46	2.1
	3教科型	法律		269	2,786	2,628	608	4.3
		国際企業関係法		60	541	517	139	3.7
		政治		128	920	871	318	2.7
経済	I(2/14)	経済		135	2,386	2,204	263	5.9
		経済情報システム		79	386	350	178	
		公共・環境経済		60	1,196	1,123	180	
	II(2/15)	経済		90	1,336	1,185	148	5.4
		国際経済		113	1,387	1,266	309	
商	A(2/11)	会計	フレックス	115	1,023	972	280	3.4
			フレックス *Plus 1*	40	241	231	64	
		国際マーケティング	フレックス	120	1,214	1,157	360	
			フレックス *Plus 1*	20	160	150	43	
	B(2/13)	経営	フレックス	130	2,137	2,002	377	4.6
			フレックス *Plus 1*	20	360	334	52	
		金融	フレックス	40	672	631	213	
			フレックス *Plus 1*	15	100	95	24	
理工	数			32	769	648	216	3.0
	物理			33	856	728	237	3.1
	都市環境			45	848	677	169	4.0
	精密機械工			80	1,350	1,142	374	3.1
	電気電子情報通信工			65	952	771	260	3.0
	応用化			78	1,389	1,128	297	3.8
	ビジネスデータサイエンス			65	772	659	175	3.8
	情報工			65	1,815	1,541	301	5.1
	生命科			43	527	440	117	3.8
	人間総合理工			32	337	288	54	5.3
文	人文社会	国文学		29	503	485	125	3.9
		英語文学文化		77	588	564	240	2.4
		ドイツ語文学文化		22	183	177	61	2.9
		フランス語文学文化		34	528	510	127	4.0
		中国言語文化		23	238	226	80	2.8
		日本史学		43	519	499	155	3.2

（表つづく）

区分			募集人員	志願者数	受験者数	合格者数	競争率
文	人文社会	東洋史学	25	158	147	53	2.8
		西洋史学	25	309	299	90	3.3
		哲学	36	229	219	93	2.4
		社会学	47	564	539	178	3.0
		社会情報学	43	219	208	70	3.0
		教育学	32	310	304	88	3.5
		心理学	41	610	579	107	5.4
		学びのパスポートプログラム	10	76	71	11	6.5
総合政策	政策科		30	881	775	113	6.2
	国際政策文化		30	885	765	134	
国際経営			70	1,172	1,102	319	3.5
国際情報			60	985	918	183	5.0
計			2,734	36,213	32,858	8,286	—

（備考）• 経済学部，商学部及び総合政策学部の志願者数・受験者数は，第1志望の学科（コース）で算出している。

• 経済学部，商学部及び総合政策学部は志望順位制のため，学科ごとの倍率は算出していない。

• 新型コロナウイルス感染症等対応のための特別措置を実施し，上表以外に，法学部1名，経済学部1名，総合政策学部1名，国際経営学部1名の合格者を出した。

●学部別選抜〈英語外部試験利用方式〉

区分			募集人員	志願者数	受験者数	合格者数	競争率
経済	Ⅰ（2/14）	経済	13	505	465	42	6.1
		経済情報システム	8	134	127	12	
		公共・環境経済	7	370	352	100	
	Ⅱ（2/15）	経済	9	368	338	70	4.8
		国際経済	13	643	582	123	
理工		数	3	1	1	0	—
		物理	2	2	1	1	1.0
		都市環境	2	11	7	4	1.8
		精密機械工	2	17	12	6	2.0
		電気電子情報通信工	2	15	12	10	1.2
		応用化	2	32	19	7	2.7
		ビジネスデータサイエンス	2	12	12	5	2.4
		情報工	2	5	3	2	1.5
		生命科	2	20	17	4	4.3
		人間総合理工	5	13	9	5	1.8
文	人文社会	国文学	若干名	15	14	3	4.7
		英語文学文化		52	49	16	3.1
		ドイツ語文学文化		18	18	4	4.5
		フランス語文学文化		44	43	13	3.3
		中国言語文化		20	18	7	2.6
		日本史学		22	22	8	2.8
		東洋史学		12	12	5	2.4
		西洋史学		20	19	7	2.7
		哲学		19	18	6	3.0
		社会学		53	49	14	3.5
		社会情報学		17	16	3	5.3
		教育学		19	19	6	3.2
		心理学		39	37	8	4.6
総合政策		政策科	5	50	37	13	2.9
		国際政策文化	5	129	98	34	
国際経営			20	635	615	198	3.1
国際情報			5	141	139	17	8.2
計			109	3,453	3,180	753	—

（備考）• 経済学部及び総合政策学部の志願者数・受験者数は，第１志望の学科で算出している。
• 経済学部及び総合政策学部は志望順位制のため，学科ごとの倍率は算出していない。
• 新型コロナウイルス感染症等対応のための特別措置を実施し，上表以外に，総合政策学部１名の合格者を出した。

- 文学部人文社会学科の学びのパスポートプログラムは，学部別選抜〈英語外部試験利用方式〉での募集は行っていない（2024 年度より募集が実施される）。

●学部別選抜〈大学入学共通テスト併用方式〉

区分			募集人員	志願者数	受験者数	合格者数	競争率
法		法律	52	528	469	206	2.3
		国際企業関係法	13	102	90	30	3.0
		政治	26	147	128	85	1.5
経済	Ⅰ(2/14)	経済	9	104	82	17	3.0
		経済情報システム	7	30	22	12	
		公共・環境経済	6	20	17	12	
	Ⅱ(2/15)	経済	6	56	35	7	3.6
		国際経済	12	42	33	12	
商	フリーメジャー	A	10	134	123	35	3.5
		B	10	134	119	40	3.0
理工		数	13	210	194	65	3.0
		物理	10	233	216	78	2.8
		都市環境	9	198	175	62	2.8
		精密機械工	20	242	221	66	3.3
		電気電子情報通信工	20	208	187	58	3.2
		応用化	25	341	324	115	2.8
		ビジネスデータサイエンス	13	310	288	78	3.7
		情報工	13	380	339	58	5.8
		生命科	10	234	217	66	3.3
		人間総合理工	12	141	132	26	5.1
総合政策		政策科	15	98	72	25	2.3
		国際政策文化	15	223	180	84	
国際経営			10	104	86	20	4.3
国際情報			10	198	182	53	3.4
計			346	4,417	3,931	1,310	―

(備考)
- 経済学部及び総合政策学部の志願者数・受験者数は，第1志望の学科で算出している。
- 経済学部及び総合政策学部は志望順位制のため，学科ごとの倍率は算出していない。
- 商学部フリーメジャー・コースは，学部別選抜A（2/11実施）・学部別選抜B（2/13実施）それぞれ10名の募集。
- 新型コロナウイルス感染症等対応のための特別措置を実施し，上表以外に，理工学部3名の合格者を出した。

2022 年度　入試状況

● 6 学部共通選抜

区分			募集人員	志願者数	受験者数	合格者数	競争率
法	4教科型	法律	20	359	334	116	2.5
		国際企業関係法	5	17	17	3	
		政治	5	63	59	44	
	3教科型	法律	36	1,210	1,139	139	5.8
		国際企業関係法	10	140	135	40	
		政治	20	305	288	89	
経済	経済		60	937	887	199	4.5
	経済情報システム		5	101	97	21	4.6
	国際経済		10	132	124	25	5.0
	公共・環境経済		5	109	103	19	5.4
商	フリーメジャー		70	1,179	1,115	282	4.0
文	人文社会	国文学	7	127	123	40	3.1
		英語文学文化	7	170	164	55	
		ドイツ語文学文化	3	79	71	27	
		フランス語文学文化	3	96	93	44	
		中国言語文化	3	75	71	36	
		日本史学	3	142	137	26	
		東洋史学	4	59	57	15	
		西洋史学	4	102	93	35	
		哲学	3	113	105	33	
		社会学	3	114	107	57	
		社会情報学	3	111	108	19	
		教育学	3	83	76	26	
		心理学	3	166	157	37	
		学びのパスポートプログラム	2	78	75	10	
総合政策	政策科		25	311	299	84	3.1
	国際政策文化		25	232	227	85	
国際経営	4教科型		10	29	29	10	2.9
	3教科型		20	277	258	53	4.9
計			377	6,916	6,548	1,669	—

（備考）• 法学部，文学部及び総合政策学部の志願者数・受験者数は，第１志望の学科・専攻（プログラム）で算出している。

• 法学部，文学部及び総合政策学部は志望順位制のため，学科・専攻（プログラム）ごとの倍率は算出していない。

• 新型コロナウイルス感染症等対応のための特別措置を実施し，上表以外に，文学部２名，総合政策学部１名の合格者を出した。

●学部別選抜〈一般方式〉

区分				募集人員	志願者数	受験者数	合格者数	競争率
法	4教科型	法律		60	631	576	218	2.6
		国際企業関係法		5	58	54	24	2.3
		政治		20	118	110	52	2.1
	3教科型	法律		269	2,515	2,368	638	3.7
		国際企業関係法		60	410	388	167	2.3
		政治		128	739	694	261	2.7
経済	I（2/14）	経済		149	2,198	2,026	293	4.5
		経済情報システム		86	565	512	110	
		公共・環境経済		67	1,074	996	378	
	II（2/15）	経済		99	1,375	1,230	141	4.7
		国際経済		126	1,562	1,446	424	
商	A（2/11）	会計	フレックス	115	1,134	1,078	297	3.5
			フレックス *Plus 1*	40	296	280	69	
		国際マーケティング	フレックス	120	1,182	1,126	357	
			フレックス *Plus 1*	20	157	152	41	
	B（2/13）	経営	フレックス	130	1,491	1,365	295	4.1
			フレックス *Plus 1*	20	346	312	59	
		金融	フレックス	40	886	824	255	
			フレックス *Plus 1*	15	83	76	18	
理工	数			32	693	621	277	2.2
	物理			33	752	663	275	2.4
	都市環境			45	650	561	196	2.9
	精密機械工			80	1,240	1,078	359	3.0
	電気電子情報通信工			65	1,195	1,059	325	3.3
	応用化			78	1,287	1,126	475	2.4
	ビジネスデータサイエンス			65	917	812	202	4.0
	情報工			65	1,460	1,292	330	3.9
	生命科			43	552	488	168	2.9
	人間総合理工			32	494	435	91	4.8
文	人文社会	国文学		29	472	450	161	2.8
		英語文学文化		77	730	692	299	2.3
		ドイツ語文学文化		22	226	217	75	2.9
		フランス語文学文化		34	310	293	139	2.1
		中国言語文化		23	190	179	87	2.1
		日本史学		43	609	585	177	3.3

（表つづく）

区分			募集人員	志願者数	受験者数	合格者数	競争率
文	人文社会	東洋史学	25	213	207	95	2.2
		西洋史学	25	270	258	111	2.3
		哲学	36	309	294	113	2.6
		社会学	47	446	432	210	2.1
		社会情報学	43	298	286	83	3.4
		教育学	32	308	297	127	2.3
		心理学	41	569	540	167	3.2
		学びのパスポートプログラム	10	104	95	22	4.3
総合政策	政策科		30	512	435	115	3.6
	国際政策文化		30	666	548	155	
国際経営			70	1,286	1,221	217	5.6
国際情報			60	1,154	1,084	208	5.2
計			2,784	34,732	31,861	9,356	—

(備考)• 経済学部，商学部及び総合政策学部の志願者数・受験者数は，第1志望の学科（コース）で算出している。

• 経済学部，商学部及び総合政策学部は志望順位制のため，学科ごとの倍率は算出していない。

• 新型コロナウイルス感染症等対応のための特別措置を実施し，上表以外に，法学部1名，経済学部6名，商学部3名，理工学部6名，文学部1名，総合政策学部1名，国際情報学部2名の合格者を出した。

●学部別選抜〈英語外部試験利用方式〉

区分			募集人員	志願者数	受験者数	合格者数	競争率
経済	Ⅰ(2/14)	経済	5	363	341	45	5.0
		経済情報システム	4	169	157	21	
		公共・環境経済	3	337	314	97	
	Ⅱ(2/15)	経済	3	305	270	77	2.0
		国際経済	5	459	426	264	
理工	数		3	1	1	0	—
	物理		2	9	6	0	—
	都市環境		2	2	2	1	2.0
	精密機械工		2	15	11	8	1.4
	電気電子情報通信工		2	7	5	4	1.3
	応用化		2	14	11	9	1.2
	ビジネスデータサイエンス		2	13	13	6	2.2
	情報工		2	5	4	1	4.0
	生命科		2	8	7	5	1.4
	人間総合理工		5	8	6	4	1.5
文	人文社会	国文学	若干名	33	29	7	4.1
		英語文学文化		59	59	19	3.1
		ドイツ語文学文化		13	11	5	2.2
		フランス語文学文化		24	24	10	2.4
		中国言語文化		19	19	9	2.1
		日本史学		21	19	6	3.2
		東洋史学		16	15	6	2.5
		西洋史学		18	16	7	2.3
		哲学		22	19	6	3.2
		社会学		32	28	14	2.0
		社会情報学		38	34	6	5.7
		教育学		17	16	5	3.2
		心理学		25	23	8	2.9
総合政策	政策科		5	42	30	12	2.4
	国際政策文化		5	127	90	37	
国際経営			20	729	700	181	3.9
国際情報			5	244	228	14	16.3
計			79	3,194	2,934	894	—

(備考)• 経済学部及び総合政策学部の志願者数・受験者数は，第１志望の学科で算出している。
• 経済学部及び総合政策学部は志望順位制のため，学科ごとの倍率は算出していない。
• 新型コロナウイルス感染症等対応のための特別措置を実施し，上表以外に，経済学部１名の合格者を出した。

●学部別選抜〈大学入学共通テスト併用方式〉

区分			募集人員	志願者数	受験者数	合格者数	競争率
法		法律	52	557	514	189	2.7
		国際企業関係法	13	97	90	52	1.7
		政治	26	138	132	75	1.8
経済	I（2/14）	経済	9	156	141	27	4.0
		経済情報システム	7	50	43	14	
		公共・環境経済	6	86	80	25	
	II（2/15）	経済	6	87	69	10	4.7
		国際経済	12	59	52	16	
商		フリーメジャー	20	229	210	55	3.8
理工		数	13	150	137	58	2.4
		物理	10	163	153	55	2.8
		都市環境	9	191	177	62	2.9
		精密機械工	20	282	261	81	3.2
		電気電子情報通信工	20	330	311	94	3.3
		応用化	25	289	268	128	2.1
		ビジネスデータサイエンス	13	313	289	74	3.9
		情報工	13	497	459	93	4.9
		生命科	10	240	219	81	2.7
		人間総合理工	12	224	210	58	3.6
総合政策		政策科	15	103	84	31	2.2
		国際政策文化	15	170	123	64	
国際経営			10	64	58	10	5.8
国際情報			10	289	271	54	5.0
計			346	4,764	4,351	1,406	—

（備考）
- 経済学部及び総合政策学部の志願者数・受験者数は，第１志望の学科で算出している。
- 経済学部及び総合政策学部は志望順位制のため，学科ごとの倍率は算出していない。
- 商学部フリーメジャー・コースは，学部別選抜Ａ（2/11 実施）・学部別選抜Ｂ（2/13 実施）それぞれ 10 名の募集。
- 新型コロナウイルス感染症等対応のための特別措置を実施し，上表以外に，法学部１名，理工学部１名，総合政策学部１名，国際情報学部１名の合格者を出した。

入学試験要項の入手方法

出願には，受験ポータルサイト「UCARO（ウカロ）」への会員登録（無料）が必要です。出願は，Web出願登録，入学検定料の支払いおよび出願書類の郵送を，出願期間内に全て完了することで成立します。詳細は，大学公式Webサイトで11月中旬に公開予定の入学試験要項を必ず確認してください。紙媒体の入学試験要項や願書は発行しません。

また，「CHUO UNIVERSITY GUIDE BOOK 2025」（大学案内）を5月下旬より配付します（無料）。こちらは大学公式Webサイト内の資料請求フォーム，テレメールから請求できます。

入試に関する問い合わせ先

中央大学　入学センター事務部入試課

https://chuo-admissions.zendesk.com/hc/ja

月～金曜日 9:00～12:00，13:00～16:00

※土・日・祝日は受付を行っていません。

詳細は大学公式Webサイトにて確認してください。

https://www.chuo-u.ac.jp/connect/

合格体験記 募集

2025 年春に入学される方を対象に，本大学の「合格体験記」を募集します。お寄せいただいた合格体験記は，編集部で選考の上，小社刊行物やウェブサイト等に掲載いたします。お寄せいただいた方には小社規定の謝礼を進呈いたしますので，ふるってご応募ください。

応募方法

下記 URL または QR コードより応募サイトにアクセスできます。
ウェブフォームに必要事項をご記入の上，ご応募ください。
折り返し執筆要領をメールにてお送りします。
※入学が決まっている一大学のみ応募できます。

☞ http://akahon.net/exp/

応募の締め切り

総合型選抜・学校推薦型選抜 ………… 2025年 2 月 23日
私立大学の一般選抜 ………… 2025年 3 月 10日
国公立大学の一般選抜 ………… 2025年 3 月 24日

受験にまつわる川柳を募集します。
入選者には賞品を進呈！
ふるってご応募ください。

応募方法　http://akahon.net/senryu/　にアクセス！☞

気になること、聞いてみました！

在学生メッセージ

大学ってどんなところ？ 大学生活ってどんな感じ？
ちょっと気になることを，在学生に聞いてみました。

以下の内容は 2020〜2023 年度入学生のアンケート回答に基づくものです。ここで触れられている内容は今後変更となる場合もありますのでご注意ください。

メッセージを書いてくれた先輩 ［法学部］D.S. さん C.K. さん Y.K. さん ［商学部］Y.W. さん ［文学部］阿部龍之介さん ［総合政策学部］R.T. さん

大学生になったと実感！

一番実感したことは様々な人がいるということです。出身地も様々ですし，留学生や浪人生など様々な背景をもった人がいるので，違った価値観や考え方などと日々触れ合っています。高校であったおもしろいノリなどが他の人にはドン引きされることもありました。（D.S. さん／法）

高校生のときと大きく変わったことは，強制されることがないことです。大学生は，授業の課題を出さなくても何も言われません。ただし，その代償は単位を落とすという形で自分に返ってきます。自己責任が増えるというのが大学生と高校生の違いです。（阿部さん／文）

一番初めに実感した出来事は，履修登録です。小学校，中学校，高校とずっと決められた時間割で，自分の学びたいもの，学びたくないものなど関係なく過ごしてきましたが，大学は自分の学びたいものを選んで受けられるので，大学生になったなと感じました。（Y.W. さん／商）

大学生活に必要なもの

パソコンは絶対に用意しましょう。課題はほとんどが web 上での提出です。Word や Excel などは使う頻度がすごく多いです。課題だけでなくオンラインの授業もまだありますし，試験を web 上で行う授業もあります。タブレットだったり，モニターを複数用意しておくと，メモしたり課題をしたりするときや，オンライン授業を受ける上で楽になると思います。モニターが複数あると，オンラインと並行して作業がある授業にはとても役に立ちます。（D.S. さん／法）

自炊をする力です。私自身，一冊のレシピ本を買い，週に 5 回は自炊をしています。料理は勉強と同じでやった分だけ上達し，その上達はとても嬉しいものです。また，大学生になると色々な出費があります。そのため，うまくお金をやりくりしないといけないので，自炊をして，日々の出費を減らすことも大切です。（Y.K. さん／法）

この授業がおもしろい！

国際企業関係法学科では英語が 16 単位必修で，英語の授業が他の学科よりも多いのですが，気に入っている授業は英語のリスニング・スピーキングの授業です。この授業は世界で起こっている社会問題や国際問題などをリサーチして，その内容をプレゼンするというものです。外国人の先生による授業で，帰国子女の学生が多くいるなかでプレゼンディスカッションをしているので，英語力が一番伸びている実感があります。（D.S. さん／法）

「メディアリテラシー」です。インターネットが普及した現在では，マスメディアだけでなく我々も情報発信が容易にできてしまうので，情報を受け取る側だけでなく送る側の視点からもメディアリテラシーを適用していく必要性を学ぶことができます。（R.T. さん／総合政策）

大学の学びで困ったこと＆対処法

高校での学習内容から一気に専門的な内容に発展したことです。私は法学部で憲法や民法などの法律科目を履修していますが，法学の基礎的な知識やニュアンスをまったく知らない状態で授業に臨んでしまったので，最初はついていくのが大変でした。大学の講義は高校の授業とは大きく違って，自分が学びたい学問に詳しい教授の話を聞かせてもらうという感じなので，自分での学習が不可欠になります。特に法学は読む量がすごく多く，法学独特の言い回しにも慣れるのがとても大変で苦労しました。（D.S. さん／法）

4000 字を超えるような文章を書く必要があるということです。大学に入るまで，文章を書くという行為自体をあまりやってこなかったこともあり，言葉の使い方や参考文献の書き方，人が見やすいようなレポートの作成の仕方を習得することに時間がかかりました。（Y.K. さん／法）

高校のときに私立文系コースにいたので，数学はほとんど勉強していないうえに，数学Bなどは学んでもおらず，統計学など，数学が必要となる科目は基礎的なところから理解に苦しむところがありましたが，過去問や，教科書を見て対処しました。（Y.W. さん／商）

部活・サークル活動

大学公認のテニスサークルに所属しています。他大学のテニスサークルや同じ大学の他のテニスサークルと対戦したりすることもあります。合宿もあったりしてとても楽しいです。（R.T. さん／総合政策）

法学会に入っています。一言で言うと，法律に関する弁論を行うサークルです。いわゆる弁論大会のようなものが他校と合同で開催されたり，校内の予選を行ったりと活発に活動しています。（C.K. さん／法）

交友関係は？

大学の規模がそこまで大きくないということもあり，同じ授業を取っている人がちょくちょくいたりして，そういった人たちとよく話をするうちに友達になりました。（R.T. さん／総合政策）

中央大学には国際教育寮があり，私はそこに所属しています。寮生の3分の1から半分くらいは外国人留学生で，留学生と交流できるチャンスがたくさんあります。この寮では，料理などは自分でするのですが友達と一緒にもできますし，シアタールームや会議室があるので一緒に映画を見たり課題をしたりもしています。他学部の学生とも仲良くできますし，先輩とも交友関係を築くことができます。（D.S. さん／法）

いま「これ」を頑張っています

民法の勉強です。模擬裁判をするゼミに入っており，必修の民法の授業に加えてゼミでも民法の勉強をしています。模擬裁判をすることによって法律を実際の裁判でどのように使うのか具体的にイメージすることができ，さらに民法に興味が湧きます。（C.K. さん／法）

自分は公認会計士の資格を取るために中央大学を目指し，入学しました。今は，経理研究所というところに所属し，毎日，大学の授業と会計の勉強を，いわばダブルスクールのような形で，時間を無駄にしないように生活しています。（Y.W. さん／商）

普段の生活で気をつけていることや心掛けていること

家から大学までがとても遠いのと，キャンパスが広大で移動にも時間がかかるので，常に余裕をもって行動するようにしています。決して難度は低くないですが，大学生活以外でも重要なことだと思うので，常に意識するようにしています。（R.T. さん／総合政策）

手洗い・うがいは大事だと思います。しかも，こまめにすることが重要なポイントだと思います。また，季節の変わり目や環境が変わるときには心も体も疲れやすくなってしまうので，なるべく早く寝てしっかりご飯を食べるようにしています。（C.K. さん／法）

健康を維持するために筋トレをしています。まず，一人暮らし用のアパートを借りるときに，4 階の部屋を選びました。階段なので，毎日の昇り降りで足腰を鍛えています。また，フライパンも通常より重いものにして，腕を鍛えています。（阿部さん／文）

おススメ・お気に入りスポット

ヒルトップと呼ばれる食堂棟があり，広いのに昼休みは激しく混雑しています。しかし，授業中はものすごく空いていて，自分の空き時間に広い空間で食べる昼ご飯はとても有意義に感じられてお気に入りです。（R.T. さん／総合政策）

FOREST GATEWAY CHUO です。新しくきれいな建物で，コンセント完備の自習スペースも整っています。英語などのグループワークで使えるようなスペースもあり非常に便利です。トイレもとてもきれいです。（C.K. さん／法）

入学してよかった！

多摩キャンパスは，都心の喧騒から離れたところにありますが，落ち着いた環境でキャンパスライフを送ることができます。友達と過ごすにはちょっと物足りない感はありますが，自分１人の時間を大切にする人にとってはとても恵まれている環境だと思います。（R.T. さん／総合政策）

志が高い学生が多いことです。中央大学は弁護士や公認会計士など，難関資格を目指して勉強している学生が多いので，常にそのような人を見て刺激を受けることができます。将来のことを考えている学生も多いですし，そのサポートも大学がしっかり行ってくれるので，志が高くて将来やりたいことが明確に決まっている人には特におすすめです。（D.S. さん／法）

学生が気さくで優しく，司法試験や公務員試験，資格取得などの勉強をしている人が９割方で，真面目な人が多いです。周りの人が司法試験のために勉強している姿に刺激を受け，勉強を頑張ろうという意欲が湧いてきます。（C.K. さん／法）

目標に向かって努力ができる環境が整っていることです。勉強を継続するために必要なこととして，自分の意思以外にも，周りの環境も大切になってくると思います。そのため，自分の掲げた目標を達成できる環境がある大学に入れたことは本当によかったと思います。（Y.K. さん／法）

高校生のときに「これ」をやっておけばよかった

スポーツです。サークルに入ってない人や体育を履修していない人が，運動やスポーツをする機会は大学にはないので，運動不足になりがちです。できれば高校のうちからいろんなスポーツに慣れ親しんで，丈夫な体を作っておけばよかったなと思いました。（R.T. さん／総合政策）

合格体験記

みごと合格を手にした先輩に，入試突破のためのカギを伺いました。入試までの限られた時間を有効に活用するために，ぜひ役立ててください。

（注）ここでの内容は，先輩方が受験された当時のものです。2025 年度入試では当てはまらないこともありますのでご注意ください。

・アドバイスをお寄せいただいた先輩・

H.E. さん　法学部（政治学科）
一般方式 2024 年度合格，神奈川県出身

何より志望校への思いを強くもつことが大切です。私はどうしても中央大学法学部に入りたかったので赤本を 10 年分くらいやり込みました。そのことが実を結び，第一志望校に合格することができました。

その他の合格大学　学習院大（経済〈経営〉），明治大（農〈食料環境政策〉）

A.O. さん　法学部（法律学科）
一般方式 2022 年度合格，新潟県出身

合格の最大のポイントは優先順位を正しく定めることです。勉強の配分や試験当日の問題を解いている瞬間まで，誰しも完璧を得ることはできないので冷静な判断をすることが大切です。

その他の合格大学　同志社大（法）

S.S. さん　法学部（法律学科）
一般方式 2022 年度合格，埼玉県出身

最後まで諦めないことが大切だと思います。自分がやるべきことを一生懸命やり続ければ結果はついてきます。たとえそれで合格できなかったとしても，後悔することはないので，最後まで諦めず粘り強く頑張ってください。

その他の合格大学　立教大（法），法政大（法〈共通テスト利用〉）

Y.K. さん　法学部（国際企業関係法学科）
一般入試 2021 年度合格，栃木県出身

自分を信じ抜くことが受験をする上で一番大切なことです。成績が上がらず，果たして自分は受かるのだろうかと考えることが何度もあると思います。私自身も何度もありました。しかし，そのたびに自分自身を信じて努力をし続ければ必ず結果はついてきます。

その他の合格大学　明治大（政治経済），関西学院大（法）

K.S. さん　法学部（政治学科）
一般入試 2021 年度合格，神奈川県出身

志望校の問題に合わせた入試対策に時間を費やせたことが合格につながったと思います。

その他の合格大学　日本大（法，経済），専修大（法）

入試なんでもQ&A

受験生のみなさんからよく寄せられる，
入試に関する疑問・質問に答えていただきました。

「赤本」の効果的な使い方を教えてください。

A 赤本は他の過去問掲載サイトや書籍と比べて解説が充実していてとてもよかったです。私は2年生の春休みに第一志望校の最新の過去問を解いて，大学の傾向を確認しました。また，赤本の最初のほうにある入試の倍率や対策を読んで，今後の勉強の仕方について計画を立てる際の参考にしていました。その後，11〜12月頃に受験校の過去問を2〜3回ずつ解いて自分の実力を確かめるとともに，できていなかった範囲を重点的に復習していきました。赤本は受験校を選ぶ際の参考にもなるので，できるだけ早く確認するとよいと思います。 （S.S. さん／法律学科）

A 私は夏休みから赤本を使う勉強を定期的に始めました。初めて解いたときは，1教科も正答率が半分を超えなかったので焦ったのを覚えています。ただ，最初から良い結果を出す人はほぼいません。現実を突きつけられてからがスタートです。私は採点をした後，間違えた問題に関して，できそうな問題と捨て問題に分けて復習していました。そして，できそうな問題をできる問題にするために，赤本の解説や参考書を使い，理解できるようにしていました。また，中央大学は，多少は違うもののどの学部も傾向が似ているので，余裕があれば他学部の問題を演習することもよいと思います。 （K.S. さん／政治学科）

1年間の学習スケジュールはどのようなものでしたか？

A　高3の夏休みの終わりまでに基礎を完璧にすることを目標に，具体的には英語は英単語や文法・英文解釈を，国語は古文単語・文法・常識を，日本史はだいたいの通史を頭に入れたうえで一問一答などで用語を頭に入れていきました。

夏休み後は，英語は長文読解演習，国語は古文演習に入り，日本史は一問一答での暗記を続けながら演習でアウトプットをするようにしました。

10月頃からは，1週間に1年分くらい赤本を解き始めました。

12月頃からは，赤本を解く頻度を週に3年分くらいに増やし，英語は長文読解演習を続けながら中央大学の特徴的な文法問題の演習に取り組み，日本史も法学部特有の正誤問題や記述形式に対応するために教科書の読み込みを始めました。

直前期には，赤本で傾向を確認しつつ，英語は英単語や英熟語，国語は古文単語や漢字，日本史は用語をといった基本的な知識に漏れがないように，復習に力を入れました。　(H.E.さん／政治学科)

学校外での学習はどのようにしていましたか？

A　個別試験対策は通っていた予備校やスタディサプリの映像授業で，共通テスト対策は市販の予想問題集を利用して学習していました。予備校は大学別の出題傾向に合わせた授業を提供していたり，わからない問題を直接質問したりすることができるので，利用する価値はあると思います。私の場合は金銭的な余裕もあまりなかったので，スタディサプリをメインに利用し，予備校の利用は必要最低限にしていました。スタディサプリは低価格で質の高い授業を幅広く提供しているのでおすすめです。

(S.S.さん／法律学科)

Q 中央大学法学部を攻略するうえで特に重要な科目は何ですか？

A 英語だと思います。特に法学部は英語の配点が高いです。また，英作文や英文和訳が出題されているため対策が必要ですし，長文問題だけでなく文法問題や誤り指摘問題などの様々な形式で出題されているので，苦手分野がないようにしっかりと勉強しなければいけないところが難しいと思います。対策としては，文法問題なら文法書を何周もやり，英作文も参考書で勉強しました。誤り指摘問題は法学部では頻出なので，法学部だけでなく他学部の問題も解いてみるなど，とにかく問題に慣れることが大切だと思います。 (H.E. さん／政治学科)

A あえて言うとするならば英語だと思います。配点が高いことに加え，国語はほかの人と差がつきませんし，社会は基本みんなできると言われるからです。しかし，他の教科を軽視して良いわけではありません。逆に英語偏重の学習で国社を壊滅させるほうがリスキーだと思います。英語の学習としては，文法はとにかくたくさん解くこと，長文は音読・記述対策をすることです。音読は騙されたと思ってやってみてください。記述に関しては文構造の把握が必須です。SVOM を理解できるように日頃から構造把握をすることです。 (A.O. さん／法律学科)

Q 苦手な科目はどのように克服しましたか？

A 私は英語が苦手でした。勉強を始めた頃は勉強の仕方がわからず難しい参考書に手を出してなかなか成績が伸びなかったのですが，プライドを捨てて英単語や英熟語，文法など基礎的な内容からやり直したことによって基礎が身につくと，一気に成績が伸びました。また，英検などの検定試験を受験することも効果的だと思います。入試はまだまだ先の時期でも，検定試験を直近の目標にすることによって，勉強がしやすくなると思います。 (H.E. さん／政治学科)

A 私はもともと数学が苦手で，２年生の時点では偏差値が 40 程度しかありませんでした。当時は基本的な公式すら理解できていない状況だったので，まずは参考書の基本問題をひたすら解いていました。その中で私は公式を証明過程から覚えることを大切にしていました。証明過程を覚え公式を本質から理解していれば，公式を忘れてしまってもその場で導き出すことができ，数学の応用問題を解く際にも非常に楽になりました。 (S.S. さん／法律学科)

スランプに陥ったとき，どのように抜け出しましたか？

A 第一志望校の SNS を見ることです。大学のウェブサイトや YouTube では，その大学でやっている授業，キャンパスやサークルの様子などを見ることができるので，モチベーションにつながると思います。また寝る前に自分が第一志望校に通っている姿を想像することも有効だと思います。落ちてしまうことを気にするのではなく，受かるイメージを自分の中でしっかりともつことが合格につながると思います。

(H.E. さん／政治学科)

模試の上手な活用法を教えてください。

A ほとんどの人が志望校と自分との距離を確認するために使うと思うのですが，それよりも重要なことは試験の雰囲気に慣れることです。大学受験をしてみてわかったことなのですが，入試会場と模試の会場はあまり雰囲気は変わりません。なので，普段の模試から本番のような気持ちで臨むことで，本番に緊張せずに臨むことができるようになると思います。また，間違った問題はいち早く復習しておくべきです。特に日本史などの暗記科目では本番で１点でも多く点数を取るために，貪欲に復習をするとよいと思います。 (H.E. さん／政治学科)

**Q 併願をする大学を決めるうえで重視したことは何ですか？
また，注意すべき点があれば教えてください。**

A もし入学することになったとして自分の納得できる大学かどうかです。受かっても行かない大学を受験する人がいますが，私はそれには反対です。一つの大学を受けるのにも，とても体力がいります。行かない大学を受験しても気持ちも入らないし，疲れるだけです。それなら自分の行きたい大学を受けて，少しでもチャンスを増やすほうがいいと思います。また，自分の第一志望校と傾向が似ている大学を選ぶことも大切だと思います。 （H.E. さん／政治学科）

**Q 試験当日の試験場の雰囲気はどのようなものでしたか？
緊張のほぐし方，交通事情，注意点等があれば教えてください。**

A 私が緊張をほぐせた実体験をお伝えします。一つ目は，会場で過去問を解くことです。集中すると緊張は消えます。そしてあわよくば類題が出るかもしれません。おすすめは社会科目です。１限目が社会でなくとも，緊張しているなら社会を解きましょう。暗記科目は，集中に入りやすいこと，類題が出やすいこと，仮に解いている最中に指示が出たら切り替えやすいことからおすすめです。二つ目は，問題用紙が配付されたら「ありがとうございます」と小声で言うことです。会場は静かで，配られてもみんなせいぜいお辞儀するだけですが，声を発すると緊張がとけて落ち着きます。 （A.O. さん／法律学科）

科目別攻略アドバイス

みごと入試を突破された先輩に，独自の攻略法や
おすすめの参考書・問題集を，科目ごとに紹介していただきました。

英　語

様々な分野を得意にしておくことです。中央大学では大問数が多く問題形式も様々です。そのため苦手な大問があると一気に点数を落としかねません。特に，誤りを指摘する問題や英文和訳・和文英訳は大学特有の形式なので，過去問で対策するといいと思います。　(H.E. さん／政治学科)

おすすめ参考書　『スクランブル英文法・語法』(旺文社)

中央大学の英語の特徴は，①文法の比重が多いし難しいこと，②長文の単語が難しいこと，③時間が足りないことが挙げられます。そこで①に対しては赤本で過去問を 15 年分以上解いて傾向をつかみました。②に対しては単語帳をただ覚えるだけでなく過去問の音読を通して，文脈で意味を把握できるよう対策しました。③に関しては①，②を徹底することで克服が可能です。通しで 1 年分解くのは時間がかかるので，大問単体で数年度分を学習し，直前にやっていない年度を通しでやって時間感覚を身につけるのが効率的です。　(A.O. さん／法律学科)

おすすめ参考書　『システム英単語』(駿台文庫)

日本史

中央大学法学部の日本史といえば，やはり正誤問題でしょう。他大学は一問一答をやっていれば解けるかもしれませんが，この正誤問題はそうした一朝一夕の浅い知識では太刀打ちできません。対策としてはとにかく教科書を読み込むことです。私は最終的に正誤問題を解きながら「これはあのページのあの部分だな」と思えるくらいまでになりました。

(H.E. さん／政治学科)

おすすめ参考書 『詳説日本史』（山川出版社）

日本史はできるだけ早く手をつけておくとよいと思います。私は公立高校で，日本史のすべての範囲が終わったのが共通テストの直前だったので，特に早くから手をつけていればなぁと後悔しました。

(S.S. さん／法律学科)

おすすめ参考書 『実況中継』シリーズ（語学春秋社）

数　学

問題が何を要求しているのかを理解してから解き始めることを常にやっていました。具体的には，問題文を読んだ後に自分の言葉でもう一度書き直す練習です。中央大学の数学は国語力も大切になってくるので，とてもいい練習になると思います。 (Y.K. さん／国際企業関係法学科)

おすすめ参考書 『大学への数学 1対1対応の演習』シリーズ（東京出版）

国　語

現代文を早く正確に読めるようにすることがポイントです。現代文が2題あるため，そこでどれだけ時間をかけずに古文に回すかが勝負です。

(H.E. さん／政治学科)

おすすめ参考書 『現代文キーワード読解』（Z会）

古文に関しては，古文単語と文法，古典常識が非常に重要だと感じました。現代文は普段から要約等を行って，記述に慣れておくことが大切です。

(S.S. さん／法律学科)

おすすめ参考書 『上級現代文Ⅰ』『上級現代文 Ⅱ』（ともに桐原書店）

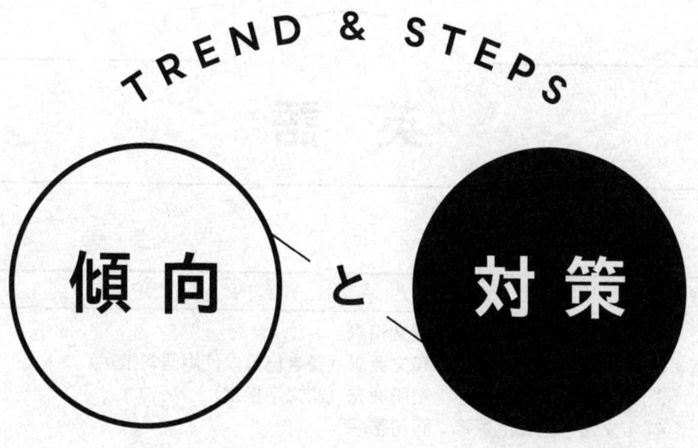

科目ごとに問題の「傾向」を分析し，具体的にどのような「対策」をすればよいか紹介しています。まずは出題内容をまとめた分析表を見て，試験の概要を把握しましょう。

注　意

「傾向と対策」で示している，出題科目・出題範囲・試験時間等については，2024 年度までに実施された入試の内容に基づいています。2025 年度入試の選抜方法については，各大学が発表する学生募集要項を必ずご確認ください。

英　語

年度	番号	項　目	内　容
2024 ◑	〔1〕	読　　解	記述：英文和訳
	〔2〕	英 作 文	記述：和文英訳（書き出し・使用語句指定）
	〔3〕	文法・語彙	記述：空所補充（頭文字指定）
	〔4〕	文法・語彙	選択：語句整序
	〔5〕	文法・語彙	選択：空所補充
	〔6〕	文法・語彙	選択：誤り指摘
	〔7〕	読　　解	選択：空所補充
	〔8〕	読　　解	選択：空所補充，同意表現，内容真偽，同一用法，内容説明
2023 ◑	〔1〕	読　　解	記述：英文和訳
	〔2〕	英 作 文	記述：和文英訳（書き出し指定）
	〔3〕	文法・語彙	記述：空所補充（頭文字指定）
	〔4〕	文法・語彙	選択：語句整序
	〔5〕	文法・語彙	選択：空所補充
	〔6〕	文法・語彙	選択：誤り指摘
	〔7〕	読　　解	選択：空所補充
	〔8〕	読　　解	選択：空所補充，同一用法，内容説明，同意表現，内容真偽
2022 ◑	〔1〕	読　　解	記述：英文和訳
	〔2〕	英 作 文	記述：和文英訳（書き出し指定）
	〔3〕	文法・語彙	記述：空所補充（頭文字指定）
	〔4〕	文法・語彙	選択：語句整序
	〔5〕	文法・語彙	選択：空所補充
	〔6〕	文法・語彙	選択：誤り指摘
	〔7〕	読　　解	選択：空所補充
	〔8〕	読　　解	選択：同意表現，内容説明，内容真偽，空所補充，同一用法

（注）　●印は全問，◑印は一部マークシート法採用であることを表す。

読解英文の主題

年度	番号	主　題
2024	〔1〕	群衆の叡智の効果とは
	〔7〕	見知らぬ人との会話が幸せを呼ぶ
	〔8〕	女性が直面するSTEM分野での問題
2023	〔1〕	世界秩序の必要性
	〔7〕	運動が持つ真の意義
	〔8〕	聞き上手が行っていること
2022	〔1〕	肥満の子供が途上国でも増える理由
	〔7〕	サーフィンが与える真の喜び
	〔8〕	労働における根強い男女格差

読解力と文法・語彙力重視
記述式の英文和訳・英作文は配点高し

01　出題形式は？

2024年度は記述式が3題，マークシート法が5題で，2022・2023年度と同じ出題形式であった。試験時間は90分。記述式の英文和訳と英作文（和文英訳）が出題されること，文法・語彙問題の比重が大きいことが特徴である。年度によって文法・語彙問題の形式や長文読解問題の設問内容に少し変更がある程度で，ここ数年出題のパターンにそれほど大きな変化はない。

02　出題内容はどうか？

記述式では，英文和訳2問と英作文（和文英訳）1問が出題されている。そのほか，空所補充の文法・語彙問題が1題出題されている。

マークシート法は，読解問題2題と文法・語彙問題が3題出題されている。

読解問題は，例年3題出題されている。読む量が多く，論説的なもの，小説風のもの，エッセーなど，内容・文体ともバラエティーに富んでいる。短めの英文からの和訳と，英文の空所補充が各1題，あと1題は空所補充・内容説明・内容真偽・同意表現を中心とする総合的な問題が出題されている。

文法・語彙問題は，記述式とマークシート法で計4題出題されている。記述式では，与えられた文字で始まる適切な1語を日本語に相当する意味になるように英文の空所に入れるというものが出題されている。選択式では，短文の空所に入る適語を選択肢から選ぶ問題と，3～5行程度の各英文中の文法・語法・内容などの誤りを指摘する問題，与えられた語句を並べ替えて短文の空所を補う，語句整序問題が出題されている。さまざまな角度から文法・語彙力が試されており，全体的に文法・語彙力重視の傾向がみられる。

英作文問題は，和文英訳が1問出題されている。専門的な語彙は必要とせず，比較的取り組みやすいものであることに変化はない。2024年度は例年と同じ書き出しの指定に加えて，使用する単語が3語与えられ，形を変えずに一度だけ使用するという条件がつけられた。

03 難易度は？

例年，読解問題は，量的にも質的にも，受験生にとってはかなりの負担である。また，英作文（和文英訳）問題は構文が確定しやすい標準的なものではあるが，受験生の実力差が出やすい。文法・語彙問題は，文法・語法・内容などの誤りを指摘する問題が手強い。文法・語法の正確な知識を必要とするうえ，英文も長く高度なので要注意である。全体的にみて高レベルの出題といえるだろう。

対策

01 読解力をつけよう

読解問題は例年，かなりの分量の英文を読まなくてはならない。英文量に負けない速読力が要求される。

〔1〕の英文和訳は，まず下線部のおおよその意味をつかんでから，英文

全体に目を通し，全体における下線部の位置づけを確定するのがよい。文脈に沿った和訳を心がけること。〔7〕の空所補充は，英文の最初から空所を埋めながら読んでいく。すぐに正答が見つからない場合は，とりあえず飛ばして読み進めていこう。最後に残った選択肢を空所に当てはめて確認していくとよい。〔8〕の長文読解では，空所や下線部がある場合，まず，その設問に答えていきながら本文を読んでいくとよい。内容説明や内容真偽などの場合は，パラグラフリーディングを行う。これは各段落の第1文（長い段落なら最終文も）から段落全体の主旨を読み取るというテクニックである。これによって全体の構成と大意をつかむことができるし，解答の際，詳しく読むべき段落をすばやくみつけることができる。普段から心がけておきたい。

02 英文和訳と英作文対策

英文和訳と英作文の対策を十分にしておこう。特に英作文は差がつきやすいので要注意である。

英文和訳については，まず普段から実際に書く練習をしておくこと。単に頭の中で意味を理解するよりも数段上の正確さが要求され，日本語の表現力を磨く練習にもなる。また，下線部だけを読んで終わりとするのではなく，必ず英文全体に目を通すこと。そうでないと語句の解釈を誤ってしまうおそれもある。各単元が数行ないし10行程度の例文と問題で構成されている参考書を用いるのがよい。『大学入試 ひと目でわかる英文読解』（教学社）であれば，入試頻出でかつ受験生が間違いやすい構文を取り上げているので，効率よく学習できる。

英作文は，レベルとしては高校のテキストの範囲内である。短文であるため，基本となる単語や構文が身についていれば対策としては十分である。しかし基本とはいえ，相当な練習を積まなければ，単語・構文が「わかる」を超えて「使える」段階にまで到達することはできないし，ケアレスミスを防ぐこともできない。授業内容をしっかりと自分のものにし，さらにそのテキストを復習しよう。基本例文の暗唱はいうまでもない。また，個人添削を受ける機会があればぜひ利用したい。

03 文法・語彙問題対策を

他学部と比較しても文法・語彙問題の比重が大きい。語彙力重視の傾向がみられるので，『英単語ターゲット 1900』（旺文社）などを用いて語彙力のレベルアップを図っておきたい。また，記述式問題も出されているので，単語の綴りを正しく書けるようにしておくこと。派生語や語形変化も含めてきちんと押さえておきたい。なお，文法・語法・内容などの誤りを指摘する問題はなかなか手強い。受験生が間違えやすいポイントを完全網羅した総合英文法書『大学入試 すぐわかる英文法』（教学社）などで，基本からしっかり文法を学習し理解したうえで過去問に当たっておこう。

04 既出問題を研究する

中央大学の英語入試問題の特徴は，学部ごとに出題パターンがほぼ決まっており，同じような傾向の問題が出題されることである。また，大問ごとの配点が示されているので，苦手分野の克服など，対策が立てやすい。中央大学の複数学部の併願を考えている受験生には，全学部の過去問を精選し，出題形式別にまとめた難関校過去問シリーズ『中央大の英語』（教学社）の利用をすすめる。

中央大「英語」におすすめの参考書

- ✓『大学入試 ひと目でわかる英文読解』（教学社）
- ✓『英単語ターゲット 1900』（旺文社）
- ✓『大学入試 すぐわかる英文法』（教学社）
- ✓『英文法・語法 良問500＋ 4 技能　誤文訂正編』（河合出版）
- ✓『中央大の英語』（教学社）

日本史

年度	番号	内　容	形　式
2024 ◑	〔1〕	原始～中世の日中外交	選択・正誤
	〔2〕	江戸時代の政治，交通・産業・文化	選択・正誤
	〔3〕	高橋是清の生涯	正誤・選択
	〔4〕	新体制運動（50字2問）	記述・論述
	〔5〕	55年体制と保守・革新の対立構造	選択・正誤
2023 ◑	〔1〕	原始～中世の文化・社会・経済（40・80字）	正誤・選択・論述
	〔2〕	鎖国体制下の交易	選択・正誤
	〔3〕	幕末～明治時代の社会・政治	正誤・選択
2022 ◑	〔1〕	古代～中世の社会・経済	正誤・選択
	〔2〕	江戸時代の社会・経済・政治	正誤・選択
	〔3〕	幕末の貿易統制（80字）	論　　述
	〔4〕	戦後の対日占領政策	正誤・選択
	〔5〕	独立後の日本と冷戦	選択・正誤

（注）●印は全問，◑印は一部マークシート法採用であることを表す。

正誤判定問題を中心に出題
近世以降のテーマ史に注意

01 出題形式は？

2024年度は，2023年度の大問3題から2題増加し大問5題となった。試験時間は60分。選択式（マークシート法）と記述式の併用となっている。リード文の空所補充およびリード文の下線部に関連した設問について，文章の正誤判定をさせるもの，選択肢の中から正解を選ばせるもので構成されている。これらの中でもとりわけ目立つのが文章の正誤判定問題で，特に3つの短文それぞれの正誤を判定させる問題は定番になっている。過去には選択肢に「該当なし」が設定される場合があったので，注意が必要である。また，例年論述問題が必出で，2024 年度は 30 字以上 50 字以内で解答させる論述問題が 2 問出題された。

なお，2025 年度は出題科目が「日本史探究」となる予定である（本書編集時点）。

02 出題内容はどうか？

時代別では，2024 年度は，原始～中世から 1 題，近世から 1 題，近代から 2 題，現代から 1 題という構成であった。近世以降が重視されているという印象である。近年の傾向では，現代からは 1 年おきに出題されている。近世は毎年出題されており，注意が必要である。近現代も頻出で，さまざまな角度から問われている。

分野別では，例年，法制史・政治史・外交史・社会経済史からの出題が多い。また外交史を中心に，テーマに沿って比較的広い時代を扱うテーマ問題も出題されているので，特定の分野に偏ることなく対策を講じておきたい。

史料問題は近年出題されていないが，過去には近現代を中心に，受験生が初めてみるような史料が出題されたこともある。ただ，設問は題材の史料文から人物や事件を想起して解答するものが多く，基礎的知識を身につけておくことが重要である。

03 難易度は？

語句選択の問題は教科書の内容を中心にした標準的なものであるが，文章の正誤判定問題は設問数が多く，判定しにくい詳細な記述もあって，難度の高い問題が含まれている。また，論述問題も本格的なものであり，十分な学習が必要であろう。高得点を得るためには，教科書のすみずみにまで気を配り，用語集をチェックするなどして，正確かつ詳細な知識を身につけるとともに，歴史の流れを十分つかんでおく必要がある。本番では語句選択問題は手早く正確に解答し，文章の正誤判定問題や論述問題にじっくり取り組む時間を確保したい。

対策

01 教科書学習の徹底

何よりも教科書の精読が基本である。欄外や写真の解説に至るまで丁寧に読み込んでおくこと。文章の正誤判定問題で合否が分かれるといっても過言ではない。こうした問題を攻略するには，歴史用語の暗記とともに，「いつ，どこで，だれが，何を，なぜ，その結果は」など，常に考えながら学習する必要がある。教科書学習を通じて歴史を理解するよう努めたい。また，学習の際には山川出版社『日本史用語集』などを併用しよう。用語集は日本史の辞書という意識で利用するとよい。教科書とともに読み込んでおけば，必ず脳裏に残るはずである。わずかな記憶でも文章の正誤判定問題には大きな力となろう。

02 テーマ史対策

外交史を中心に，あるテーマに沿って比較的広い時代にわたって問うような出題もみられる。特に，外交史や社会経済史，文化史など知識が断片的になってしまいがちな分野について，時代を俯瞰して歴史の流れをつかむという意識をもって学習しておきたい。テーマ別に事項を整理した市販の問題集・参考書などを利用して学習しておくとよい。

03 近世と近現代史の学習に重点をおく

近世と近現代の比重が大きい。2024 年度は大問 5 題のうち 3 題が近現代からの出題であった。よって，ひと通りの学習が終わった後に何度も繰り返し学習に取り組んでおきたい。特に近現代を苦手とする受験生が多いが，そのほとんどは学習が間に合わなかったというパターンであるため，できるだけ早い時期から取り組みたい。また，戦後史は，「政治・経済」「公共」の内容と重なるものもある。関連事項を政治・経済の参考書（文英堂『理解しやすい政治・経済』や山川出版社『政治・経済用語集』など）で調べながら学習を進めるのも良策である。

04 論述問題対策

論述問題は書き慣れていないと難しく感じ，得点差もつきやすいので，十分に練習しておきたい。論述問題のテーマはいずれも受験生にとって易しいものではないが，1点でも多く得点できるように，添削等も受けながら論述対策に取り組んでおこう。最初は重要な歴史用語や人物を自分なりに説明するところから始めよう。書くことに慣れたら，次は論述問題集などから歴史的背景や経緯，影響や結果などにまで踏み込んだ問題を選んで，30～100字程度でまとめる練習を繰り返していこう。他にも正誤判定問題など，手を焼きそうな問題が少なくないので，論述問題だけに時間をかけられない。設問要求に応えた内容になっているか，書き漏らしているポイントはないかを常に意識しながら，短時間で的確にまとめることを心がけよう。

05 過去問の研究

過去問を実際に解いてみればわかるが，かつて出題された問題とよく似た問題が出されることがある。また，文章の正誤判定問題は受験生が苦手とする形式である。誤文を判断するのはそれほど難しくはないが，正文を見極めるためには，さらに正確な知識が必要となる。できるだけ多くの過去問に当たり，慣れておく必要がある。

世界史

年度	番号	内　容	形　式
2024 ◑	〔1〕	古代地中海世界の文明（20・80 字）	正誤・論述
	〔2〕	15 世紀から 19 世紀にわたる中国の歴史（40 字）	正誤・選択・論述
	〔3〕	感染症の歴史（10・60 字）	記述・選択・論述・配列
2023 ◑	〔1〕	東南アジアの歴史（40 字）　⊘視覚資料	記述・選択・正誤・論述
	〔2〕	トルコ系の諸国や王朝の歴史（25 字）	選択・記述・論述
	〔3〕	世界恐慌と第二次世界大戦（20 字）	選択・記述・正誤・論述
2022 ◑	〔1〕	ジュネーヴの歴史（20 字）	選択・正誤・論述
	〔2〕	鉄道の歴史（20 字）　⊘年表・地図	選択・記述・正誤・論述
	〔3〕	民主政治の歴史（40 字）	配列・選択・論述
	〔4〕	世界の一体化とグローバリゼーション（20 字）　⊘地図	選択・論述

（注）●印は全問，◑印は一部マークシート法採用であることを表す。

正誤判定に難問あり 論述，現代史に注意

01 出題形式は？

2022 年度までは大問 4 題であったが，2023 年度以降は大問 3 題となった。選択式（マークシート法）と記述式が併用されている。選択式では，正誤判定や空所補充，正文・誤文選択問題が出題され，配列問題もみられる。記述式では，語句記述と 10〜80 字程度の短文の論述問題が出題されている。また，2022 年度は地図問題，2023 年度は視覚資料問題が出題された。試験時間は 60 分である。

なお，2025 年度は出題科目が「世界史探究」となる予定である（本書編集時点)。

02 出題内容はどうか？

地域別では，テーマ史が多く，１つの大問のなかで幅広い地域が問われる場合が多いが，2023 年度は〔１〕〔２〕がアジア地域中心，〔３〕が欧米史中心の出題であった。年度によって偏りの出やすい出題傾向となっている。

時代別では，古代から現代まで広く出題される。2022 年度は 21 世紀からの出題もあり，2023 年度は〔３〕で世界恐慌と第二次世界大戦が問われているので，現代史には注意が必要である。

分野別では，政治・外交史が中心となっており，法学部という性格上，法制度や政治思想史に関する出題もみられ，難問になりやすい。条約や政治思想史などについては，その内容の理解が問われる場合もある。また，文化史についても小問として出題されている。

03 難易度は？

教科書学習で対応できる問題がほとんどだが，用語集レベルの知識が求められる難度の高い問題もみられる。正文・誤文選択問題や文章の正誤判定問題は，詳細かつ正確な知識がないと正誤の判定が難しい文章を含んでいることもある。論述問題も出題されており，全体的に難度は標準よりやや高めといえるだろう。論述問題と正誤判定問題に時間を割けるようにしたい。

対策

01 教科書中心の学習

あくまでも教科書を中心として基礎学習の徹底を心がけよう。まずは標準的な内容の問題で取りこぼさないことが最も重要である。そのためには教科書の反復学習はもちろん，過去問の出題テーマを参考にして自分でサブノートにまとめたり，時代や地域・分野ごとに整理したりするとよいだろう。また，記述式の出題も多いので，日頃から「書いて覚える」という学習が大切である。

02 用語集・図説・年表を活用した学習

教科書によっては言及されていない事項もあるので，こうした事項を確認・理解するためにも『世界史用語集』（山川出版社）などの用語集は必ず利用したい。また，ここ数年，通史問題も目立っている。幅広い時代にまたがる各地域，経済・社会制度，文化などについては図説や年表を活用するのが最も有効である。教科書だけでは記述されているページが飛び飛びで，通史やテーマ学習がしにくいので，各テーマについてまとめてあるページを確認したり，年表で時代と事項を確認したりしよう。その際には，ぜひ図表に付記されている脚注にも目を通しておきたい。

03 条約や法制度，政治思想史に対する深い理解をめざそう

条約や政治情勢，政治思想史などについての文章の正誤選択・判定問題は，単純な事項の暗記では歯が立たない内容の深さが特徴である。条約内容や，政治思想の流れや主張にまで踏み込んだ学習を心がけ，革命や重要な法制度などについては，その背景・原因，経過，結果を正確に理解するため，用語集も利用した学習を行いたい。

04 論述問題対策

例年，論述問題が出題されている。重要な歴史的事項や用語について，実際に書いてまとめる練習をしておきたい。『山川一問一答 世界史』（山川出版社）などの問題集を利用し，用語からその内容を説明する練習を積むのも効果があるだろう。特に，指定字数内で収めることを意識して取り組んでもらいたい。

05 歴史地図や資料集の活用

2022 年度は地図問題が出題されており，地図を利用した学習も忘れてはならない。やや細かい地名の位置が問われることもあるので，日頃から地域や都市の位置，時代による国家領域の変遷や周辺諸国との関係などをこまめに確認する習慣をつけておこう。また，2023 年度は視覚資料問題が出題されており，日頃から資料集等に目を通しておきたい。

06 現代史の学習

学習が手薄になりがちな現代史の対策を怠らないこと。国際政治に関する部分は特に重視して学習しておこう。現代史は，地域史・テーマ史としてまとめ直すとわかりやすくなる。「アメリカ」「ソ連（ロシア）」「中国」などの国家，「東西冷戦」などのテーマ史を自分でまとめてサブノートなどで整理したい。さらに時事的な知識，あるいは一般教養が解答の糸口となる場合もあるから，新聞・ニュースの国際政治・国際経済に関する報道には常に関心をもっておきたい。

07 既出問題や他学部の問題研究

テーマ史問題は，学部を超えて繰り返し出題されている。また，正誤の判別のつけにくい選択問題などに慣れておく意味でも，ぜひ早めに本シリーズを利用して，過去の問題を他学部のものを含めて十分研究しておこう。その際に，不明な点があれば積極的に参考書などで調べて疑問を残さないようにしておくこと。

政治・経済

年度	番号	内　容	形　式
2024 ◑	〔1〕	選挙制度，社会保障，労働問題（30 字）	記述・論述・正誤・選択
	〔2〕	財政と税　⊘グラフ	正誤・記述・選択
	〔3〕	国際経済　⊘グラフ	選択・記述・正誤
2023 ◑	〔1〕	法の原理（40 字）	記述・正誤・選択・論述
	〔2〕	現代の企業	記述・選択・計算
	〔3〕	市場と物価変動（50 字）　⊘グラフ	記述・正誤・論述・選択
2022 ◑	〔1〕	国際経済（貿易）　⊘グラフ	選択・正誤
	〔2〕	選挙制度	記述・正誤・計算
	〔3〕	平等権（30 字他）	記述・正誤・選択・論述

（注）●印は全問，◑印は一部マークシート法採用であることを表す。

憲法と時事問題は必須
論述対策も怠らないこと

01　出題形式は？

大問 3 題で，選択式（マークシート法）と記述式の併用である。選択式は，空所補充問題や正誤判定問題である。記述式では，空所補充問題と用語に関する記述問題が出題されている。また，論述問題は例年，字数制限のある問題がほとんどであるが，2024 年度は 30 字 1 問になり，2023 年度の 40・50 字の 2 問から減っている。試験時間は 60 分。

02 出題内容はどうか？

政治分野，経済分野から幅広く出題されている。政治と経済の比率では，2024 年度は政治 1，経済 2 であり，2023 年度と同様であった。2022 年度は政治 2，経済 1 であったので，基本は政治 1 題，経済 1 題で，あとの 1 題は年度により政治もしくは経済となっている。

政治分野では，基本事項，関連事項，時事問題などを含めて法・政治の両分野から幅広く問われている。2023 年度が中央大学の名誉教授の専門書をリード文とする法学部らしい出題であったのに対して，2024 年度は模擬投票を導入とした親子の対話スタイルのリード文の形式となった。内容は選挙制度に関する基本的な知識を確認する問題であるが，労働基準法や働き方改革関連法などに関する法律的な知識や時事的な関心が問われる問題となっている。これまでは法律名や制度など詳細な知識が問われることが多かったが，近年は基本事項に関する設問が多くなっている。とはいえ，正誤判定問題では正確な判断力や詳細な時事的知識が要求される問題もある。憲法に関しては，学部の特質を反映して必須であり，学習をおろそかにはできない。

経済分野では，従来は市場や金融，財政などの経済理論よりは，労働，社会保障，消費者問題，現代の企業などの政治や法と関連した比較的応用的な分野の出題が目立っていたが，2024 年度はオーソドックスに財政と税から政府の役割を問う問題が出題され，国際金融を中心とした国際経済に関する知識も幅広く問われた。

03 難易度は？

半数以上は基本問題である。とはいえ，時事的動向を踏まえ細かい知識を要求するものも含まれる。選択問題では選択肢の論理構造まで判断する必要がある問題も多い。論述問題に関しては簡潔に内容をまとめる力や分析能力が必要な問題が出題されている。以上の点からみると，基礎的な知識を土台とした幅広い関心と知識が必要な問題といえよう。

01 基本的知識の体系的な理解を

まずは教科書の内容の理解から始めたい。教科書を繰り返し読み，基礎的な用語，原理をしっかり理解しておくこと。本文だけでなく，グラフや年表，脚注などについても見落とさずに注意を払いたい。憲法については，条文の理解に加えて，その条文が政治的にどのように運用されるか動態的な理解が求められる。また，特に統治機構関連の事項に関しては詳細な部分までおろそかにせずに学習を進めたい。さらに，労働法制，消費者関連法や国際法など幅広く政治と関連する法律にも目を通しておきたい。国際分野に関しては，これまでは経済と政治の国際分野が交互に出題されていたため，対策をおろそかにはできない。

02 時事問題の整理と用語集の活用を

時事問題を切り口とする出題への対応には，資料集を活用しよう。資料集はできるだけ最新のものを用意しておくことが望ましい。また，新聞に毎日目を通し，授業に関連するような解説記事は切り抜きをするなどしてチェックしておくとよい。時事問題の整理には『朝日キーワード』（朝日新聞出版）などの時事用語集を利用することもすすめたい。字数制限がある論述問題対応には用語集が活用できる。『用語集 公共＋政治・経済』（清水書院）は，毎年更新されているので新しい用語を含めて基礎知識を確認するのに役立つだろう。

03 新書や入門書，政府のホームページに目を通す

幅広い関心をもつために，新書や大学の初年級の入門書に目を通すことをすすめたい。新書や白書類は学校の図書館などで新刊のタイトルや目次を見るだけでもヒントが得られる。大学初年級の入門書は学部のホームページでシラバスを調べて見つけることができるであろう。また，時事的な

動向をチェックするために政府のホームページにアクセスして，法律や政策への関心を高めておくこともすすめたい。

04 論述対策を

論述対策は実際に自分の手で書いてみることが大切である。単に用語の意味を説明するだけではなく，その事項の原因や背景，意義などを書かせる問題も出題されているので，総合的な学習が求められている。書いたものは，先生に添削してもらうとよいだろう。

05 過去問研究の徹底を

過去問研究は必須である。類似問題が多く出題されていることがわかるであろう。また，他学部の問題を解いてみることも参考になる。本シリーズを使って徹底的に研究することをすすめる。

数　学

年度	番号	項　目	内　容
2024	〔1〕	式と証明	3変数の基本対称式，3変数の n 乗の和
	〔2〕	図形と方程式，図形の性質	円の方程式，円周角の定理，2つの円の交点
	〔3〕	微分法	接線が1本だけ存在するための条件，実数解の個数
2023	〔1〕	図形と方程式	2つの円の交点を通る直線および円　✓証明
	〔2〕	数列，整数の性質	共役無理数の n 乗の和，3の倍数となる証明　✓証明
	〔3〕	積分法	定積分で表された関数　✓図示
2022	〔1〕	ベクトル	円に内接する三角形の辺の長さ，内積の値，三角形の面積
	〔2〕	整数の性質	倍数の証明　✓証明
	〔3〕	図形と方程式，微・積分法	接線の方程式，直線と放物線で囲まれる部分の面積

出題範囲の変更

2025 年度入試より，数学は新教育課程での実施となります。詳細については，大学から発表される募集要項等で必ずご確認ください（以下は本書編集時点の情報）。

2024 年度（旧教育課程）	2025 年度（新教育課程）
数学Ⅰ・Ⅱ・A・B（数列，ベクトル）	数学Ⅰ・Ⅱ・A（図形の性質，場合の数と確率）・B（数列）・C（ベクトル）

総合的な実力と数学的センスを問う高レベル問題

01　出題形式は？

例年大問3題の出題で，すべて記述式である。試験時間は 60 分。問題と解答用紙は別であり，解答欄は大問1題につきA4判大程度となっている。解答欄のスペースは必ずしも十分ではないので，簡潔に要領よく思考過程を伝えることができる記述力が要求される。

02 出題内容はどうか？

微・積分法，図形と方程式，整数の性質，数列などが頻出分野であるが，他分野との融合問題も多い。各大問は，一分野の内容にとどまらず総合的な数学の知識を必要とする問題や，少々煩雑な計算を要する設問で構成されている。また，証明問題や図示問題も出題されており，あわせて数学的センスが要求されている。したがって，広範囲にわたる総合的な学習が必要である。

03 難易度は？

標準的な問題も含まれるが，質・量ともに試験時間 60 分ではやや厳しく，総合的な学力が求められる。文系の問題としては，やや高レベルといえよう。内容的に，総合力と計算力が要求されていて，部分的には高度な知識を必要とする問題が含まれる場合がある。しかし，設問が段階的になっている場合が多いので，一つ一つ丁寧に解いていけば対応できる。しっかりとした実力の養成が必要である。

対策

01 教科書で基礎学力を充実させる

出題内容は全般にわたり基礎的・基本的な事項をベースにして作成され，いくつかの分野にわたる融合問題が出題される場合が多い。したがって，各分野の基本的な内容は確実に理解していなければならない。それには，まず教科書の全範囲に対する理解を深めることが大切である。重要な定理・公式については正確に理解し，臨機応変に使えるようにしておくこと。さらに，各単元の節末・章末問題は自分の力で解けるよう練習を積んでおこう。

02 参考書で実力の向上をはかる

出題内容はやや高度なものを含んでいるので，受験用の参考書や問題集でより多くの知識や技法をマスターしておく必要がある。『Focus Gold』シリーズ（啓林館）や『標準問題精講』シリーズ（旺文社）などをおすすめする。難しい問題も飛ばさずに仕上げることが実力アップにつながる。例題のあとの練習問題にも挑戦してみること。解けなかった問題も，時間をおいてもう一度解いてみるという努力が必要である。どうしても解けない問題は，解法を納得いくまでよく研究して自分のものにしておきたい。さらに，別解作成に取り組むことは総合力の養成につながるので，そうした努力も怠らないようにしたい。また，整数問題など教科書ではあまり学習しない分野についても，問題集を使って演習しておくこと。

03 頻出分野の問題は徹底的な検討を行う

全分野にわたって学習したあとは，頻出分野（特に，図形と方程式，微・積分法の応用など）について念入りに学習しておくこと。それには，法学部および他学部で過去に出題された問題を解いてみることをすすめる。過去問で出題の傾向を頭に入れて，そのあと，参考書や問題集でさらに復習すると効果的である。

04 計算力アップをめざす

試験時間の割には出題量が多く，計算力と総合力を要求する問題が目につく。平素から練習を積んで，素早く正確に計算ができるようにしておきたい。また融合問題にも対応できるように，各単元間の相互のつながりについて理解を深めることが大切である。計算力とともに思考過程を明確に伝えることができる答案を作成できるようにしておくこと。

国　語

年度	番号	種類	類別	内　容	出　典
2024 ◑	〔1〕	現代文	評論	選択：内容説明，内容真偽 記述：書き取り，内容説明（60字）	「国家と不平等」 松村圭一郎
	〔2〕	現代文	評論	選択：内容説明，内容真偽	「リズムの哲学ノート」 山崎正和
	〔3〕	古　文	歴史物語	選択：文法，和歌解釈，和歌修辞，口語訳，内容説明	「大鏡」
2023 ◑	〔1〕	現代文	評論	選択：内容説明，内容真偽 記述：書き取り	「メタファーで世界を推しはかる」 柳谷啓子
	〔2〕	現代文	評論	選択：内容説明，内容真偽 記述：内容説明（50字）	「リベラルな多文化主義の形成と展開」 飯田文雄
	〔3〕	古　文	説話	選択：口語訳，語意，内容説明，文法	「沙石集」 無住
2022 ◑	〔1〕	現代文	評論	選択：内容説明，空所補充，内容真偽 記述：書き取り	「複合危機と資本主義の未来」 長尾伸一
	〔2〕	現代文	評論	選択：空所補充，内容説明，内容真偽	「ローカルな法秩序」 阿部昌樹
	〔3〕	古　文	歴史物語	選択：語意，口語訳，内容説明，人物指摘，和歌修辞，和歌解釈	「栄花物語」

（注）●印は全問，◑印は一部マークシート法採用であることを表す。

現代文：難問もあり，着実な読解力が必要
古文：内容把握，文法，和歌解釈も

01 出題形式は？

試験時間は60分で，現代文2題，古文1題の計3題の出題である。出題形式は選択式（マークシート法）と記述式の併用である。記述式は，書き取りおよび字数指定のある内容説明が出題されている。大問ごとの配点は，大問順に50点，20点，30点となっている。

02 出題内容はどうか？

現代文：例年，長文の評論と短めの評論が各1題である。内容は，政治・法律・哲学・宗教・教育・科学・言語・社会・文化・芸術など多岐にわたっている。内容説明と内容真偽の設問が中心である。本文中の根拠となる記述を確認し，丁寧に解いていきたい。内容真偽の問題には，部分の読解にとどまらず，段落全体や本文全体との一致・不一致，論理関係の正誤に踏み込んだものもあるので，判断がやや難しい。

古　文：時代・ジャンルとも幅広く出題されている。2023年度は和歌の出題はなかったが，和歌の出題率が高いのが特徴である。設問は，内容説明や語意，口語訳，文法などを幅広く扱いながら，全体的な内容理解や状況把握，心情理解が問われることが特徴である。和歌解釈，掛詞などの和歌修辞も問われることがあるので注意が必要である。

03 難易度は？

現代文では内容真偽問題に難問が含まれることがある。古文では和歌解釈が問われたり，人物関係の把握がやや難しい箇所が問われたりしている。これらの点を考えると，総合的には，標準～やや難というべきレベルである。60分の試験時間は短いので，時間配分にも注意する必要がある。素早く問題文を読み取って設問に対応できる力を養成しておきたい。

対策

01 現代文：本文の主旨を正確に把握する訓練を

例年，評論が出題されている。まず日頃から，さまざまな評論文に慣れることが大切である。余裕があれば新書などを何冊か読むとよいが，新聞の社説や文化欄などを読む習慣をつけるのも効果的だろう。特に法学関係や社会論，倫理的・人間関係論的な文章を意識して読もう。時事的な話題を取り入れた文章にも気を配っておくとよい。

効果的に読解力をつけるには，『高校生のための現代思想エッセンス ちくま評論選 二訂版』（筑摩書房）などのアンソロジーを利用して，さまざまなジャンルの評論文を数多く読み，多少難解な文章が出ても戸惑うことのないようにしておきたい。また，参考書で現代文の頻出テーマに関する知識を増やしておくこともすすめたい。読む際に気をつけることは，本文全体の主旨をつかむこと，文と文との対応関係を常に意識し，文の構造に気を配ることである。特に対比されているキーワードや文には注意する。これができると，内容真偽問題の答えも見えてくる。また，内容理解を問う選択問題において，すぐに選択肢を読むのはよくない。まず本文に根拠を求めることが肝要である。それぞれの選択肢について書かれた記述が本文中に必ずあるはずなので，それを素早く正確に見つけ出し，照らし合わせて判定するとよい。

これらの学習には，市販の問題集を２，３冊解くことが有効であろう。『体系現代文』（教学社）のような解説の詳しいものを選ぶこと。さまざまな問題に取り組んで硬質な評論文に慣れ，上記のポイントを意識して解いておきたい。慣れてきたら自分で時間を設定し，時間内に速読速解できるように訓練しよう。また，書き取りも記述式での出題なので，正確に書けるようにしておこう。さらに，難解な語句，語句の意味・用法の区別などを取り上げた問題集にも取り組んでおきたい。

02 古文：基礎を完全にマスターする

まずは正確な基礎力をつけることが大切。高校の授業内容を完全に身につけておきたい。前書き・注釈や全体の状況把握から解ける問題も出題されている。効果的な対策としては，問題集を２，３冊解き，文章全体の筋を把握することに慣れるのがよい。問題集は，語意や文法，口語訳を問うような設問が含まれた，解説の詳しいものを選ぶこと。自分で学習する際も，文法や語意，敬語などを意識して丹念に学習しよう。文法が苦手な受験生は，薄いものでよいから文法問題集を１冊仕上げ，助動詞や助詞などを確認して自信をつけておくこと。品詞分解の練習も効果的である。頻出古典単語帳も１冊はこなしておこう。また，便覧などで古典常識（季節ごとの花鳥風月や習慣など），掛詞などの和歌修辞を確認し，さらに『大学

入試 知らなきゃ解けない古文常識・和歌』（教学社）などの問題集で，古文の世界での行動形式や約束事，さらには和歌の解釈についての知識を身につけておこう。

中央大「国語」におすすめの参考書

- ✓『高校生のための現代思想エッセンス ちくま評論選 二訂版』（筑摩書房）
- ✓『体系現代文』（教学社）
- ✓『大学入試 知らなきゃ解けない古文常識・和歌』（教学社）

2024年度

問題と解答

一般方式・共通テスト併用方式

問題編

▶試験科目・配点

〔一般方式〕

区分	教　科	科　目	配　点
4教科型	外国語	コミュニケーション英語Ⅰ・Ⅱ・Ⅲ，英語表現Ⅰ・Ⅱ	150 点
	地歴・公　民	日本史Ｂ，世界史Ｂ，政治・経済から１科目選択	100 点
	数　学	数学Ⅰ・Ⅱ・Ａ・Ｂ	100 点
	国　語	国語総合（漢文を除く）	100 点
3教科型	外国語	コミュニケーション英語Ⅰ・Ⅱ・Ⅲ，英語表現Ⅰ・Ⅱ	150 点
	選　択	日本史Ｂ，世界史Ｂ，政治・経済，「数学Ⅰ・Ⅱ・Ａ・Ｂ」から１科目選択	100 点
	国　語	国語総合（漢文を除く）	100 点

▶備　考

- 「数学Ｂ」は「数列，ベクトル」から出題する。
- 国際企業関係法学科の「外国語」は150点を200点に換算する。
- ３教科型において，「地理歴史・公民」と「数学」の両方を受験した場合は，高得点の１教科の得点を合否判定に使用する。

〔共通テスト併用方式〕

大学入学共通テストの得点（４教科４科目，500点満点）と一般方式の「外国語」の得点（法律学科・政治学科：200点満点，国際企業関係法学科：300点満点）を合計して合否を判定する。

英 語

(90分)

(注) 満点が150点となる配点表示になっていますが，国際企業関係法学科の満点は200点となります。なお，学部別選抜大学入学共通テスト併用方式の満点は，法律学科および政治学科が200点・国際企業関係法学科が300点となります。

I 次の英文の下線部(a)と(b)を日本語に訳しなさい。(30点)

Think of this question: what percentage of the world's airports are in the United States? As you thought about it, an answer probably came to your mind. But (a)it did not occur to you in the same way that you would remember your age or your phone number. You are aware that the number you just produced is an estimate. It is not a random number—1% or 99% would clearly be wrong answers. But the number you came up with is just one in a range of possibilities that you would not rule out. If someone added or subtracted 1 percentage point from your answer, you would probably not find the resulting guess much less plausible than yours. (The correct answer, in case you wonder, is 32%.)

Two researchers, Edward Vul and Harold Pashler, had the idea of asking people to answer this question (and many similar ones) not once but twice. The subjects were not told the first time that they would have to guess again. Vul and Pashler's hypothesis was that the average of the two answers would be more accurate than either of the answers on its own.

The data proved them right. In general, the first guess was closer to the truth than the second, but the best estimate came from averaging the two guesses.

Vul and Pashler drew inspiration from the well-known phenomenon known as the *wisdom-of-crowds effect*: averaging the independent judgements of different people generally improves accuracy.

Similar results have been found in hundreds of situations. Of course, if questions are so difficult that only experts can come close to the answer, crowds will not necessarily be very accurate.(b) But when, for instance, people are asked to estimate the distance between two cities, the average answer of a large number of people is likely to be close to the truth.

Ⅱ 次の日本語の文は，Ⅰの英文の内容に関連しています。この日本語の文を，以下の3つの単語すべてを形を変えずに一度だけ用いて，与えられた書き出しにしたがい，英語に訳しなさい。(15 点)

その研究者たちによると，ひとりの子どもの一回の推測は，同じ子どもによる複数の予測の平均よりも精度が落ちる傾向がある。

使用する単語：accurate estimate guesses

(書き出し) According to …

出典追記：Noise by Daniel Kahneman, Olivier Sibony, and Cass R. Sunstein, Little, Brown Spark

Ⅲ　次の英文1～5の空所に，与えられた文字で始まる適切な1語を入れると，下の日本語にほぼ相当する意味になります。与えられた文字も含めて，その語を解答欄に書きなさい。(10点)

1　He (a　　　) me of his readiness to help.
彼はいつでも手伝う用意がある，とわたしを安心させた。

2　The young girl lost (h　　　) in reading books.
少女は読書に耽っていた。

3　I am (c　　　) in her ability to succeed.
わたしは彼女の成功を確信している。

4　It is no (w　　　) he refused to accept your offer.
彼があなたの申し出を断ったのはもっともなことだ。

5　Speaking a foreign language fluently requires more than just vocabulary and grammar. It also (d　　　) communication skills.
外国語を流暢に話すのに必要なのは，語彙や文法だけではない。コミュニケーションスキルも必要なのだ。

Ⅳ 次の英文1～5において，それぞれ下の(a)～(f)の語を並べ替えて空所を補い，最も適切な英文を完成させなさい。ただし解答は，ア～コに入れるべき語の記号のみをマークしなさい。(10点)

例題

Mom! The dog's gone! (＿＿ ア ＿＿ ＿＿ イ ＿＿) yard.

(a) escaped (b) from (c) he (d) I (e) the (f) think

答え ア：(f) イ：(b)

1 The decade before the year 2000 saw (＿＿ ア ＿＿ ＿＿ イ ＿＿) by American movie studios.

(a) a (b) disaster (c) films (d) in (e) increase (f) marked

2 This museum has various (＿＿ ウ ＿＿ ＿＿ エ ＿＿) its foundation.

(a) anniversary (b) celebrating (c) exhibitions (d) of (e) the (f) twentieth

3 At election time, (＿＿ オ ＿＿ ＿＿ カ ＿＿) them through media advertisements.

(a) for (b) people (c) politicians (d) to (e) urge (f) vote

4 Sometimes you have to change the way (＿＿ キ ＿＿ ＿＿ ク ＿＿) clearly.

(a) make (b) talk (c) to (d) understood (e) you (f) yourself

5 Whenever (＿＿ ケ ＿＿ ＿＿ コ ＿＿) your finances, please feel free to contact us.

(a) a (b) associated (c) face (d) problem (e) with (f) you

V 次の英文1～10の空所に入れるのに最も適切な語句を(a)～(d)から1つ選び，その記号をマークしなさい。(20点)

1 Alex and Thom noted that a domestic league would help the national team, which is currently ranked fifth in the world but (　　) won a major tournament since 1986.

(a) didn't　(b) doesn't　(c) hasn't　(d) haven't

2 Only four of her friends from university are now working in Japan. The rest (　　) a living overseas.

(a) make　(b) makes　(c) take　(d) takes

3 To protect her house from wildfires, Mary was running a sprinkler system on her roof hooked up to a gas-powered pump (　　) water from the lake.

(a) draw　(b) drawing　(c) drawn　(d) drew

4 One reason why this theory lost (　　) was that researchers failed to provide enough evidence.

(a) field　(b) ground　(c) sovereignty　(d) territory

5 The research group, comprising several experienced conservation activists as well as talented researchers, was (　　) an expedition through the Amazon forests.

(a) about making　(b) about to be made

(c) about to make　(d) about to making

6 The chemistry professor explained to us that mercury, under normal atmospheric pressure, (　　) its boiling point at 356.7 degrees Celsius.

(a) had reached　(b) reach　(c) reached　(d) reaches

7 (　　) it not rained last Friday, I could've danced with Tom at the garden

party.

(a) Had (b) If (c) Should (d) Was

8 Governments, concerned about the dangers of new generative AI systems, plan to ( ) new sanctions against individuals and companies refusing to control their use of AI.

(a) conceal (b) impose (c) remove (d) withhold

9 The business association had scheduled a convention to be held on Friday to promote diversity and entrepreneurship, but has decided to ( ) it off until Saturday.

(a) break (b) lay (c) put (d) show

10 The two leaders will get together next month to discuss ( ) relations and the need to cooperate in dealing with threats that climate change poses to agriculture.

(a) annual (b) bilateral (c) binary (d) independent

Ⅵ 次の英文1～10の下線部(a)～(d)には，文法・語法・内容などの誤りを含むものが1つあります。その記号をマークしなさい。(20点)

1 What are the costs of the meat we eat—the hamburgers, pork chops and chicken breasts? $\underline{\text{Not}}_{\text{(a)}}$ the price we pay for ground beef and so on, but the full costs of meats: the environmental and societal impacts, from birth to burger, and $\underline{\text{beyond}}_{\text{(b)}}$. Some impacts of raising, slaughtering and eating beef $\underline{\text{come}}_{\text{(c)}}$ to mind quickly, while others are far $\underline{\text{more}}_{\text{(d)}}$ obvious.

2 Last summer, while in the United States, I quickly $\underline{\text{gained}}_{\text{(a)}}$ a couple of kilograms. This happens every time I visit and $\underline{\text{spend}}_{\text{(b)}}$ a lot of time eating and drinking with friends and relatives. But it is also lifestyle $\underline{\text{related}}_{\text{(c)}}$, which made me think about $\underline{\text{risen}}_{\text{(d)}}$ obesity in America.

3 Poor dietary habits, large portions, and widespread acceptance of obesity $\underline{\text{contribute to}}_{\text{(a)}}$ the problem, $\underline{\text{as is}}_{\text{(b)}}$ inactive lifestyles. And Americans drive almost everywhere. The combination of fast foods, such as burgers, and car dependence $\underline{\text{leads to}}_{\text{(c)}}$ obesity, and other spin-off social and environmental $\underline{\text{costs}}_{\text{(d)}}$.

4 Americans need cars to $\underline{\text{get around}}_{\text{(a)}}$, and larger people need larger cars. Manufacturing bigger vehicles $\underline{\text{is required}}_{\text{(b)}}$ more aluminum, plastic, energy and water, $\underline{\text{to name}}_{\text{(c)}}$ just a few environmental costs. Larger, heavier vehicles consume more fuel, and even more fuel when $\underline{\text{loaded with}}_{\text{(d)}}$ heavy people.

5 Heavier vehicles also take a greater toll on roads and bridges, $\underline{\text{which then need more maintenances}}_{\text{(a)}}$, and more tax money. According to World Watch Magazine "the human appetite for animal flesh $\underline{\text{is a driving force}}_{\text{(b)}}$ behind virtually every major category of environmental damage $\underline{\text{now threatening our future}}_{\text{(c)}}$," including deforestation, fresh-water scarcity, pollution, climate change, biodiversity loss, and $\underline{\text{the spread of diseases}}_{\text{(d)}}$.

6 Other authors have focused on the ethical issues that $\underline{\text{arise from}}_{\text{(a)}}$ killing animals

and intensive meat production. (b)No animals in these processes lead miserable lives, so that their muscle and fat can be (c)made available to humans at the lowest possible cost, (d)observed researchers in a UNESCO publication.

7 Right or wrong, Americans consume a great deal (a)of meat. The average American derives 67 percent of dietary protein (b)from animal sources, compared (c)with a worldwide average of 34 percent, according to a recent report on the public health impacts (d)on meat consumption. Researchers found that Americans consume about 10 billion animals each year, including fish.

8 With billions of farm animals (a)are killed annually, ethics certainly ought to be an issue, whatever each of us (b)decides. In fact, opinions are gradually (c)changing, but food ethics are notoriously polarizing, and there are plenty of other problems regarding meat-eating that (d)are worthy of serious concern.

9 For example, because the appetite for meat protein is (a)growing internationally, the connection to climate change is becoming a global concern. Greenhouse gases, such as carbon dioxide and methane, are (b)producing in the process of (c)raising animals, and the animals themselves (d)emit gases during their digestion processes.

10 Nevertheless, few of us will change how or what we eat, (a)since our health or our wallet takes a hit, for example a heart attack or rising meat prices. (b)Still, it's worth knowing more about the consequences of meat, (c)if only to be reminded that absolutely everything on the planet is connected. (d)In short, from belching cows to climate change, from overeating to increasing taxes, our eating habits impact our planet and our future.

出典追記：The Japan Times, August 23, 2014

Ⅶ　次の英文の空所1～10に入れるのに最も適切なものをそれぞれ(a)～(j)から1つ選び，その記号をマークしなさい。なお，人称代名詞のIを除き，文頭に位置するものも書き出しは小文字にしてあります。同じ選択肢を繰り返し用いることはできません。(20点)

Nic spent most of her childhood avoiding people. She was raised by a volatile father and a mother who transferred much of the trauma she'd experienced onto her daughter. (1). "My primitive brain was programmed to be afraid of everybody, because *everybody's evil and they're gonna hurt you,*" she told me.

Nic's fear isn't uncommon in a country where valid lessons about "stranger danger" can cast all people you don't know as threats to be feared, but she recognized it was unhealthy, so (2). As she grew older, she began to travel to seek new people out. At 17, Nic visited Europe for 10 days with her high-school classmates and noticed that people began starting conversations with her. "If people in Europe randomly talked to me, then maybe I'm not so bad," she figured. "Maybe I'm not gonna die if I randomly talk to *them.*" So (3) and connected with more people. She was anxious about these encounters, wired for fear and expecting the worst, but they always went well. She found that, (4), these strangers weren't dangerous or scary. They were actually (5). They expanded her world.

Today, Nic has a name for these types of conversations: "Greyhound* Therapy." As she uses it, the term literally (6) on a long-haul bus but can apply to talking with strangers anywhere—at a restaurant, at a bus stop, in a grocery store. (7). When times got hard, she found herself turning to strangers for comfort and "to stave off* the loneliness," she told me.

"And it worked?" I asked.

"Oh God, yes," she said. "(8)—granted, nobody to share them with—but I still had the stories. They were mine."

Nic's experience is telling. A hefty* body of research has found that an overwhelmingly strong predictor of happiness and well-being is the quality of a person's social relationships. But most of those studies (9): family, friends, coworkers. In the past decade and a half, professors have begun to wonder if interacting with strangers could be good for us too: not as a replacement for close relationships, but as a complement to them. (10). Again and again, studies have shown that talking with strangers can make us happier, more connected to our communities, mentally sharper, healthier, less lonely, and more trustful and optimistic.

* Greyhound: a long-distance bus company in North America
* stave off: push away
* hefty: large

(a) contrary to what she'd been raised to believe
(b) have looked at only close ties
(c) I would go home with some amazing stories
(d) refers to talking with your seatmate
(e) she took more trips
(f) she took steps to engage with the world
(g) sources of comfort and belonging
(h) the combination left Nic fearful and isolated
(i) the results of that research have been striking
(j) this form of connection changed her life

出典追記：The Surprising Benefits of Talking to Strangers, The Atlantic on August 4, 2021 by Joe Keohane

Ⅷ 次の英文を読んで，あとの問1～問12に答えなさい。(25点)

Section 1: Close all gaps in digital access and skills

[1] As our daily lives become increasingly digitalized, gender gaps in digital access threaten to leave women and girls further and further behind. Though efforts to close these gaps have led to improvements in gender equity scores, the absolute gap between men and women's access has actually increased by 20 million since 2019. Today, 63 per cent of women have access to the internet, (ア) 69 per cent of men. And women are 12 per cent less likely to own a mobile phone, a figure virtually unchanged since before the pandemic.

[2] These global averages don't tell the whole story: race, age, disability, socioeconomic status and location all play a role(イ) in determining women's digital access and use. Marginalized groups such as older women, rural women and women with disabilities face significantly greater barriers to connectivity. In the least developed countries—where, despite mobile broadband signals covering 76 per cent of the population, only 25 per cent is connected—men are 52 per cent more likely to be within that online minority.

[3] All of which makes clear that bridging access gaps will require more than just better digital infrastructure. Addressing factors like(ウ) affordability, access to electricity, online privacy and safety, social norms and digital skills and literacy—all of which are mediated by gender—will be key to getting women meaningfully connected.

Section 2: Support women and girls in STEM

[4] Today, women remain a minority in both STEM (science, technology, engineering and mathematics) education and careers, representing only 28 per cent of engineering graduates, 22 per cent of artificial intelligence workers and less than one third of tech sector employees globally. Without equal representation in these fields, women's participation in shaping technology, research, investments and policy will remain critically limited. The same (エ) apply to their access to fast-growing and high-paying careers—an inequality compounded by the fact

that, as tech and digital innovation disrupts industries, women will bear the most job losses.

[5] Stereotypes about who is, and isn't, well suited to STEM play a major role in discouraging girls from entering these fields. These beliefs become a self-perpetuating cycle: without encouragement in tech fields, girls end up lacking necessary knowledge—thus making them less likely to express interest. Those who do make it into tech often face a <u>hostile</u>(オ) environment, with a significant pay gap (21 per cent) and considerably lower rates of promotion (52 women for every 100 men). Nearly half (48 per cent) report experiencing workplace harassment. Twenty-two per cent say they are considering leaving the workforce altogether due to the treatment they've received in the sector.

[6] Past efforts to increase women's representation have often focused on women's supposed disinterest in STEM fields, rather than on the systems that exclude them. That messaging has actually backfired, (カ) the idea that women don't have real interest or talent in STEM. Effective solutions must target both the barriers that force women out of STEM jobs and those that keep girls from pursuing them in the first place.

[7] (キ) universal broadband access for teachers, students and schools—and ensuring digital literacy for users—can increase girls' exposure to STEM, particularly those from less privileged backgrounds. Digital learning provides new opportunities to adapt educational environments and curricula to the needs of girls and students from marginalized groups.

[8] Working to eliminate gender biases from schools is also key, as is ensuring that girls have access to women mentors in STEM fields with whom <u>they</u>(ク) can identify. And connecting STEM to other disciplines—as well as emphasizing its potential applications to societal challenges, which research shows is a main driver of girls' career choices can help increase girls' interest as well

Section 3: <u>Create tech that meets the needs of women and girls</u>

[9] Technology reflects its creators. (ケ) when women and girls are left out of tech and innovation spaces, it's no surprise that digital tools fail to meet their

needs. Severe underinvestment in, for example, digital tools that promote sexual and reproductive health is the natural outcome of decision-making processes that systematically exclude women's voices. This problem has gone (コ) unchecked due to the inadequacy of tech sector oversight. Even where ethical frameworks have been developed, they lack safeguards—and since regulation has been (コ) left to companies themselves, many have ignored or underinvested in harm mitigation* strategies.

[10] Creating more inclusive, less biased tech starts with design and regulation processes rooted in human rights. That means centering the voices of marginalized and vulnerable women, as well as social and behavioral scientists and human rights experts, in the design of new digital tools. It also means explicitly addressing tensions between the exercise of different rights online, such as freedom of expression vs. right to safety. And it means making ethical frameworks enforceable by grounding them in international human rights standards and norms.

* mitigation: reduction

問1 空所 (ア) に入れるのに最も適切なものを(a)~(d)から1つ選び，その記号をマークしなさい。

(a) compared to (b) concentrated in
(c) consisted of (d) cooperated with

問2 下線部(イ)と最も意味の近いものを(a)~(d)から1つ選び，その記号をマークしなさい。

(a) character (b) part (c) rule (d) stage

問3 According to paragraph [2], why are women and girls left behind in the development of technology? Choose **the least appropriate** answer.

(a) Age, status and location limit women's digital access and use.
(b) Older women, rural women, and women with disabilities face greater obstacles.

出典追記：Power on: How we can supercharge an equitable digital future, UN Women on February 24, 2023

(c) Women are underrepresented across the creation, use and regulation of technology.

(d) Women face intersecting forms of discrimination, including gender, race and socioeconomic status.

問4　下線部(ウ)と同じ使われ方をしている like を含む文を(a)～(d)から1つ選び，その記号をマークしなさい。

(a) Do it like that.　(b) I am interested in animals like cats.

(c) She slept like a dog.　(d) You speak like your brother.

問5　空所（　エ　）に入れるのに最も適切なものを(a)～(d)から1つ選び，その記号をマークしなさい。

(a) alternatives　(b) challenges

(c) opportunities　(d) provocations

問6　下線部(オ)と最も意味の近いものを(a)～(d)から1つ選び，その記号をマークしなさい。

(a) harsh　(b) inevitable　(c) natural　(d) unexpected

問7　空所（　カ　）に入れるのに最も適切なものを(a)～(d)から1つ選び，その記号をマークしなさい。

(a) eliminating　(b) fueling　(c) guiding　(d) lighting

問8　空所（　キ　）に入れるのに最も適切なものを(a)～(d)から1つ選び，その記号をマークしなさい。

(a) Bringing　(b) Giving　(c) Providing　(d) Withdrawing

問9　下線部(ク)が指すものとして最も適切なものを(a)～(d)から1つ選び，その記号をマークしなさい。

(a) girls　(b) schools　(c) STEM fields　(d) women mentors

問10 空所（ ケ ）に入れるのに最も適切なものを(a)〜(d)から１つ選び，その記号をマークしなさい。

(a) Instead (b) Rather (c) So (d) Though

問11 二つの空所（ コ ）の両方に入れるのに最も適切なものを(a)〜(d)から１つ選び，その記号をマークしなさい。

(a) carefully (b) hardly (c) interestingly (d) largely

問12 Section 3（段落［９］〜［10]）の説明として最も適切なものを(a)〜(d)から１つ選び，その記号をマークしなさい。

(a) Ethical frameworks must be considered in creating more inclusive technology, which should be put in force independent of human rights standards.

(b) Exclusion of women and girls from decision-making no longer results in underinvestment in developing digital tools that promote reproductive health.

(c) In order to promote adequate access to technology, voices of marginalized women must not be denied participation in innovation processes.

(d) Since most tech companies have carefully checked their ethical frameworks, women's voices are already represented in the development of technology.

日本史

（60分）

I　次の文章を読み，下記の設問に答えなさい。解答は，マーク解答用紙にマークしなさい。(30点)

中国の歴史書である『漢書』地理志には，倭と呼ばれていた当時の日本列島の様子が記録されている。倭は100あまりの小国にわかれており，一部の国は，前漢の武帝が朝鮮半島においた［1］に定期的に使者を送っていたという。また，①『後漢書』東夷伝には，紀元57年に倭の奴国の王が後漢に使者を送ったことなどが記されている。

『魏書』の東夷伝倭人条には，その後の倭の様子がみえ，邪馬台国を盟主とする小国連合が成立し，女王として立てられた②卑弥呼は239年，魏の皇帝に使者を送ったという。

4世紀から5世紀にかけて，倭は鉄資源などを求めて朝鮮半島南部の加耶（加羅）諸国と密接な関係をもった。この頃，③朝鮮半島は，高句麗の南下策もあって，不安定な情勢だった。朝鮮半島南部をめぐる外交・軍事上の立場を有利にするため，5世紀初めから約1世紀近くの間，④倭の5人の王は中国の南朝に朝貢した。

隋が中国を統一すると，607年に小野妹子が遣隋使として派遣され，国書を提出した。皇帝の煬帝は国書に不満を示したが，翌年には返礼の使者［2］を遣わし，外交関係を開いた。また，遣隋使とともに，［3］・南淵請安・旻らの留学生・学問僧も派遣された。

隋から唐にかわったのちも，894年に［4］の建議によって停止されるまで，遣唐使は十数回にわたり渡海した。こうした東アジア諸国との交流を通じて，⑤日本には国際的な文化などがもたらされ，留学から帰国したのちに政界で活躍する者もいた。

その後，鎌倉時代には，⑥日本と宋との間で正式な国交が開かれなかったものの，民間の貿易や僧侶・商人の往来など，通交はさかんだった。13世紀に入ると，モンゴルが大帝国を形成していく。高麗では国王がモンゴルに服属したあとも，［5］が抵抗をつづけたが，1273年に鎮圧された。日本との関係では，1271年に国号を元とした皇帝フビライ＝ハンが朝貢を求めてきていた。これに対して，執権の北条時宗は要求を拒否したため，元との間で2度の戦いがおこなわれた（文永・弘安の役）⑦。一方で，元との交易関係はさかんとなり，貿易船が行き交っていた⑧。

室町時代，足利義満は1401年に明へ使者を送り，「日本国王」として冊封を受け入れ，勘合貿易⑨が始まった。貿易船には幕府の直営船ばかりでなく，有力守護や寺社が準備した船なども含まれていた。応仁の乱ののちに幕府が衰えると，貿易の実権は有力守護の大内氏と細川氏の手に移ることとなった⑩。

問1　文中の空欄 [1] に入るもっとも適切な語を，次の中から1つ選び，その記号をマークしなさい。

a　洛陽　　b　楽浪郡　　c　弁韓　　d　丸都

問2　下線部①に関する次の説明のうち，正しいものにはイ，誤っているものにはロをマークしなさい。

a　倭の小国の王たちは，先進的な文物を入手するとともに，倭国内での地位を高めるために使者を送ったことがうかがわれる。

b　『後漢書』東夷伝には，倭国王帥升らが，光武帝に生口160人を献上したことが記されている。

c　整然と配置された大型建物跡が発見された纒向遺跡は，奴国の所在地として有力視されている。

問3　下線部②に関する次の説明のうち，正しいものにはイ，誤っているものにはロをマークしなさい。

a　卑弥呼の死去後，男王が立ったが国内が乱れたため，卑弥呼の一族の女性壱与（台与）を女王とした。

b　卑弥呼は，魏から晋にかわってからも皇帝に使者を送り，金印や銅鏡などを得た。

c　卑弥呼は，宗教的権威としての性格が強く，実際の政治については弟が補佐した。

問4　下線部③に関する次の説明のうち，正しいものにはイ，誤っているものにはロをマークしなさい。

a　奈良県石上神宮に伝わる七支刀の銘文には，倭が高句麗と交戦したことが記されている。

b　戦乱をさけて，朝鮮半島から多くの人びとが倭に渡来し，さまざまな技術や文化がもたらされた。

c　高句麗に侵攻された新羅は，倭と同盟関係をむすんで，高句麗に対抗しようとした。

問5　下線部④に関する次の説明のうち，正しいものにはイ，誤っているものにはロをマークしなさい。

a　倭の5人の王が中国の南朝に朝貢したことは，埼玉県稲荷山古墳出土の鉄剣銘に記されている。

b　倭王武が順帝に送った上表文には，倭の王権が勢力を拡大して，地方豪族たちを服属させたことが記されている。

c　倭王武は，『日本書紀』のなかに登場する仁徳天皇をあてる説が有力である。

問6　文中の空欄 [2] に入るもっとも適切な人名を，次の中から1つ選び，その記号をマークしなさい。

a　曇徴　　b　弓月君　　c　聖明王　　d　裴世清

問7　文中の空欄 [3] に入るもっとも適切な人名を，次の中から1つ選び，その記号をマークしなさい。

a　橘奈良麻呂　　b　大伴金村　　c　淡海三船　　d　高向玄理

問8　文中の空欄 [4] に入るもっとも適切な人名を，次の中から1つ選び，その記号をマークしなさい。

a　菅原道真　　b　阿倍仲麻呂　　c　藤原緒嗣　　d　吉備真備

問9　下線部⑤に関する次の説明のうち，正しいものにはイ，誤っているものにはロをマークしなさい。

a　唐の影響を受けた絵画として，唐招提寺に伝わる『鳥毛立女屏風（樹下美人図）』がある。

b　唐に留学した玄昉は帰国後，聖武天皇に信任され，橘諸兄の政権において活躍した。

c　唐・新羅の僧から華厳を学んだ行基は，東大寺建立に貢献し，初代別当となった。

問10　下線部⑥に関する次の説明のうち，正しいものにはイ，誤っているものにはロをマークしなさい。

a　宋の陳和卿により大成された宋学（朱子学）が日本に伝えられ，のちに後醍醐天皇らの討幕運動に影響を与えた。

b　鎌倉幕府や朝廷は，銭貨鋳造をおこなわなかったため，大量に輸入された宋銭が銭貨として流通した。

c　鎌倉幕府は，南宋から来日した多くの禅僧をまねいて，鎌倉に大寺院を建立していった。

問11　文中の空欄 [5] に入るもっとも適切な語を，次の中から1つ選び，その記号をマークしなさい。

a　按司　　b　刀伊　　c　衛門府　　d　三別抄

問12　下線部⑦に関する次の説明のうち，正しいものにはイ，誤っているものにはロをマークしなさい。

a　文永の役のあと，幕府は再度の襲来に備えて博多湾沿いに石築地を構築させた。

b　弘安の役のあと，幕府は九州探題を設けて北条氏一門を博多へ送り，御家人の指揮にあたらせた。

c　弘安の役のあと，幕府は九州に所領をもつ御家人などを，引き続き異国警固番役に動員した。

問13　下線部⑧に関する次の説明のうち，正しいものにはイ，誤っているものにはロをマークしなさい。

a　鎌倉時代末期，建長寺修造の資金を得るため，幕府は元に貿易船を派遣した。

b　後醍醐天皇は，天龍寺建立を計画し，造営費調達のため元に貿易船を派遣した。

c　韓国新安沖で発見された沈没船（新安沈船）は，元から日本に向かう途中で遭難した貿易船と推定されている。

問14　下線部⑨に関する次の説明のうち，正しいものにはイ，誤っているものにはロをマークしなさい。

a　明から交付された勘合と呼ばれる証票を携帯する船だけ，貿易が許された。

b　足利義満は明との国交を開く際，博多商人の肥富らを使者として派遣した。

c　明との貿易は，6代将軍足利義教の時に一時中断し，8代将軍足利義政の時に再開された。

問15　下線部⑩に関する次の説明のうち，正しいものにはイ，誤っているものにはロをマークしなさい。

a　博多商人は細川氏と，堺商人は大内氏とそれぞれむすびついて，貿易の実務を担った。

b　日本からの貿易船が入港することになっていた寧波において，細川氏と大内氏は貿易の主導権をめぐって武力衝突した。

c　16世紀半ばの大内氏滅亡により，勘合貿易は断絶し，それとともに倭寇の活動が活発化した。

Ⅱ 次の文章を読み，下記の設問に答えなさい。解答は，マーク解答用紙にマークしなさい。(20点)

〔A〕

3代将軍徳川家光の死後，改易で生じた牢人の不満を背景に， 1 らは反幕府の乱をくわだてた（慶安の変）。改易などにより大量に発生した牢人が，社会不安の要因となっていることが明らかになると，幕府は問題を根本的に解決する必要に迫られた。こうした出来事をきっかけに，4代将軍徳川家綱の政治①は，それまでの武断政治から文治政治的傾向を強めていった。

5代将軍徳川綱吉の初期の政治は，大老の堀田正俊のもとでおこなわれた。正俊が暗殺されたのちは，綱吉は側用人を登用し，なかでも 2 を重用するようになった。②綱吉は，儒教倫理を重視する政策をおこなうとともに，仏教にも帰依し，政治に反映させた。綱吉の死後，6代将軍徳川家宣，7代将軍徳川家継の時代には，朱子学者の新井白石③らを中心に政治の刷新が図られた。この時代の政治を正徳の治という。

〔B〕

陸上交通④の整備は，豊臣政権による全国統一の過程で始まり，これを引き継いだ江戸幕府によって，全国的な流通網が形成された。また，大量の物資を安価に運ぶためには，陸路よりは海や川，湖沼の水上交通⑤が適していた。水上交通網の整備は，全国的な商品流通の発展を促進した。

17世紀後半になると，農業技術⑥にも顕著な進歩がみられた。農業生産が発達し，全国市場の確立とともに，商品生産も活発化し，それぞれの地域の風土に適した特産物⑦が，大名などの奨励のもとで全国各地に生まれた。

17世紀末から18世紀初頭の元禄時代には，鎖国が確立したことによって日本独自の文化が成熟した。まず，和歌以外の文学は上方の町人文芸が中心で，影響力を持っていた。また，美術・工芸⑧では，上方の上層町人を中心に，華麗で洗練された作品が生み出された。

問1 文中の空欄 1 に入るもっとも適切な人名を，次の中から1つ選び，その記号をマークしなさい。

a　戸次庄左衛門　　b　由井（比）正雪　　c　大塩平八郎
d　生田万

問2　下線部①に関する次の説明のうち，正しいものにはイ，誤っているものにはロをマークしなさい。

a　大名の末期養子の禁止を廃止して，すべての大名にこれを認めた。

b　大名に対しては，家臣の子弟を人質として出させることをやめ，手伝普請も軽減した。

c　殉死の禁止を命じ，主人の死後は殉死することなく，跡継ぎの新しい主人に奉公することを義務づけた。

問3　文中の空欄　2　に入るもっとも適切な人名を，次の中から1つ選び，その記号をマークしなさい。

a　牧野成貞　　b　柳沢吉保　　c　間部詮房　　d　田沼意次

問4　下線部②に関する次の説明のうち，正しいものにはイ，誤っているものにはロをマークしなさい。

a　儒教の考えにもとづいて，主君に対する忠，親に対する孝，礼儀による秩序を重視することを示した。

b　仏教の思想にもとづいて，生類憐みの令を出し，動物だけでなく，捨て子の保護などもおこなった。

c　江戸に湯島聖堂を建て，林羅山を大学頭に任じ，儒学を奨励した。

問5　下線部③に関する次の説明のうち，正しいものにはイ，誤っているものにはロをマークしなさい。

a　木下順庵に朱子学を学び，家宣の侍講となった。

b　独自の時代区分と儒教的な道徳観にもとづいて，『読史余論』を著した。

c　幕府の命により，国史である『本朝通鑑』を編纂した。

問6　下線部④に関する次の説明のうち，正しいものにはイ，誤っているものにはロをマークしなさい。

a　東海道，中山道，甲州道中などの五街道は幕府の直轄下におかれ，17世紀半ばからは道中奉行によって管理された。

b　街道におかれた関所では，手形の提示を求められ，とくに関東の関所では「入鉄砲に出女」をきびしく取り締まった。

c　御用通行に際して，宿駅の伝馬役をおぎなうために人馬を徴発される村々を助郷と呼び，その役を助郷役という。

問7　下線部⑤に関する次の説明のうち，正しいものにはイ，誤っているものにはロをマークしなさい。

a　内陸部の物資輸送には，琵琶湖や利根川・淀川・北上川などが利用され，角倉了以は，鴨川・富士川を整備し，また高瀬川などを開削した。

b　大坂・江戸間では酒荷専用の樽廻船が運航を始め，その後，大型帆船の菱垣廻船が多様な商品を運送するようになると，樽廻船は衰退した。

c　江戸の商人河村瑞賢が，東廻り海運・西廻り海運を整備し，江戸と大坂を中心とする全国海上交通網を完成させた。

問8　下線部⑥に関する次の説明のうち，正しいものにはイ，誤っているものにはロをマークしなさい。

a　農具の改良が進み，深耕に適した備中鍬や脱穀用の千石簁，選別用の唐箕や千歯扱などが普及した。

b　肥料では，刈敷が不足する中で，下肥の他に，油粕・〆粕・干鰯・糠などが金肥として普及した。

c　大蔵永常が著した『農業全書』が体系的農学書として普及し，農業の必読書とされた。

問9　下線部⑦に関して，地域と特産物の組み合わせとして正しいものをすべて選び，その記号をマークしなさい。

a　出羽―紅花

b　山城宇治―茶

c　越前―奉書紙

d　阿波―藍玉

e　備後―藺草

問10 下線部⑧に関連して，元禄期の美術品・工芸品とその作者の組み合わせとして正しいものをすべて選び，その記号をマークしなさい。

a 尾形光琳―『八橋蒔絵螺鈿硯箱』

b 菱川師宣―『見返り美人図』

c 尾形乾山―『紅白梅図屏風』

d 住吉具慶―『洛中洛外図巻』

e 野々村仁清―『色絵藤花文茶壺』

Ⅲ 次の文章を読み，下記の設問に答えなさい。解答は，マーク解答用紙にマークしなさい。(20点)

高橋是清の人生は波乱万丈であった。幕府御用絵師の子として生まれ，仙台藩士高橋家の養子となった。横浜で英語を学び，アメリカに留学した。帰国後に文部省に出仕して開成学校や大学予備門で英語を教えた後に，農商務省の官吏へ転じ，特許局長として日本の特許制度を整備した。その後，農商務省を辞してペルーで銀の採掘事業に携わるが失敗し，帰国後に日本銀行へ入行した。銀行家として松方正義大蔵大臣を助け，金本位制①の確立を推進した。日露戦争②時には日本銀行副総裁として，戦費調達にあたった。その後，貴族院議員に勅選され，日本銀行総裁となった。

高橋是清は，第1次山本権兵衛内閣や［ 1 ］内閣で大蔵大臣となった。［ 1 ］が暗殺された後は立憲政友会の総裁となり，内閣総理大臣に就任した。しかし閣内不一致のため内閣は崩壊した。［ 2 ］内閣が成立した際，立憲政友会は憲政会や革新俱楽部と共に護憲三派を結成し，第二次護憲運動③を展開した。第15回衆議院議員総選挙で当選すると，［ 2 ］内閣にかわって成立した加藤高明内閣で農商務大臣となった。

その後，高橋是清は政界を引退したが，田中義一総理大臣に要請され大蔵大臣に就任した。金融恐慌へ対応するため，日本銀行総裁の井上準之助と協力して支払猶予令を実施し，金融機関の救済をはかった。昭和恐慌④が発生した後，［ 3 ］が組閣した際にも大蔵大臣の就任を請われ，財政金融政策⑤を講じた。これらにより日本は列国に先駆けて世界恐慌から脱した。五・一五事件で［ 3 ］が暗殺された時は総理大臣を一時兼任した。その後も斎藤実内閣や［ 4 ］内閣で大蔵大臣を務め，悪性のインフレーションを防ぐために努力したが，[4]内閣の大蔵大臣在任中，二・二六事件⑥で暗殺された。

問1　下線部①に関する次の説明のうち，正しいものにはイ，誤っているものにはロをマークしなさい。

a　金本位制とは，通貨の単位価値を一定の金に求めて，金と通貨を自由に交換して輸出入できる制度である。

b　日清戦争の賠償金が金本位制の確立に貢献した。

c　政府は1890年代後半に貨幣法を制定し，金本位制へと移行させた。

問2　下線部②に関する次の説明のうち，正しいものにはイ，誤っているものにはロをマークしなさい。

a　英米が日本の外債募集に協力した。

b　政府は戦費の調達のため増税を国民に課した。

c　ポーツマス条約で日本はロシアから賠償金を得た。

問3　下線部③に関する次の説明のうち，正しいものにはイ，誤っているものにはロをマークしなさい。

a　第二次護憲運動では超然内閣の打倒がめざされた。

b　第二次護憲運動後，立憲政友会の高橋是清，憲政会の加藤友三郎，革新倶楽部の床次竹二郎が中心となった。

c　第二次護憲運動後の加藤高明内閣は，軍部の影響力をそぐため軍部大臣現役武官制を改めて，予備役・後備役の大将・中将にまで軍部大臣の資格を拡大した。

問4　下線部④に関する次の説明のうち，正しいものにはイ，誤っているものにはロをマークしなさい。

a　日本経済は，金解禁実施による不況と世界恐慌の影響を受けて，深刻な恐慌状態になった。

b　アメリカへの生糸輸出は激減し，その影響で繭価が暴落して養蚕農家は大きな打撃を受けた。

c　正貨の海外への大量流出，企業の操業短縮と倒産，産業合理化による賃金の引下げがおこった。

問5　下線部⑤に関する次の説明のうち，正しいものにはイ，誤っているものにはロをマークしなさい。

a　時局匡救事業と称して農村において公共土木事業をおこない，農民を雇用した。

b　緊縮財政を転換して，恐慌対策と軍事費の増大を盛り込んで予算を拡大する政策をとった。

c　金輸出再禁止を断行し，ついで円の金兌換を停止した。

問6　下線部⑥に関する次の説明のうち，正しいものにはイ，誤っているものにはロをマークしなさい。

a　事件後，軍部の要求をいれた広田弘毅内閣は，軍部大臣現役武官制を復活させた。

b　事件後，国家改造・軍部政権樹立をめざして三月事件と十月事件がおこった。

c　事件は，皇道派の一部青年将校たちによっておこされた。

問7　文中の空欄［ 1 ］～［ 4 ］に入るもっとも適切な人名を，次の中からそれぞれ選び，その記号をマークしなさい。

a　鈴木貫太郎

b　浜口雄幸

c　原敬

d　岡田啓介

e　清浦奎吾

f　犬養毅

g　若槻礼次郎

Ⅳ　下記の設問に答えなさい。解答は，記述解答用紙に書きなさい。(12点)

問1　新体制運動の推進がめざされ，1940年に大政翼賛会が成立した。新体制運動の中心人物で，大政翼賛会の初代総裁となった人物の氏名を漢字で書きなさい。

問2　新体制運動がめざした政治構想について，その特徴を30字以上50字以内（句読点を含む）で説明しなさい。

問3　大政翼賛会の組織構造について，その特徴を30字以上50字以内（句読点を含む）で説明しなさい。

Ⅴ　次の文章を読み，下記の設問に答えなさい。解答は，マーク解答用紙にマークしなさい。(18点)

1955年は日本政治の節目となる年であった。冷戦期の日本政治では保守と革新の対立構造が形成され，保守勢力は憲法改正とアメリカとの連携による安全保障を，革新勢力は憲法擁護と非武装中立をそれぞれ主張していた。50年代前半までは保革両勢力は複数の政党に分裂していた。しかし55年10月に革新勢力の中心的存在である日本社会党（社会党）左右両派の統一が実現した。また同11月には<u>日本民主党と自由党が合流して自由民主党（自民党）が結成された。これを保守合同とよぶ</u>①。こうして衆議院議席の約3分の2を占めて政権を保持する自民党と，約3分の1の議席を占める社会党や日本共産党（共産党）などの革新勢力とが国会で対立する，いわゆる55年体制が成立した。

保革対立の起源は占領期にさかのぼる。<u>社会主義者や共産主義者は，戦前および戦時中には日本政府に弾圧されていたが</u>②，アメリカのマッカーサー元帥を最高司令官とする連合国軍最高司令官総司令部（ＧＨＱ）による日本占領がはじまると，合法政党として活動を開始した。当初の占領目標は，非軍事化・民主化を通じて日本社会を改造することにおかれた。このためＧＨＱ内部では民政局を中心に社会党に好意的な勢力も有力であり，1947年には<u>社会党首班の内閣が成立した</u>③。

<u>冷戦が本格化</u>④すると，アメリカの対日政策は日本を西側陣営の主要友好国とするこ

とへと転換した。さらに朝鮮戦争の勃発を背景に，アメリカが対日講和からソ連や中国を除外する方針を示すと，革新勢力はこれに反対して全交戦国との全面講和を主張した。しかし内閣総理大臣の吉田茂率いる保守勢力は西側諸国のみとの講和によって独立を回復することを選択し，保革の国際問題をめぐる対立⑤が明確となった。

1952年に日本が独立を回復したのちも，保革対立が沈静化することはなかった⑥。1960年には日米安全保障条約の改定をめぐって60年安保闘争⑦が起こり，これによって当時の内閣が総辞職に追い込まれると，保守勢力は革新勢力との真正面からの対立を避けながら，高度経済成長の実現を掲げて政権の安定を図る方針へと転換した⑧。急速な経済成長は様々な社会問題を引き起こし，大都市圏では社会党・共産党や市民団体などに支持された革新自治体・革新首長が各地に誕生した⑨。だが冷戦終結後の1993年まで，自民党が政権の座を明け渡すことはなかった。

問1　下線部①に関して，保守合同が実現した際の日本民主党と自由党の総裁の組み合わせとしてもっとも適切なものを，次の中から1つ選び，その記号をマークしなさい。

a　日本民主党総裁―吉田茂　　自由党総裁―幣原喜重郎
b　日本民主党総裁―鳩山一郎　　自由党総裁―緒方竹虎
c　日本民主党総裁―鳩山一郎　　自由党総裁―幣原喜重郎
d　日本民主党総裁―吉田茂　　自由党総裁―緒方竹虎

問2　下線部②に関する次の説明のうち，正しいものにはイ，誤っているものにはロをマークしなさい。

a　西園寺公望内閣は，大逆事件を機に社会主義者や無政府主義者を弾圧した。
b　東京帝国大学助教授上杉慎吉が，ロシアの無政府主義者クロポトキンの研究をとがめられて休職処分になった。
c　満州事変をきっかけに社会主義からの大量の転向が生じ，その後にはわずかに社会主義を守り続けた鈴木茂三郎らの日本無産党も弾圧されて活動を停止した。

問3　下線部③に関して，このときの日本の内閣総理大臣としてもっとも適切な人名を，次の中から1つ選び，その記号をマークしなさい。

a　村山富市　　b　片山哲　　c　徳田球一　　d　芦田均

問4　下線部④に関する次の説明のうち，正しいものにはイ，誤っているものにはロをマークしなさい。

a　アメリカはトルーマン＝ドクトリンを発表し，中国「封じ込め」政策の必要をとなえた。

b　朝鮮半島では，ソ連軍占領地域に金日成率いる朝鮮民主主義人民共和国が，アメリカ軍占領地域に朴正熙を初代大統領とする大韓民国が建国された。

c　アメリカはマーシャル＝プランを発表して，東アジア諸国の復興と軍備増強を援助することを表明した。

問5　下線部⑤に関する次の説明のうち，正しいものにはイ，誤っているものにはロをマークしなさい。

a　南原繁らの知識人層は全面講和を主張した。

b　日本労働組合総評議会（総評）はＧＨＱの後押しで結成されたが，講和問題を契機に大きく路線を転換し，対アメリカ協調的な保守政治に反対する戦闘的な姿勢を強めた。

c　社会党は，サンフランシスコ平和条約の批准をめぐって党内の対立が激化し，左右両派に分裂した。

問6　下線部⑥に関する次の説明のうち，正しいものにはイ，誤っているものにはロをマークしなさい。

a　吉田茂内閣は，暴力主義的破壊活動の規制を目指す破壊活動防止法（破防法）を成立させ，その調査機関として公安調査庁を設置した。

b　吉田茂内閣は，教育二法を成立させ，公立学校教員の政治活動と政治教育を禁じた。

c　吉田茂内閣は，警察官の権限強化を図る警察官職務執行法（警職法）改正案を国会に提出したが，革新勢力の反対運動が高まったため，改正を断念した。

問7　下線部⑦に関する次の説明のうち，正しいものにはイ，誤っているものにはロをマークしなさい。

a　日米安全保障条約が改定されたことで，アメリカの日本防衛義務が明文化された。

b　日本政府および与党の自民党は，衆議院で野党の社会党議員らを警官隊によって排除して，単独で条約批准を強行採決した。

c　予定されていたアメリカ大統領アイゼンハワーの訪日は，革新勢力による大規模な抗議活動にもかかわらず実施された。

問8　下線部⑧に関して，このときの日本の内閣総理大臣としてもっとも適切な人名を，次の中から1つ選び，その記号をマークしなさい。

a　石橋湛山　　b　岸信介　　c　池田勇人　　d　佐藤栄作

問9　下線部⑨に関する次の説明のうち，正しいものにはイ，誤っているものにはロをマークしなさい。

a　四大公害病の一つであるイタイイタイ病の原因は，有機水銀であった。

b　公害対策基本法が制定され，その後，環境庁が発足した。

c　東京都知事に就任した美濃部達吉は，革新首長の一人であった。

世界史

（60分）

I　つぎの文章（A～E）は，古代地中海世界の文明について述べたものである。よく読んで，下記の設問に答えなさい。(34点)

A　地中海は，ユーラシア大陸の西端とアフリカ大陸の北端とにはさまれ，ジブラルタル海峡を介してのみ外海とつながる閉ざされた内海である。地中海の沿岸域には，いろいろな人々が定住し，文明を築いてきた。また，海をつかったネットワークによりその沿岸域には，個々の文明が相互に密接に結びついた大きな文明圏が形成された。絶えず周囲から新たな集団が流入するため，さまざまな国々の栄枯盛衰が繰り広げられ，また時に文明圏も崩壊に見舞われた。

B　前3000年頃，地中海の東側に位置するティグリス川・ユーフラテス川流域にシュメール人(a)が文明を築いた。そして，前24世紀にはアッカド人がこの地を支配し，その後，アムル人(b)が来襲し，前19世紀にバビロン第1王朝が建設された。一方，エジプト(c)では，前30世紀頃に王国が成立した。また，アナトリア（小アジア）では，ヒッタイト(d)が勃興し，鉄器を独占し他国に覇を唱えた。また，ギリシアやその南の島々でも文明が花開いた。こうしたさまざまな文明が海上航路で結ばれ，東地中海世界では，広範な交易ネットワークが形成された。

C　前12世紀，東地中海世界で大きな変化が生じた。ラムセス3世の治世第8年（前1177年），海からやってきた異民族がエジプトに襲いかかった。同じ時期，ヒッタイト，ミュケナイも異民族による襲撃をうけて滅亡した。エジプトは滅亡こそ免れたものの，著しく弱体化した。また，この時期，エーゲ文明(e)も姿を消した。こうした諸文明の連鎖的崩壊をひきおこした異民族はひとくくりに「海の民」と呼ばれているが，これが何ものかは歴史の闇につつまれている。一説には地中海西部からやってきた人々とされているが，詳細はいまなおわかっていない。彼らの侵入により，以前より東地中海世界に存在していた交易ネットワークが破壊され，これを契機として，数百年にわたって築かれてきた東地中海の文明圏がわずかな間に崩壊した。

D 苦難の前12世紀の後，東地中海世界は暗黒時代を迎えるが，その中にあっても，徐々に，東地中海ではフェニキア人(f)・アラム人(g)・ヘブライ人(h)・ギリシア人(i)が，イタリアではエトルリア人・ラテン人(j)といった，この後の地中海世界の主役となる人々が歴史の中にその姿をあらわし，活動を活発化させていく。そして数百年の時間をかけ，東地中海世界に海上交易ネットワークが形成され，そしてそのネットワークは西地中海世界にも拡大していく。こうしたネットワーク全体を己の支配下におさめ，ネットワーク自体の庇護者となったのがローマ人(k)であった。ローマ人を中心とした形で，地中海沿岸域全体が一つの統一体を形成し，ローマの支配下でこの地は安定した平和な時代，いわゆるパクス=ロマーナを迎える(l)。

E 強大なローマ帝国も4世紀になると急速に瓦解し始める。そのきっかけとなったのは，今度は，陸からの遊牧民の侵入であった。現在のカザフスタンからウクライナ近辺で遊牧生活をしていたフン人(m)が4世紀になり，西にむけて移動を開始した。この移動におされる形でゲルマン人(n)の諸部族も西方へと移動を開始し，東ゴート人・西ゴート人・ヴァンダル人(o)・ランゴバルド人などが次々とローマ帝国の国境を突破し，帝国内に侵入した。この侵入により，西ローマ帝国は滅亡に追い込まれた。また，東地中海地域でも，スラヴ人やアヴァール人の侵入により混乱が生じた。東ローマ帝国は崩壊を免れたが，西地中海地域とは切断されることになった。このようにして，地中海沿岸域に成立していたネットワークは崩壊する。そして，数百年の時間を経た8世紀頃，この地には，今日までその影響を色濃く残す(p)3つの歴史的世界の鼎立(ていりつ)状態が成立することになる。

設問1 下線部(a)について。シュメール人に関する記述として正しいものには①を誤っているものには②を，マーク解答用紙にマークしなさい。

(あ) シュメール人は，ティグリス川・ユーフラテス川流域に定住し，この地にウルク・ウルなどの都市国家をつくった。

(い) ウルのサルゴン1世は，ティグリス川・ユーフラテス川流域の数多くの都市国家を支配下におさめ統一国家をつくった。

(う)　シュメール人は，太陰太陽暦，六十進法，楔形文字を生み出した。

設問2　下線部(b)について。アムル人に関する記述として正しいものには①を，誤っているものには②を，マーク解答用紙にマークしなさい。

(あ)　アムル人は，ティグリス川・ユーフラテス川流域に侵入し，バビロンに都をおく古バビロニア王国をたてた。

(い)　古バビロニア王国のハンムラビ王は，各地の法慣習を集大成した法典を編纂した。

(う)　ヒクソスの侵入をうけ古バビロニア王国は衰退し，滅亡した。

設問3　下線部(c)について。エジプト人に関する記述として正しいものには①を，誤っているものには②を，マーク解答用紙にマークしなさい。

(あ)　ナイル川流域では，古くから農業が営まれ，人々はポリスとよばれる多数の小国家を形成していた。

(い)　多数の小国家は，まずは上エジプトと下エジプトの二つの王権の下にまとまり，その後，クフ王が両者を統一した。

(う)　王はファラオとよばれ，太陽神アトンの化身として崇拝された。

設問4　下線部(d)について。ヒッタイト人に関する記述として正しいものには①を，誤っているものには②を，マーク解答用紙にマークしなさい。

(あ)　ヒッタイト人は，もともとザグロス山中におり，その後，メソポタミアに侵入した。

(い)　ヒッタイト人のつくったヒッタイト王国は，他の地域に先駆けて，鉄製武器を使用していた。

(う)　ヒッタイト人は，デモティックという象形文字や太陽暦を用いた。

設問5　下線部(e)について。エーゲ文明に関する記述として正しいものには①を，誤っているものには②を，マーク解答用紙にマークしなさい。

(あ)　エーゲ文明は，クレタ島やエーゲ海沿岸に成立した青銅器文明の総称であり，ミケーネ文明やクレタ文明がこの文明に属する。

(い)　クレタ文明はヴェントリスによって，ミケーネ文明はシュリーマンによってその存在が明らかにされた。

(う)　エーゲ文明の消滅後400年ほど混乱の時代が続き，前8世紀に各地でポリスがつくられた後にこの地域は鉄器時代に移行した。

設問6　下線部(f)について。フェニキア人に関する記述として正しいものには①を，誤っているものには②を，マーク解答用紙にマークしなさい。

(あ)　シドンやティルスを拠点にし，東地中海で交易に従事した。

(い)　西地中海に進出し，北アフリカやイベリア半島に植民市を建設した。

(う)　フェニキア人は，エジプトの文字を簡略化させた表意文字をつくった。

設問7　下線部(g)について。アラム人に関する記述として正しいものには①を，誤っているものには②を，マーク解答用紙にマークしなさい。

(あ)　ダマスクス（ダマスカス）に拠点をおき，内陸での交易活動に従事した。

(い)　エジプトのヒエログリフをもとに独自の文字をつくった。

(う)　地中海沿岸域のさまざまな場所に港市を建設し，海上交易も活発におこなった。

設問8　下線部(h)について。ヘブライ人に関する記述として正しいものには①を，誤っているものには②を，マーク解答用紙にマークしなさい。

(あ)　ダヴィデ王とソロモン王の時代，ヘブライ人の王国は，イェルサレムを中心に繁栄した。

(い)　西地中海や黒海の海上交易路を開拓した。

(う)　ヘブライ人のたてたイスラエル王国は新バビロニアに，ユダ王国はアッシリアに滅ぼされた。

設問9　下線部(i)について。ギリシア人に関する記述として正しいものには①を，誤っているものには②を，マーク解答用紙にマークしなさい。

(あ)　ギリシア人は統一国家を築かなかった。

(い)　ギリシア人は共通の言語をもっておらず，さまざまな語族からなる小集団に分裂していたが，ペルシア戦争で一致団結して戦ったことで一つの民族としての意識を強く有するようになった。

(う) ギリシア人は東地中海で盛んに植民市を建設したが，西地中海では，フェニキア人の勢力におされ植民活動をおこなうことはできなかった。

設問10 下線部(j)について。エトルリア人・ラテン人に関する記述として正しいものには①を，誤っているものには②を，マーク解答用紙にマークしなさい。

(あ) エトルリア人は，ラテン人がイタリア半島に移住する以前よりこの地で文明を築いていた。

(い) ラテン人は，インド=ヨーロッパ語系の民族であり，特にイタリア南部のネアポリス（現在のナポリ）周辺地域に定住した。

(う) ラテン人はイタリアに移住すると，すぐに，エトルリア人をこの地から追い出した。そこでエトルリア人は一斉にサルディニアに移住し，王国をたてた。

設問11 下線部(k)について。ローマ人の征服活動に関する記述として正しいものには①を，誤っているものには②を，マーク解答用紙にマークしなさい。

(あ) スキピオ（大スキピオ）はカルタゴのハンニバルに勝利した。

(い) ポンペイウスはガリア遠征をおこない，この地の都市を屈服させ，多数の住民を奴隷にした。

(う) レピドゥスは，クレオパトラとアントニウスを海戦で破った後，プトレマイオス朝を滅亡させた。

設問12 下線部(l)について。この時代，ローマ人は地中海を「われらの海」とよんだ。ローマ人の支配下で，この地のネットワークがより強固なものとなり経済活動が活発となった。こうした経済活動を可能にするため，ローマ人は，治安維持のための施策以外に何をおこなったか。15字以上20字以内で説明しなさい。

設問13 下線部(m)について。フン人に関する記述として正しいものには①を，誤っているものには②を，マーク解答用紙にマークしなさい。

(あ) フン人の起源は長らく謎であったが，近年敦煌でみつかった書簡により，大月氏の一派がフン人となったことが判明した。

(い) フン人を率いたアッティラは，パンノニアを拠点にして勢力を拡大した。

(う) カタラウヌムの戦いでフン人は，ゲルマン人と連合してローマ人と戦った。

設問14 下線部(n)について。4世紀の大移動以前のゲルマン人に関する記述として正しいものには①を，誤っているものには②を，マーク解答用紙にマークしなさい。

(あ) ローマ人の歴史家タキトゥスがゲルマン人について書き残している。

(い) 軍人皇帝時代にも，ゲルマン人はローマに侵入していた。

(う) ゲルマン人の中には，ローマの傭兵やコロヌスになる者もいた。

設問15 下線部(o)について。ヴァンダル人に関する記述として正しいものには①を，誤っているものには②を，マーク解答用紙にマークしなさい。

(あ) ヴァンダル人は，アルプスをこえてイタリアに侵入し，東ゴート王国と激しい戦いを繰り広げた。

(い) ヴァンダル人は，アフリカに侵入した後，北アフリカにヴァンダル王国をたてた。

(う) ヴァンダル王国は，ユスティニアヌス帝の時代に東ローマ帝国によって滅ぼされた。

設問16 下線部(p)について。この3つの歴史的世界とは何か。それぞれについて適宜説明しつつ65字以上80字以内で述べなさい。

Ⅱ　つぎの文章（A・B）は，15 世紀から 19 世紀にわたる中国の歴史について述べたものである。よく読んで，下記の設問に答えなさい。(34 点)

A　15 世紀に入ってまもなく，靖難の役で帝位を奪った明の永楽帝（成祖）は，1421 年に首都を北平に移し北京と改称し，紫禁城を築いた。そして国政の面で，永楽帝は皇帝の補佐機関として内閣を置いた。一方対外的に，永楽帝は，朝貢貿易の拡大をねらって，(a)鄭和の大艦隊を派遣した。なお文化の面では，(b)『金瓶梅』や『西遊記』をはじめとする四大奇書が成立した。永楽帝が死去したのち，勢力を強めていたモンゴル西部のオイラトのエセン=ハンは 1449 年に明軍を破って，正統帝（英宗）を土木堡で捕らえた。この土木の変を契機に，明は対外的に守勢に転じそれを挽回するために，(c)万里の長城を修築して，北方からの侵入に本格的に備えることになった。

16 世紀に入ってからは，明を中心とする朝貢貿易体制やその貿易統制政策などにも動揺が深まった。さらに 16 世紀が深まったころ，明の万暦帝（神宗）の治世（1572 年～1620 年）の初期に事実上の宰相の大権を握ったのが張居正であった。かれは万暦帝を補佐して，(d)一条鞭法などを全国的に実施し，財政の立て直しと官僚に対する統制の強化に努めた。しかしこれがかえって人々の反感を買い，きびしい批判を受けるようになった。これにより，(e)二つの党派間の争いが誘発され，政治の混乱が深まった。

張居正の死後に始まった(f)万暦帝の親政以降，とくに 17 世紀に入り，明はしだいに衰退に向かうようになった。つまり中国では，飢饉や重税による生活苦などのために，各地で反乱が頻繁に起こるようになった。ついに 1644 年に，270 年あまり続き，豊かな文化と繁栄を誇った明は李自成の反乱軍によって北京を占領され，滅亡した。そのとき，最後の皇帝となったのが崇禎帝（毅宗）であった。

B　他方で金の末裔とされる女真では，ヌルハチ（太祖）により部族が統一され，1616 年に後金が樹立された。その息子であるホンタイジ（太宗）は 1636 年に清という国号を定めた。その後，明の呉三桂が崇禎帝の死を受けて清に降伏した。ヌルハチから数えて三代目の順治帝（世祖）は李自成の軍隊を打ち破り，北京に都を移した。そしてそれから，三代にわたる清の全盛期が続くことになった。すなわち，康熙帝は，1661 年に(g)遷界令を発し，1681 年に，呉三桂などが雲南・広東・福建で起こした三藩の乱を平定した。また対外的に，清は，1689 年と 1727 年に二つの条約をロシアとのあいだで結んだ。(h) そして，雍正帝は 1730 年に軍機処(i)を創設し，乾隆帝は 1758 年にジュンガルを滅ぼし，東トルキスタン地域を征服した。

ところが 19 世紀に入り，こうした清朝の隆盛もしだいに陰りをみせ始めた。そのきっかけの一つとなったのが，1840 年に勃発したアヘン戦争(j)であった。1842 年には，イギリスと清とのあいだで南京条約(k)が締結された。

アヘン戦争後，国内ではその多額の戦費や賠償金により一般の民衆に対して重税が課される一方で，洪水などの大規模災害も発生した。それらの複合的な要因により，民衆の窮乏化が加速し，中国社会の底辺には清朝に対する不満がしだいに蓄積されていき，各地で反乱が多発した。そのうち，最大のものが洪秀全を指導者とする太平天国(l)の乱であった。他方で清はクリミア戦争敗北後に東方進出をめざすロシアとのあいだで 1858 年以降，いくつかの条約(m)を締結するにいたった。

太平天国の乱が平定されたのちに，同治中興(n)と呼ばれた時期がしばらく続き，西洋の学問や技術の導入がめざされ，洋務運動(o)が推進された。しかしながら，清を中心にしたこれまでの東アジアの国際秩序は，西洋列強の進出や日本の台頭などによって，脅かされつつあった。すなわち，1875 年に日本が起こした江華島事件によって，1876 年に日本とのあいだで朝鮮にとっての不平等条約が締結され，朝鮮支配をめぐり日清間の対立がにわかに深まっていった。その後，1882 年の壬午軍乱と 1884 年の甲申政変をへて，1885 年に日清間で締結された天津条約のもとで，東アジアではしばらくの間安定が続くことになる。しかし，朝鮮半島における 1894 年の甲午農民戦争（東学の乱）の勃発を契機として，ついに日清戦争が始まり，翌年日本の勝利に終わった。日清戦争における清の敗北をきっかけに，西洋の列強などは清の領土内における利権の獲得にしのぎを削ることとなった。

こうした情勢に強い危機感を抱いた中国の知識人によって，制度改革（変法）がめざされた。とくに 1898 年の戊戌(p)の変法において，光緒帝によって登用された官僚らが改革をめざした。しかし，これに対して改革に反対する保守派と組んだ宮廷の一派が戊戌の政変を引き起こし，変法は短期間のうちにあえなく頓挫したのであった。

設問 1　下線部(a)について。鄭和の大遠征に関する記述として正しいものには①を，誤っているものには②を，マーク解答用紙にマークしなさい。

(あ)　鄭和はチャンパー王国やマラッカ王国を拠点として活動した。

(い) 鄭和は南海諸国に遠征した。

(う) 鄭和の大遠征のときには，マレー半島のマジャパヒト王国が東南アジア最大の貿易拠点であった。

設問2 下線部(b)について。明の時期における書物に関する記述として誤っているものはどれか。2つ選んでマーク解答用紙にマークしなさい。

① 『四書大全』や『五経大全』といった経典の注釈書が編纂された。

② 『儒林外史』や『紅楼夢』といった小説が作成された。

③ 『本草綱目』や『天工開物』といった実学の書が刊行された。

④ 漢訳の『幾何原本』や世界地図である『坤輿万国全図』が作成された。

⑤ 実測地図である『皇輿全覧図』が編纂された。

設問3 下線部(c)について。万里の長城修築に関する記述として誤っているものはどれか。2つ選んでマーク解答用紙にマークしなさい。

① 秦は戦国時代以来の長城を修築することで，匈奴の侵攻に備えた。

② タタールが中国の北部に侵入し，明に圧力をかけたことが一因とされた。

③ 歴代のダライ=ラマとの対立がきっかけとなり，明代に万里の長城がさらにチベットまで延長された。

④ 明代の万里の長城の修築により，中国の農耕世界とモンゴルの遊牧世界の分離が進んだ。

⑤ 現在の万里の長城は，清の乾隆帝がその権威にかけて大改修したものである。

設問4 下線部(d)について。一条鞭法に関する記述として正しいものには①を，誤っているものには②を，マーク解答用紙にマークしなさい。

(あ) 土地税や人頭税，労役などの税を一括して銀で納めることが定められた。

(い) はじめに華北地方でおこなわれた。

(う) その実施のためには，永楽帝が作成を命じた魚鱗図冊や賦役黄冊が基礎となった。

設問5 下線部(e)について。当時の党争に関する記述として正しいものには①を，誤っているものには②を，マーク解答用紙にマークしなさい。

(あ)　東林派は東林書院に結集した宦官から構成された。

(い)　東林書院は，張居正に追われた顧憲成が設置した学問所であった。

(う)　非東林派は郷紳や官僚と結んだ反対派から構成された。

設問6　下線部(f)について。万暦帝の親政に関する記述として正しいものには①を，誤っているものには②を，マーク解答用紙にマークしなさい。

(あ)　万暦帝は17世紀前半に人口と土地を調査して税収の確保を図った。

(い)　万暦帝は里甲制や衛所制を実施した。

(う)　この時期の明の財政は日本への援軍派遣によって窮乏した。

設問7　下線部(g)について。遷界令に関する記述として正しいものには①を，誤っているものには②を，マーク解答用紙にマークしなさい。

(あ)　中国の内陸部の住民を沿海部に移す命令のことである。

(い)　経済的な活動を統制することを目的としたものである。

(う)　清はその後台湾への支配を強化していった。

設問8　下線部(h)について。この二つの条約に関する記述として正しいものには①を，誤っているものには②を，マーク解答用紙にマークしなさい。

(あ)　ネルチンスク条約では，外モンゴルで国境線が画定された。

(い)　ネルチンスク条約は，国際法に準拠して対等の形式で締結された条約である。

(う)　キャフタ条約では，アルグン川とスタノヴォイ山脈（外興安嶺）が両国の国境とされた。

設問9　下線部(i)について。軍機処に関する記述として正しいものには①を，誤っているものには②を，マーク解答用紙にマークしなさい。

(あ)　皇帝直属の補佐組織として設置された。

(い)　戦争・外交の指揮にあたるための組織である。

(う)　政治における最高決定機関であり，漢人がそこでの意思決定を主導した。

設問10　下線部(j)について。アヘン戦争の直接の引き金となったのは1839年における清の措置であった。その措置とは何か。下記の2つの語群から適切な語を1つずつ用いて，その措置について35字から40字以内で説明しなさい。

語群A：曾国藩　李鴻章　袁世凱　林則徐　劉永福

語群B：福州　南京　広州　天津　寧波

設問11　下線部(k)について。南京条約に関する記述として正しいものには①を，誤っているものには②を，マーク解答用紙にマークしなさい。

(あ)　上海などの沿海都市が開港されることになった。

(い)　片務的最恵国待遇や領事裁判権に関する規定が置かれた。

(う)　香港島が割譲され，清朝により賠償金が支払われることになった。

設問12　下線部(l)について。太平天国の諸政策に関する記述として誤っているものはどれか。2つ選んでマーク解答用紙にマークしなさい。

①　太平天国では，女性の纏足が禁止された。

②　太平天国では，辮髪が禁止された。

③　太平天国では，天朝田畝制度が実施され，平等な理想社会が実現した。

④　太平天国では，男女の区別なく組織され，同一の施設に収容され共同生活をおこなった。

⑤　太平天国では，「滅満興漢」が掲げられた。

設問13　下線部(m)について。当時ロシアと清のあいだで締結された条約に関する記述として正しいものには①を，誤っているものには②を，マーク解答用紙にマークしなさい。

(あ)　アイグン条約により，ロシアはウスリー川以東の沿海州をえて，ウラジヴォストークに軍港を置いた。

(い)　イリ条約により，ロシアは清に対してイリ地方の大部分を返還した。

(う)　北京条約により，アムール川（黒竜江）以北をロシア領に組み入れた。

設問14　下線部(n)について。同治中興に関する記述として正しいものには①を，誤っているものには②を，マーク解答用紙にマークしなさい。

(あ) 同治帝の元号により同治中興と称した。

(い) 満州人官僚の登用によって国内秩序の安定がもたらされた。

(う) 同治帝の母は西太后であった。

設問15 下線部(o)について。洋務運動に関する記述として正しいものには①を，誤っているものには②を，マーク解答用紙にマークしなさい。

(あ) 洋務とは主として，西洋の技術・軍事の導入にかかわる外国に関係する業務のことである。

(い) 兵器・紡績工場や汽船会社が設立されたほか，鉱山開発や電信事業がおこなわれた。

(う) 西洋に追いつくために急速な近代化がめざされ，近代的な議会制度が導入された。

設問16 下線部(p)について。戊戌の変法と政変に関する記述として誤っているものはどれか。2つ選んでマーク解答用紙にマークしなさい。

① 戊戌の変法とは，光緒帝が康有為を用いて，さまざまな改革の実施措置をおこなったことをいう。

② 戊戌の変法では，京師大学堂の設置，科挙の改革，学校教育の普及がめざされた。

③ 戊戌の変法では，大日本帝国憲法に倣った憲法大綱が制定・公布された。

④ 戊戌の政変では，西太后が袁世凱に命じてクーデタをおこさせ，光緒帝を幽閉した。

⑤ 戊戌の政変後，康有為と梁啓超はともに清朝政府に捕らえられ，長期にわたり身柄を拘束された。

Ⅲ つぎの文章は，感染症の歴史について述べたものである。よく読んで，下記の設問に答えなさい。(32点)

感染症が人類の歴史に影響を及ぼした例は枚挙にいとまがない。その一方で，人類の活動が感染症の拡大をもたらした側面も無視できない。そもそも感染症のリスクが高まったのは，定住により都市が発達して人々の接触が増加したためである。旧約聖書(a)など古代の史料にも感染症の広がりをうかがわせる描写が多くみられる。

特定の政治権力が支配領域を拡大すると，ある地域の風土病が他の地域にも広がった。例えばローマが地中海を囲む大帝国(b)を築いたことで，その領域内で人の往来が活発になり，人々が未知の感染症と接触する機会も増大した。キリスト教がローマ帝国内で大きく広まった理由のひとつとして，感染症の影響を指摘する研究者も存在する。ローマ時代の医師は患者を隔離することにのみ終始した一方で，キリスト教徒は積極的に病人を看護したためである。

同様に（　1　）国の支配領域の拡大は，ユーラシア大陸規模での人類の交流をもたらすと同時に，中央アジア(c)からペストが大陸全体に広がることを招いた。西欧では黒死病によって14世紀半ばに人口の3分の1の人々が死亡した(d)とされる。人口減少の影響は様々な観点から論じられる。

最も頻繁に論じられてきた感染症の衝撃は，ヨーロッパ人の侵攻に伴う中南米諸文明の崩壊に関するものであろう。中南米地域(e)における先住民の人口激減の多くは，ヨーロッパからもたらされた感染症によって引き起こされた。家畜化された哺乳類(f)の種類がユーラシア大陸よりも少なかったことで中南米に住む人々は病原菌との接触機会が相対的に少なく，感染症に対して脆弱であった。もっとも，中南米からユーラシア大陸にもたらされた(g)病原菌も存在する。

産業革命の進展により都市へ人口が集中(h)したことで，感染症の流行も頻発するようになる。例えばイギリスの各都市では，19世紀を通じてたびたびコレラが流行した。主な原因は飲料用水の汚染であったが，蔓延の背景には劣悪な生活環境があった。エンゲルスが著した『イギリスにおける労働者階級の状態』には，狭小な住宅に多くの家族が同居していることや低賃金ゆえの栄養状況の悪さなど，感染症の拡大をもたらす様々な要素が詳細に描写されている。

そのため19世紀後半以降には，公衆衛生の観点を取り入れた都市計画が重要視されるようになった。パリやウィーンの都市改造では，上下水道の整備とともに，住宅の密集を避けるための広い街路を整備した。もっともパリの都市改造では，大革命以来の度重なる民衆蜂起(i)の再発を警戒した治安当局が，細い路地などをなくしてバリケードの構築を難しくすることも目的とした。他方，イギリスの首都ロンドンでは区画整理のための合意を住民等から取り付けることに難航したため，行政主導の都市改造は困難であった(j)。

近代医学の発展により，人類は感染症に対抗する有力な手段を獲得した。例えば，近代看護制度の確立者として知られる（　2　）は，看護師として従軍したクリミア戦争(k)で統計的手法を用いた野戦病院の改革を行って，戦地での感染症による死者を劇的に減らした。コッホやパストゥールは感染症の原因となる細菌を発見して（　3　）の実用化に大きく貢献した。20 世紀にはフレミングがペニシリンを発見したことで抗生物質の製造が可能となった。

19 世紀以降，近代的な国民国家が成立するにつれて国民の健康水準は国力に直結したことから，各国政府は競って感染症対策に力を入れた。その中には，政府による（　3　）の実施の他，公教育を通じた公衆衛生に関する知識の周知も含まれた。さらに，南アフリカ戦争(l)での経験を通じて貧しい階層出身者の健康状況の悪さを目の当たりにしたイギリスのエリートたちは，感染症予防に限らず，より広く社会保障の充実に力を入れることとなる。

国家間の競争により引き起こされた戦争が感染症を拡大した事例もある。第一次世界大戦を経て「スペイン風邪」の流行として知られる感染症の拡大が起こった。この名称は，当時の人々が感染症の発生源をスペインであると誤解した(m)ことに起因する。ウイルスは戦地で蔓延し，帰還兵などを通じてさらに世界各地に広がった。

現在の感染症の拡大がいわゆるグローバル化と密接に結びついていることは明らかである。Covid-19 は文字通り全世界に蔓延することとなったが，過去に例のない規模の感染症拡大は，現代における世界の一体化の産物と言っても過言ではない。

設問１　空欄（１～３）に入るもっとも適切な語を記しなさい。

設問２　下線部(a)について。旧約聖書に関する記述として正しいものはどれか。2つ選んでマーク解答用紙にマークしなさい。

①　一切の動物の殺生を禁止する教えが説かれている。

②　この世を光の神と暗黒の神とのたえまない闘争の場と説いた。

③ 唯一神を絶対視する，一神教の教えが説かれている。

④ 後に救世主が出現して，教えを守る人たちが救済されると説かれている。

⑤ この書を書き残した者が最後の預言者であると説かれている。

設問3 下線部(b)について。以下の現在の国名のうち，その領土の全部または一部がローマ帝国の領域に含まれたことがない国として正しいものはどれか。2つ選んでマーク解答用紙にマークしなさい。

① エジプト ② チュニジア ③ イエメン

④ ルーマニア ⑤ アイルランド

設問4 下線部(c)について。中央アジア地域の歴史に関する記述として正しいものはどれか。2つ選んでマーク解答用紙にマークしなさい。

① 9世紀にウイグル系の住民の中から中央アジアに定住する者たちが増え，定住先の地域の一部がトルキスタンと呼ばれるようになった。

② 西トルキスタンを統一したティムール朝は，イランからイラクに至る地域を征服して隆盛を誇ったが，アンカラの戦いでオスマン帝国に敗れた。

③ ティムールの子孫バーブルは，アフガニスタンのカーブルを本拠として北インドに進出し，ムガル帝国の基礎を築いた。

④ テヘランを首都とするカージャール朝は，アフガン王国を滅ぼして中央アジアにも進出したが，南下するロシアに敗れ中央アジアから撤退した。

⑤ ロシア革命後に独立したウズベキスタンやトルクメニスタンなどの諸国は，冷戦中はアメリカ合衆国ともソ連とも距離をとる中立の姿勢を貫いた。

設問5 下線部(d)について。14世紀のヨーロッパにおいては，人口減少を受けて，領主と農民との関係において農民の地位が向上した。領主の中には，積極的に農民の地位向上を促した者もいた。なぜ，一部の領主はそのように行動したのか。10字以内で記しなさい。

設問6 下線部(e)について。中南米地域の歴史に関する記述として正しいものはどれか。2つ選んでマーク解答用紙にマークしなさい。

① トゥサン=ルヴェルチュールの指導の下でハイチがスペインから独立し

た。

② シモン=ボリバルの指導の下でボリビアがスペインから独立した。

③ マデロの指導でメキシコ革命が起こったが，アメリカ軍により鎮圧された。

④ ブラジルの大統領になったペロンが社会改革に着手した。

⑤ カストロの指導の下で革命が成功してキューバに社会主義政権が成立した。

設問7　下線部(f)について。ユーラシア大陸では多くの地域で家畜化されて軍事的にも利用されたものの，中南米では家畜化されていなかった哺乳類とは何か。名称を答えなさい。

設問8　下線部(g)について。中南米からユーラシア大陸に持ち込まれた作物として正しいものはどれか。すべて選んでマーク解答用紙にマークしなさい。

① トマト　② ジャガイモ　③ サトウキビ

④ 綿花　⑤ コーヒー豆

設問9　下線部(h)について。移動のための手段が充実したことも人口集中に拍車をかけた。19世紀に普及したその移動手段とは何か。名称を答えなさい。

設問10　下線部(i)について。ここで述べている，都市改造以前のパリを舞台とした民衆蜂起として正しいものはどれか。2つ選んでマーク解答用紙にマークしなさい。

① 三月革命　② 五月革命　③ 七月革命

④ 十月革命　⑤ 六月蜂起

設問11　下線部(j)について。この当時のイギリスでは人々の合意を取り付けるのが困難であったのに対して，フランスでは，なぜ相対的に容易に都市改造が可能であったのか。特に当時の政治体制の違いに着目して，両国を比較する形式で，50字以上60字以内で説明しなさい。

設問12 下線部(k)について。クリミア戦争前後の参戦国に関する記述として正しいものはどれか。2つ選んでマーク解答用紙にマークしなさい。

① オスマン帝国では，戦争後に国内に立憲制への要求が高まったためミドハト憲法が発布されたものの，新たな戦争を口実に憲法は停止された。

② ロシアでは，戦争の敗北を契機に改革の必要性がより強く認識され，農奴解放令が出されるなど近代化が試みられた。

③ イギリスでは，戦争中にチャーティスト運動が盛り上がったことを受け，国民の戦意維持を図るために政府は参政権の拡大を約束した。

④ フランスでは，戦争によって生じた国内の混乱に乗じてルイ=ナポレオンがクーデタを起こして第二帝政が成立した。

⑤ オーストリアでは，戦争を通じて国内のスラヴ系住民とゲルマン系住民の対立が深まったため，抑制するために二重帝国化して両者に自治を認めた。

設問13 下線部(l)について。次の南アフリカ戦争前後の出来事を起こった順番に並び替えたときに，2番目と4番目に位置するものはどれか。1つずつ選び，マーク解答用紙にマークしなさい。

① イギリスが日本と同盟を結んだ。

② ファショダ事件で英仏が衝突した。

③ ヴィルヘルム2世が即位した。

④ ロシアで血の日曜日事件が勃発した。

⑤ 日露戦争が勃発した。

設問14 下線部(m)について。以下の文章はこのような誤解が生じた理由を説明するものである。空欄（あ・い）に入るもっとも適切な語を記しなさい。

第一次世界大戦において，参戦国は［（あ）］体制を構築するために，自国に有利な情報を積極的に宣伝する一方で，感染症により兵士が死亡しているという不利な情報は隠ぺいしようとした。

スペインは［（い）］であったため，こうした情報統制をおこなわなかった。そのため多くの人々は，スペインのみが感染者が突出して多いと錯覚し，この感染症自体がスペイン起源であると誤解した。

政治・経済

(60分)

I　次の文章を読んで，下記の設問に答えなさい。(33点)

父と娘の対話

娘：今日学校で選挙についての授業があって模擬投票をしたんだ。

父：憲法改正国民投票の投票権が18歳以上とされたことを受けて，2015年に［ 1 ］法が改正され選挙権の下限年齢が引き下げられた。有権者になる生徒たちが政治への関心を高めるように先生もいろいろ工夫をされているようだね。

娘：スウェーデンなど北欧では若者の投票率が高いんだってね。

父：2018年のスウェーデン総選挙で18歳から29歳までの投票率は80%近かった。スウェーデンの中学・高校では各党の政治家を招いての討論会を開催することも珍しくない。さらに選挙管理委員会，教育庁などが協力して大々的な模擬投票がおこなわれ，40万人近い生徒が実際の政党に投票する。そしてその結果が全国民の注目を集めるんだ。

娘：だから若者の投票率がそんなに高いんだ。

父：模擬投票の効果だけではないと思うよ。スウェーデンでは若者を支える社会保障が充実していて，その分，若者が政治や行政に関心を持つことになるんじゃないかな。これに対して日本では，社会保障はあくまで高齢者向けが主で若者への支援は弱い。

娘：日本では高齢者の投票率が高くなり，政治家は高齢者からの支持を得ようとして，よけいに若者支援がおろそかになるって先生が言っていた。

父：シルバーデモクラシーなんて言葉もあるね。ところが日本でも支援を必要とする若者は増大しているんだ。2018年の相対的貧困率(A)を世代別にみると，男性の場合，最も高いのは80歳以上だが次に高いのは15歳から19歳の世代だ。

娘：低所得の若者が増えているとすれば，生活保護を広げるべきなのかな。

父：生活保護制度の利用は国民の権利でとても大事だ(B)。同時に若い世代に対しては，誰もが持てる力を発揮して社会で活躍できるよう支えることも必要だね。

娘：リスキリングって言葉を最近よく聞く。

父：職業訓練や生涯学習など学び直しの制度を整備して，人への投資を拡大していくことだね。男女を問わず一人ひとりが抱える様々な困難に対処しながら就労支援をしていくことが求められていると思う(C)。

娘：でも友達がブラックバイトでひどい目にあったって言ってた。

父：憲法27条では賃金，就業時間，休息など勤労条件について法律で定めることとし，子どもを酷使することを禁じている(D)。法で決められた勤労条件を守るのは雇用主の責任だが，若者の側もこうしたルールに通じておくことが大事だね。

娘：若者にとっては働くことだけではなく，結婚したり子どもを産み育てることも難しくなっているんじゃないかな。だから人口減少がすすむんでしょ。

父：2022年に新生児の数は77万人にまで落ち込み，一人の女性が一生に平均何人の子どもを産むかを示す［　2　］率は1.26となった。日本は，生産年齢人口の割合が高く経済成長にプラスになる人口ボーナスとの対比で，人口［　3　］と呼ばれる状態に入っている。これは，人口減少で生産年齢人口の割合が低くなり経済成長にマイナスに働く状態という意味だ。若い世代が家族をつくり次世代を育てることができるように支援することも不可欠だ。

娘：でも若者が選挙に行けば自動的にそうした政策が実現するわけじゃないよね。

父：日本の衆参両院の選挙制度では比例代表制と小選挙区や都道府県を基本とする選挙区制度の両方が採用されている(E)が，必ずしも政策本位の選挙になっているとは言いがたい。若者が自分たちのための政策を選択しにくくなっているのも事実だね。若い世代の政治家を増やしていくことも重要だ。選挙権年齢が引き下げられても，被選挙権は参議院で［　4　］歳以上，衆議院で［　5　］歳以上と変わっていない。

娘：若者は働くことも，子育ても，政治参加もがんばれって言われるけど，お父さんたちや，もっと上の世代の人たちはどうなんだろう。高齢世代は私たちの払う税や保険料で年金をたくさんもらって安泰なんだって言う友達もいた。

父：決して高齢世代が安泰なわけではなく，むしろ日本の高齢者の貧困率は高いんだ。多くの高齢者が働き続けたいと願っていて，2004年に［　6　］安定法が改正され，65歳まで働き続ける条件が段階的に整備されることになった。さらにその後，

70歳までの雇用継続も努力義務になっている。私も若い世代といっしょにがんばっていきたいよ。

問1　空欄（1～6）を埋めるのに最も適切な語句または数字を答えなさい。

問2　下線部Aに関して，日本の統計で使われる相対的貧困率とはどのように定義されるかを30字以内で説明しなさい。ただし，句読点は字数に含めない。

問3　下線部Bに関して，生活保護は公助であるといわれる。これに対して，私たちが支え合う社会保険制度や地域社会のつながりは公助や自助との対比で何と呼ばれるか答えなさい。

問4　下線部Cに関して，下記の説明のうち，正しいものにはイを，誤っているものにはロを，マーク解答用紙にマークしなさい。

a．2015年の労働者派遣法改正によって，企業は26の専門業種を除いて3年を限度に派遣労働者を使い続けることができるようになった。

b．2018年に同一労働同一賃金の実現を目指す働き方改革関連法が制定された。

c．失業手当などの現金給付で失業している若者たちの生活を支援する施策を，積極的労働市場政策と呼ぶ。

d．女性の年齢別労働力率は日本ではM字型のカーブを描き，M字の底にあたる20代後半から40代にかけての労働力率が近年いっそう低下している。

問5　下線部Dに関して，次の各問に答えなさい。

(1)　憲法27条2項にもとづき，第1条に「労働条件は，労働者が人たるに値する生活を営むための必要を充たすべきもの」としてその労働条件について定めた法律の名前を答えなさい。

(2)　(1)の法律では何歳までが児童労働とみなされ禁じられているか。その年齢になった誕生日に働くことを想定して答えなさい。

(3)　(1)の法律などの遵守を監督することを業務として，おもな市町村などに設置され企業への立ち入り検査もおこなう国の機関の名前を答えなさい。

問6　下線部Eに関して，衆議院議員選挙の制度の説明にはイを，参議院議員選挙の制度の説明にはロを，いずれにも妥当するものにはハを，いずれにも妥当しないものにはニをつけなさい。解答はマーク解答用紙にマークしなさい。

a．比例代表制では拘束名簿式の投票である。

b．比例代表制の当選者数の決定にあたっては各政党の得票数を奇数で割っていく方式がとられている。

c．比例代表制の当選者決定にあたっては惜敗率が使われることがある。

d．都道府県別・ブロック別の定数配分にあたってはアダムズ方式が導入された。

Ⅱ　次の文章を読んで，下記の設問に答えなさい。(34点)

政府の経済活動のことを財政(A)という。今日の経済において，財政の占める割合は大きい。2022年度における国の一般会計予算の額は，約 [あ] 兆円に達する。財政は，1年を会計年度とし，予算に基づいて行われている。国の予算は，内閣が作成して国会に提出し，国会の議決により成立する。

財政の機能として，第1に，資源の配分機能がある。人々の生活に必要な財やサービスの中には，市場においては十分に提供されないものがある。例えば，国防，警察，社会資本整備などの公共財は，ある人が消費しても他の人の消費が妨げられず(B)，料金を支払わない者にそれを消費させないことができない(C)という性格があるため，市場においては提供されない可能性がある。そのため，それらは政府が公共サービスとして提供する必要がある。

第2に，所得の再分配機能がある。累進課税制度により高所得者に対して高い税負担を課す一方で，社会保障制度等により経済的な弱者を中心に給付を行うことで，市場による所得の分配を修正している。

第3に，経済安定化の機能がある。政府は，財政政策を通じて有効需要を調整することにより，景気の極端な過熱や不況の深刻化を避け，経済を安定化させようとしている。また，今日の財政には，景気変動により自動的に税負担や社会保障給付が増減する機能（ビルト＝イン＝スタビライザー）があるといわれる。

公共サービスを提供するための財源調達が，租税(D)の基本的な機能である。租税のあり方に関しては，公平， [1] ， [2] という3つの原則がある。公平の原則には，同じ経済力の者は同じ税負担をすべきであるという水平的公平と，より経済力のある者はより大きな税負担をすべきであるという垂直的公平がある。また，今日では，それぞれの世代の受益と負担のバランスという，世代間の公平も問題となっている。

［ 1 ］とは，税制ができるだけ個人や企業の経済活動における選択を歪めることがないようにするということである。また，［ 2 ］とは，税制の仕組みをできるだけ納税者が理解しやすいものとし，できるだけ徴税や納税のための費用がかからないようにするということである。

日本には，個人の所得に対する所得税，法人の所得に対する法人税，財やサービスの消費に対して負担を求める消費税など，様々な租税が存在している。第二次世界大戦後は，シャウプ勧告に基づく税制改革により，所得税を中心とする税制をとっていた。これは，所得税が，累進税率を用いることにより垂直的公平性を実現しやすいことや，個々の納税者の実情に応じたきめ細かい配慮ができることなどの長所を有すると考えられてきたためである。他方で，所得税には，厳しい累進税率を用いると人々の勤労意欲を阻害するおそれがあることや，所得の正確な捕捉が必ずしも容易ではないことなどの短所も指摘される。

1989年に消費税が導入され，その後税率が引き上げられた結果として，今日では消費税のウエイトが高まっている。消費税は，消費に対して広く公平に負担を求めることができるので，水平的公平性や世代間の公平性の点で優れているといわれる。他方で，$_E$<u>消費税の逆進性</u>に対する批判も根強いものがある。

日本の財政においては，公債金収入及び公債費が大きな割合を占めている。$_F$<u>公債</u>には，国が発行する国債と，地方公共団体が発行する地方債がある。日本の財政の課題として，歳出の増加に対して税収が伸び悩み，その差が年々拡大する傾向にある。両者の差を埋めるために公債発行に依存した結果として，国と地方を含めた長期債務残高は，2019年度末において約［ い ］兆円に達するが，これは日本の国内総生産の約［ う ］倍に相当し，主要先進国の中で最悪の水準にある。

問１　下線部Aの財政に関する次の文のうち，正しいものにはイを，誤っているものにはロを，マーク解答用紙にマークしなさい。

a．地方交付税交付金は，国から地方公共団体に対して，その人口及び面積に応じて交付される。

b．特別会計予算とは，当初の予算作成後に生じた事情により必要が生じた場合に，国会の議決を経て当初の予算を変更することをいう。

問2　文中の空欄（1，2）を埋めるのに最も適切な語句を，それぞれ漢字2文字で答えなさい。

問3　文中の空欄（あ～う）を埋めるのに最も適切な数字を，次の選択肢（a～f）の中から1つ選びなさい。解答はマーク解答用紙にマークすること。

a．2　b．5　c．22　d．108　e．550　f．1100

問4　下線部B及びCを示す最も適切な語句を，それぞれ漢字4文字で答えなさい。

問5　下線部Dの租税に関する次の文のうち，正しいものにはイを，誤っているものにはロを，マーク解答用紙にマークしなさい。

a．国，都道府県及び市町村が，それぞれ課税を行っている。

b．日本国内で財やサービスを購入して消費する者は，日本国籍の有無を問わず，消費税の納税者となる。

c．日本国憲法は，新たに租税を課す場合だけでなく，既に存在する租税を変更する場合も，法律又は法律の定める条件によることを定めている。

問6　下の図1は，日本の一般会計予算における歳出の割合の推移を示したものである。図1〔ⅰ〕～〔ⅳ〕に，次の語句を正しく当てはめなさい。解答はマーク解答用紙にマークすること。

a．社会保障関係費　b．地方交付税交付金等　c．公共事業関係費

d．国債費

図1　一般会計歳出の主要経費別割合の推移（会計年度）

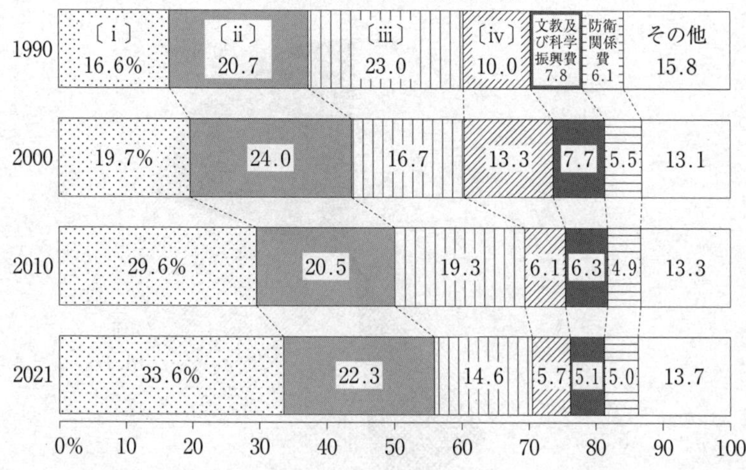

日本国勢図会 2021/2022 年版 352 頁　図 28-2 より作成。

問7　下線部Eの消費税の逆進性に関する次の文のうち，最も適切なものを1つ選びなさい。解答はマーク解答用紙にマークすること。

a．所得の多い者ほど，所得に対する税負担の割合が小さくなること。

b．所得の多い者ほど，消費に対する税負担の割合が小さくなること。

c．消費の多い者ほど，所得に対する税負担の割合が小さくなること。

d．消費の多い者ほど，消費に対する税負担の割合が小さくなること。

問8　下の図2は，2022 年度予算における国の一般会計歳入総額の比率を示したものである。図2〔i〕～〔iii〕に，次の語句を正しく当てはめなさい。解答はマーク解答用紙にマークすること。

a．所得税　　b．法人税　　c．消費税

図2

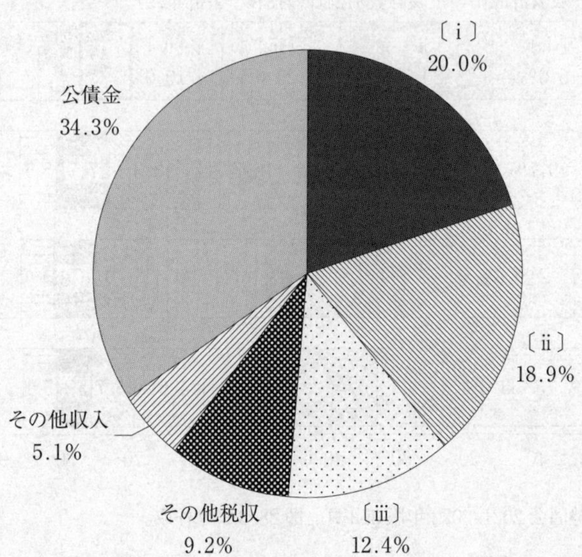

財務省「日本の財政関係資料（令和4年4月）」より作成。

https://www.mof.go.jp/policy/budget/fiscal_condition/related_data/202204.html

問9　下線部Fの公債に関する次の文のうち，正しいものにはイを，誤っているものにはロを，マーク解答用紙にマークしなさい。

a．国債は，公共事業費などのために発行される財投債，歳入不足にあてるために発行される特例国債（赤字国債），東日本大震災からの復興のために発行される復興債に分かれる。

b．（設問省略）

Ⅲ　次の文章を読んで，下記の設問に答えなさい。(33 点)

姉妹の会話

日本銀行の主要時系列統計データ表*)による

*)東京市場　ドル・円　スポット　17 時時点/月中平均

(為替相場（東京インターバンク相場）(月次))

[https://www.stat-search.boj.or.jp/ssi/cgi-bin/famecgi2?cgi=$graphwnd]

姉：試験準備大変ね。日銀のウェブページで 1973 年 1 月から 2022 年 4 月までの対ドル円相場をグラフにしてみたよ。

妹：あ，…ありがとう。

グラフの①のところ，1970 年 1 月から 1972 年 12 月のグラフは描けないの？

姉：ここはデータがないところ。影響の大きかった 1971 年 8 月の［ 1 ］の前後は<u>こんなグラフ</u>(A)になるはずよ。

妹：授業でもらったプリントには「1976 年には変動為替相場制が［ 2 ］によって承認（1978 年発効）されるとともに，金にかわってＳＤＲの役割を拡大することが決められた」って書いてあるよ。

姉：ＳＤＲは「<u>特別引き出し権</u>(B)」だね。

妹：うん。

グラフの②から急激な円［あ］になって，③で戻って，④からまた円［あ］になってるね。

姉：④があの有名な［3］よ。1985年9月って，試験に出るやつ。

妹：［3］ってなに？

姉：［4］が協調介入したことを言うの。

妹：そうなんだ。…でも⑤までのあたりでまた動いているけど，なんかあった？

姉：まず，④からの急激な円［あ］で日本製品の輸［い］の急増が抑えられた。

妹：それはわかる。

姉：これでアメリカとの貿易摩擦は緩む。それはつまり日本にとって不況ね。

妹：でも，円［あ］で輸［う］には有利なんでしょ？　色々なコストが下がるから暮らしやすくなるんじゃないの？

姉：プリントでは，この時期の<u>産業空洞化</u>(C)が，それに関係ありそうに書いてある。…あなたの政経の先生，プリント多いね。

妹：「政府は，経済を［え］需主導型から［お］需主導型へと転換しようとしたが，貿易摩擦がすすんだ」だって。すすんじゃったんだ…。

姉：こっちのプリントに，1980年代から1990年代の日米関係について書いてあるけど，覚えてる？　貿易摩擦についてだけど。

妹：覚えてる。「［か］」だよ。

姉：うん，大丈夫そうね。

妹：でもさ，不況なのに［5］なの？

姉：プリントには「1986年末には不況を脱した。…低金利政策はその後も継続された」って書いてある。不況のときに低金利政策というのはわかるけど，不況じゃなくなってもお金を調達しやすくしたから［5］なんだね。

妹：それで，⑥でなんかがあって，⑦でもなんかがあったんだ！

姉：調べると，⑥は1995年4月，⑦が1998年6月，⑧は2011年8月だから，⑥も⑧も地震のあとだけど，きっとこれだけが理由じゃないよね。⑦も説明が難しいんだろうな。

妹：プリントには「為替相場の変動要因としては，各国の物価水準や金利水準，国際収支の動向などが重要な役割を果たす。…そのほか，将来の為替相場の変動を予想して人々が投機をおこなうことで，為替相場が変動することもある」だってさ。相場の理由が説明しづらくなってるってことでしょ。難しすぎ。

姉：「物価水準の国際的な格差から決まる理論上の為替相場を［　6　］という。ある商品がアメリカでは5ドル，同じ商品が日本では400円なら，［　6　］は1ドル＝80円となる」とも書いてあるわ。理論もあるのね。

妹：為替相場って難しいね。

姉：いくつもの理由があるんだから，なにが理由かなんて単純な問題は試験に出ないと思うことにしようか。

問1　会話の文中の空欄（1～6）に入る最も適切な語句を，下記の選択肢（a～l）の中からそれぞれ1つ選びなさい。解答はマーク解答用紙にマークすること。

a．ニクソンショック　b．関税の引き下げ　c．高度経済成長
d．バブル経済　e．プラザ合意　f．キングストン合意
g．G7　h．G5　i．スミソニアン協定
j．資源依存　k．ファンダメンタルズ　l．購買力平価

問2　下線部Aのグラフとして最も適切なものを下記の選択肢（ア～エ）の中から1つ選びなさい。解答はマーク解答用紙にマークすること。

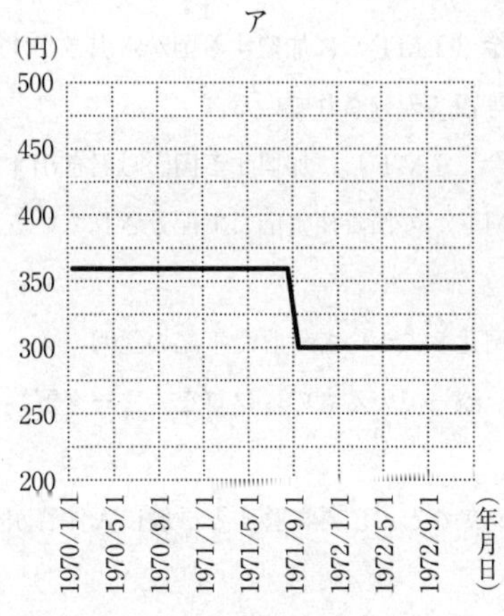

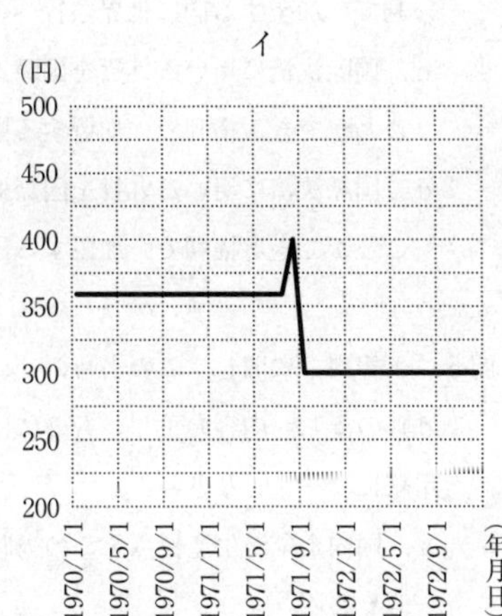

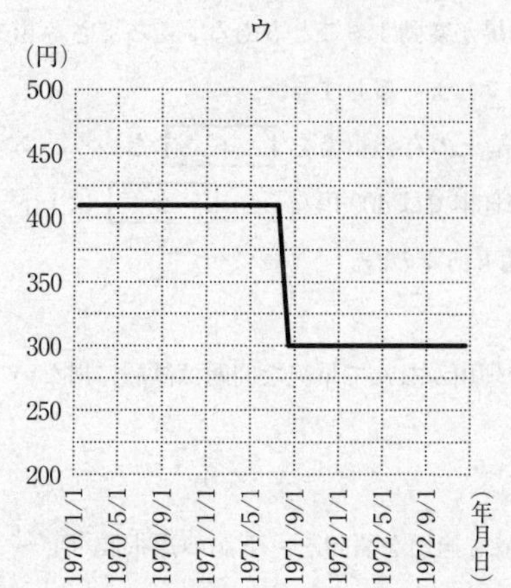

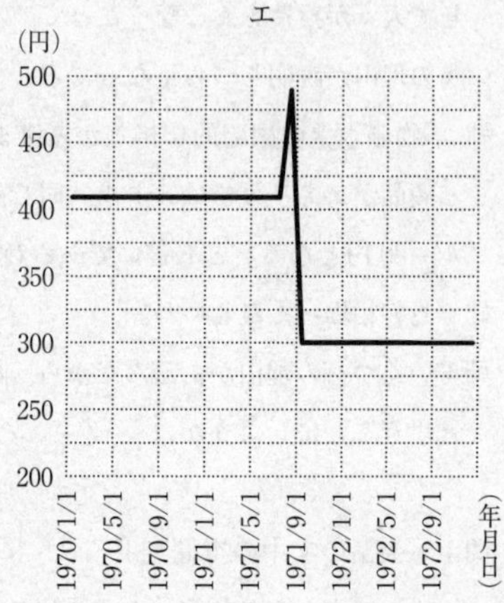

問３　空欄（あ～お）に入る最も適切な字を答えなさい。

問４　下線部Ｂに関し，下記の説明（ａ～ｄ）のうち最も適切なものを１つ選び，マーク解答用紙にマークしなさい。

ａ．国際決済に用いる外貨を世界銀行に加盟する国から引き出すことができる権利で，加盟する国に均等額で配分されている。

ｂ．国際決済に用いる外貨を世界銀行に加盟する国から引き出すことができる権利で，加盟する国に世界銀行への出資額に応じて配分されている。

ｃ．国際決済に用いる外貨を国際通貨基金（ＩＭＦ）に加盟する国から引き出すことができる権利で，加盟する国に均等額で配分されている。

ｄ．国際決済に用いる外貨を国際通貨基金（ＩＭＦ）に加盟する国から引き出すことができる権利で，加盟する国にＩＭＦへの出資額に応じて配分されている。

問５　下線部Ｃに関し，この当時の「産業空洞化」について示した下記の説明（ａ～ｄ）のうち，内容の正しいものにはイを，誤っているものにはロを，マーク解答用紙にマークしなさい。

ａ．国内企業が生産拠点をこの当時のアジアなどの国外に移すと一般に人件費が低くなる。

ｂ．生産拠点を国外に移した企業は，国際連合の定義する多国籍企業である。

ｃ．国内企業が生産拠点を国外に移すと日本の国際収支（金融収支）の直接投資が増加する。

d．国内企業が最終財の生産拠点を国外に移すと日本の輸出総額に占める部品の割合が増える。

問6　空欄（か）に入り得る文として下記の選択肢（a～c）がある。内容の正しいものにはイを，誤っているものにはロを，マーク解答用紙にマークしなさい。

a．アメリカはこのとき日本に輸出の自主規制を求めるなど保護貿易的な措置をとっていたことになる

b．日本には不公正な取引慣行があるとアメリカに言われた日本は，独占禁止法の運用を強化した

c．日本には非関税障壁があるとアメリカに言われた日本は，規制緩和をした

数 学

(60分)

I 実数 α, β, γ が関係式

$$\alpha+\beta+\gamma=1 \qquad \cdots\cdots ①$$
$$\alpha^2+\beta^2+\gamma^2=5 \qquad \cdots\cdots ②$$
$$\alpha^3+\beta^3+\gamma^3=2 \qquad \cdots\cdots ③$$

をみたしている。このとき，以下の問いに答えよ。(40 点)

(1) $\alpha\beta+\beta\gamma+\gamma\alpha$ の値を求めよ。

(2) 次の式 P を計算せよ。

$$P=(x+y+z)(x^2+y^2+z^2-xy-yz-zx)-(x^3+y^3+z^3)$$

(3) $\alpha\beta\gamma$ の値を求めよ。

(4) $\alpha^4+\beta^4+\gamma^4$ の値を求めよ。

II　座標平面上の異なる 4 点 O，A，B，C を考える。O，A，C の座標はそれぞれ $(0,0)$，$(4\sqrt{3},0)$，$(\sqrt{3},7)$ である。また，B は

$$\sqrt{3}\,\mathrm{CO} = \sqrt{3}\,\mathrm{CB} = \mathrm{OB}$$

をみたすような点とする。ただし，B の x 座標は正とする。このとき，以下の問いに答えよ。(30 点)

(1)　C を中心とし，O を通る円の方程式を求めよ。

(2)　$\triangle$OAB の内部に点 P をとる。$\angle\mathrm{OPA} = 120^\circ$ が成り立つとき，3 点 O，P，A を通る円の中心の座標を求めよ。

(3)　(2) の点 P がさらに，$\angle\mathrm{OPB} = 120^\circ$ をみたすとする。P の座標を求めよ。

III　a を定数とし，$f(x) = -x^3 + 3ax^2 + 3a^2 - 2a$ とおく。また実数 t に対し，点 $\mathrm{P}(t, f(t))$ における曲線 $y = f(x)$ の接線と y 軸との交点の y 座標を $g(t)$ とおく。このとき，以下の問いに答えよ。(30 点)

(1)　導関数 $f'(x)$ を求めよ。

(2)　$g(t)$ および $g'(t)$ をそれぞれ求めよ。

(3)　曲線 $y = f(x)$ の接線のうちで原点を通るものが 1 本だけ存在するような a の値の範囲を求めよ。

⑽「やをら取り出だして」

A　急いで櫃から取り出して
B　そっと静かに雉を取り出して
C　やっとのことで雉を取り出して
D　どきどきしながら櫃から取り出して

〔問四〕　傍線⑼「あさましう」と思った理由としてもっとも適当なものを左の中から選び、符号で答えなさい。

A　雉を捕まえて晩までに兼通邸に持って行けば必ず買ってくれる、という噂が本当だったから。
B　寝酒の供に調理したてのものを食べると縁起が良い、という俗説を鵜呑みにしていたから。
C　捕まえた雉を入れておくのには沓櫃が良い、という風説を真に受けて実施していたから。
D　兼通が毎晩の寝酒の際に殺したばかりの雉肉を食べている、という噂が事実だったから。
E　兼通は珍しい雉肉も生で食べるほどの食通である、という人々の評判が本当だったから。

〔問五〕　傍線⑿「殺生は殿ばらの皆せさせたまふことなれど、これはむげの無益のことなり」の解釈としてもっとも適当なものを左の中から選び、符号で答えなさい。

A　身分の高い方々が皆狩りで殺生をなさるのは仕方ないが、日常生活での殺生は意味もなく残酷なことである。
B　殺生は身分の高い方々が皆なさることだが、罪に陥れるためのこんな殺生はとんでもなく非道なことである。
C　殺生は高貴な方々が皆なさることではあるが、好物のための殺生は全く何の役にも立たないことである。
D　狩りでの殺生は身分ある方々皆がなさっているが、業遠の放鳥はそれに反する全く教養の無いことである。
E　高貴な方々皆がなさっている殺生とは異なるが、業遠の行為は結局雉を死に追いやる無謀なことである。

ウ　「こと」は「言」と「琴」の掛詞である。

エ　「筋縄」には、〝血筋〟と〝琴の絃〟の意が掛けられている。

オ　「うち」「神」「筋縄」「ぬける」は、すべて「琴」の縁語である。

〔問三〕　傍線(3)(4)(5)(10)の解釈としてもっとも適当なものを左の各群の中から選び、それぞれ符号で答えなさい。

(3)　「ことはてて内へ参らせたまひざまに」

A　琴の演奏が終わり寝殿に参ろうとされた途中に
B　琴の演奏が終わり参内なさろうとしたときに
C　宴が終わり寝殿に参ろうとされた途中に
D　宴が終わり参内なさろうとしたときに

(4)　「けしきばかりうちかなでさせたまへりし」

A　ほんの形だけ舞われた
B　即興でお詠みになった
C　ごく一部を演奏なさった
D　少し急ぎ気味で奏上した

(5)　「持て参りあふべきならねば」

A　すぐに用意して持参しないといけないので
B　それぞれが持ち寄るわけにもいかないので
C　そのときに持参することもできないので
D　生きたまま持ち寄ってはいけないので

とはまことなりけり』と(9)あさましうて、人の寝にける折に、(10)やをら取り出だして、懐に差し入れ(11)て、冷泉院の山に放ちたりしかば、ほろほろと飛びてこそ去にしか。し得たりし心地は、いみじかりしものかな。それにこそ、我は幸ひ人なりけりとは覚えしか」となむ語られける。(12)殺生は殿ばらの皆せさせたまふことなれど、これはむげの無益のことなり。

（『大鏡』）

注　この殿……藤原兼通。　御着袴……幼児が初めて袴を着ける儀式。　貞信公……兼通の祖父忠平。
貫之……紀貫之。歌人。　神……藤原氏の祖先神。　臨時客……正月二日に摂関家で公卿を招いて開いた宴。
後夜……午後十一時半から午前三時ごろをいう。　卯酒の御肴……毎日の寝酒と共に食するもの。
業遠……高階業遠。後に道長の家臣となる。　冷泉院……堀河院の近くにある御所。

〔問一〕　傍線(1)(6)(7)(8)(11)に用いられている「れ」の文法的説明としてもっとも適当なものを左の中から選び、それぞれ符号で答えなさい。

A　完了の助動詞　　B　受身の助動詞　　C　断定の助動詞の一部　　D　尊敬の助動詞の一部
E　動詞の一部

〔問二〕　傍線(2)の和歌の説明として合致しているものに対してはA、合致していないものに対してはBの符号で答えなさい。

ア　この歌は、貫之が貞信公に依頼されて、贈り物の琴の素晴らしさを説明した歌である。
イ　この歌は、神を祖先に持つ兼通の正統性と将来を慶祝している歌である。

ある。

オ　リズムの共鳴のかたちにも、共鳴の欠如の姿にも千差万別の多様性があり、その違いのそれぞれがふたたび身体に帰って刺激を与え、常識はその刺激の現れを知覚と名づけているが、リズムの共鳴はこのように私たちの認識の領域にも関与している。

三　次の文章を読んで、後の問に答えなさい。（30点）

この殿の御着袴（ちゃくこ）に、貞信公（ていしんこう）の御もとに参りたまへる、贈り物に添へさせたまふとて、貫之（つらゆき）のぬしに召したりしかば、奉(1)れたりし歌、

(2)ことに出（い）でで心のうちに知らるるは神の筋縄ぬけるなりけり

引出物（ひきいでもの）に、琴をせさせたまへるにや。

御かたちいと清げに、きららかになどぞおはしましし。堀河の院に住ませたまひしころ、臨時客の日、寝殿の隅の紅梅盛りに咲きたるを、(3)ことはてて内へ参らせたまひざまに、花の下に立ち寄らせたまひて、一枝を押し折りて、御挿頭（かざし）にさして、(4)けしきばかりうちかなでさせたまへりし日などは、いとこそめでたく見えさせたまひしか。

この殿には、後夜（ごや）に召す卯酒（ぼうしゅ）の御肴（さかな）には、ただ今殺したる雉（きじ）をぞ進（まゐ）らせける。(5)持て参りあふべきならねば、宵よりぞまうけて置か(6)れける。業遠（なりとほ）のぬしのまだ六位にて、はじめて参れる夜、御沓櫃（くつびつ）のもとに居（ゐ）(7)られたりければ、櫃のうちに、物のほとほととしけるがあやしさに、暗（くら）まぎれな(8)れば、やをら、細めに開けて見たまひければ、雉の雄鳥（をとり）かがまりをるものか。「『人のいふこ

きる。

E　他人の身体でも、同じリズムで踊ることで完全な共鳴が成立すれば、その瞬間だけは自他の相異はなくなったというべきであり、同じリズムを刻む二つの身体は一つの身体になり、さらに一つの肉体へと融合することになるというべきである。

〔問四〕次の文ア～オのうち、本文の趣旨と合致しているものに対してはA、合致していないものに対してはBの符号で答えなさい。

ア　人の肉体は誕生から死まで絶え間ない変化に曝され、動物同様に自然のリズムに貫かれているが、文明的身体はそのようなリズムとは異なる独自のリズムを刻み、肉体が身体に大きな影響を及ぼすという現実を超える人間固有のあり方を示している。

イ　乳児が母乳を吸引する際には、口腔内に陰圧をつくり、母乳の充満を待ち、それを嚥下するという三拍子のリズムを踏むが、母親の乳房を圧迫する際には両手を交互に動かす二拍子となり、身体行動は常にこの二つの拍子に支配されている。

ウ　成長、成熟、老化の節目を祝いまた慰める行事は世界中に見られるが、行事を行う具体的な年齢が文明圏で異なるのは、それぞれの文明圏で肉体的な条件が異なっていることに対応しているからであり、行事をする年齢もおのずから異なる。

エ　舞踏家が手と足を別のリズムで動かしながら全身で一つのリズムを表現したり、ピアニストの両手の指が違うリズムを刻んだりするのも、異なるリズムを意識的に寄せ集めるのではなく、芸術家の肉体が本能的に突き動かされるからで

D　人間の特徴は身体のリズムが肉体のリズムに優越していることにあり、肉体は文明的身体の指導を受け、新しいリズムをつくるばかりか、その構造さえ一部変形するようになり、ついには身体のリズムに完全に同化してしまう。

E　文明的身体と生理的肉体はそれぞれ固有のリズムを共鳴させあっているのみならず、これら二つのリズムが融合することで身体と肉体も融合して一つになり、これを通して他者とは異なる個人が成立するとも考えられる。

〔問三〕　傍線(3)「一般にリズムが他のリズムと共鳴しうること、現に共鳴しあっていることは広く知られている」とあるが、この共鳴についての著者による説明としてもっとも適当なものを左の中から選び、符号で答えなさい。

A　航行する蒸気船が潮の干満のリズムに乗せられ、上下する波のリズム、前後左右する風のリズムに同調するとともに、船そのもののリズムにも揺すられているように、リズムは本来的に共鳴するものであり、リズムはどれも共鳴の産物といえる。

B　舞踏家が手足を別のリズムで動かしながら一つのリズムを表現したり、ピアニストの両手の指が違うリズムを刻んだりするように、異なるリズムが融合され統一されたリズムとなるのは、実は同じリズムを違う形で表現しているからである。

C　身体とその環境のあいだにも共鳴の関係が働き身体の全行動を条件づけているが、むしろ身体と環境の区別は共鳴によってもたらされていて、環境がもつリズムとは異なるリズムを身体が刻んでいるがゆえに身体は環境と区別されることになる。

D　同一の生理的肉体の内でも、瞳孔の反射的な拡縮などはリズムをもたず、身体行動と共鳴する可能性はありえないから、純粋な生理的肉体であり物理的自然の一部としかいえないが、芸術家はそれを身体のリズムに共鳴させることがでズムはあらゆる人間に共通で、このような共通のリズムから身体は個人に属すものというより種族生命そのものである。

B　個人の身体はほかに例を見ない求心力に恵まれていて、その単位形成の力は抜群の強さを示すが、身体の単位は、誕生と死という明確な断絶に前後を挟まれて形成され、求心力は生命力の増加と衰退に対応するリズムを作り出す。

C　生まれたての乳児の段階から人間の運動はリズムに乗せられており、乳児の最初の能動的な行動である母乳の吸引も、口腔内に陰圧をつくり、母乳の充満を待ち、それを嚥下するという、母親の指導の下での三拍子のリズムを踏む。

D　二足歩行のような高度の習慣形成にはおとなの指導が不可欠で、その指導が可能となるのは幼児の身体が運動のリズムを学習するからであり、本能から習慣への移行も幼児が学習したリズムを手がかりに先の段階へ進むことで実現する。

E　成長、成熟、老化の節目を祝いまた慰める行事は世界中に見られ、毎年の誕生日を記念する風習も普遍的に定着しており、リズム単位である身体の完結性は現在という部分を生涯という全体に有機的に結合することで高められよう。

〔問二〕傍線(2)「この文明的な身体と生理的な肉体、いわゆる自然物としての肉体との特異な関係」とあるが、その説明としてもっとも適当なものを左の中から選び、符号で答えなさい。

A　身体と肉体の関係は、前者の運動を後者が伝動しまたこれに抵抗もする点で海の波と海水の関係に似ているが、肉体は身体のリズムとは異なるそれ固有のリズムを刻んでおり、この点では海の波と海水の関係とは異なっている。

B　一個の個物としての肉体は身体と一対一の関係を結ぶとともに、そのものとしての動物にも共通する固有のリズムを刻んで生きていて、このリズムは身体にも重大な影響を及ぼし、ついには肉体のリズムが身体のリズムとなってしまう。

C　肉体のリズムである心拍とそれに繋がる循環器のリズム、咀嚼から排泄に至る消化器のリズム、睡眠と覚醒を繰り返す脳神経のリズムなどは自然のリズムだが、身体のリズムと相互関係があり、身体のリズムにより変化させられる。

すぎないのだから、その完結性は強いとはいえ、絶対的な独立性を保持するわけではない。特定の身体と別の身体、自然的、文明的環境とそこに生きる身体との区別は、それぞれに働くリズムの異同によって決定されるのである。

たとえば同一の生理的肉体の内でも、瞳孔の反射的な拡縮などはリズムをもたず、身体行動と共鳴する可能性はありえないから、これは純粋な生理的肉体、身体外部に広がる物理的自然の一部だとしかいいようがない。逆に生理的肉体としては区別される他人の身体でも、ともに同じリズムで踊って完全な共感（empathy）が成立すれば、その瞬間だけは自他の相異はなくなったというべきだろう。一般に、身体の内部と外部を区切るのは固定的な外郭ではなく、リズムの共鳴の強弱という漸層的な変化だと考えられるのである。

そしてこの共鳴のかたちにも、逆に共鳴の欠如の姿にも千差万別の多様性があって、その違いのそれぞれがふたたび身体に帰って刺激を与える。この段階できわめて大雑把にいえば、この身体の刺激の現れを常識は知覚と名づけ、認識の与件と呼び習わしているのだと、理解して大過ないであろう。

（山崎正和「リズムの哲学ノート」による）

注　識閾……ある意識作用の生起と消失の境界。　嵌入……はめこむこと。はまりこむこと。

〔問一〕　傍線(1)「リズムは世界中の随時、随所に現れる現象であるが、その現れの場所として、特記すべき独特の存在が人間の身体である」とあるが、身体とリズムに関する著者の考えとしてもっとも適当なものを左の中から選び、符号で答えなさい。

A　個人の身体は種族の生命の長い流動のなかで紛れ難い単位を形作り、成長、成熟、老衰という生涯の段階を踏んだリにもかかわらず、人間が人間であるゆえんはこの現実を超えるところにあり、身体のリズムが肉体のリズムに優越している点にあることは、論を俟たない。肉体はあくまでも文明的身体の指導を受け、新しいリズムをつくるばかりか、その構造さえ一定の範囲で変形することがある。幼児が台に縋って立ちあがろうとするのは、骨格や筋肉がそれにふさわしく成長するからだが、そのまえに二足歩行という文明的身体の習慣があって、その影響が幼児を二足で立つ方向に誘導しているのは明らかだろう。

こうして文明的身体と生理的肉体とは互いに嵌入しあい、それぞれに固有のリズムを共鳴させあっていると見ることができる。むしろ二つのリズムが複合して新しいリズム単位を形成したとき、それが始めと終わりとを持ち、他人と区別される個人の生涯の誕生だといってもよい。

(3)一般にリズムが他のリズムと共鳴しうること、現に共鳴しあっていることは広く知られている。航行する蒸気船は潮の干満のリズムに乗せられ、上下する波のリズム、前後左右する風のリズムに同調するとともに、船そのもののエンジンのリズムにも揺すられている。船が安全に航行しているとは、これらすべてのリズムが好調に共鳴しあい、一つの内なるリズムを合成しているということであって、それが崩れれば波も風もにわかに外なる障害となって船を脅かすのである。

これを身体運動に限って考えても、舞踏家が手と足を別のリズムで動かしながら、全身として一つのリズムを表現するのは珍しいことではない。もっと繊細なのはピアニストの指使いであって、両手の指が違うリズムを刻むのはもちろん、片手の人差し指と中指、親指と小指が組になって、それぞれ異なるリズムを奏でることも普通だという。もちろんこれはただ異なるリズムを寄せ集めるということではなく、融合され統一されるべきリズムが予想され、あらかじめ芸術家の身体を突き動かしていることが前提だろう。

この共鳴の関係はさらに広く、身体とその環境のあいだに働いていて、身体の全行動を条件づけている。それどころか正確にはむしろこの関係が身体と環境とを区別し、身体を相対的に独立させているとさえいえる。身体はあくまでもリズムの一単位に強く伸ばすという三拍子を刻むのが普通である。もちろん、二足歩行のような高度の習慣形成にはおとなの指導が不可欠だが、その指導が可能になるのも幼児の身体が運動のリズムを知っているからだといえる。本能から習慣へ、生理的肉体から文明的身体へという重大な移行が起こるとき、両者の仲立ちとなり、移行の軌道となるのはリズムなのである。

さらに巨視的に見たとき、人の肉体は誕生から死まで絶え間ない変化に曝(さら)されるが、文明的身体の変化ははっきりした識閾(しきいき)に区切られたリズムを刻む。文明圏によって具体的な年齢は違うが、成長、成熟、老化の節目を祝ったり慰める行事は世界中に見られる。また肉体的な変化はほとんど感じられないにもかかわらず、毎年の誕生日を記念する風習も普遍的に定着している。身体というリズム単位の完結性がとくに高いのは、それがこうしてたえず現在を生涯のなかに位置づけ、あたかも芸術制作にも似て、部分を全体へと有機的に結合しているからでもあるだろう。

ちなみに注意すべきは、(2)この文明的な身体と生理的な肉体、いわゆる自然物としての肉体との特異な関係である。一面では肉体は身体の媒体にほかならず、身体の運動を伝動し、またそれに抵抗するという点では、海の波にたいする海水と同じ役割を負っている。肉体と身体が同一物でないのは明らかであって、第一に肉体が誕生と死によって外から統一されているのにたいして、身体は習慣の持続力によって内から統一されている。また身体が新しい習慣を身につけても、肉体の構造や機能は必ずしもそれに即応して変わることはない。

しかし他方、肉体は海水とは違ってそれ自体が個物であり、身体と一対一の関係を結ぶとともに、そのものとして固有のリズムを刻んで生きている。心拍とそれに繋がる循環器のリズム、咀嚼(そしゃく)から排泄(はいせつ)に至る消化器のリズム、睡眠と覚醒を繰り返す脳神経のリズムなど、動物にも共通する自然のリズムが肉体を貫いている。そしてこのリズムは疑いもなく、身体の同一性を形成するうえで重大な影響を及ぼすのであって、何よりも決定的な事実はいうまでもなく、肉体の死はそのまま身体の死に直結していることである。

〔問六〕 著者によれば、クラストルは国家なき社会と国家をもつ社会とのあいだに決定的な断絶がある、と主張するが、この断絶はグレーバーにより否定されている。では、グレーバーは何を根拠にこの断絶を否定するのか。本文に即して「想像力」という言葉を用いて60字以内でまとめなさい。(句読点も字数に数える)

二 次の文章を読んで後の問に答えなさい。(20点)

(1)リズムは世界中の随時、随所に現れる現象であるが、その現れの場所として、特記すべき独特の存在が人間の身体である。身体はそれ自体、生のリズムの一単位にほかならないが、個人の身体はほかに例を見ない求心力に恵まれ、その単位形成の力は抜群の強さを示すからである。それは誕生と死という二つの明確な断絶に前後を挟まれ、種族生命の長い流動のなかで紛れ難い単位をかたちづくる。さらに個人の生涯はその内部にもめだった時間の単位を生み出し、成長、成熟、老衰という段階を踏んだリズムを繰り広げる。

身体は一面で生理学的な肉体と重なりあっていて、他の動物の肉体と同じく本能的というべき運動をも見せるが、面白いことに、生まれたての乳児の段階からその運動はすでにリズムに乗せられている。乳児の最初の能動的な行動は母乳の吸引だろうが、吸引は口腔(こうこう)内に陰圧をつくり、母乳の充満を待って、それを嚥下(えんげ)するという三拍子のリズムを踏む。同時に乳児は両手を交互に動かして母親の乳房を圧迫するが、これはもっとも素朴な二拍子の運動だろう。二拍子と三拍子は基礎的で普遍性の高いリズムだから、成長する幼児の生活習慣の形成に大いに寄与するはずである。

仰臥(ぎょうが)して手足をばたつかせるさいには二拍子をとることが多いし、初めて立つとき、台につかまって、両膝を揃(そろ)え、それを

〔問五〕　次の文ア〜オについて、本文で紹介されているグレーバーの主張と合致しているものに対してはA、合致していないものに対してはBの符号で答えなさい。

ア　生産力の向上とそれに伴う経済の発展により貧富の差が発生し、国家をもたない社会が必然的に国家をもつ社会へと発展を遂げ、所有権や経済的不平等を固定する法律が作られて富裕な支配者層に都合のよい専制的な国家権力が生まれるが、社会的弱者の解放は重要な課題であり続けている。

イ　国家をもたない社会では極端な不平等の出現が拒否されているが、暴力的人物が出現して階層分化が発生し、国家をもつ社会へと移行することはあり、また逆に国家をもつ社会であっても権威体制の出現を阻止して階層分化が反道徳的とみなされるようになることもある。

ウ　暴力や不平等は国家なき未開社会にも存在しており、未開社会が暴力的権力のない平等社会であったという想定は間違っている。しかし、平等を実現している国家なき未開社会は確かに実例があり、その背後には富める支配者の出現を阻止すべく、経済発展を意図的に抑止する仕組みが働いている。

エ　国家の出現とともに社会の不平等が固定された、という考え方は間違っている。国家をもつ社会であってもフランスでは不平等の撤廃を求めたフランス革命が発生し、フランスの植民地であったマダガスカル高地のマラガシではこれに呼応して君主制と奴隷制が廃止されて平等を重視する社会へと転換した。

オ　元来は不平等や暴力で満ちている社会が平等主義を保持しようとすると、平等主義を保持すべき理由が社会の成員に納得されねばならないが、それは困難であるため成員のあいだに緊張関係が生じ、結局は弱肉強食的な不平等を是認する国家が成立しがちである。

〔問四〕次の文ア～オについて、本文で紹介されているクラストルの主張と合致しているものに対してはA、合致していないものに対してはBの符号で答えなさい。

ア　農機具の発達により生産力が向上し、経済活動が活発化して不平等が発生した社会では、結果的に国家権力が確立されて所有権や不平等を固定する法律が作られたが、国家権力の確立を拒否して支配者と被支配者の分化を招かなかった社会では、経済の発展は概して成し遂げられず、生産力も小さいままだった。

イ　首長への隷属を明確に拒否する未開社会は、人類の社会進化の初期段階などではなく、首長である者に対して負債の返済を義務づけることを通して突出した権力者の発生を予防する独自の仕組みを編み出しており、この仕組みが働くことで国家の出現が阻止されている。

ウ　国家をもたない未開社会と国家をもつ文明社会は、エンゲルスが考えたように前者から後者へと段階的に発展していくものでなく、相互に断絶しており、経済的不平等が促進されることにより、支配者の権力への欲望と、被支配者の隷属への欲望が強化され、国家が発生する。

エ　平等な未開社会と、不平等を内包する市場や国家といった社会体制とは、相互に不連続だが、前者が後者へと移行することはあり、移行に際しては支配欲に駆られた人物による搾取関係の他者への強制の他、農機具の発達などによる生産力の向上が必須の条件であった。

オ　国家なき未開社会では、首長に負債の返済を義務づけることで首長が支配者と化することが抑止されており、これが階級の分化と国家の発生を阻んでいるが、いったん階級分化と支配関係ができあがるともはや国家なき平等な社会へと戻ることができなくなる。

〔問一〕　傍線(1)(2)(4)(6)(7)のカタカナを漢字に改めなさい。（楷書で正確に書くこと）

〔問二〕　傍線(3)「『人間不平等起源論』の基底にある構図」とあるが、その説明としてもっとも適当なものを左の中から選び、符号で答えなさい。

A　国家とは野蛮から文明へ至る人類の発展段階の必然的帰結である、という構図
B　生産力の向上と商業の発達が社会を必然的に流動化させる、という構図
C　経済発展から帰結する階級対立が氏族制度を分裂させる、という構図
D　国家は経済発展とは無関係に偶発的要因にも左右されながら発生する、という構図
E　自然から離反した経済発展が不平等を固定する法律と専制国家を生み出す、という構図

〔問三〕　傍線(5)「クラストルは、「未開社会」の首長制に支配的な権力がともなっていない点を進化の初期段階とみなす「進化論者」たちを痛烈に批判している」とあるが、本文によればクラストルは何を根拠に「進化論者」を批判しているか。その根拠としてもっとも適当なものを左の中から選び、符号で答えなさい。

A　未開社会の首長制にも実際には支配的な権力がともなっている事例があることを見落としているから。
B　未開社会はかならずしも進化の初期段階にあるとは限らず、進化が進んだ段階にある未開社会も存在するから。
C　未開社会を進化論的に捉えるのは誤解の元であり、むしろ経済学的観点で理解すべきであるから。
D　未開社会の内部で階級分化が生じないのは、その発生がその社会において避けられてきたから。
E　未開社会で支配者による政治的抑圧が発生する原因は経済的不平等の進行にあるわけではないから。

法性の権化となった。グレーバーは、大衆のこうした変化について、じつは突然の変化など起こっていないという。そこには深く埋め込まれた対抗力の継続的な存在があり、魔術的・亡霊的な領域こそがその革命的想像力の貯水池になってきたのだ。

ここでもグレーバーの視点は一貫している。国家が出現し、市場経済にホウセツ(7)された社会においても、それに対抗しうる道徳的想像力が完全になくなるわけではない。国家なき社会と国家をもつ社会との断絶や、その移行の不可逆性を強調するクラストルの議論とは対照的に、グレーバーは、その革命的想像力が「未開社会」にも、「西洋社会」にも、いまもどこかに存続していると考える。それは国家をもつ社会だけではなく、資本主義社会にしても同様だ。資本主義が出現すれば、私たちはついそれが「全体化する機構 a totalizing system」となり、その瞬間から起きることすべてがそれとの関連でしか理解しえないと感じてしまう。だがグレーバーは、そうした全体性なるものは想像の産物にすぎないと明言する。現実はそうした想像よりもつねに多様で不均質で混乱しているのだ。

（松村圭一郎『国家と不平等』による）

注　ルイス・モーガン……一八一八～一八八一　米国の人類学者。
エンゲルス……一八二〇～一八九五　ドイツの社会思想家。
ピエール・クラストル……一九三四～一九七七　フランスの人類学者。
上部構造・下部構造……マルクス経済学の基本概念。マルクスは、社会の物質的生産力と経済的仕組みが下部構造すなわち土台となって、その社会の法律や政治、宗教など上部構造が規定される、と考えた。
マーシャル・サーリンズ……一九三〇～二〇二〇　米国の人類学者。
デヴィッド・グレーバー……一九六一～二〇二〇　米国の人類学者。

いう道徳哲学があった。しかし、自分たちが双頭の人喰い道化の邪神に創造されたと考えるピアロア文化では、あらゆる技術的知識には、その起源に破壊的狂気が混在していて、その成長はどこまでも困難なものだった。同様に、平和愛好的で人を殺すことが徹底的に忌避される一方で、自分たちは永遠につづく見えない戦争の宇宙を生きていて、魔法使いが気の狂った捕食性の神々からの攻撃を防いでいると考えられていた。

グレーバーは、ナイジェリアのティヴ社会や自身が調査したマダガスカル高地のマラガシという、すでに市場経済や国家の統治を経験したことのある地域でも、市場の形成や権威体制の出現、極端な不平等を阻止する魔術的世界がみられることを示している。そこには市場や国家の体制への移行は、かならずしも不可逆の一方向のものではない、というグレーバーの思想が明確にあらわれている。

どんな社会にも、男性による女性の支配や年長者による若者の支配などがあり、構造的な不平等が生じている。グレーバーは、これらの不平等が人間生活に根本的問題を見出(いだ)さない社会などないという。むしろ平等主義的な社会を保持しようとするプロジェクトに内在する緊張関係の内側から「亡霊的暴力」が立ち現れている。このとき、人間の条件、欲望、道徳性などすべてがやがて解決されるという空想は、権力と国家のうぬぼれの裏にあるユートピア像であり、ことさら危険だとグレーバーはいう。つまり、古くは一六世紀末のモンテーニュや一八世紀半ばのルソーが野生の自然状態を無垢で徳性に満ちた状態として描き、二〇世紀後半にクラストルが国家なき社会を区分のない平等社会としてとらえた見方は、国家的ユートピアの反転した像にすぎないのだ。

グレーバーは、マダガスカル高地のマラガシ社会では、一九世紀には君主制や奴隷制を疑問視する者はいなかったにもかかわらず、フランスの植民地統治期に君主制と奴隷制が廃止されると、奴隷制は悪で、君主制も万人を奴隷のように扱うので反道徳的だとみなされるようになったと指摘する。すべての命令的関係（兵役、賃労働、強制労働）が、突如、奴隷制の変形として違をなし、経済という上部構造の変化が起きたと主張した。それは、国家なき社会から国家をもつ社会への移行が、社会内部の社会―経済的条件の変化によって起きるのではなく、政治的抑圧という外的な国家暴力による搾取関係の強制にもとづいているという考えだ。

ただし、このクラストルの議論でも、それが内的に生じたかどうかに違いはあるものの、国家の出現と搾取関係による階級の分化が結びつけられている。もつ者ともたざる者との分化、すなわち社会の不平等の固定が国家の出現とともに生じたという意味で、ルソー以来の古典的な議論とも重なりあっている。

こうしたクラストルの議論について、デヴィッド・グレーバーは「ナイーブなロマン主義者」の側面があると指摘する。クラストルには、なぜ「未開社会」は自分たちが経験したことのない力の出現に対抗する社会を組織できたのか、という批判が投げかけられていた。グレーバーは、アマゾン社会で適切な性別役割を逸脱しようとする女性を男たちが集団で暴行して脅すことをあげ、男たちは恣意的な暴力がどのようなものか理解していたはずだという。それを単純に暴力的権力の存在しない平等社会とみなしたクラストルは、そういう意味で「ナイーブ」だったというのだ。

グレーバーは、クラストルとは逆に、国家なき社会は暴力的国家の危険性の不吉さを認識しており、だからこそそうした人物があらわれないよう対抗する制度をつくりだしたと論じる。平等主義的で平和な社会では、しばしば想像上の不可視の領域は、魑魅魍魎(ちみもうりょう)が暗躍し、永遠の戦争の脅威に呪われた闇の世界となる。あらゆる社会は異なる価値に引き裂かれ、道徳的矛盾のもつれのなかにある。グレーバーは、いくつかの例をあげながら、その衝突しあう諸衝動が調停される過程を描き出している。

南米のオリノコ川支流で暮らし、民族学者に「アナーキスト」と呼ばれたきわめて平等主義的なピアロア社会では、人間の条件が野蛮な「前―社会的欲望」に支配された「感覚の世界」と「知の世界」とに分かれていると考えられていた。そこには人間として成長するには他者への思いやりとユーモアのセンスを高め、「感覚の世界」を統制して自らを方向づける必要があるとはない。むしろ、社会が首長に対して権力を行使している。この社会への永遠の負債によって、威信の欲望に取り憑かれた首長は社会の権力に服従しつづけ、社会から分離した権力的な機関になることが阻まれている。

ところが王権が発達したポリネシアなどの事例では、負債を返済すべきなのは平民の側になる。平民は支配者に貢ぎものというかたちの負債の返済を強いられる。この貢納を課すことと権力を保持することはまったく一つのことだとクラストルはいう。ここでも彼は、負債の方向が国家なき社会と国家をもつ社会とでは正反対であると強調している。

負債の流れの方向における相違は、諸社会の間に、連続しているとは考えられないような区分を生む。漸次的発展も考えられないし、区分のない社会と区分化した社会の間の中間的社会の姿も考えられない。機械的にあれからこれへと生じていく社会形成の連続帯として〈歴史〉を捉える考え方は、断絶と不連続という大きな事実に目をふさいで、真の問題を組み立てることを止めてしまう。

ここでクラストルが「歴史の連続主義」と批判しているのが、マルクス主義的な唯物史観である。クラスールは、アメリカの人類学者マーシャル・サーリンズが『石器時代の経済学』で提示した過少生産の理論を参照しながら、未開社会の経済は社会的・政治的に厳格にコントロールされていて、経済や生産力が中心を占めることのない反―生産機械であると指摘する。だからこそ、経済決定論であるマルクス主義理論は経済領域が中核をなす資本主義社会の分析には適していても、未開社会には通用できないのだ。

クラストルは、文明社会と未開社会を連続線上におき、その移行を必然的な「発展」とする発展段階論を明確に否定した。とりわけ、生産関係や生産力の変化という経済を下部構造とする説を拒絶し、むしろ国家の出現という政治の領域こそが下部構造未開社会は人類の子ども時代であり、その進化の最初にある時代であり、それゆえ不完全であり、未完成であり、結果として成長し、大人になり、政治的なものがない段階から政治的なものに進むことを運命づけられている。あらゆる社会の行く末は、分かたれることにあり、社会から分離した権力であり、機関としての〈国家〉である。そして、〈国家〉は、万人にとっての共通の利益であると語られ、周知されており、権力を強制する任を引き受けているのだ。このようなものが、〈国家〉なき社会としての未開社会について今まで通用してきた、ほぼ一般的な概念である。〈国家〉の不在は彼らの不完全さ、その存在の胎児段階を、その歴史の不在性を特徴づけている。しかし、これは本当にそうなのか？

クラストルは、この国家の誕生を文明の成長＝発展とみなす視点を「イデオロギー的偏見」に過ぎないと(6)イッシュウする。そして未開社会が国家をもたないのは、国家を拒否し、社会が支配者と被支配者に分化することを拒絶しているからだ、と主張した。国家がないのは、権力が一部の者に保持され、人びとを支配するためにその権力が行使されることを未開社会が望まなかったからである、と。そしてクラストルは、国家をもたない社会が国家をもつことはあっても、国家をもつ社会が国家をもたない社会に後戻りすることはない、と明言する。

たとえ国家が崩壊しても、権力関係が廃絶されることはなく、国家以前の状態には戻らない。それは、国家権力を生み出す根底には、権力への欲望だけでなく、隷従への欲望があるからだ。未開社会は、その服従を拒否することで社会がもつ者ともたざる者とに分化することを阻止してきた。クラストルは、両者には決定的な断絶があると主張した。それは、あらゆる社会が文明の発達とともに必然的に国家をもつ社会へと移行するという発展段階説へのアンチテーゼでもあった。

未開社会の首長は、権力をもつ存在ではなく、むしろ徹底して気前よく分け与えることを求められる。クラストルは、その意味で、首長はその地位にある限り返済することのできない社会への負債を抱えているという。未開社会に「権力」がないわけで国家は、けっして外部から社会におしつけられた権力ではない。……むしろそれは、一定の発展段階における社会の産物である。それは、この社会が、解決できない自己矛盾にまきこまれて、自分では取り除く力のない、融和しがたい対立物に分裂したことの告白である。しかし、これらの対立物が、すなわち抗争しあう経済的利害をもつ諸階級が、無益な闘争の内に自分自身と社会とを(2)ショウジンさせないためには、外見上社会の上に立ってこの抗争を和らげ、これを「秩序」の枠内に保つべき権力が必要となった。そして、社会からでてきながらも、社会の上に立ち、社会からますます疎外してゆくこの権力が、国家なのである。

不平等の拡大と国家の誕生は、文明が発達した必然の結果である。こうした議論は、一七五五年に刊行されたルソーの(3)『人間不平等起源論』の基底にある構図からそれほど変わっていない。ルソーは、所有権と経済的な不平等を定めた法が永遠に固定された背後に、野心をもった富める者たちによる法と政府の悪用があったと論じた。金属加工の技術が農業の生産力を高め、耕作するために土地が分割され、所有権が生まれた。それが財産の不平等、支配と隷属、暴力と略奪を生む。この無秩序から手にした財産を守るために、所有権と不平等を固定する法律がつくられ、合法的権力を行使するための国家が、その(4)カンリにすぎなかった為政者による恣意的な専制権力へと堕落した。ルソーは、このように不平等の拡大を人類が野生の自然状態を離れて文明化した結果ととらえた。文明の発達が不平等を拡大させ、富裕な支配者層に都合のよい国家権力が生まれるというエンゲルスの筋書きは、姿形をかえながら、繰り返し提起されてきたのだ。

この国家の起源を発展段階のなかに位置づける見方に異議を唱えた人類学者が、ピエール・クラストルだ。(5)クラストルは、「未開社会」の首長制に支配的な権力がともなっていない点を進化の初期段階とみなす「進化論者」たちを痛烈に批判している。

国語

（六〇分）

一 次の文章を読んで後の問に答えなさい。（50点）

ルイス・モーガンの『古代社会』の人類学的研究をもとに、エンゲルスがマルクスの理論を独自に発展させた『家族・私有財産・国家の起源』（原著初版一八八四年）は、国家の誕生を「野蛮」から「未開」、そして「文明」へと至る人類の発展段階の避けがたい帰結としてとらえた。

もっぱら狩猟採取に依存し、石器や弓矢の使用がはじまった野蛮の時代。そして土器づくりや植物の栽培、家畜の飼育がはじまる未開の下位・中位の段階をへて、未開の上位段階、すなわち人類が文明の入り口に立ったとき、鉄製の犂（すき）や斧（おの）などの発明で生産力が飛躍的に増大した。農業と手工業が分離し、生産に従事しない商業が発達する。奴隷労働力が生産力を高めるために用いられ、貨幣の(1)チュウゾウが商品の生産と取引を加速させる。それらが社会を流動化させ、氏族制のもとで共同所有されてきた土地も私有財産になった。こうしたことすべてが、一部の者への富の集積を招き、階級対立が氏族社会を分裂させる。その対立を抑えこむために氏族制度にかわる公権力としての国家が必要とされた。

エンゲルスは、この国家の誕生は経済的に有力な支配階級を守るためであり、社会に生じた分裂や矛盾という内部の力学に根ざしていると考えた。

解答編

英語

I 解答 (a)・(b)全訳下線部参照

全訳

《群衆の叡智の効果とは》

1 この質問について考えてみよう。世界の空港の何パーセントがアメリカにあるのだろうか？ 考えているうちに，おそらく答えが頭に浮かんだことだろう。しかし，(a)その答えは，自分の年齢や電話番号を思い出すのと同じようには思い浮かばなかった。あなたは，たった今答えた数字が推定値であることを自覚している。それは無作為の数字ではない――1％や99％は明らかに間違った答えだろう。しかし，あなたが出した数字は，除外することのない可能性の範囲内の1つに過ぎない。たとえ誰かがあなたの答えに1％足したり，あなたの答えから1％引いたりしたとしても，おそらく，その結果として推測した数字があなたの推測よりずっと妥当性が低いとは思わないだろう。（ちなみに正解は32％である。）

2 エドワード=ヴァルとハロルド=パシュラーという2人の研究者は，この質問（および多くの類似の質問）に一度だけでなく二度答えてもらうというアイデアを思いついた。被験者は，1回目に答える際，もう一度推測しなければならないことは告げられなかった。ヴァルとパシュラーの仮説は，2つの答えの平均は，どちらかの答え単独よりも正確だろうというものだった。

3 データはその正しさを証明した。一般的に，最初の推測は2番目の推測よりも正解に近かったが，2つの推測を平均することで最良の推定値が得られた。

4　ヴァルとパシュラーは，「群衆の叡智の効果」としてよく知られている現象からヒントを得た。すなわち，さまざまな人の個々の判断を平均化することで，一般的に精度が向上するというものだ。

5　同様の結果は，何百もの状況で発見されている。もちろん，(b)専門家でなければ答えに近づけないほど難しい質問であれば，群衆は必ずしもそこまで正確ではないだろう。しかし，例えば2つの都市間の距離を推測するよう求められた場合，多数の人々の平均的な答えは，真実に近い可能性が高いのである。

解説

(a)　下線部が一見 It occurs to *A* that ～「～が *A* の心に浮かぶ」という仮主語構文のように見えるが，in the same way があることや，「that 以下の内容（=「自分の年齢や電話番号を思い出す」）が心に浮かぶ」では文意が通らないことから，この it は仮主語ではなく，前文の an answer を指しているとわかる。S occur to *A* という形をとった場合は，「S（考えなど）が *A* の心に浮かぶ」という意味になる。that は関係副詞で，the same way を具体的に説明している。以上を踏まえて直訳すると，「それは，自分の年齢や電話番号を思い出すのと同じ方法では思い浮かばなかった」となる。in the way (that)～ は「～するように」と訳すと自然な日本語になる場合がある。it は「それは」とそのまま訳してもよいが，指しているものを明らかにして訳出する方が自然な日本語になることもある。

(b)　if から始まる副詞節は answer で切れる。全体として if questions are … answer, crowds (S) will not necessarily be (V) very accurate (C). という構造になる。if 節の中に，so ～（形容詞・副詞）that S V …「とても～なので…，…なほど～である」が入っている。only は「唯一の」という意味の形容詞で，ここでは名詞 experts を修飾している。さらに come close to ～ は「～に近づく，もう少しで～しそうになる」という意味の熟語。close は形容詞で「近い，接近している」という意味。これらを踏まえて訳出すると，「質問はとても難しくて専門家しかその答えに近づけない」，「質問は専門家しかその答えに近づけないほど難しい」となる。もしここで「質問」を主語として最初に訳出すると唐突なように感じるなら，〔解答〕の全訳下線部(b)のように訳すことができる。

主節の主語 crowds は集合名詞で「群衆，人混み」という意味。さらに

not necessarily「必ずしも〜とは限らない」という部分否定が含まれている。very は否定文で使われると，「あまり，それほど」という意味。accurate は「(情報・計算などが) 正確な，正しい」という意味の形容詞である。

Ⅱ 解答 (According to) the researchers, one estimate by a child tends to be less accurate than the average of several guesses (made) by the same child.

解説

解答へのプロセスは以下の通り。

①書き出しに According to があるので，「その研究者たち」にあたる the researchers，または those (these) researchers と続ける。複数形の s を忘れないこと。

②「ひとりの子どもの一回の推測」を文全体の主語と考える。主語は名詞相当語句になるので，この場合，複数形になっている guesses ではなく，estimate を名詞として用いる。「一回の推測」は one estimate。さらに，主語の後ろに，「ひとりの子どもによって」と考えて，修飾語 by a child を置く。

③「精度が落ちる傾向がある」が文全体の動詞に当たる。設問より，accurate「(情報・計算などが) 正確な，正しい」を用いて表さなければならないため，「〜より正確でない傾向がある」と読みかえ，否定を表す比較級 less を用いて，tends to be less accurate than や is less likely to be accurate than などと表す。tend に三単現の s をつけ忘れないこと。

④「同じ子どもによる複数の予測の平均」について，「〜の平均」は the average of 〜で，「複数の予測」は several を用いて several guesses と表す。さらに make a guess「推測する」という熟語をもとに，過去分詞の形容詞的用法を用いて，made by the same child を直後に置く。あるいは，②の「ひとりの子どもの一回の推測」で示したように，単に by the same child を直後に置いてもよい。

1. assured　**2.** herself　**3.** confident
4. wonder　**5.** demands

解説

1. 日本語から空所には「安心させた」を意味する語が入るとわかる。直前に主語 He があることから，空所には動詞が入ると判断する。さらに，空所の直後に me of his readiness とあることから，S V O of ～という形をとる動詞だと考える。以上の条件を満たし，a から始まる語なので，正解は assured。assure *A* of ～「*A* に～を保証する，*A* に～だと言って安心させる」

2. 日本語から空所には「耽っていた」を意味する語が入るとわかる。直前に lost，直後に in があることから，動詞に関係する熟語の一部が入ると判断する。以上の条件を満たし，h から始まる語なので，正解は herself。lose *oneself* in ～「～に浸る，～に没頭する」

3. 日本語から空所には「確信している」を意味する語が入るとわかる。直前に am，直後に in があることから，動詞か形容詞に関係する熟語の一部が入ると判断する。以上の条件を満たし，c から始まる語なので，正解は confident。be confident in ～「～に自信を持っている，～において確信に満ちている」 certain も同様に「確信している」という意味だが，直後にくる前置詞は of や about なので誤りである。

4. 日本語から空所には「もっともなことだ」を意味する語が入るとわかる。no の後に入る語なので，名詞か形容詞が入ると判断する。さらに主語が形式主語の it であることにも注目する。以上の条件を満たし，w から始まる語なので，正解は wonder。it is no wonder (that)～「～は少しも不思議ではない，～なのは当たり前だ」

5. 日本語から空所には「必要だ」を意味する語が入るとわかる。先頭に主語 It があることから，動詞が入ると判断する。以上の条件を満たし，d から始まる語なので，正解は demands。主語が it なので demand に三単現の s をつけること。

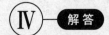

IV　解答

1. ア―(f)　イ―(b)　**2.** ウ―(b)　エ―(a)
3. オ―(e)　カ―(f)　**4.** キ―(b)　ク―(f)
5. ケ―(c)　コ―(b)

解説

1. (The decade before the year 2000 saw) a marked increase in disaster films (by American movie studios.)「2000年までの10年間で，アメリカの映画会社によるパニック映画が著しく増加した」

主語はThe decade，動詞はsaw。よって前半の空所にはsawの目的語に当たる語句が入る。ここでのseeは時代や場所などを主語にして，「～を目撃する，～に遭遇する」という意味。よってseeの目的語は，increaseを名詞と考えてa marked increaseになる。さらに，何における増加であるかを考え，in disaster filmsと並べる。an increase in ～「～における増加」 disaster film「パニック映画」

2. (This museum has various) exhibitions celebrating the twentieth anniversary of (its foundation.)「この美術館では，創立20周年を記念するさまざまな展示を行っている」

variousの直後には複数形の名詞が置かれるので，exhibitionsを入れる。さらにexhibitionsを修飾するcelebratingを置く。celebratingは現在分詞の形容詞的用法。そしてcelebrateの目的語となる名詞句を考える。序数は〈the＋序数＋名詞〉という形で用いられるので，the twentieth anniversaryという語順になる。

3. (At election time,) politicians urge people to vote for (them through media advertisements.)「選挙になると，政治家は人々にメディア広告を通じて自分たちに投票するよう呼びかける」

空所の直前に前置詞句At election timeがあることから，主語をpoliticians，動詞をurgeにして文を組み立てる。urge *A* to *do*「*A*に～するよう促す」 vote for ～「～に票を投じる」

4. (Sometimes you have to change the way) you talk to make yourself understood (clearly.)「自分の考えをはっきりと理解してもらうためには，話し方を変えなければならないこともある」

the way (that) S Vは「SがVする方法」という意味なのでyou talkと並べる。make *oneself* understoodは「自分の考えを理解してもらう」という意味。to makeは不定詞の副詞的用法で目的を表す。

5. (Whenever) you face a problem associated with (your finances, please feel free to contact us.)「家計に関する問題に直面したときはいつ

でもお気軽にご相談ください」

Whenever は副詞節を導いて「〜するときはいつでも」という意味の接続詞なので，後ろにはＳＶがくる。よって you face a problem という語順になる。そして a problem を修飾する associated with を置く。associated は過去分詞の形容詞的用法で a problem を修飾している。be associated with〜「〜と関連している」 feel free to *do* は「遠慮なく〜する」という意味で，主に命令文で使われる。

V 解答

1―(c) **2**―(a) **3**―(b) **4**―(b) **5**―(c) **6**―(d) **7**―(a) **8**―(b) **9**―(c) **10**―(b)

解説

1.「アレックスとトムは，国内リーグは，現在世界ランキング5位ながら1986年以来主要大会で優勝していない代表チームの助けになるだろうと指摘した」

文末に「〜以来，〜から」という意味の前置詞 since があるので，時制は現在完了形。which は関係代名詞の非制限用法で直後に is があることに注目する。but は等位接続詞なので，is に合わせて三人称単数形になっている(c) hasn't が正解である。

2.「大学時代の彼女の友人の中で，4人だけが現在日本で働いている。残りは海外で生計を立てている」

the rest of *A* は「*A* の残り」という意味で，*A* に複数形の名詞が入った場合，全体は複数扱いになる。ここでの場合，省略された語句を補うと，the rest of her friends となり複数扱いなので，これに呼応する動詞は(a) make である。make a living は「生計を立てる」という意味。

3.「山火事から家を守るため，メアリーは湖から水を汲み上げるガス式ポンプに接続された，屋根に設置されているスプリンクラー装置を作動させていた」

文全体の主語は Mary，動詞は was running である。hooked up to a gas-powered pump は過去分詞の形容詞的用法で，a sprinkler system を修飾している。a gas-powered pump と draw は能動の関係なので，現在分詞の形容詞的用法と考えて(b) drawing を入れると文中の修飾関係が整い，文意が通る。

4.「この説が支持を失った理由のひとつは，研究者たちが十分な証拠を提示できなかったことだ」

lose の目的語として文意が通る名詞は(b) ground。lose ground で「支持を失う，力を失う」という意味。(a)は「分野」，(c)は「主権，統治権」，(d)は「領地」という意味。

5.「有能な研究者だけでなく，数人の経験豊富な自然保護活動家からなる調査グループは，アマゾンの森を探検しようとしていた」

be about to *do* で「まさに～するところである」という意味なので，これに合うのは(c)である。空所の直後に名詞 an expedition があるので，受動態の形になっている(b)は文法的に不適切である。

6.「その化学専門の教授は，通常の大気圧下では水銀は摂氏 356.7 度で沸点に達すると説明してくれた」

「水銀は摂氏 356.7 度で沸点に達する」という内容は「変わらない事実，不変の真理」なので，現在形で表している(d)が正解である。that 節中の主語 mercury「水銀」は不可算名詞で単数扱いのため，reach に es をつける。

7.「先週の金曜日に雨が降っていなければ，ガーデンパーティでトムと踊れたのに」

主節が I could've danced という形になっているので，仮定法だと判断する。さらに従属節に last Friday があることから，過去に対する仮定と考え，仮定法過去完了を用いる。仮定法過去完了は If S had *done*, S' would〔could / might〕 have *done* という形で表すが，If が省略される場合は，had を S の前に置く倒置が起こる。よって正解は(a)である。

8.「各国政府は新しい生成 AI システムの危険性を懸念し，AI の利用を管理することを拒否する個人や企業に対して新たな制裁を科すことを計画している」

AI の利用を管理することを拒否する個人や企業に対して政府がどうするのかを考えると，正解は(b)である。impose sanctions against ～で「～に対して制裁を科す」という意味。remove sanctions は「制裁を解除する」という意味であり，文意に合わない。(a)は「～を隠す」，(d)は「～を与えずにおく，保留する」という意味。

9.「その経済団体は多様性と起業家精神を促進するための集会を金曜日

に開催する予定だったが，土曜日まで延期することにした」

逆接の接続詞 but があることから，「金曜日に開催予定だったが，土曜日まで延期した」と考えると正解は(c)である。put *A* off は「*A* を延期する」という意味。(a)の break *A* off は「*A* を折り取る，ちぎり取る」，(b)の lay *A* off は「*A* を（一時）解雇する」，(d)の show *A* off は「*A* を見せびらかす」という意味。

10.「両首脳は来月会談し，2国間関係と，気候変動が農業にもたらす脅威に対処するための協力の必要性について話し合う予定だ」

bilateral は「2国間の，双方の」という意味で，bilateral relations で「2国間関係」を表すので，正解は(b)である。(a)は「年1回の」，(c)は「2つの，2つから成る」，(d)は「独立した，無関係の」という意味。

Ⅵ 解答

1―(d)　**2**―(d)　**3**―(b)　**4**―(b)　**5**―(a)　**6**―(b)
7―(d)　**8**―(a)　**9**―(b)　**10**―(a)

解説

誤りを含む下線部を正した場合の訳は以下の通り。

1.「牛の飼育や屠殺，牛肉を食することがもたらす影響の中には，すぐに頭に浮かぶものもある一方で，あまりはっきりと見えないものもある」

Some ～, while others … は「～する人（もの）もいる一方で，…する人（もの）もいる」という意味の対比を表す表現。したがって while 以下は come to mind quickly「すぐに頭に浮かぶ」の反対の意味になるはずなので，(d)の more を，否定を表す less に変える。

2.「しかし，これはライフスタイルにも関係しており，これによって私はアメリカにおける肥満の増加について考えることになった」

(d)の risen は自動詞 rise の過去分詞で，「昇った，復活した」という意味。よって obesity「肥満」を修飾する適切な形は risen ではなく，rising。rising は形容詞で「上昇する，増大する」という意味。

3.「よくない食習慣，食べ物の大量摂取，肥満の容認は，運動不足のライフスタイルと同様に，この問題の一因である」

as V S は倒置の形をとって「～も同様に」という意味。V には be 動詞，do，does，did，助動詞などが入る。ここでは，運動不足のライフスタイルも同様にその問題を「引き起こす」と解釈でき，一般動詞 contribute

を受けること，さらに inactive lifestyles と複数形になっていることから，(b) as is ではなく as do に変える。contribute to *A*「*A* を引き起こす」

4.「大型車の製造には，環境への負担をほんの数例挙げると，より多くのアルミニウム，プラスチック，エネルギー，水などが必要である」

(b)は受動態になっているが，直後に目的語と考えられる名詞が残っているので，能動態にする必要がある。動名詞が主語になっている Manufacturing bigger vehicles は三人称単数扱いなので，is required を requires とする。

5.「重い車はまた，道路や橋により大きな悪影響を及ぼし，そのためより多くのメンテナンスと税金を必要とする」

maintenance は「メンテナンス，保守，整備」という意味では不可算名詞なので(a)の maintenances を単数形の maintenance とする。

6.「ユネスコの出版物において研究者たちが述べるところでは，これらの過程におけるほとんどの動物は，筋肉や脂肪を可能な限り低コストで人間に提供できるように悲惨な生活を送っている」

直前の文の内容が，動物の殺処分や，集中的に食肉を生産することから生じる倫理的問題に焦点を当てているというものであるため，その問題の具体例が後続すると考えられる。よって殺処分や食肉生産の過程で動物が悲惨な生活を「送っている」と考えられるので，(b)は否定の No animals ではなく Most animals や Many animals に変える。

7.「食肉消費が公衆衛生に与える影響に関する最近の報告書によれば，平均的なアメリカ人は，世界平均の 34％に比べて，食事によるタンパク質の摂取量の 67％を動物性食品から得ている」

(d)の on を含む熟語である impact on *A* は「*A* に対する影響」という意味で，「食肉消費に対する公衆衛生の影響」では文意が通らない。on を of に変えて「食肉消費が公衆衛生に与える影響」と考えると意味が通る。public health「公衆衛生」は impact を修飾し，「公衆衛生への影響」という意味を表している。impact of *A* (on *B*)「(*B* に対する) *A* の影響」

8.「年間何十億頭もの家畜が殺されているのだから，私たち一人ひとりがどう判断しようとも，倫理は確かに問題であってしかるべきだ」

(a)を含む文の先頭に with があることに注目する。with は前置詞なので，後には billions of farm animals are killed のような文を続けることはできず，名詞相当語句がくる。よって(a)に含まれている are が不要。〈with *A* +分詞〉は付帯状況を表し，ここでは〈with *A done*〉という形で用いられている。

9.「二酸化炭素やメタンなどの温室効果ガスは，動物を飼育する過程で発生し，動物自身も消化の過程でガスを排出する」

(b)の producing は他動詞なので目的語が直後に必要だが，それがない。さらに主語の Greenhouse gases は「発生させられる」ものなので，能動態ではなく，受動態にしなければならない。よって producing を produced にする。

10.「とはいえ，心臓発作や肉の価格の高騰など，健康やお財布に打撃を受けるまで，食べ方や食べるものを変える人はほとんどいないだろう」

(a)の since は理由を表す接続詞で，「健康やお財布に打撃を受けるので，食べ方や食べるものを変える人はほとんどいないだろう」となるが，これでは文意が通らない。よって until「～まで」に変える。

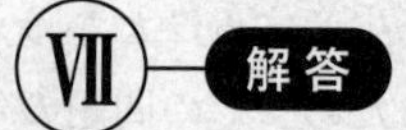

(1)―(h)　**(2)**―(f)　**(3)**―(e)　**(4)**―(a)　**(5)**―(g)　**(6)**―(d)
(7)―(j)　**(8)**―(c)　**(9)**―(b)　**(10)**―(i)

全訳

《見知らぬ人との会話が幸せを呼ぶ》

1　ニックは幼少期のほとんどを，人を避けて過ごした。激しやすい父親と，自分が経験したトラウマの多くを娘に転嫁する母親に育てられた。この組み合わせは，ニックを恐怖と孤立に陥れた。「私の原始的な脳は，あらゆる人を恐れるようにプログラムされていました。なぜなら，『全員邪悪で，人を傷つけるから』」と彼女は私に言った。

2　ニックの恐怖は，「見知らぬ人の危険性」についての妥当な教えによって，知らない人すべてを恐れるべき脅威としてみなすことができる国では珍しいことではないのだが，彼女はそれが不健全であることを認識したため，世界と関わるための措置を講じた。成長するにつれて，彼女は新しい人を求めて旅に出るようになった。17 歳のとき，ニックは高校の同級生と 10 日間ヨーロッパを訪れ，人々が自分と会話を始めてくれることに気づいた。「ヨーロッパの人たちが無作為に私に話しかけてくるのなら，私はそんなに悪くないのかもしれない」と彼女は考えた。「『ヨーロッパの人たち』に手あたり次第に話しかけても，死ぬわけではないわ」 だから彼女はもっと旅行に行き，より多くの人とつながることにした。彼女はこれらの出会いに不安を感じ，恐怖で緊張し，最悪の事態を覚悟していたが，いつもうまくいった。彼女は，これまで信じるよう育てられてきたことに反して，見知らぬ人たちは危険でも恐ろしくもないことに気づいた。その人たちは実際，安らぎと居場所をもたらす源となった。彼らは彼女の世界を広げてくれたのだ。

3 今日，ニックはこの種の会話に「グレイハウンド・セラピー」という名前をつけた。彼女が使っているように，この言葉は文字通り，長距離バスで隣に座った人と会話をすることを指すが，レストランやバス停や食料品店など，どこでも知らない人と会話をすることにも当てはまる。こういった形のつながりが彼女の人生を変えた。つらいことがあったとき，気がつくと見知らぬ人たちに慰めを求め，「孤独を避けるために」その人たちに頼っていました，と彼女は私に語った。

4 「それでうまくいったんですか？」と私は尋ねた。

5 「もちろんです」と彼女は言った。「素晴らしい話を持って家に帰ったものでした。確かに，家にその話をする相手はいなかったのですが，それでも，その話を忘れることはありませんでした。それらは私の財産となりました」

6 ニックの経験は物語っている。人間関係の質が，他の何よりも強力な，人の幸福度や心身の健康の予測因子になるということは，多くの研究から判明している。しかし，それらの研究のほとんどは，家族，友人，同僚といった親しいつながりだけを対象にしてきた。過去10年半の間に，大学教授たちは，見知らぬ人との交流も私たちにとって良いことになり得るのではないかと考え始めた。それは親しい関係の代わりではなく，それを補完するものとして，という意味である。その研究結果は驚くべきものだった。見知らぬ人と話をすることで，私たちはより幸福になり，地域社会とのつながりが深まり，頭が冴え，より健康になり，孤独感が薄れ，より人を信頼できるようになり，楽観的な人間になれるということが，研究によって繰り返し示されたのだ。

解説

まずはすべての選択肢を文法的（(a)は contrary から始まる形容詞句ま

たは副詞句，(b)と(d)は動詞句，(g)は sources of から始まる名詞句，その他はＳＶがある完全文）に分類・分析し，文中における空所の文法的役割を考えて選択肢を絞り込み，完全文が入る場合は前後を読み，文意が通るように補充する。

1． 空所には完全文が入る。直前の文で，激しやすい父親と，自分が経験したトラウマの多くを娘に転嫁する母親のもとで育ったことが言及されており，この２人のことを the combination と受けている(h)を入れると文脈に合う。

2． 空所の直前に接続詞 so があることから，完全文が入る。空所の前で，知らない人すべてを恐怖の対象であるとみなすことが不健全であると認識した結果，ニックがどのような行動をとったのかと考え，(f)を入れてみると文意が通る。本問のように空所の前に it のような代名詞がある場合，それが何を指しているのかをよく考えることで，正解にたどり着きやすくなる。

3． 空所の直前に接続詞 So があることから，完全文が入る。空所の直後でより多くの人と関わりをもつようになったと書かれていることから，その手段として旅に出たと考え，(e)を入れると文意が通る。

4． 空所の前後にカンマがあること，さらに空所部分を除いても文として成立することから，空所には副詞相当語句が入ると判断して，(a)を入れる。contrary to ～ は文頭で「～に反して，～とは違って」という意味を表す。

5． 空所の前に They were とあることから，空所には補語が入ると判断すると，sources of から始まる名詞句(g)が入る。

6． 空所の直前の the term（グレイハウンド・セラピー）を主語と考えると，空所には動詞から始まる語句が入るとわかるので，解答を動詞句の選択肢(b)か(d)に絞る。refers と三単現の s がついていることから，解答は(d)だと判断できる。

7． 空所には完全文が入る。直前の文で知らない人と会話をするというグレイハウンド・セラピーの文字通りの意味が述べられており，さらに直後の文では，ニックはつらいことがあったときに知らない人に頼っていたという記述があることから，グレイハウンド・セラピーのおかげでニックの考え方が変わったという趣旨の選択肢が入ると考え，(j)を入れる。this form of connection は「見知らぬ人とのつながり」を指している。

8. ダブルクォーテーションマークがあることから，会話調の文が入ると考える。さらに前のやりとりより，空所にはグレイハウンド・セラピーの効果があったかと尋ねられたことに対する返答が入る。以上の観点から選択肢を絞り，(c)が入ると判断する。空所のある文の後半に the stories とあることから，空所の後の them は選択肢中の amazing stories を指していると考えられることからも，整合性が取れる。
9. 空所の直前にある most of those studies を主語と考えると，空所には動詞句が入ると判断できるので，(b)が入る。さらに選択肢中の only close ties「親しいつながりだけ」について，コロン以下で具体的に述べられている。
10. 空所には完全文が入る。空所の前で大学教授の研究についての言及があり，直後で研究結果が述べられていることから，(i)を入れると文脈に合う。

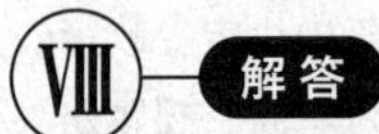

問1. (a)　**問2.** (b)　**問3.** (c)　**問4.** (b)　**問5.** (b)
問6. (a)　**問7.** (b)　**問8.** (c)　**問9.** (a)　**問10.** (c)
問11. (d)　**問12.** (c)

全訳

《女性が直面するSTEM分野での問題》

第1節：デジタルアクセスとスキルにおけるあらゆる格差をなくす

［1］　日常生活のデジタル化が進むにつれ，デジタルアクセスにおける男女格差によって，女性や女子がますます取り残される恐れがある。こうした格差を是正する努力によって男女の平等を示す値は改善されたものの，男女のアクセスにおける絶対的な格差は，2019年以降，実際には2,000万人に拡大している。今日，女性の63％がインターネットにアクセスできるのに対し，男性は69％である。また，携帯電話を所有する女性は男性に比べて12％少なく，この数字はパンデミック以前からほとんど変わっていない。

［2］　これらの世界的な平均値はすべてを物語っているわけではない。人種，年齢，障がい，社会経済的地位，居住地はすべて，女性のデジタルへのアクセスや利用を決定する役割を担っている。高齢の女性，農村部の女性，障がいのある女性など，社会的に疎外されたグループは，接続への著

しく高い壁に直面する。後発開発途上国では，無線で接続できるブロードバンド回線が人口の76％をカバーしているにもかかわらず25％しか接続できず，その接続できる少数派の中で男性が占める割合は52％も高い。

［3］ これらのすべてから明らかなように，アクセスの格差の是正には，単にデジタル・インフラを改善するだけでは不十分である。経済的な余裕，電気が使えるかどうか，オンライン上のプライバシーと安全性，社会規範，デジタルスキルとリテラシーといった（格差の）要因に対処すること――これらはすべて，ジェンダーの影響を受ける――が，女性が意味のある形でインターネットに接続できるようになるための鍵となる。

第2節：STEM分野における女性と女子への支援

［4］ 今日，STEM（科学，技術，工学，数学）の教育とSTEM分野の職業の両方において，女性は依然として少数派であり，工学部卒業生のわずか28％，人工知能関連で働く人の22％，そして世界の科学技術分野で働く従業員の3分の1以下しかいない。これらの分野における男女の平等が実現しなければ，科学技術の発展，研究の方向性，投資の決定，政策の立案における女性の参加はきわめて制限されたままとなる。同じ課題が，女性が成長著しい，高収入を得る仕事に就くことにも当てはまるが，それは，科学技術とデジタル革新が業界を混乱させる中，女性が最も多くの雇用喪失を負うことになるという事実によってさらに深刻化する不平等なのだ。

［5］ 誰がSTEMに向いていて，誰が向いていないかという固定観念は，女子がこれらの分野に進むことを躊躇させるのに大きな役割を果たしている。このような思い込みは，自己永続的な循環となる。つまり，女子は，技術分野への参加の後押しがなければ，必要な知識を欠くことになり，その結果，興味を示しにくくなるのだ。技術職に就いたとしても，賃金格差が大きく（21％），昇進率もかなり低い（男性100人に対して女性52人）など，厳しい環境に直面することが多い。半数近く（48％）が職場でのハラスメントを経験したと報告している。22％がこの部門で受けた扱いのために離職を考えていると答えている。

［6］ 女性の割合を増やそうとするこれまでの努力は，女性を排除する制度よりも，女性がSTEM分野に関心を示さないことに焦点を当てることが多かった。このようなメッセージを発信することは実際には逆効果で，

女性にはSTEM分野への真の関心も才能もないという考えを助長しているのだ。効果的な解決策は，女性をSTEMの仕事から遠ざけている障壁と，そもそも女子がSTEMを目指すのを妨げている障壁の両方に向けられなければならない。

［7］ 教師，学生，学校に，誰でも使えるブロードバンド接続を提供し，利用者のデジタルリテラシーを確保することで，特に恵まれない背景を持つ女子がSTEMに触れる機会を増やすことができる。デジタル学習は，社会的に疎外されたグループに属する女子や学生のニーズに教育環境やカリキュラムを適応させる新たな機会を提供する。

［8］ 女子が共感できるSTEM分野の女性メンターに彼女たちがサポートを受ける機会を確保することと同様に，学校からジェンダーの偏見をなくす努力も重要である。また，社会的課題に応用できるSTEMの可能性を強調することと同様に（これが女子の職業選択の主な要因であることを示す調査結果もある），STEMを他の学問分野と結びつけることも，女子の関心を高めるのに役立つのである。

第3節：女性と女子のニーズを満たすテクノロジーを創造する

［9］ テクノロジーはその創案者を反映する。そのため，女性や女子が科学技術やイノベーションの場から取り残されている場合，デジタルツールが彼女たちのニーズを満たせないのは当然である。例えば，性と生殖に関する健康を促進するデジタルツールへの深刻な投資不足は，女性の声を組織的に排除する意思決定プロセスから生じる当然の結果である。この問題は，科学技術分野の監視が不十分なため，ほとんど歯止めがかかっていない。倫理的な枠組みが開発された場合でも，保護策に欠けており，規制はほとんど企業自身に委ねられてきたため，多くの企業は被害軽減戦略を軽んじたり，それにあまり投資をしてこなかったりした。

［10］ あらゆる人が利用でき，偏見の少ない科学技術を生み出すことは，人権に根ざした設計と規制のプロセスから始まる。それは，新しいデジタルツールの設計において，社会科学者や行動科学者，人権専門家だけでなく，社会から疎外され弱い立場にある女性の声を中心に据えることを意味する。また，それは，表現の自由 vs 安全を確保する権利，のような，オンライン上で異なる権利を行使する間に生じる対立的な状況にはっきりと対処することも意味する。さらに倫理的な枠組みを国際的な人権基準や規

範に基づかせることで，強制力を持たせることを意味するのである。

解説

問1. 空所の前後より，インターネットにアクセスできる女性の割合と男性の割合を比べていると考えることができるので，(a)「～と比べると」が入る。compared (to) 以下は分詞構文。

問2. 下線部の直前にある play とともに使われる role は「役割」という意味。よって解答は(b)である。(a)は「性格，登場人物」，(c)は「規則」，(d)は「舞台」という意味。

問3. 設問文の意味は「第2段によれば，なぜ女性や女子はテクノロジーの発展から取り残されているのか？　不適切なものを選びなさい」である。(a)「年齢，地位，場所が女性のデジタルへのアクセスや利用を制限している」は第2段第1文（These global averages …）に，(b)「高齢の女性，農村部の女性，障がいのある女性は，より大きな障壁に直面する」は同段第2文（Marginalized groups such …）に，(d)「女性は，ジェンダー，人種，社会経済的地位などが交錯する形の差別に直面する」は，同段第1文に一致する。(c)「テクノロジーの創造，利用，規制のすべてにおいて，女性の割合は低い」は，テクノロジーの創造や規制について同段では言及されていないため，これを選ぶ。

問4. 下線部を含む factors like affordability を直訳すると「経済的な余裕のような要因」。「～のような」という意味で，名詞を修飾する like を選ぶ。よって正解は(b)「私は猫のような動物に興味がある」である。(a)「そのようにそれをしなさい」，(c)「彼女は犬のように眠った」，(d)「あなたはあなたのお兄さんのように話す」はいずれも「～のように」という意味で，選択肢中の動詞 Do，slept，speak をそれぞれ修飾する副詞の働きをしている。

問5. 直前の文で STEM 分野における男女の平等が実現しなかった場合に起こる問題について述べられており，「これと同じ（　エ　）が，成長著しい，高収入を得る仕事に就くことにも当てはまる」という意味になるので，STEM 分野での問題を言い換える語としてふさわしいのは(b)「課題，難題」である。apply to ～ は「～に当てはまる」という意味。(a)は「代替策」，(c)は「機会」，(d)は「挑発」という意味。

問6. 下線部の直後の with 以下には技術職における男女間の賃金の格差

について述べられているので，hostile はマイナスの意味の単語だと推測できる。よって正解は(a)「厳しい」である。(b)は「不可避の」，(c)は「自然な」，(d)は「予期しない」という意味。

問7. 直前の backfire は「逆効果になる」という意味で，その結果，女性には STEM 分野への真の関心も才能もないという考えをどうしたかと考えると，正解は(b)「～を煽りたてる，悪化させる」になる。fueling 以下は分詞構文。

問8. 空所の後ろにある for とともに使い，熟語を作る動詞は(c)である。provide *A* for *B* で「*B* に *A* を提供する」という意味。

問9. 下線部の直前の関係詞 whom の先行詞は〈人〉なので，women mentors が先行詞になる。よって they が指すのは(a)「女子」である。identify with ～ は「～に共感する」という意味で，この場合，with が関係詞の前に出ている。

問10. 空所の直後には when から始まる副詞節，it's no surprise that S V … という完全文が続くので，空所には接続詞が入る。正解は(c)「だから，よって」である。(a)は「その代わりに」という意味の副詞，(b)は「むしろ」という意味の副詞，(d)の though は従位接続詞で，〈though S' V' ～, S V …〉という形で用いる。

問11. 2つの空所の位置から，それぞれ unchecked と left を修飾すると判断する。文意が通るのは(d)「ほとんど，大部分は」である。(a)は「慎重に」，(b)は「ほとんど～ない」，(c)は「興味深く」という意味。

問12. (a)「倫理的枠組みは，より包括的な技術を創造する際に考慮されなければならず，それは人権基準とは無関係に施行されるべきである」

「倫理的枠組み」に関しては，第9段最終文（Even where ethical …）および第10段最終文（And it means …）に言及があるが，「考慮されなければならない」や「人権基準とは無関係に施行されるべき」といったことは述べられていないので，誤りである。

(b)「意思決定から女性と女子を排除することは，もはや生殖に関する健康を促進するデジタルツールの開発への投資不足という結果にはならない」

第9段第3文（Severe underinvestment in, …）に，意思決定から女性と女子を排除した結果，生殖に関する健康を促進するデジタルツールへの深刻な投資不足が起こったと書かれていることから，誤りである。

(c)「テクノロジーへの十分なアクセスを促進するためには，社会から疎外された女性たちの声が，技術革新の過程へ届けられなければならない」

第10段第1・2文（Creating more inclusive, … new digital tools.）において，「あらゆる人が利用でき，偏見の少ない科学技術を生み出すことは，人権に根ざした設計と規制のプロセスから始まる。それは，新しいデジタルツールの設計において…社会から疎外され弱い立場にある女性の声を中心に据えることを意味する」と書かれており，「新しいデジタルツールの設計」は選択肢(c)の中の「技術革新の過程」に言い換えられていると判断できるので，正解である。ここでの voices of marginalized women must not be denied participation in innovation processes は直訳すると「社会から疎外された女性たちの声が，技術革新の過程への参加を拒まれてはならない」となるが，彼女らの声や意見を無視せずに，技術革新の過程に積極的に参加させることが重要だということを伝えている。

(d)「ほとんどのテック企業は倫理的枠組みを入念にチェックしているため，女性の声はすでに技術開発に反映されている」

第9段最終文（Even where ethical …）および第10段最終文（And it means …）で倫理的枠組みに関して言及されているが，企業がそれを「入念にチェックしている」や，その結果，「女性の声が技術開発に反映されている」という記述はないので，誤りである。

講評

2024年度も大問8題で，長文読解問題3題，英作文問題1題，文法・語彙問題4題という構成である。

出題された英文は，Ⅰが「群衆の叡智の効果」を論じた論説文，Ⅶが「見知らぬ人との会話が幸せを呼ぶ」ことについて書かれた随筆文，Ⅷは「女性が直面するSTEM分野での問題」に関する論説文であった。

Ⅰの英文和訳は短い時間で構文を把握し，こなれた日本語にするにはかなりの力が要求される。基本構文の理解はもちろん，倒置，判断しにくい並列関係や複数の関係詞節などが含まれる文の構造理解にも慣れておく必要がある。Ⅶの空所補充は，選択肢の形から文法的視点である程度解答を絞ることができるが，長文の展開を把握しておかないと選びにくいものも含まれる。Ⅷの英文は標準的で，語彙も難しいものではない。ただし，設問の中には文法・語法問題も含まれ，日頃から文章の展開だけでなく文法も意識した読解を習慣づける必要がある。全体で相当量の英文を読む必要があるので，速読力が試される。

Ⅱの和文英訳は，2023 年度と同様，短文 1 問の出題であった。英語で与えられた書き出しに続けて解答する形式が続いている。例年通り，難しい箇所はなく，基本的な語彙・構文を用いて英訳できるもので取り組みやすいが，2024 年度は使用する単語が 3 つ与えられ，形を変えずに一度だけ用いるという条件がついた。

文法・語彙問題は，空所に適切な 1 語を自分で考えて補充する形の空所補充がⅢで出題された。ヒントとして最初の 1 文字が指定されているので取り組みやすいと思われるが，問題文の日本語を参考に空所の前後にある動詞や前置詞等を確認しながら単語を入れる必要がある。またⅣでは語句整序問題が出題された。空所自体は 6 カ所だが，答えるのはそのうちの 2 カ所だけであり，それを記号で解答するという，数年前までセンター試験などで出題されていた形式である。Ⅴでは 4 択の空所補充問題が 10 問，Ⅵでは誤り指摘問題が 10 問出題された。Ⅵについてはひとつづきの長文を 10 分割し，それぞれのパートの中で 4 択が与えられ，答えを選んでいくという珍しい形式である。文法・語法の誤りがほとんどだが，否定・肯定などの内容上の誤りが含まれている場合があるので，注意する必要がある。

長文読解問題は，英文自体は標準的であるが，試験時間のわりに文章量が多いので，その点では難しいと言える。文法・語彙問題で取りこぼしをしないことが大切である。また，試験時間 90 分の中で時間配分を考え，見直しの時間をとることも必要である。

日本史

I 解答 問1．b 問2．a―イ b―ロ c―ロ
問3．a―イ b―ロ c―イ
問4．a―ロ b―イ c―ロ 問5．a―ロ b―イ c―ロ
問6．d 問7．d 問8．a 問9．a―ロ b―イ c―ロ
問10．a―ロ b―イ c―イ 問11．d
問12．a―イ b―ロ c―イ 問13．a―イ b―ロ c―イ
問14．a―イ b―イ c―ロ 問15．a―ロ b―イ c―イ

解説

《原始～中世の日中外交》

問2．a．正文。

b．誤文。倭国王帥升らが生口160人を献上したのは光武帝ではなく，安帝である。

c．誤文。纒向遺跡は奴国ではなく，邪馬台国の所在地として有力視されている。

問3．a・c．正文。

b．誤文。魏から晋にかわってからも皇帝に使者を送ったのは，卑弥呼ではなく，壱与（台与）である。

問4．a．誤文。倭が高句麗と交戦したことが記されているのは奈良県石上神宮に伝わる七支刀ではなく，高句麗の好太王碑の碑文である。

b．正文。

c．誤文。倭と同盟関係をむすんで，高句麗に対抗しようとしたのは新羅ではなく，百済である。

問5．a．誤文。倭の5人の王が中国の南朝に朝貢したことは，埼玉県稲荷山古墳出土の鉄剣銘ではなく，『宋書』倭国伝に記されている。

b．正文。

c．誤文。倭王武は，『日本書紀』のなかに登場する仁徳天皇ではなく，雄略天皇をあてる説が有力である。

問7．「遣隋使」「南淵請安・旻らの留学生」からd．高向玄理を導く。高

向玄理は旻とともに，大化改新後の新政権において，国博士となった。

問9．a．誤文。『鳥毛立女屛風（樹下美人図）』は唐招提寺ではなく，正倉院に伝わる絵画である。

b．正文。

c．誤文。唐・新羅の僧から華厳を学び，東大寺建立に貢献し，初代別当となったのは行基ではなく，良弁である。

問10．a．誤文。宋の陳和卿ではなく，朱熹により大成された宋学（朱子学）が日本に伝えられ，のちに後醍醐天皇らの討幕運動に影響を与えた。

b・c．正文。

問11．「高麗では国王がモンゴルに服属」「1273年に鎮圧」からｄ．三別抄を導く。三別抄とは高麗で特別に編制された３隊からなる選抜部隊であった。

問12．a・c．正文。

b．誤文。弘安の役のあと，幕府は九州探題ではなく，鎮西探題を設けて北条氏一門を博多へ送り，御家人の指揮にあたらせた。

問13．a・c．正文。

b．誤文。天龍寺建立を計画し，造営費調達のため元に貿易船を派遣したのは後醍醐天皇ではなく，足利尊氏・直義兄弟である。天龍寺は，後醍醐天皇の冥福を祈るために建立された。

問14．a・b．正文。

c．誤文。明との貿易が一時中断した時と，再開した時の将軍が誤っている。４代将軍足利義持の時に一時中断し，６代将軍足利義教の時に再開された。

問15．a．誤文。博多商人は細川氏ではなく，大内氏と，堺商人は大内氏ではなく，細川氏とそれぞれむすびついて，貿易の実務を担った。

b・c．正文。

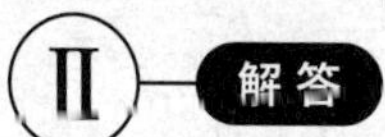

問１．ｂ　**問２．a**－ロ　**b**－イ　**c**－イ
問３．ｂ　**問４．a**－イ　**b**－イ　**c**－ロ
問５．a－イ　**b**－イ　**c**－ロ　**問６．a**－イ　**b**－イ　**c**－イ
問７．a－イ　**b**－ロ　**c**－イ　**問８．a**－ロ　**b**－イ　**c**－ロ
問９．ａ・ｂ・ｃ・ｄ・ｅ　**問10．**ａ・ｂ・ｄ・ｅ

2024年度　学部別選抜　日本史

解説

《江戸時代の政治，交通・産業・文化》

問2．a．誤文。徳川家綱は，大名の末期養子の禁止を廃止ではなく，緩和し，すべての大名にではなく，50歳未満の大名に末期養子を認めた。

b・c．正文。

問3．「正俊が暗殺されたのち」「綱吉は側用人を登用」からｂ．柳沢吉保を導く。綱吉の最初の側用人が牧野成貞であったが，堀田正俊が暗殺された後は柳沢吉保が側用人に就任した。

問4．a・b．正文。

c．誤文。綱吉は江戸に湯島聖堂を建てたが，林羅山ではなく，林鳳岡（信篤）を大学頭に任じた。

問5．a・b．正文。

c．誤文。幕府の命により，国史である『本朝通鑑』を編集したのは新井白石ではなく，林羅山・鵞峰父子である。

問7．a・c．正文。

b．誤文。樽廻船と菱垣廻船が運航を始めた時期と，「樽廻船は衰退した」が誤り。17世紀前半に大型帆船の菱垣廻船が運航を始め，その後，18世紀前半に酒荷専用の樽廻船が運航するようになると，菱垣廻船は衰退した。

問8．a．誤文。千石簁は脱穀用ではなく，選別用，千歯扱は選別用ではなく，脱穀用の農具である。

b．正文。

c．誤文。大蔵永常ではなく，宮崎安貞が著した『農業全書』が体系的農学書として普及し，農業の必読書とされた。

問10．ｃ．誤り。『紅白梅図屏風』は尾形乾山ではなく，尾形光琳の作品である。

問1．a－イ **b**－イ **c**－イ

問2．a－イ **b**－イ **c**－ロ

問3．a－イ **b**－ロ **c**－ロ **問4．a**－イ **b**－イ **c**－イ

問5．a－イ **b**－イ **c**－イ **問6．a**－イ **b**－ロ **c**－イ

問7．1－ｃ **2**－ｅ **3**－ｆ **4**－ｄ

解説

《高橋是清の生涯》

問2．a・b．正文。

c．誤文。ポーツマス条約で日本はロシアから賠償金がまったく得られなかった。

問3．a．正文。

b．誤文。憲政会は加藤高明，革新倶楽部は床次竹二郎ではなく，犬養毅が中心となった。

c．誤文。軍部大臣現役武官制を改めて，予備役・後備役の大将・中将にまで軍部大臣の資格を拡大したのは加藤高明内閣ではなく，第１次山本権兵衛内閣である。

問6．a・c．正文。

b．誤文。三月事件・十月事件は，二・二六事件（1936年）後に起こった事件ではなく，1931年に起こった軍部・右翼のクーデタ未遂事件である。

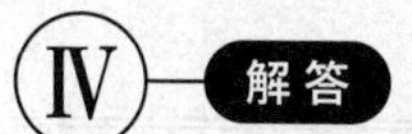

問1．近衛文麿

問2．既成の政党を解散させて大衆組織を基盤とする一大指導政党を組織し，挙国一致の戦時体制の確立をめざした。(30字以上50字以内)

問3．内閣総理大臣を総裁，各都道府県の長を支部長とし町内会などを下部組織とする官製の上意下達機関であった。(30字以上50字以内)

解説

《新体制運動》

問1．「新体制運動」「大政翼賛会の初代総裁」から近衛文麿を導く。近衛文麿は日中戦争が始まる直前の1937年6月に組閣し，太平洋戦争が始まる直前の1941年10月に総辞職する間に，３次にわたって内閣総理大臣を務めた。

問2．新体制運動がめざした政治構想の特徴について，30字以上50字以内で答えなければならない。新体制運動がめざした政治構想の特徴とは，既成の政党を解散させたこと，すなわち，既成の政党政治を打破することであった。既成の政党に代わって，ドイツのナチ党やイタリアのファシスト党のように強力な大衆組織を基盤とする政治体制に再編成し，一大指導政党を組織して，その指導の下で国民全員の戦争協力への動員をめざしたのである。上記の内容について，字数内で簡潔にまとめればよい。

問3． 大政翼賛会の組織構造の特徴について，30字以上50字以内で答えなければならない。すなわち，大政翼賛会とはどのような政治組織であるのかを記述すればよい。大政翼賛会とは，政府主導のもと戦時体制に対応するためにつくられた国民統制組織であったが，当初政府がめざした政党組織ではなかった。大政翼賛会は，内閣総理大臣であった近衛文麿を総裁とし，支部長を各自治体の長などとして，下部組織に部落会・町内会・隣組などをおいた官製の上意下達機関であった。また，戦争協力のために設けられた大日本産業報国会なども傘下におさめた。

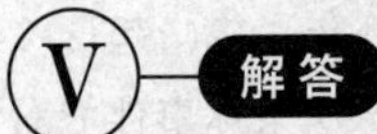

問1． b　**問2．** a－ロ　b－ロ　c－イ　**問3．** b
問4． a－ロ　b－ロ　c－ロ
問5． a－イ　b－イ　c－イ　**問6．** a－イ　b－イ　c－ロ
問7． a－イ　b－イ　c－ロ　**問8．** c
問9． a－ロ　b－イ　c－ロ

解説

《55年体制と保守・革新の対立構造》

問1． 消去法で解答しよう。吉田茂（自由党総裁）内閣は，保守合同の前年（1954年）に退陣し，その後日本民主党総裁の鳩山一郎が組閣している。幣原喜重郎は衆議院議長在任中の1951年に死去している。よって，bが正解。緒方竹虎は吉田茂内閣のもとで，副総理を務めた人物でもある。

問2． **a．** 誤文。大逆事件を機に社会主義者や無政府主義者を弾圧したのは西園寺公望内閣ではなく，桂太郎内閣である。

b． 誤文。ロシアの無政府主義者クロポトキンの研究をとがめられて休職処分になったのは上杉慎吉ではなく，森戸辰男である。

c． 正文。

問3．「社会党首班の内閣」からb．片山哲を導く。日本社会党を首班とする片山哲内閣は，民主党と国民協同党との連立内閣であった。

問4． **a．** 誤文。アメリカはトルーマン=ドクトリンを発表し，中国ではなく，ソ連「封じ込め」政策の必要をとなえた。

b．誤文。アメリカ軍占領地域に朴正煕ではなく，李承晩を初代大統領とする大韓民国が建国された。

c．誤文。アメリカはマーシャル=プランを発表して，東アジア諸国ではなく，西欧諸国の復興と軍備増強を援助することを表明した。

問6． a・b．正文。

c．誤文。警察官の権限強化を図る警察官職務執行法（警職法）改正案を国会に提出したが，革新勢力の反対運動が高まったため改正を断念したのは，吉田茂内閣ではなく，岸信介内閣である。

問7． a・b．正文。

c．誤文。予定されていたアメリカ大統領アイゼンハワーの訪日は，革新勢力による大規模な抗議活動のため中止された。

問8． 下線部⑦以降の「60年安保闘争」「当時の内閣が総辞職」から岸信介内閣を導く。岸内閣が退陣したのちに，内閣総理大臣となったのがc．池田勇人である。池田勇人内閣は「所得倍増」をスローガンに，高度経済成長をさらに促進させる経済政策を行った。

問9． a．誤文。イタイイタイ病の原因は有機水銀ではなく，カドミウムであった。水俣病の原因が有機水銀である。

b．正文。

c．誤文。東京都知事に就任したのは美濃部達吉ではなく，美濃部亮吉である。美濃部亮吉は美濃部達吉の子で，革新首長の一人であった。

講評

2023年度は大問3題であったが，2024年度は2022年度と同様に大問5題となり，文章正誤判定・語句選択・論述2問（30～50字）が出題された。2023年度と比べて大問数は増加したが，設問数は例年通りであった。また，2024年度も2023年度に引き続き，原始からの出題が3問あった。2023年度の出題は原始から近代（明治時代）までであり，戦後からの出題はみられなかったが，2024年度は戦後からの出題が大問でみられた。

Ⅰ　原始から中世の日本と中国との外交史に関する問題が出題された。設問自体はさほど難解なものではなく，教科書の内容に沿った標準的な出題であった。しかし，受験生にとって，問9．cの文章正誤判定は解答に迷うものだったかもしれない。しっかり落ち着いて解答し，ケアレスミスをなくして高得点を目指そう。

Ⅱ　江戸時代の政治，交通・産業・文化の2つのテーマに関して出題された。問2．bの正誤判定問題で，「手伝普請も軽減した」の部分に関しては教科書に掲載されていない内容でもあり，正誤の判断が難しかった。問10の元禄期の文化史の問題もしっかり確認しておこう。

Ⅲ　明治～昭和戦前の政治家・財政家として活躍した高橋是清の生涯をテーマに出題された。特に問4・5は受験生にとって苦手な経済分野からの出題であり，正誤の判断に迷ったかもしれない。

Ⅳ　近衛文麿が先頭に立って推進した新体制運動の政治構想と政治組織，その特徴について30～50字以内で論述させる問題が出題された。教科書では本文中に掲載されているが，その内容を的確にまとめなければならない。論述に慣れていない受験生にとっては，解答するのに時間を費やしたのではないだろうか。

Ⅴ　55年体制が成立する前後の保守勢力と革新勢力の対立構造をテーマに，それに関連した問題が出題されている。問1の保守合同が実現した際の自由党総裁である緒方竹虎は迷ったかもしれない。正誤判定問題では，問5・6・7の選択肢にやや細かい内容が含まれていたため，戦後史をしっかり時間をかけて学習できていない受験生は苦戦したと思われる。

世界史

I 解答

設問1. (あ)—① (い)—② (う)—①
設問2. (あ)—① (い)—① (う)—②
設問3. (あ)—② (い)—② (う)—② **設問4.** (あ)—② (い)—① (う)—②
設問5. (あ)—① (い)—② (う)—② **設問6.** (あ)—① (い)—① (う)—②
設問7. (あ)—① (い)—② (う)—② **設問8.** (あ)—① (い)—② (う)—②
設問9. (あ)—① (い)—② (う)—② **設問10.** (あ)—① (い)—② (う)—②
設問11. (あ)—① (い)—② (う)—②
設問12. 水道や道路網を整備し，貨幣を用いた。(15字以上20字以内)
設問13. (あ)—② (い)—① (う)—② **設問14.** (あ)—① (い)—① (う)—①
設問15. (あ)—② (い)—① (う)—①
設問16. 8世紀には，西ヨーロッパにローマ=カトリックの，東ヨーロッパにギリシア正教会の，シリア・エジプトから北アフリカにはイスラームの世界が分立した。(65字以上80字以内)

解説

《古代地中海世界の文明》

設問1. (い) 誤文。サルゴン1世はアッカド人の王であり，シュメール人ではない。

設問2. (う) 誤文。古バビロニア王国は，ヒッタイトの侵入をうけて衰退し，滅亡した。

設問3. (あ) 誤文。古代エジプトでは，ナイル川流域にノモスとよばれる多数の小国家群を形成した。

(い) 誤文。上エジプトと下エジプトを統一した最初の王は，メネスである。

(う) 誤文。王のファラオは，太陽神ラーの化身として崇拝された。

設問4. (あ) 誤文。ヒッタイト人はアナトリアを本拠としていた。ザクロスとはイラン南西部の山脈のことであり，カッシート人がもともといた場所である。

(う) 誤文。ヒッタイト人は，楔形文字を使用した。デモティックは古代エジプトで用いられた民用文字である。

設問5．(い)　誤文。クレタ文明は，エヴァンズによって存在が明らかにされた。ヴェントリスは，ミケーネ文明で用いられた線文字Bの解読を行った人物である。

(う)　誤文。古代ギリシアはエーゲ文明の消滅後400年続いた暗黒の時代に，鉄器時代に移行していった。

設問6．(う)　誤文。フェニキア人がつくったフェニキア文字は，エジプトの文字を簡略化させた表音文字である。

設問7．(い)　誤文。アラム文字は，フェニキア文字を転用する形で作成された。

(う)　誤文。アラム人は東地中海の内陸側に都市を建設し，陸上交易を中心に活動した。

設問8．(い)　誤文。ヘブライ人は紅海の海上交易路を開拓した。

(う)　誤文。イスラエル王国はアッシリアに，ユダ王国は新バビロニアに滅ぼされた。

設問9．(い)　誤文。ギリシア人のポリスは，コイネーとよばれる共通語をもっていた。

(う)　誤文。ギリシア人はマッサリアなどを建設し，西地中海でも植民活動を行った。

設問10．(い)　誤文。ラテン人はイタリア南部のローマ周辺に定住した。ネアポリスはギリシア人の植民市である。

(う)　誤文。ラテン人は当初エトルリア人の王を戴いていた。また，エトルリア人がサルディニアに移住した事実はない。

設問11．(い)　誤文。ポンペイウスはシリアに遠征を行った。ガリアに遠征したのはカエサルである。

(う)　誤文。クレオパトラとアントニウスをアクティウムの海戦で破り，プトレマイオス朝を滅亡させたのは，オクタウィアヌスである。

設問12．　ローマ人は支配領域に対して積極的なインフラ整備を行った。道路網や水道を整備したこと，貨幣を使用したことなどを，指定文字数に従って簡潔に記そう。

設問13．(あ)　誤文。フン人の民族系統は現在でも不明であるが，匈奴との関係が指摘されている。大月氏はイラン系の民族で，その一派はインドに南下しクシャーナ朝を建てた。

(う) 誤文。カタラウヌムの戦いでは，西ローマ帝国はゲルマン人と連合し，フン人を撃退した。

設問14. (い) 正文。ゲルマン人には，ローマ帝政初期よりローマに移住する者もいた。

設問15. (あ) 誤文。ヴァンダル人は北アフリカに拠点を置き，イタリアを支配する東ゴート王国と対立・和睦を繰り返した。ヴァンダル人は海路でイタリアに侵入した。

設問16. ガリアやイタリア半島を中心とする西ヨーロッパにはローマ=カトリック教会が，バルカン半島など東ヨーロッパから小アジアにかけてはギリシア正教会が，シリア・エジプトなどの東地中海地方から北アフリカまではイスラームが力を持った。ローマ=カトリック教会にはフランク王国が接近し，ギリシア正教会はビザンツ帝国が後ろ盾となり，イスラーム世界はウマイヤ朝やアッバース朝などの世俗権力が宗教と結びついたが，これらの内容は指定文字数を考慮しながら，解答に反映させるかどうか判断しよう。

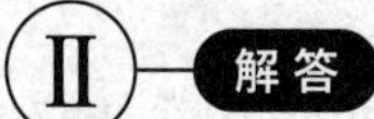

設問 1. (あ)—① (い)—① (う)—②

設問 2. ②・⑤ **設問 3.** ③・⑤

設問 4. (あ)—① (い)—② (う)—② **設問 5.** (あ)—② (い)—① (う)—②

設問 6. (あ)—② (い)—② (う)—② **設問 7.** (あ)—② (い)—① (う)—①

設問 8. (あ)—② (い)—① (う)—② **設問 9.** (あ)—① (い)—① (う)—②

設問10. 道光帝は林則徐を広州に派遣し，イギリスの密貿易船が扱うアヘンを取り締まらせた。(35字から40字以内)

設問11. (あ)—① (い)—② (う)—① **設問12.** ③・④

設問13. (あ)—② (い)—① (う)—② **設問14.** (あ)—① (い)—② (う)—①

設問15. (あ)—① (い)—① (う)—② **設問16.** ③・⑤

解説

《15世紀から19世紀にわたる中国の歴史》

設問 1. (う)誤文。マジャパヒト王国は，ジャワ島の王国である。

設問 2. ②不適。『儒林外史』や『紅楼夢』は清代の小説である。

⑤不適。『皇輿全覧図』は，ブーヴェやレジスによって清代に編纂され，康熙帝に献上された。

設問3. ③誤文。万里の長城は，その西端は甘粛省の嘉峪関であり，チベットまで延長された事実はない。

⑤誤文。現在の万里の長城は，明代後期に改修されたものである。

設問4. (い)誤文。一条鞭法は，江南地方よりはじめられた。

(う)誤文。魚鱗図冊や賦役黄冊は洪武帝が作成を命じた。

設問5. (あ)誤文。東林派は，宦官に反対し追放された官僚が参加した。

(う)誤文。非東林派は宦官勢力で構成された。

設問6. (あ)誤文。17 世紀前半に人口と土地を調査して税収の確保を図ったのは洪武帝である。

(い)誤文。里甲制や衛所制を実施したのは，洪武帝である。

(う)誤文。この時期の明の財政は，日本の侵攻を受ける朝鮮への援軍派遣によって窮乏した。

設問7. (あ)誤文。遷界令は，沿海部の住民を内陸部に移住させた法令である。

設問8. (あ)誤文。ネルチンスク条約では満州地方北辺のアルグン川とスタノヴォイ山脈（外興安嶺）が国境とされた。

(う)誤文。キャフタ条約では，外モンゴルで国境線が画定された。

設問9. (う)誤文。漢人は原則として満州や藩部の統治にかかわれなかった。

設問10. 語群Ａからは林則徐，語群Ｂからは広州を選び，イギリス船のアヘンを取り締まらせたことを，指定字数内でうまくまとめよう。

設問11. (い)誤文。領事裁判権や片務的最恵国待遇は，南京条約締結後に結ばれた五港通商章程や虎門寨追加条約で定められた。

設問12. ③誤文。天朝田畝制度は制定されたものの，実施には至らなかった。

④誤文。太平天国では男女に区分され，別々の施設で生活が行われた。

設問13. (あ)誤文。ロシアが沿海州を得たのは，北京条約によってである。

(う)誤文。ロシアがアムール川（黒竜江）以北を領土に組み入れたのは，アイグン条約によってである。

設問14. (い)誤文。同治中興では漢人官僚が登用され，洋務運動がすすめられた。

(う)正文。西太后は咸豊帝の側室で，同治帝の母である。

設問15. (う)誤文。洋務運動では「中体西用」が掲げられ，中国の伝統を重んじ，議会制度など西洋の政治システムは導入されなかった。

設問16. ③誤文。憲法大綱が制定されたのは，光緒新政期である。

⑤誤文。戊戌の政変後，康有為や梁啓超は日本へ亡命した。

Ⅲ 解答

設問1. 1．大モンゴル 2．ナイティンゲール

3．予防接種またはワクチン接種

設問2. ③・④ **設問3.** ③・⑤ **設問4.** ①・③

設問5. 労働力を確保するため（10字以内）

設問6. ②・⑤ **設問7.** ヒツジ，ウマなど **設問8.** ①・②

設問9. 蒸気機関車（鉄道も可） **設問10.** ③・⑤

設問11. 議会制度が発達したイギリスは合意を取り付けるのに時間を要したが，独裁体制を敷いた第二帝政のフランスは意思決定が速かった。(50字以上60字以内)

設問12. ①・② **設問13.** 2番目：② 4番目：⑤

設問14. (あ)総力戦 (い)中立国

解説

《感染症の歴史》

設問2. ①誤文。動物の殺生を禁止する教えが説かれているのは，ジャイナ教である。

②誤文。光の神と暗黒の神とのたえまない闘争の場と説いたのは，ゾロアスター教である。

⑤誤文。ムハンマドを最後の預言者とする，イスラーム教の教えである。

設問3. ①誤り。エジプトはプトレマイオス朝が滅亡し，ローマ領となった。

②誤り。チュニジアはカルタゴの故地で，ポエニ戦争によりローマが獲得した。

④誤り。ルーマニアは当時ダキアと呼ばれ，トラヤヌス帝がここを版図に加えた。

設問4. ②誤文。ティムール朝はアンカラの戦いでオスマン帝国を破った。

④誤文。カージャール朝がアフガン王国を滅ぼした事実はない。アフガン王国はイギリスの保護国とされた。

⑤ウズベキスタンやトルクメニスタンは，ソ連を構成する国々であった。

設問5． ペストの流行により減少した農民の労働力を確保するため，領主の中には農民の待遇を改善する者もいた。10字以内という短い文のため，表現を工夫しよう。

設問6． ①誤文。ハイチはフランスから独立した。

③誤文。メキシコ革命を起こしたマデロは，右派の軍部により暗殺されたが，サパタやビリャなどが革命を引き継ぎ，成功させた。

④誤文。ペロンはアルゼンチンの大統領である。

設問10． ①誤り。三月革命は，ウィーンやベルリンで発生した。

②誤り。五月革命は1968年のパリで発生した民衆のデモであるが，パリ改造以降の出来事である。

④誤り。十月革命はロシア革命の一環である。

設問11． イギリスでは議会制度が発達した点，フランスではナポレオン3世の第二帝政が独裁的であった点を比較し，両者の意思決定の速度を考えよう。

設問12． ③誤文。チャーティスト運動はクリミア戦争前の1839・42・48年の3度にわたって大規模な請願運動を組織したが，ただちに成果をあげることはできなかった。

④誤文。1852年にルイ=ナポレオンがクーデタで第二帝政を始めた後，クリミア戦争に参戦した。

⑤誤文。オーストリア=ハンガリー二重帝国で自治を認められたのはマジャール人である。

設問13． ①の日英同盟は1902年，②のファショダ事件は1898年，③のヴィルヘルム2世の即位は1888年，④の血の日曜日事件は1905年，⑤の日露戦争の勃発は1904年である。細かな年代はわからなくても，ヴィルヘルム2世の拡大政策→ファショダ事件が発生するも英仏はドイツに対抗するために妥協，またイギリスはロシアの南下を警戒し日英同盟を締結→日露戦争勃発→戦争中に血の日曜日事件など，流れを考えても解答できる。

講評

Ⅰ　地中海地域の歴史を題材に，古代から中世にかけての西欧史が出題された。16問中14問が正誤判定問題で難度が高く，また解答に時間を要する大問であった。設問３で上下エジプトを初めて統一した王名や，設問４でヒッタイトの故地など，細かな知識が求められた。設問12の短文論述は，題意自体は容易だが指定字数内で文章をまとめる力が要求された。設問16は65字以上80字以内という，やや長めの論述問題が設定された。

Ⅱ　15世紀から19世紀の中国を題材に，近世から近代の東洋史が問われた。16問中11問が正誤判定問題で，受験生にとってはレベルの高い出題であった。設問５の東林派，設問７の遷界令，設問９の軍機処，設問11の南京条約など，歴史用語を知っておくだけでなく，内容に踏み込んだ出題がみられた。設問２・設問３・設問12・設問16は誤文を２つ選ぶ正誤選択問題であり，消去法を用いることで解答の難易度を下げることができるだろう。設問10では短文論述が出題されたが，語群のレベルは基本的であった。

Ⅲ　感染症の歴史をとりあげながら，主に近代の欧米史が出題された。正しい選択肢を２つ選ぶ正誤選択問題は基本～標準レベルの出題であった。設問３は地理的なイメージが求められた。設問10の民衆蜂起はパリを含むものが３つあり，時期の条件も加味する必要があった。論述では，設問５の短文論述は10字以内という極めて短い指定字数であった。設問11ではイギリスとフランスを政体の観点から比較させる問題で，政治体制による意思決定速度の違いを記すところに難しさがある。設問13の年代配列問題は年代を詳細に覚えていなくても，歴史の流れで解答が可能なように設定されていた。

政治・経済

問1．1．公職選挙　2．合計特殊出生
3．オーナス　4．30　5．25　6．高年齢者雇用

問2．所得が中央値の半分を下回る世帯に属する人口の割合のこと。(30字以内)

問3．共助　問4．a―ロ　b―イ　c―ロ　d―ロ

問5．(1)労働基準法　(2)15歳　(3)労働基準監督署

問6．a―イ　b―ニ　c―イ　d―イ

解説

《選挙制度，社会保障，労働問題》

問1．1． 2007年に制定された憲法改正の手続きを定めた国民投票法で，投票権者は18歳以上の日本国民とされたのをうけて，2015年に公職選挙法が改正され，選挙権の年齢が18歳以上となった。

2． 合計特殊出生率は，一人の女性が生涯に産む子どもの数の平均値で，19歳から49歳までの女性の年齢別の出生率を合計したもの。

3． 人口オーナスは，生産年齢人口に対する従属人口（子どもと高齢者）の割合が増加して経済成長が阻害される状況を指す。オーナスは重荷，負担という意味。

4・5． 被選挙権は公職選挙法第10条に規定されていて，参議院議員は30歳以上，衆議院議員は25歳以上である。

6． 1971年制定の高年齢者雇用安定法は何度か改定されてきたが，2013年には65歳までの雇用確保が義務化されている。また，2021年には70歳までの就業機会の確保が努力義務となった。

問2． 相対的貧困率は，その国の平均的な生活状態に対してどれだけ困窮した状況の人たちがいるか，格差状況を示すものとなっている。相対的貧困に対して，最低限の生活を維持するのが困難な状態を絶対的貧困といい，世界銀行は1日2.15米ドル未満で生活する状態と定義している。

問3． 共助は社会保険制度や防災などで地域社会のなかで連帯して助け合うこと。自助，共助，公助の意で使われることが多く，2012年制定の社会保障制度改革推進法では法律用語として登場している。

問4．a． 誤文。2015年の労働者派遣法改正前は，26の専門業種では労働者派遣の期間に制限がなかったが，改正後はすべての業種で，派遣先事業所単位，派遣労働者個人単位でともに3年を限度とする期間制限が導入された。

b． 正文。2018年には，時間外労働の上限規制や高度プロフェッショナル制度の導入，同一労働同一賃金の実現を目指し，法律整備など働き方改革関連法が制定された。

c． 誤文。現金給付などで失業者を救済する方法は消極的労働市場政策である。積極的労働市場政策は，職業訓練やキャリアガイダンスなどにより労働市場に参加させる政策。

d． 誤文。日本では近年，女性の労働市場からの退出が減って，M字型労働力率曲線のM字の底の部分は上昇している。

問5． ⑴1947年制定の労働基準法の第1条の条文である。

⑵労働基準法第56条では「使用者は，児童が満15歳に達した日以後の最初の3月31日が終了するまで，これを使用してはならない。」とある。したがって15歳の誕生日を迎えてもその日には働くことはできず，3月31日（つまり年度末）までは働かせることはできないので，15歳が正解となる。

問6．a． 比例代表制で拘束名簿式は衆議院のみである。参議院は非拘束名簿式である。

b． 比例代表制の当選者数決定は衆議院も参議院も各政党の得票数を整数で割ってゆくドント式で行っているので，いずれも該当しない。

c． 衆議院での小選挙区と比例代表の重複立候補の場合にのみ，比例代表制の当選者決定において，小選挙区の惜敗率が使われる。

d． 2022年の公職選挙法改正による衆議院の都道府県別・ブロック別の定数配分ではアダムズ方式が導入された。なお，同改正では，衆議院の小選挙区の区割りの変更でもアダムズ方式が導入されている。

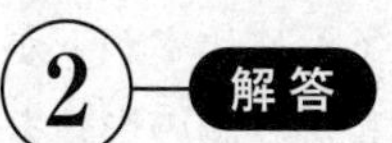

問1． a―ロ　b―ロ

問2． 1．中立　2．簡素

問3． あ―d　い―f　う―a

問4．B．非競合性　**C．**非排除性

問5．a―イ　**b**―ロ　**c**―イ

問6．i―a　**ii**―d　**iii**―b　**iv**―c

問7．a

問8．i―c　**ii**―a　**iii**―b

問9．a―ロ　**b**―（設問省略）

解説

《財政と税》

問1．a．誤文。地方交付税交付金は，地方公共団体の財源の不均衡を調整するために公布されるもので，人口・面積には対応しない。

b．誤文。当初の予算作成後に生じた事情で変更して作成される予算は補正予算である。特別会計予算は，一般会計と区別される財政投融資や外国為替資金などの事業に対する予算である。

問4．B．非競合性とは，灯台のように，ある人が消費しても他の人の消費量が減らずに多くの人が同時に消費できる性質の財を言う。

C．非排除性とは，一般道路のように特定の人の消費を排除できない性質の財を言う。公共財とは，非排除性と非競合性を併せもつ財を指す。

問5．a．正文。国税，都道府県税，市町村税とそれぞれ税を徴収している。

b．誤文。日本国内で財やサービスを購入して消費する者は日本人でも外国人でも国籍を問わず担税者にはなるが，納税者ではない。納税者になるのは事業者となった個人や法人である。

c．正文。憲法第84条の租税法律主義である。

問6．i．1990年度から比率が増え続け，2021年度には最も多くなっていることに注目する。日本では，少子高齢化により，年金や医療費などの支出が増えているので社会保障関係費と判断できる。

ii．日本ではバブル経済崩壊以後の景気の低迷による税収の減少や社会保障支出の増大などにより，国の借金である国債残高は増え続けている。よって国債費と判断する。

iii．1990年度は23.0％であったが，2021年度には14.6％に比率が下がっている。2004年度の三位一体の改革による地方への税源移譲の影響を受けた地方交付税交付金等と判断する。

iv. 30年間で比率が半減している。2000年代以降，財政状況の悪化から公共事業の削減が取り組まれてきたので，公共事業関係費と判断する。

問7．a． 所得が多い者ほど所得に対する消費の割合は小さくなる。消費税は消費金額に対する税率が基本的に同一なので，所得が多い者ほど所得に対する税負担の割合が小さくなる。これが消費税の逆進性である。

問9．a． 誤文。公共事業費などのために発行されるのは建設国債である。財投債は，財政投融資資金のために発行される国債である。

問1． **1**―a **2**―f **3**―e **4**―h **5**―d **6**―l

問2． ア

問3．あ． 高 **い．** 出 **う．** 入 **え．** 外 **お．** 内

問4． d

問5．a―イ **b**―イ **c**―イ **d**―イ

問6．a―イ **b**―イ **c**―イ

解説

《国際経済》

問1．1． 1971年8月におきたのはニクソンショック。ドルショックともいう。この時に，ニクソン米大統領によって，金とドルの交換停止が打ち出され，ブレトンウッズ体制が崩壊した。

2． 1976年はキングストン合意が行われた年。金・ドル交換停止と変動為替相場制への移行がIMF（国際通貨基金）によって正式に承認された。

3． 1985年9月に交わされたのはプラザ合意。ドル高是正のための為替相場への協調介入が合意された。

4． プラザ合意はG5（日・米・英・仏・西独）の財務相・中央銀行総裁によって交わされた。

5． プラザ合意後の急激な円高による不況対策のための低金利政策で生じた過剰な資金が株式や土地への投機に向かい，バブル経済が発生した。

6． 購買力平価とは，各国の通貨で同一商品がどれだけ購入できるかを比較したもので，為替レートの長期的な決定要因の一つとされている。ロンドン『エコノミスト』誌によるビッグマックレートがその例。

問2． ニクソンショック後，日本は1ドル360円の固定相場から8月下旬には変動相場に移行した。この時の相場は円高・ドル安で，1971年12月のスミソニアン合意による1ドル308円の固定相場への復帰まで続いた。したがって，アが正解となる。イのグラフはニクソンショック後円安になっているが，その事実はないので誤り。ウ・エのグラフはニクソンショックまでの相場が1ドル400円を超えているので，ともに誤りである。

問3．あ． プラザ合意によって円安・ドル高が是正され，その後は急激な円高が進行した。

い． 円高は輸出には不利となるので，ここは輸「出」となる。

う． 円高は輸入には有利となるので，ここは輸「入」となる。

え・お． プラザ合意後，政府は経済を輸出依存の外需主導型経済から，国内消費や住宅投資などの内需主導型経済に転換するために，市場開放や規制緩和政策をとったが十分な成果が出ず，日米の貿易摩擦がすすんだ。

問4． a・b．誤文。SDRは世界銀行に加盟する国ではなくIMFに加盟する国から外貨を引き出す権利であるので，ともに誤り。

c．誤文。SDRはIMFの加盟国に均等に配分されるのではなく，出資額に応じて配分される。

d．正文。現在SDRは5つの通貨（米ドル・ユーロ・円・ポンド・人民元）の加重平均で決定され，IMFへの出資額に応じて配分されている。

問5．a． 正文。当時のアジア（たとえば，韓国や中国，東南アジア）の人件費と日本の人件費の差額は大きく，企業の人件費は低下した。

b． 正文。国連の定義する多国籍企業は，本国を含めた2カ国以上で事業を行う企業である。生産拠点を海外に移しても，本社機能などが国内に残れば，多国籍企業に該当する。

c． 正文。工場の設立など，海外で企業活動を行うための投資を直接投資という。

d． 正文。完成品（最終財）の生産拠点を海外に移すと，現地工場向けの部品（中間財）や移転先国の部品メーカーへの部品輸出など，日本の輸出総額に占める部品の割合が増える。

問6．a． 正文。1980年代には日米貿易摩擦により，自動車の対米輸出自主規制が行われた。

b． 正文。談合など排他的取引慣行があるという指摘に対して，独占禁止法の運用を強化した。

c．正文。中小小売業者を保護する大規模小売店舗法が外国企業の日本進出を阻む非関税障壁になっているとの指摘に対して，この法律を廃止し，代わりにより規制が緩やかな大規模小売店舗立地法を制定するなどの規制緩和を行った。

講評

例年通り，記述，選択中心のオーソドックな出題である。出題形式も記号選択問題，正誤判定問題，記述問題，論述問題の組み合わせで2023年度と変化はない。ただ，2024年度の特徴の一つは，論述問題が30字1問となったことである。また，判例や法律の専門書を使った法学部ならではの問題が消え，幅広い知識や関心を問う問題となったことがあげられる。また，大問3題のうち2題が対話文であることも2024年度の特徴であり，共通テストを意識した形式とみることができる。設問レベルでは，これまでと同様，日頃の着実な学習の成果が生きるような問題が大半である。一部に教科書レベルを超える時事的知識や判断に迷うような正誤判定問題が出題されているのも例年通りである。

Ⅰ　父と娘の対話のリード文を読んで，選挙制度，社会保障，労働問題など現在の日本の政治，経済に関する幅広い知識，関心を確認する問題である。問1の空所補充問題はそれほど難しい知識は要求されていない。空所3の人口オーナスは教科書にはまだ登場していない用語であるが，新聞等では近年よく登場することばである。問2の相対的貧困率も子どもの貧困問題などでよく登場するので，30字の制約の中で的確に定義を押さえておきたい。問4のa，bの正誤判定はそれぞれの法律の内容を押さえていないと難しい。cの積極的労働市場政策は教科書には登場していない用語である，この種の正誤問題は，幅広くニュースなどで対策をしておきたい。問6の判定問題は基本知識だが，dのアダムズ方式は時事的知識と言えよう。

Ⅱ　財政と税に関するリード文をもとにしたオーソドックスな問題である。問1の正誤問題は基礎的な知識で判断できよう。問2はリード文のなかにヒントとなる定義が示されているので，そこから推定してもよいだろう。問5の正誤問題は，aとcは比較的簡単に判定できるが，b

については消費税の場合は納税者と担税者が違うことを押さえていないと判断ミスにつながる。問８の歳入の比率も基本知識。現在は消費税が一番高い比率であることがポイント。問９のａは基本知識で判断できる。

Ⅲ 姉妹の会話のリード文を読んで設問に答える問題である。問２はウ，エが正解でないことは固定相場制時のレートを知っていればすぐわかるが，アかイかの判断は難しい。問３の空所補充は基本的である。「語句」ではなく，「字」と書いてあることに注意すべきである。問５の正誤問題は，産業空洞化について知識とともに理解力が問われる問題である。

数 学

I 解答

(1) $\alpha+\beta+\gamma=1$ ……①

$\alpha^2+\beta^2+\gamma^2=5$ ……②

$\alpha^3+\beta^3+\gamma^3=2$ ……③

①，②より

$$\alpha\beta+\beta\gamma+\gamma\alpha=\frac{1}{2}\{(\alpha+\beta+\gamma)^2-(\alpha^2+\beta^2+\gamma^2)\}$$

$$=\frac{1}{2}(1^2-5)$$

$$=-2 \quad ……④ \quad ……(答)$$

(2) $P=(x+y+z)(x^2+y^2+z^2-xy-yz-zx)-(x^3+y^3+z^3)$

$=x^3+y^3+z^3-3xyz-(x^3+y^3+z^3)$

$=-3xyz$ ……(答)

(3) (2)の結果を用いて

$$-3\alpha\beta\gamma=(\alpha+\beta+\gamma)(\alpha^2+\beta^2+\gamma^2-\alpha\beta-\beta\gamma-\gamma\alpha)-(\alpha^3+\beta^3+\gamma^3)$$

$$\therefore\quad \alpha\beta\gamma=-\frac{1}{3}[(\alpha+\beta+\gamma)\{(\alpha^2+\beta^2+\gamma^2)-(\alpha\beta+\beta\gamma+\gamma\alpha)\}-(\alpha^3+\beta^3+\gamma^3)]$$

①，②，③，④より

$$\alpha\beta\gamma=-\frac{1}{3}[1\cdot\{5-(-2)\}-2]$$

$$=-\frac{5}{3} \quad ……⑤ \quad ……(答)$$

(4) $$\alpha^4+\beta^4+\gamma^4=(\alpha+\beta+\gamma)(\alpha^3+\beta^3+\gamma^3)-(\alpha\beta+\beta\gamma+\gamma\alpha)(\alpha^2+\beta^2+\gamma^2)+\alpha\beta\gamma(\alpha+\beta+\gamma)$$

①，②，③，④，⑤より

$$\alpha^4+\beta^4+\gamma^4=1\cdot2-(-2)\cdot5+\left(-\frac{5}{3}\right)\cdot1$$

$$=\frac{31}{3} \quad ……(答)$$

別解

$$\alpha^4+\beta^4+\gamma^4=(\alpha^2)^2+(\beta^2)^2+(\gamma^2)^2$$
$$=(\alpha^2+\beta^2+\gamma^2)^2-2\alpha^2\cdot\beta^2-2\beta^2\cdot\gamma^2-2\gamma^2\cdot\alpha^2$$
$$=(\alpha^2+\beta^2+\gamma^2)^2-2\{(\alpha\beta)^2+(\beta\gamma)^2+(\gamma\alpha)^2\}$$
$$=(\alpha^2+\beta^2+\gamma^2)^2-2\{(\alpha\beta+\beta\gamma+\gamma\alpha)^2-2\alpha\beta\cdot\beta\gamma-2\beta\gamma\cdot\gamma\alpha-2\gamma\alpha\cdot\alpha\beta\}$$
$$=(\alpha^2+\beta^2+\gamma^2)^2-2\{(\alpha\beta+\beta\gamma+\gamma\alpha)^2-2\alpha\beta\gamma(\beta+\gamma+\alpha)\}$$

となるので，①，②，④，⑤より

$$\alpha^4+\beta^4+\gamma^4=5^2-2\left\{(-2)^2-2\left(-\frac{5}{3}\right)\cdot 1\right\}$$
$$=\frac{31}{3}$$

解説

《3変数の基本対称式，3変数の n 乗の和》

(1)　展開公式 $(x+y+z)^2=x^2+y^2+z^2+2xy+2yz+2zx$　……(＊)　を用いる。

(2)　展開公式 $(x+y+z)(x^2+y^2+z^2-xy-yz-zx)=x^3+y^3+z^3-3xyz$ を用いる。この展開公式を覚えていなければ，左辺を分配方式に従って1つずつ展開していくことで，右辺を導くことはできる。

(3)　(2)の結果を利用する。

(4)　$a_n=x^n+y^n+z^n$ $(n\geqq 1)$ とすると

$$a_{n+3}=(x+y+z)a_{n+2}-(xy+yz+zx)a_{n+1}+xyza_n$$

が成り立つ。この事実を知らない場合には，〔別解〕の解法で求めることになる。〔別解〕では，展開公式(＊)を繰り返し用いている。

(1)　C$(\sqrt{3},\ 7)$ を中心とし，Oを通る円は，半径が $\mathrm{CO}=\sqrt{(\sqrt{3})^2+7^2}=2\sqrt{13}$ なので，求める方程式は

$$(x-\sqrt{3})^2+(y-7)^2=(2\sqrt{13})^2$$

$\therefore$　$(x-\sqrt{3})^2+(y-7)^2=52$　……①　……(答)

(2)　Bは $\sqrt{3}\mathrm{CO}=\sqrt{3}\mathrm{CB}=\mathrm{OB}$ をみたすので，$\mathrm{CO}=2\sqrt{13}$ より

$\sqrt{3}\mathrm{CO}=\sqrt{3}\mathrm{CB}$　……②　かつ　$\sqrt{3}\mathrm{CO}=\mathrm{OB}$　……③

$\therefore$　$\mathrm{CB}=2\sqrt{13}$　……④　かつ　$\mathrm{OB}=2\sqrt{39}$　……⑤

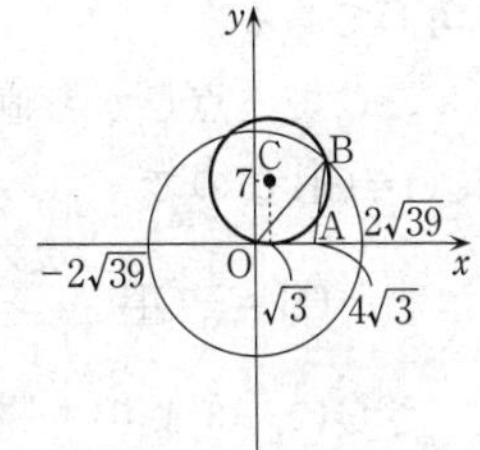

点Bは，④より点Cを中心とする半径$2\sqrt{13}$の円周上の点であり，かつ，⑤より点Oを中心とする半径$2\sqrt{39}$の円周上の点であるから，点Bはこの2つの円の交点のうちのx座標が正の点である。

3点O，P，Aを通る円の中心をDとすると，点Pが△OABの内部にあり，∠OPA＝120°＞90°より，点Dは直線OAよりも下方にある。

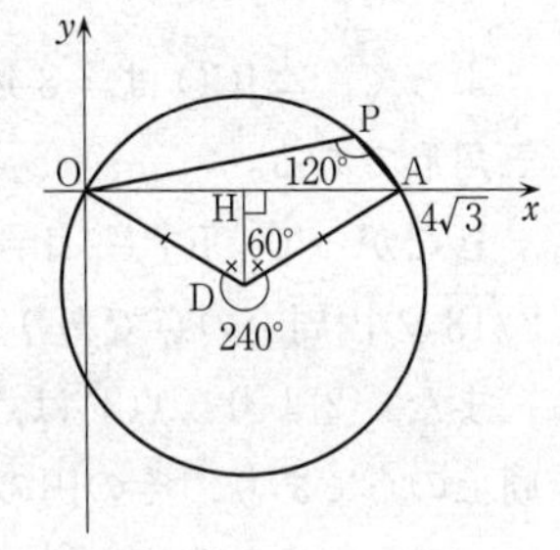

∠OPA＝120°なので，長い方の弧OAの中心角は，円周角の定理より240°であるから

$$\angle \mathrm{ODA}=120^\circ$$

点Dからx軸へ下ろした垂線の足をHとすると，DO＝DAより，点Hは線分OAの中点であるから

$$\mathrm{OH}=\mathrm{AH}=\frac{1}{2}\mathrm{OA}=2\sqrt{3}$$

また，DO＝DAより，∠HDO＝∠HDAとなるので

$$\angle \mathrm{HDA}=\frac{1}{2}\angle \mathrm{ODA}=60^\circ$$

これより，△HDAは，3辺の長さの比がHD：AH：DA＝1：$\sqrt{3}$：2の直角三角形であるから

$$\mathrm{HD}=\frac{1}{\sqrt{3}}\mathrm{AH}=2$$

$$\mathrm{DA}=\frac{2}{\sqrt{3}}\mathrm{AH}=4$$

よって，求める中心Dの座標は，OH＝$2\sqrt{3}$，HD＝2より

$\mathrm{D}(2\sqrt{3},\ -2)$　……(答)

(3)　3点O，P，Bを通る円の中心をEとすると，点Pが△OABの内部にあり，∠OPB＝120°より，点Eは直線OBよりも上方にある。

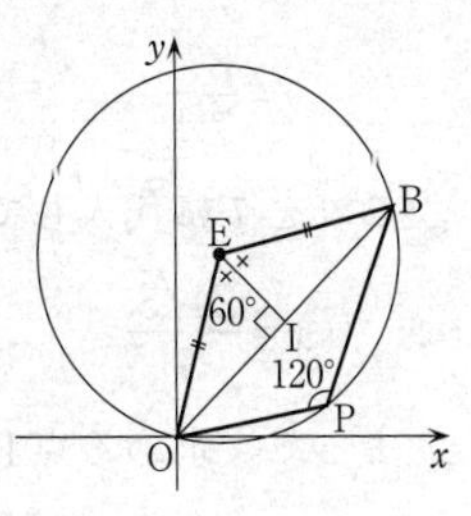

点Eから直線OBへ下ろした垂線の足をIとすると，(2)と同様の議論により，△IEOは，3辺の長さの比がIE：OI：EO＝1：$\sqrt{3}$：2の直角三

角形である。

ここで，点Cから直線OBへ下ろした垂線の足をJとすると，②より$CO=CB$なので

$$OJ=\frac{1}{2}OB$$

さらに，③より

$$OJ=\frac{1}{2}OB=\frac{1}{2}\cdot\sqrt{3}CO=\frac{\sqrt{3}}{2}CO$$

よって，△JCOは，3辺の長さの比が$JC:OJ:CO=1:\sqrt{3}:2$の直角三角形である。

したがって，$E=C$，$I=J$となるので，点Pは，点Cを中心とする半径$2\sqrt{13}$の円周上の点であり，その円の方程式は①である。

また，(2)より，点Pは点$D(2\sqrt{3},\ -2)$を中心とする半径$DA=4$の円周上の点であり，その円の方程式は

$$(x-2\sqrt{3})^2+(y+2)^2=4^2 \quad \cdots\cdots⑥$$

点Pは円①と円⑥の原点以外の交点なので，①－⑥より

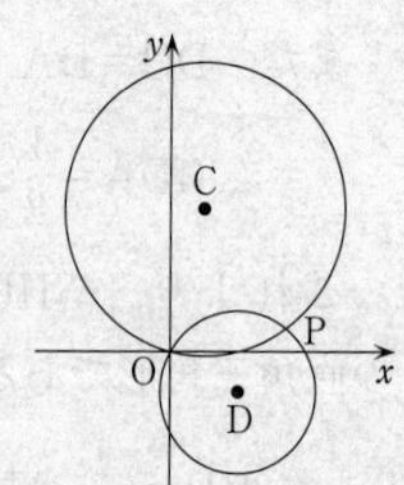

$$2\sqrt{3}x-18y=0$$

$$\therefore \quad x=3\sqrt{3}y \quad \cdots\cdots⑦$$

⑦を⑥に代入して

$$\{\sqrt{3}(3y-2)\}^2+(y+2)^2=4^2$$

$$28y^2-32y=0$$

$$4y(7y-8)=0$$

$$\therefore \quad y=0,\ \frac{8}{7}$$

$y\neq 0$なので

$$y=\frac{8}{7}$$

これを⑦に代入して

$$x=\frac{24\sqrt{3}}{7}$$

よって，求める点Pの座標は

$$P\left(\frac{24\sqrt{3}}{7},\ \frac{8}{7}\right)$$ ……(答)

解説

《円の方程式，円周角の定理，２つの円の交点》

(1) 求める円の半径は，$CO=\sqrt{(\sqrt{3})^2+7^2}=2\sqrt{13}$ である。

(2) 点Bを $B(x,\ y)$ $(x>0)$ とおき，④，⑤をそれぞれ立式することで，点Bの座標を求めることはできるが，答を求める上で点Bの座標を必要としない。実際に求めるのであれば

$$④ \Longleftrightarrow (x-\sqrt{3})^2+(y-7)^2=(2\sqrt{13})^2 \quad ……①$$

$$⑤ \Longleftrightarrow x^2+y^2=(2\sqrt{39})^2 \quad ……⑧$$

なので，⑧−① より $\sqrt{3}x+7y=78$，この式を⑧に代入して x を消去することで，$y=9$，12 を得る。$(x,\ y)=(5\sqrt{3},\ 9)$，$(-2\sqrt{3},\ 12)$ となるから，$x>0$ より $B(5\sqrt{3},\ 9)$ が求まる。

(3) (2)と同様の図形的な考察と，②，③を用いることにより，点Pは点Cを中心とする半径 $2\sqrt{13}$ の円周上の点であることがわかる。また，(2)より，点Pは点Dを中心とする半径 $DA=4$ の円周上の点であることもわかるので，２つの円の原点以外の交点を求める。

Ⅲ 解答

(1) $f(x)=-x^3+3ax^2+3a^2-2a$ より

$$f'(x)=-3x^2+6ax \quad ……(答)$$

(2) $y=f(x)$ 上の点 $(t,\ f(t))$ における接線の方程式は

$$y=(-3t^2+6at)(x-t)+(-t^3+3at^2+3a^2-2a)$$

$$=(-3t^2+6at)x+(2t^3-3at^2+3a^2-2a) \quad ……①$$

この接線と y 軸との交点の y 座標 $g(t)$ は，①に $x=0$ を代入して

$$g(t)=2t^3-3at^2+3a^2-2a \quad ……(答)$$

さらに

$$g'(t)=6t^2-6at \quad ……(答)$$

(3) 曲線 $y=f(x)$ の接線のうちで原点を通るものは，y 軸との交点の y 座標 $g(t)$ が $g(t)=0$ となるので

$$g(t)=2t^3-3at^2+3a^2-2a=0 \quad ……②$$

曲線 $y=f(x)$ の接線のうちで原点を通るものが１本だけ存在するためには，②をみたす実数 t の個数が１個であればよいので，$y=g(t)$ のグラ

フを考えると，(2)より

$$g'(t)=6t^2-6at=6t(t-a)$$

$g'(t)=0$ のとき　$t=0,\ a$

(i) $a=0$ のとき

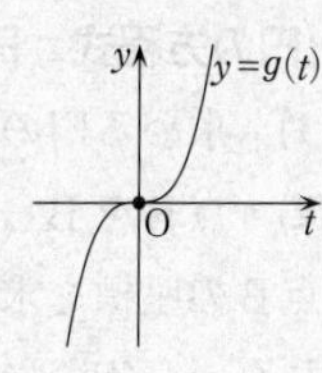

$$g(t)=2t^3$$

$$g'(t)=6t^2\geqq 0$$

となり，②をみたす実数 t の個数は1個なので，$a=0$ は適する。

(ii) $a\neq 0$ のとき

• $a>0$ のとき

t	$\cdots$	0	$\cdots$	a	$\cdots$
$g'(t)$	+	0	−	0	+
$g(t)$	↗		↘		↗

• $a<0$ のとき

t	$\cdots$	a	$\cdots$	0	$\cdots$
$g'(t)$	+	0	−	0	+
$g(t)$	↗		↘		↗

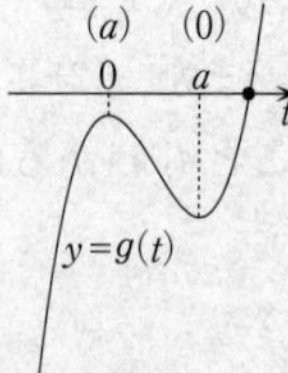

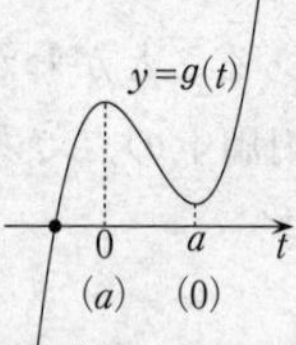

なので，$g(0)\cdot g(a)>0$ となればよいから

$$g(0)\cdot g(a)=(3a^2-2a)(-a^3+3a^2-2a)>0$$

$$a^2(3a-2)(a-1)(a-2)<0$$

$a^2>0$ だから，両辺を a^2 (>0) で割って

$$(3a-2)(a-1)(a-2)<0$$

$$\therefore\quad a<\frac{2}{3},\ 1<a<2$$

$a\neq 0$ なので

$$a<\frac{2}{3},\ 1<a<2\ (a\neq 0)$$

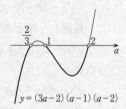

よって，(i)，(ii)より，求める a の値の範囲は

$$a<\frac{2}{3},\ 1<a<2\quad\cdots\cdots(答)$$

解説

《接線が1本だけ存在するための条件，実数解の個数》

(1) $f(x)$ を x で微分する。

(2) $y=f(x)$ 上の点 $(t,\ f(t))$ における接線の方程式は，$y=f'(t)(x-t)+f(t)$ だから，$x=0$ を代入すれば接線と y 軸との交点の y 座標 $g(t)$ が求まる。さらに，$g(t)$ の両辺を t で微分して $g'(t)$ を求める。

(3) (ii) $a\neq0$ のとき，$a>0$，$a<0$ のどちらの場合であっても，$t=0$，a で極値をもつので，②をみたす実数 t の個数が1個である条件は，$g(0)\cdot g(a)>0$ となる。

一般に，3次関数 $y=h(x)$ において，$h'(x)=0$ が異なる2つの実数解 α，β をもつとき

- $h(x)=0$ が異なる3つの実数解をもつ $\Longleftrightarrow h(\alpha)\cdot h(\beta)<0$
- $h(x)=0$ が異なる2つの実数解をもつ $\Longleftrightarrow h(\alpha)\cdot h(\beta)=0$
- $h(x)=0$ がただ1つの実数解をもつ $\Longleftrightarrow h(\alpha)\cdot h(\beta)>0$

として条件付けできる。

また，不等式 $(3a-2)(a-1)(a-2)<0$ を解く際に，$3a-2$，$a-1$，$a-2$ の正負で場合分けをしてもよいが，$y=(3a-2)(a-1)(a-2)$ のグラフを利用したほうが簡単に a の値の範囲が求まる。

講評

大問3題の出題で，すべて記述式である。

I　3変数の n 乗の和に関する問題。展開公式を用いて，3変数の基本対称式を利用しながら求める。

II　条件をみたす円の方程式と点の座標を求める問題。計算で押し進めると計算量も多く行き詰まるので，図形的に処理する。ある程度正確な図が描けなければならない。

III　3次関数の接線のうちで原点を通るものが1本だけ存在するための条件を求める問題。実数解の個数を考える際には，2つの極値の積の不等号によって条件付けをする。

各大問ともレベルの高い良問である。各小問の誘導の流れをしっかりと把握しながら解き進めたい。

D、「業遠の」以降が誤り。捕らえられた生き物を放って自然に帰してやる行為は、仏教では禁断である〈殺生〉の逆の〈放生〉と言い、慈悲行為であるため「教養の無い」と非難することは考えにくい。

E、「業遠の」以降が誤り。理由はDに同じ。

講評

一　筆者の主張の展開ではなく、筆者が他者の主張を比較しつつ紹介する形式の長文。紹介されているもの同士の共通点と相違点、その根拠を把握することが求められた。内容真偽を問う設問が複数あり、正確に読み取れているかどうかを特に確認したいものと思われる。記述は一問のみ、六十字と字数としては短めだが、設問の意図を的確に把握したうえで本文内容を端的にまとめる必要があり、難度は低くない。

二　筆者の主張を展開していく形式の文章。文章自体は長くないが、取り扱われているテーマが受験生にとって共感しにくいと思われる「リズム」であったため、読解に難しさを感じた受験生が多いだろう。設問数は大問一よりも少なく、記述も出題されていない。ただし、選択肢にはかなり判断に迷うものもあり、単純に本文に根拠をとれるかどうかではなく、論理関係の正誤まで見極めて解答することが求められ、やや難と言える。

三　『大鏡』からの出題。口語訳ができるかどうかが中心ではあるものの、古典常識も相当求められた印象。特に「殺生」が仏教では禁忌であり、その対概念である「放生」は善行であるという知識がないと、問五は厳しかっただろうと思われる。問一の文法と、問三の口語訳の問題は標準程度の難度。問二の和歌修辞、特にエはやや難。

問三 (3)琴の話は貫之が献上した和歌で終わっている。ここでは「臨時客の日」つまり宴があった日のことなので、「はて」たのは宴と解釈する。この時点でC・Dに絞られる。寝殿の隅に花が咲いているのを見つけた、ということなので、「寝殿に参ろう」という、まだ寝殿に到着していないような解釈のCは不適当。

(4)「ばかり」が訳出できているのはA・Cのみ。「けしき」は〝様子〟のように目で見えるものを指す語であり、これが訳出できているのはAのみ。

(5)「べき」は助動詞「べし」の連体形、「ね」は打消の助動詞「ず」の已然形であるが、「べし」が「ず」を伴う際は〈不可能〉や〈禁止〉の意味になることが多い。直後の「宵よりぞまうけて置かれける」との文脈的つながりを考えると、夜中の寝酒で殺したての雉を口にするということなのに夜中の前の時間である「宵」から用意するということだから、時間に関連する内容と判断してCを選びたい。

(10)「やをら」は〝そっと、静かに、ゆっくり〟という意味の必修語。

問四 A、全体が誤り。傍線(9)は業遠が自身の経験を回顧して語った内容だが、雉が沓櫃の中にいるのを発見した結果、傍線(9)のように思ったということで、誰かが売りに持ち込んだかどうか不明。買ってくれるという噂も本文に根拠なし。この時点でBを選ぶべき。

B、「縁起が良い」が誤り。本文中に根拠がない。

C、全体が誤り。本文中に「雉を入れておくのには沓櫃が良い」という根拠がない。またそういった風説があるならば、沓櫃の中に雉がいてもさして驚かないはずであるが、本文では「ものか」と強い驚きを表す語が用いられている。

E、「珍しい」「食通である」が誤り。本文中に根拠がない。また雉肉は「珍しい」というほどのものでもなく、平安時代の貴族社会ではもてなしの料理で出されていた。

問五 A、「仕方ない」が誤り。「仕方ない」と訳すべき語が傍線中にない。

B、「罪に陥れるため」が誤り。この記述では誰が誰を罪に陥れるか不明だが、どちらにせよ本文に根拠なし。

って参ることもできないので、(実際は) 夜になって間もないうちから用意しておかれた。業遠殿がまだ六位で、はじめて(堀河の院に) お仕えした夜、お沓櫃のもとにいらっしゃったところ、櫃の中で、物がことことと鳴るのが不思議で、暗闇の中なので、そっと、細く(櫃を) 開けてご覧になると、雉の雄鳥が身をかがめているではないか。「『人が言うことは本当なのだ』と驚き呆れて、人が寝ていた折を見て、そっと (雉を櫃から) 取り出して、懐に入れて、冷泉院の御所の山に放ったところ、(雉は) ほろほろと (鳴いて) 飛び去ってしまった。(これを) 成し遂げた心地は、感慨深いものであったなあ。そのとき、私は (殺生の逆の、放生を行うことで徳を積んだ) 幸せ者であるのだなとふと思われた」とお話しになった。殺生は身分の高い方々が皆なさることではあるが、これ (=毎晩雉を殺すこと) はひどいことで無益なことである。

解説

問一 (1)ラ行下二段活用動詞「奉る」の連用形。意味は四段活用とほぼ同じ。

(6)「置か」がカ行四段活用動詞の未然形であることからB・Dに絞られるが、「一部」ではないためBが適当。

(7)「居る(ゐる)」はワ行上一段活用動詞なので「居ら」という形はない。よって「られ」で一語であり、「れ」はその一部なのでDが適当。ラ行変格活用動詞「居り(をり)」と思い込まないように注意。

(8)「暗まぎれ」は体言なので「なれ」は断定の助動詞「なり」の已然形。

(11)ラ行下二段活用動詞「入る」の連用形。「入る」は自動詞ならば四段活用、他動詞ならば下二段活用である。

問二 **ア**、袴着の儀式の贈り物に添える歌なので、単に琴だけを賛美するというのは考えにくい。袴着をする兼通への賛辞が含まれる歌を詠んで贈るのが普通である。

オ、「琴」の縁語としては「筋」。「神」は少なくとも「琴」の縁語とするのは無理がある、と気付けばBを選択できる。縁語は高確率で掛詞にもなっているが、この場合「筋」には弦の糸という意味と、血筋という意味が掛けられている。「筋縄」で〝由緒正しい血筋・系統〟という意味。

で理性的であり、本能的とは言いがたい。舞踏家もピアニストも稽古を積んだり技法を学んだりしたうえで作品を披露するものである。

出典　『大鏡』〈中　太政大臣兼通　忠義公〉

解答

問一　(1)―E　(6)―B　(7)―D　(8)―C　(11)―E
問二　**ア**―B　**イ**―A　**ウ**―A　**エ**―A　**オ**―B
問三　(3)―D　(4)―A　(5)―C　(10)―B
問四　D
問五　C

全訳

兼通殿のお袴着の儀式に、貞信公（忠平）のもとに参上しなさったが、（忠平殿は）贈り物に添えなさるということで、紀貫之に歌を命じなさったので、（貫之が）献上した歌は、

琴は言葉に出さずに、人の心に神の御心を伝える。あなたは祖先神の由緒正しい血を引くお方であることだ。

贈り物には、琴をお選びになったのだろうか。

（兼通殿は）ご容姿が非常にきれいで、きらきらと輝くようでいらっしゃった。堀河の院にお住まいであったころ、臨時客の宴がある日に、寝殿の隅の紅梅が花盛りであったのを、宴会が済んで参内なさるときに、花の下に立ち寄りなさって、枝を一本押し折って、お冠にかんざしとして挿して、形式的にちょっと舞を舞いなさった日などは、大変立派にお見えになった。

兼通殿は、夜中に召し上がる寝酒のお肴には、たった今殺した雉を進上させた。（だが、使いが）時間に合うように持

D、「ついには」以降誤り。理由はBに同じ。傍線(3)の前段落の「それぞれに固有のリズムを共鳴させあっている」という記述と矛盾する。

E、「身体と肉体も融合して一つになり」が誤り。傍線(2)の二文後に「肉体と身体が同一物でないのは明らか」と明記されている。

問三 A、「潮の干満のリズム」「上下する波のリズム」などは「共鳴の産物」ではなく、それらが共鳴して内なるリズムを合成するものなので、「リズムはどれも共鳴の産物」は誤り。

B、「実は」以降が誤り。次の段落によれば、「異なるリズムを寄せ集めるということではなく」、「統一されるべきリズムが予想され」ているのであり、〈異なるリズムではあるが最終的にどうまとまるか〉が予想されているということで、同じリズムだというわけではない。

D、「芸術家は」以降が誤り。「身体行動と共鳴する可能性はありえない」とあり、芸術家であれ誰であれ身体のリズムに共鳴させることはできない。舞踏家やピアニストといった芸術家は、単に身体運動の中でのリズムの共鳴を説明するための例であり、芸術家が特殊な共鳴能力を持っているわけではない。

E、「さらに一つの」以降が誤り。三つ後の段落では「身体の内部と外部」にしか触れていない。肉体は別でも身体としては自他の相異がなくなる、という話である。そもそも傍線(2)の段落に「肉体と身体が同一物でないのは明らか」とあるように、肉体は身体に影響を及ぼすにしても、融合することはない。

問四 **イ**、「常に」が誤り。言い過ぎである。第二段落では「二拍子と三拍子は基礎的で普遍性の高いリズム」とされているが、だからといって「常に」この二つの拍子に支配されているとまで言い切る根拠は本文中にない。

ウ、「それぞれの文明圏で……対応しているからであり」が誤り。「文明」に影響されるのは「身体」であり、「肉体」は自然物であるというのが「本文の趣旨」である（傍線(2)の記述参照）。

エ、「本能的に」が誤り。傍線(3)の次の段落では「統一されるべきリズムが予想され」とあるが、予想している時点

問四　**ア**―A　**イ**―B　**ウ**―B　**エ**―B　**オ**―A

要旨

リズムが現れる場所として、人間の身体は独特だ。身体は文明的なもので、肉体は生理的なものである。身体と肉体のそれぞれ固有のリズムは共鳴しあうことで、個人の生涯を形成している。この「共鳴」の関係は広いもので、特定の身体の外郭を決定づけるものは、リズムの共鳴の強弱である。たとえ生理的肉体としては別のものであっても、リズムが完全に共鳴している瞬間だけは、身体としては自他の相異はなくなる。特定の身体はその外部と異なるリズムを持つことによって、独立した特定の身体たりえる。共鳴のかたち、共鳴の欠如の姿は多様であり、それらは身体に再帰して刺激を与え、それを我々は、認識の前提となる「知覚」と呼んでいる。

解説

問一　第四段落に合致するEが正解。Aは「種族生命そのもの」が誤り。第一段落では「種族生命の……単位をかたちづくる」とあり、「そのもの」ではなくその中の一単位である。Bは「生命力の」以降が誤り。第一段落によれば、人間は生涯の中で「成長、成熟、老衰」というリズムを繰り広げているが、個人の身体の「求心力」が「生命力の増加と衰退に対応するリズムを作り出す」とまで言い切る根拠は本文中にない。Cは「母親の指導の下での」が誤り。第二段落には母乳の吸引が「能動的な行動」と明記されているので、指導の下での行為だとは言えない。Dは「指導が可能となるのは……学習するから」が誤り。第三段落に「指導が可能になるのも……運動のリズムを知っているからだ」とある。第二段落に書かれている「本能的というべき運動」の「二拍子と三拍子」がこの「運動のリズム」にあたり、「学習」によって形成されるものではない。

問二　B、「ついには」以降誤り。傍線(2)の次の段落では「重大な影響を及ぼす」「直結」としか記述しておらず、肉体のリズムが身体のリズム〈にとってかわる〉〈と同一になる〉とするのは言い過ぎである。

C、「身体のリズムにより」以降誤り。心拍などは「文明的な身体」のリズムによって変化するとは書かれていない。

ておらず不可逆でもない、としている。

ウ、「平等を実現している国家なき未開社会」で「経済発展を意図的に抑止する仕組みが働いている」という根拠は本文中にない。

エ、「フランス革命が発生し……これに呼応して」が誤り。フランス革命については本文中に言及がない。

オ、「元来は不平等や暴力で満ちている」が誤り。最後から三つ目の段落では「どんな社会にも、……構造的な不平等が生じている」とあるが、「満ちている」とまでは言えず、言い過ぎである。「結局は……是認する国家が成立しがち」も本文に根拠がない。

問六 断絶を否定するということは、〈どこかでつながっている〉ということである。したがって国家なき社会と国家をもつ社会との〈つながり〉を考えればよい。すると最終段落では「革命的想像力が……存続していると考える」とあるので、ここが〈つながり〉である。未開社会は国家なき社会、西洋社会は国家をもつ社会と同義である。ではその「革命的想像力」とは何かというと、同段落に「国家が出現し、……それに対抗しうる道徳的想像力」とある。二段落前に「どんな社会にも……不平等が生じている」「不平等が……根本的問題を見出さない社会などない」とあることからも、この「想像力」が「不平等」についての「想像力」であることを明確にして、社会への対抗だという点に言及しつつまとめるとよい。

出典 山崎正和『リズムの哲学ノート』〈第三章　リズムと身体〉（中央公論新社）

解答

問一 E

問二 A

問三 C

族・私有財産・国家の起源』の内容なので誤り。Aは傍線(3)の前文で登場している内容であり、『家族・私有財産・国家の起源』の内容を端的に要約したものである。また傍線(3)をAのような構図としてしまうと、前文と全く同じになるため「それほど変わっていない」という記述は不自然になる。これらの点からAは誤り。Dは「無関係に」が誤り。第四段落によれば、ルソーは「無秩序から手にした財産を守るために」国家が生まれたと主張している。つまり、経済発展が国家誕生の根本的原因だという主張である。

問三　傍線(5)の三つ後の段落に「未開社会の首長は、権力をもつ存在ではなく……社会の権力に服従」とあるので、「実際には支配的な権力がともなっている事例がある」「支配者による政治的抑圧が発生する」とするA・Eは誤り。Bは「進化が進んだ」以降が誤り。三つ目の引用文の二つ後の段落によれば、未開社会から文明社会への移行については「発展段階論を明確に否定し」ているのだから、「進化」という発展段階論を持ち出している時点で不適当。Cは「経済学的観点で」が誤り。三つ目の引用文の次の段落によれば、「経済決定論……未開社会には通用できない」とクラストルは考えている。

問四　**ア**、「経済活動が……結果的に」が誤り。三つ目の引用文の二つ後の段落によれば、〈経済の変化が原因で国家が出現するのではなく、国家の出現によって経済が変化する〉のである。

イ、三つ目の引用文の二つ前の段落に合致する。

ウ、「経済的不平等が促進されることにより」が誤り。理由はアに同じ。

エ、三つ目の引用文の二段落後の最終文に「国家なき社会から国家をもつ社会への移行が……搾取関係の強制にもとづいている」とあるのに合わない。

オ、前半は三つ目の引用文の二つ前の段落に合致し、後半は二つ目の引用文の後の二段落に合致する。

問五　**ア**、「社会的弱者の解放」についてグレーバーが言及したという根拠は本文中にない。

イ、最後の二段落に合致する。グレーバーはクラストルとは対照的に、「国家なき社会と国家をもつ社会」は断絶し

国語

一

出典　松村圭一郎「国家と不平等」（『思想』二〇二一年五月号　岩波書店）

解答

問一　(1)鋳造　(2)消尽〔焼尽〕　(4)官吏　(6)一蹴　(7)包摂

問二　E

問三　D

問四　**ア**―B　**イ**―A　**ウ**―B　**エ**―B　**オ**―A

問五　**ア**―B　**イ**―A　**ウ**―B　**エ**―B　**オ**―B

問六　不平等が権力につながる危険への想像力が、未開社会では暴力的国家出現の、国家をもつ社会では極端な不平等の抑止力となること。（60字以内）

要旨

エンゲルスやルソーは、国家の誕生は未開社会から文明社会へという連続的発展の中で必然的に起こったことだとした。クラストルはこうした発展段階論を明確に否定し、未開社会は文明社会の前段階ではなく、未開社会と文明社会は非連続のもので断絶していると主張した。これに対しグレーバーは、未開社会でも文明社会でも、常にその体制に対抗しうる革命的想像力は存在すると指摘する。現実は多様で混乱したものなのだ。

解説

問二　『人間不平等起源論』はルソーの著書であり、その内容は第四段落で説明されている。B・Cはエンゲルスの『家

2023年度

問題と解答

■一般方式・共通テスト併用方式

問題編

▶試験科目・配点

〔一般方式〕

区分	教　科	科　　　目	配 点
4教科型	外国語	コミュニケーション英語Ⅰ・Ⅱ・Ⅲ，英語表現Ⅰ・Ⅱ	150 点
	地歴・公　民	日本史Ｂ，世界史Ｂ，政治・経済から１科目選択	100 点
	数　学	数学Ⅰ・Ⅱ・Ａ・Ｂ	100 点
	国　語	国語総合（漢文を除く）	100 点
3教科型	外国語	コミュニケーション英語Ⅰ・Ⅱ・Ⅲ，英語表現Ⅰ・Ⅱ	150 点
	選　択	日本史Ｂ，世界史Ｂ，政治・経済，「数学Ⅰ・Ⅱ・Ａ・Ｂ」から１科目選択	100 点
	国　語	国語総合（漢文を除く）	100 点

▶備　考

- 「数学Ｂ」は「数列，ベクトル」から出題する。
- 国際企業関係法学科の「外国語」は 150 点を 200 点に換算する。
- ３教科型において，「地理歴史・公民」と「数学」の両方を受験した場合は，高得点の１教科の得点を合否判定に使用する。

〔共通テスト併用方式〕

大学入学共通テストの得点（４教科４科目，500 点満点）と一般方式の「外国語」の得点（法律学科・政治学科：200 点満点，国際企業関係法学科：300 点満点）を合計して合否を判定する。

英語

(90分)

(注) 満点が150点となる配点表示になっていますが，国際企業関係法学科の満点は200点となります。なお，学部別選抜大学入学共通テスト併用方式の満点は，法律学科および政治学科が200点・国際企業関係法学科が300点となります。

I 次の英文の下線部(a)と(b)を日本語に訳しなさい。(30点)

History can be understood as an ongoing narrative of world orders materializing, breaking down, and reemerging in another form. (a) In this respect, world order is a description and a measure of the world's condition at a particular moment or over a specified period of time. World order is a matter of degree and trend, akin to an assessment of an individual's health in that it reflects a mix of positive and negative elements and can be understood either as a snapshot or as a moving picture.

Order tends to reflect the degree to which there are widely accepted rules as to how international relations ought to be carried out and the degree to which there is a balance of power to reinforce those rules so that those who disagree with them are not tempted to violate them or are likely to fail if in fact they do. Any measure of order necessarily includes elements of both order and disorder and the balance between them. There is never total peace, much less complete justice and equality in the world.

All this raises a fundamental question: Why does world order matter as much as it does? When it is in short supply between countries, and in particular the major powers of the day, the loss of life and the absorption of resources can be enormous and the threat to prosperity and freedom substantial. This is the lesson of the two world wars that defined the first half of the twentieth century. This is why world order is so basic, because its existence or absence translates into benefits or costs for everyone given how interconnected the world now is. (b) In international relations, it is the equivalent of oxygen: with it, cooperation on virtually every issue becomes possible, while without it, prospects for progress fade.

Ⅱ　次の英文にある日本語の文を，与えられた書き出しにしたがって，英語に訳しなさい。(15点)

"Greenwashing" is a common marketing ploy designed to make products seem more sustainable than they are. ［環境保護を重視する消費者の関心を引くために，企業は自らの主要なビジネス活動に重大な変化を加えることなく，グリーンウォッシングを利用する。］ Greenwashing is essentially a way to convince customers that a company is making positive environmental choices, often through eco-friendly marketing. It is designed to convince shoppers that a product is more natural or "greener" than competitors'.

（書き出し）Companies use greenwashing to ...

出典追記：(Ⅰ) The World : A Brief Introduction by Richard Haass, Penguin Press

Ⅲ 次の英文1～5の空所に，与えられた文字で始まる適切な1語を入れると，下の日本語にほぼ相当する意味になります。与えられた文字も含めて，その語を解答欄に書きなさい。(10点)

1 Nocturnal animals sleep during the day and are (a　　　) at night, like bats, owls, and mice.
コウモリやフクロウ，ネズミのような夜行性の動物は日中に眠り夜間に活動する。

2 I got (a　　　) with her at the welcome party.
彼女とは歓迎会で知り合った。

3 "By when do we need to upload the assignment?" "It's (d　　　) this Friday."
「この課題の締め切りはいつですか？」「今週の金曜日です。」

4 Understanding a subject is one thing; teaching it well is quite (a　　　).
あるテーマを理解することと，それを上手く教えることは全く別のことです。

5 My favorite football team (d　　　) the reigning champions, 1-0, in the final match of the season.
シーズン最後の試合で，私のお気に入りのサッカーチームが1対0で前回王者に勝利した。

Ⅳ 次の英文1～5において，それぞれ下の(a)～(f)の語を並べ替えて空所を補い，最も適切な英文を完成させなさい。ただし解答は，ア～コに入れるべき語の記号のみをマークしなさい。(10点)

例題

Mom! Taro's gone! (____ __ア__ ____ ____ __イ__ ____) study room.

(a) escaped (b) from (c) he (d) his (e) I (f) think

答え ア：(f) イ：(b)

1 I've had many dogs in my life, but this (____ __ア__ ____ ____ __イ__ ____) and adult dog.

(a) been (b) first (c) have (d) our (e) rescue (f) would

2 In this country, everyone has a basic right to privacy (____ __ウ__ ____ ____ __エ__ ____) citizen, an immigrant, or a short-term visitor.

(a) a (b) are (c) independent (d) of (e) they (f) whether

3 When you send an email to more than one person, you need to double-check their addresses (____ __オ__ ____ ____ __カ__ ____) it for sure.

(a) for (b) in (c) order (d) receive (e) them (f) to

4 Trudeau said that with the Taliban taking over Afghanistan, our (____ __キ__ ____ ____ __ク__ ____) and services even more.

(a) contribute (b) country (c) humanitarian (d) needs (e) support (f) to

5 Some environmentalists say a big fast food company continuing to reject customers' personal mugs is (____ __ケ__ ____ ____ __コ__ ____) environmental threats.

(a) as (b) faces (c) numerous (d) planet (e) the

(f) unacceptable

V 次の英文 1 ～10 の空所に入れるのに最も適切な語句を(a)～(d)から 1 つ選び，その記号をマークしなさい。(20 点)

1 (　　) by a billion people, English is definitely a global language.

(a) Having been speaking (b) Having spoken

(c) Speaking (d) Spoken

2 Ramadan is the ninth month of the Islamic lunar calendar, and Muslims (　　) it as the month in which the Qur'an was revealed to the prophet Muhammad.

(a) celebrate (b) cement (c) contract (d) cooperate

3 My brother is (　　) the two people we can see in front of the store.

(a) tall in (b) tallest between

(c) the taller of (d) the tallest from

4 You look very tired today. You (　　) up until late last night.

(a) couldn't have stayed (b) might have to stay

(c) shouldn't have stayed (d) would like to stay

5 It would be (　　) to follow the advice of your teacher on choosing a topic for your final report.

(a) glad (b) mean (c) sensible (d) urgent

6 Scientists say we now have the most precise information (　　) on the deepest points in each of Earth's five oceans.

(a) still (b) until (c) while (d) yet

7 The food we eat matters. It ( ) us who we are, physically, culturally, and spiritually.

(a) creates (b) makes (c) shapes (d) tastes

8 It is better to be prepared before you ( ) a challenging situation.

(a) find yourself in (b) invite yourself of

(c) pull yourself into (d) talk yourself out of

9 It is hard to fight the natural instinct to defend ourselves against criticism, but it is unhelpful and unnecessary to ( ) your emotional brain to take control.

(a) allow (b) hold (c) let (d) prevent

10 As a Nobel laureate pointed out, most ( ) not all researchers do research driven by curiosity.

(a) as (b) if (c) or (d) so

Ⅵ　次の英文1～10の下線部(a)～(d)には，文法・語法・内容などの誤りを含むものが1つあります。その記号をマークしなさい。(20点)

1 (a)Birds' bodies are shrinking (b)in response to climate change, (c)even though in places like the Amazon rainforest (d)that are relatively untouched by human hands.

2 Researchers from the USA have (a)studied information on more than 15,000 non-migratory birds (b)spanning 77 species over a 40-year period (c)that was captured in the Amazon rainforest, tagged (d)and then released.

3 (a)The scientists found that nearly all of the birds' bodies (b)had become lighter since the 1980s, (c)loss on average about 2% of their body weight every decade, (d)according to their recent analysis.

4 (a)For an average bird species (b)that weight about 30 grams (1 ounce) (c)in the 1980s, the population (d)now averages about 27.6 grams (0.97 ounce).

5 The study (a)also revealed that wingspan (b)was getting bigger in a third of (c)the Amazon bird species studied—(d)a pattern that's also been spotting in North American migratory birds.

6 "These birds don't vary (a)that many in size. They are fairly fine-tuned, so when (b)everyone in the population is (c)a couple of grams smaller, it's significant," explained Philip Stouffer, (d)one of the authors of the study.

7 "This (a)is undoubtedly happening all over and probably not just with birds," Stouffer said in a news release. "If you (b)look out your window, and consider what you're seeing out there, (c)the conditions are not what it is 40 years ago, and it's very likely plants and animals (d)are responding to those changes as well.

8　We have this idea that (a) the things we see are fixed in time, (b) but if (c) these birds aren't fixed in time, (d) those may not be true."

9　A lower body weight and (a) increasing wing length means that birds (b) using energy more efficiently, the researchers noted. The study concluded that a warmer climate was (c) the driving force of these changes, but the mechanism at play (d) wasn't entirely clear.

10　The climate in Brazilian Amazonia, where (a) the birds lived, had gotten hotter and wetter, (b) at least in the rainy season, over the study period, and (c) the change in climate might have made food or (d) other resources scarcely, the study said.

Ⅶ　次の英文の空所 1 ～10 に入れるのに最も適切なものをそれぞれ(a)～(j)から 1 つ選び，その記号をマークしなさい。なお(a)～(j)は，人称代名詞の I を除き，文頭に位置するものも書き出しの文字は小文字にしてあります。同じ選択肢を繰り返し用いることはできません。(20 点)

For a long time, sports have been viewed as a way to stay healthy and in shape, (　1　). As a matter of fact, playing sports teaches life lessons like discipline, responsibility, self-confidence, accountability, and teamwork.

Studies have shown that exercise increases blood flow to the brain (　2　), leading to increased concentration, enhanced memory, stimulated creativity, and better-developed problem solving skills. In short, playing sports helps your brain grow and makes it work better.

From a social standpoint, sports are a powerful tool that brings people together and creates a sense of community. They develop connections that bond together people from all walks of life. As an international student at the University of Rochester, playing pick-up basketball at the gym was the fastest and easiest way to make friends. As a matter of fact, during my second day on campus (　3　) who showed me around and gave me tips about life in Rochester.

出典追記：(Ⅵ) The climate crisis is messing with birds' body shapes, CNN on November 12, 2021 by Katie Hunt

As an undergraduate student (4), I had very challenging classes and occasionally had to deal with bad homework or midterm grades; my ego took a bad hit whenever that happened. I believe that playing sports taught me (5). I learned that I am not always going to get the results that I want, but no matter what, I have to persevere and not give up. (6) where I see failing as a way to learn how to pick myself up.

In addition to that, exercising is a great way to get away from a stressful college life that is all about homework, presentations, and group projects. In fact, playing sports (7). I personally think that I would go crazy without going to the gym at least three times a week. Healthcare professionals recommend physical activity as a key ingredient to any stress-management activity.

The reason most students do not play sports is because they feel lazy about it and (8). However, the belief that the intense exercise of playing sports will leave you exhausted (9). Because exercise pumps more oxygen through your blood and enlivens your entire system, the benefits of playing sports actually include giving you more energy to accomplish everything else you need to do to manage your busy college schedule.

To sum up, playing sports has some serious benefits. Besides just being fun, sports can help you perform better in school, relax more and worry less, deal with setbacks, work better with others and increase your energy—(10) going on in your life.

(a) all of which helps you balance school and everything else
(b) and helps the body build more connections between nerves
(c) but their importance goes much further
(d) don't have the energy for it
(e) has been proven wrong by research
(f) helps students relax and reduce their anxiety
(g) how to deal with failure and disappointment in life
(h) I had the chance to make two friends
(i) sports gave me a positive attitude

（j） who majored in electrical engineering and electronics

Ⅷ　次の英文を読んで，あとの問 1 ～問 12 に答えなさい。（25 点）

［1］ Being a good listener is one of the most important and enchanting life skills anyone can have. Yet few of us know how to do it, not because we are evil but because no one has taught us how and—a related point—few have listened sufficiently well to us. So we come to social life greedy to speak rather than listen, hungry to meet others but （ ア ） to hear them.

［2］ Like most things, the answer lies in education. Our civilization is full of great books on how to speak—Cicero's *On the Orator* and Aristotle's *Rhetoric* were two of the greatest in the ancient world—but sadly no one has ever written a book called *The Listener*. There are a range of things that the good listener is doing that(イ) make it so nice to spend time in their company. Without necessarily quite realizing it, we're often pushed into conversation by something that feels both urgent and somehow undefined. We're bothered at work; we're considering more ambitious career moves; we're not sure if so-and-so is right for us; a relationship is in difficulties; we're worried about something or feeling a bit low about life in general (without being able to put a finger on exactly what's wrong); or perhaps we're very excited and enthusiastic about something, though the reasons for our passion are tricky to pin down.

［3］ At heart, all these are issues in search of clarification. The good listener knows that we'd ideally move—via conversation with another person—from a confused state of mind to one that was more focused and (hopefully) more serene. Together with them, we'd work out what was really at stake(ウ). But in reality this tends not to happen, because there isn't enough of an awareness of the desire and need for clarification within conversation. There aren't enough good listeners. So people tend to assert rather than analyse. They restate in many different ways the fact that they are worried, excited, sad or hopeful, and their conversation partner listens but doesn't assist them to discover more. Good listeners fight against this with a range of conversational techniques.

[4] They hover as the other speaks: they offer encouraging little remarks of support, they make gentle positive gestures—a sigh of sympathy, a nod of encouragement, a strategic 'hmm' of interest. All the time they are encouraging the other to go deeper into issues. They love saying, 'Tell me more about …'; 'I was fascinated when you said …'; 'Why did that happen, do you think?' or '(エ)' The good listener takes it for granted that they will encounter vagueness in the conversation of others. But they don't criticize, rush or get impatient, because they see vagueness as a universal and highly significant trouble of the mind that it is the task of a true friend to help with. Often, we're closer to something but we can't quite get on what's really bothering or exciting us. The good listener knows we benefit hugely from encouragement to elaborate, to go into greater detail, to push a little further. We need someone who, rather than speaking too much, will simply say two rare, magic words: '(オ)' We mention a sibling and they want to know a bit more. What was the relationship like in childhood? How has it changed over time? They're curious about where our concerns and excitements come from. They ask things like, 'Why did that particularly bother you?' 'Why was that such a big thing for you?' They keep our histories in mind; they might refer back to something we said before and we feel they're building up a deeper base of engagement. It's fatally easy to say vague things: we simply mention that something is lovely or terrible, nice or annoying. But we don't really explore why we feel this way. The good listener has (カ)a productive, friendly suspicion of some of our own first statements and is after the deeper attitudes that are lurking in the background.

[5] A key move of the good listener is not always to follow every subtopic or small story introduced by the speaker, for (キ)they may be getting lost and further from their own point than they would wish. The good listener is always looking to take the speaker back to their last reasonable idea. The good listener is, paradoxically, a skilled interrupter. But they don't, (ク) most people do, interrupt to intrude their own ideas; they interrupt to help the other get back to their original, more sincere yet subtle concerns.

[6] The good listener doesn't preach. They know their own minds well enough not to be surprised or frightened by strangeness. They give the impression that they recognize and accept human weakness; they don't step back when we mention our terrors and desires. They reassure us they're not going to destroy our dignity. Saying one feels like a failure could mean being dropped. The good listener signals early and clearly that they don't see us in these terms. Our vulnerability is something they appreciate rather than being shocked by. The good listener makes their own strategic confessions, so as to set the record straight about the meaning of being a normal (that is, very confused and imperfect) human being. They confess (ケ) to unburden themselves as to help others accept their own nature and see that being a bad parent, a poor lover or a confused worker is not an act of wickedness, but an ordinary feature of being alive that others have unfairly edited out of their public profiles.

問1 空所(ア)に入れるのに最も適切なものを(a)～(d)から1つ選び，その記号をマークしなさい。

(a) delighted (b) impossible (c) reluctant (d) significant

問2 下線部(イ)と同じ使われ方のthatを含む文を(a)～(d)から1つ選び，その記号をマークしなさい。

(a) According to the research, people are more likely to vote for <u>that</u> which is familiar to them.

(b) Alex is the last person <u>that</u> I think would be late for the class.

(c) In the lecture, the professor explained the new theory so well <u>that</u> everybody in the audience understood it.

(d) What do you think of Chris's idea <u>that</u> we should have a Plan B to fall back on?

問3 段落［2］の内容として最も適切なものを(a)～(d)から1つ選び，その記号をマークしなさい。

(a) 長い間聞き手を題材にした書物がなかったために，私たちは誰かに聴いても

出典追記：How to be a good listener, The School of Life

らいたいという切実な願望を解消できずにいた。

(b) 私たちは聞き手がいるとあまりに心地よいために，ついつい日常生活の些細な出来事についても長い時間をかけて熱心に話してしまいがちである。

(c) 私たちは，自分でも訳もわからず会話をしたいと思うことがしばしばあり，話している事柄の背後にある理由や動機が何なのかわかっていないことも多い。

(d) 私たちは，他人の話を上手に聞くための方法を教えられなかったために，しばしば仕事や人間関係で問題を抱える。

問4 下線部(ウ)と最も意味の近いものを(a)～(d)から1つ選び，その記号をマークしなさい。

(a) at peace (b) by chance (c) in fact (d) of importance

問5 空所（ エ ）に入れるのに最も適切なものを(a)～(d)から1つ選び，その記号をマークしなさい。

(a) How did you feel about that?

(b) It's more than my pleasure.

(c) I've heard a similar story before.

(d) That reminded me of my own experience.

問6 空所（ オ ）に入れるのに最も適切なものを(a)～(d)から1つ選び，その記号をマークしなさい。

(a) Forget it.

(b) Go on.

(c) Take care.

(d) Why not?

問7 下線部(カ)の説明として最も適切なものを(a)～(d)から1つ選び，その記号をマークしなさい。

(a) 対立を避けるためにときどき話を止めること。

(b) 話を掘り下げるために感じよく疑問を投げかけること。

(c)　不快感を与えないように分かったふりをすること。

(d)　無駄話を促すことで友情を深めること。

問8　下線部(キ)が指すものとして最も適切なものを(a)〜(d)から1つ選び，その記号をマークしなさい。

(a)　some of our own first statements　(b)　the deeper attitudes

(c)　the good listener　(d)　the speaker

問9　空所（　ク　）に入れるのに最も適切なものを(a)〜(d)から1つ選び，その記号をマークしなさい。

(a)　as　(b)　despite　(c)　hence　(d)　such

問10　段落［5］の内容に合う良い聞き手の条件を(a)〜(d)から1つ選び，その記号をマークしなさい。

(a)　話し手が諦めて話を終わらせてしまわないように，質問をし続ける。

(b)　話し手が抱えている問題にずっと集中できるよう，話の流れに積極的に働きかける。

(c)　話し手が話す内容には必ず理由がともなうので，話し手にできるだけ話させる。

(d)　話し手の話を注意深く分析して，明確な答えを与える。

問11　空所（　ケ　）に入れるのに最も適切なものを(a)〜(d)から1つ選び，その記号をマークしなさい。

(a)　never once　(b)　no less　(c)　none at all　(d)　not so much

問12　段落［6］における良い聞き手の説明として内容的に最も適切でないものを(a)〜(e)から1つ選び，その記号をマークしなさい。

(a)　良い聞き手は，失敗談を聞いてもやさしく慰め，話し手の尊厳を傷つけない。

(b)　良い聞き手は，自分の話を巧みにすることで，欠点はあって当然だと示す。

(c)　良い聞き手は，内面を赤裸々に打ち明けられても，驚きを表さない。

(d)　良い聞き手は，人間の弱さを認めて受容し，教え諭すことがない。

(e)　良い聞き手は，話し手を肯定することを，早い段階で明確に示す。

日本史

（60 分）

I　次の文章を読み，下記の設問に答えなさい。問 1 〜問 13，問 15〜問 16 はマーク解答用紙にマークしなさい。問 14 は記述解答用紙に答えなさい。（40 点）

日本列島において土器や磨製石器が出現した縄文時代，人びとは植物採取と狩猟・漁労による食料を基本としていた①。縄文時代の終わり頃，水稲農耕が朝鮮半島を経て九州北部に伝えられ，やがて西日本一帯に広まると，それにともない弥生文化②が成立することとなる。

5 世紀の中頃，農具の改良によって農業の生産力が向上してくると，富裕な農民層が成長・台頭してきた。6 世紀頃には，新興の有力農民層によって［ 1 ］が数多くつくられるようになるが，その傾向には，彼らを支配組織のなかに組み入れようとしたヤマト政権③との関連性を見いだすことができる。

奈良時代④，律令制のもとで民衆には口分田が与えられたが，かわりに租・調・庸・雑徭などの重い負担を課された⑤うえ，天候不順や虫害など，自然災害の影響も受けやすい環境だったため，生活に余裕はなかった。

13 世紀頃に気候の冷涼化が進行していくなか，農業技術の改良により生産力が高められ，畿内や西日本一帯では二毛作が普及していった⑥。また，農村内に住みつく鍛冶・鋳物師・紺屋などの手工業者があらわれた。

諸産業が発達していく一方で，各地の荘園では，力を強めてきた地頭が圧迫・非法をくりかえすようになり，荘民や荘園領主との間で対立を深めた。そうしたなか，地頭に対抗する動きも活発化し，紀伊国［ 2 ］の荘民は，みずからの手で書いた訴状によって，地頭の非法を訴えた。

室町時代⑦には，農業の集約化・多角化がいっそう進められ，灌漑・排水施設の整備・改善により，畿内では三毛作もおこなわれた。生産性の向上によって農民が豊かになってくると，その需要にも支えられて地方の産業が盛んになり，各地で特産品が生産されるようになった⑧。また，［ 3 ］については，揚浜が各地に普及したほか，近世の入浜式につながる古式入浜もみられるようになった。

商業活動も一段と活発になり，⑨手工業者や商人が同業者組合として結成した座は，種類や数を増やし，なかには神人・供御人の称号を根拠に全国的な活動をみせる座もあった。さらに，貨幣経済が広く浸透し，［4］などの明銭のほか，⑩大量の中国銭が貨幣として使用された。

地方では，年貢の銭納に必要な貨幣獲得などのため，定期市の開催日数が増え，⑪応仁の乱後には六斎市が一般化した。市には市座が設けられ，特定の商人以外は営業を認められなかったが，一方で振売や［5］と呼ばれる行商人の数も増加していった。

問1　下線部①に関する次の説明のうち，正しいものにはイ，誤っているものにはロをマークしなさい。

a　漁労には，釣針・銛・やすなどの骨角器のほか，網も使用された。

b　石皿とすり石は，トチやクルミなどの木の実をすりつぶす際に用いられた。

c　日常用いる土器として，赤褐色の土師器が使用された。

問2　下線部②に関する次の説明のうち，正しいものにはイ，誤っているものにはロをマークしなさい。

a　北海道には弥生文化が及ばず，貝塚文化と呼ばれる食料採取文化が続いた。

b　弥生文化の特色のひとつとして，青銅器や鉄器といった金属器やその生産技術が大陸からもたらされて広まったことが挙げられる。

c　水稲農耕は，弥生時代前期には乾田が中心だったが，中・後期になると湿田の開発も進められた。

問3　文中の空欄［1］に入るもっとも適切な語を，次の中から1つ選び，その記号をマークしなさい。

a　三角縁神獣鏡

b　甕棺墓

c　群集墳

d　銅鐸

問4 下線部③に関する次の説明のうち，正しいものにはイ，誤っているものにはロをマークしなさい。

a ヤマト政権では，臣や連の姓をもつ有力な豪族から大臣・大連が任じられ，国政の中枢を担った。

b 朝鮮半島において新羅が独自に南下策を進めると，ヤマト政権は朝鮮半島へ出兵し，百済や加耶（加羅）諸国とともに戦った。

c ヤマト政権の統治を維持・拡大していくため，蘇我氏は有力渡来系氏族と連携し，政治機構の整備や仏教の普及に力を注いだ。

問5 下線部④の時代の文化に関する次の説明のうち，正しいものにはイ，誤っているものにはロをマークしなさい。

a 『日本書紀』は，「帝紀」「旧辞」をもとに天武天皇が稗田阿礼によみならわせたものを太安万侶が筆記したものである。

b 屋内の調度品には，金銀の粉を蒔いて漆器に模様を描いた蒔絵の手法が多く用いられた。

c 貴族の教養として漢詩文をつくることが重んじられ，漢詩集『懐風藻』が編纂された。

問6 下線部⑤に関する次の説明のうち，正しいものにはイ，誤っているものにはロをマークしなさい。

a 租は，口分田などの収穫から３％程度の稲を主に中央政府へおさめるもので，それを都まで運ぶ運脚の義務もあった。

b 雑徭は，国司の命令によって水利土木工事や国府の雑用に一定日数従事する労役である。

c 負担のなかには兵役もあり，徴発された兵士の武器や食料については自弁が原則だった。

問7 下線部⑥に関する次の説明のうち，正しいものにはイ，誤っているものにはロをマークしなさい。

a 牛馬耕がしだいに普及し，より深く耕せるようになった。

b 肥料として，草を刈って田に敷き込む刈敷や，草木を焼いて灰にした草木灰の利用が進んだ。

c　水稲の品種改良が進み，早稲・中稲・晩稲の作付けが普及した。

問8　文中の空欄 [2] に入るもっとも適切な荘園名を，次の中から1つ選び，その記号をマークしなさい。

a　東郷荘

b　大部荘

c　阿氐河荘

d　鹿子木荘

問9　下線部⑦の時代の文化に関する次の説明のうち，正しいものにはイ，誤っているものにはロをマークしなさい。

a　絵入りの読み物である御伽草子が広く流布し，『物くさ太郎』などの物語が民衆に親しまれた。

b　『庭訓往来』という国語辞典がつくられ，読み書きの能力は有力農民にまで広まった。

c　流行歌謡である小歌が盛んになり，歌集として『閑吟集』が編まれた。

問10　下線部⑧に関する次の説明のうち，正しいものにはイ，誤っているものにはロをマークしなさい。

a　陶器は，有田焼・薩摩焼・萩焼などが全国に広まり，各地の遺跡から出土している。

b　紙は，美濃の美濃紙のほか，播磨の杉原紙などが名産として知られた。

c　刀剣は，国内向けだけではなく，輸出品としても大量に生産された。

問11　文中の空欄 [3] に入るもっとも適切な語を，次の中から1つ選び，その記号をマークしなさい。

a　新田開発

b　網漁

c　干鰯

d　塩田

問12　下線部⑨に関する次の説明のうち，正しいものにはイ，誤っているものにはロをマークしなさい。

a　15世紀以降になると，座に属さない新興の商工業者が出現し，対立するようになった。

b　大山崎油座の油神人は，畿内など10か国近い油の販売と，その原料である荏胡麻購入の独占権をもっていた。

c　奈良の興福寺を本所とする灯炉供御人の鋳物師は，関銭を免除されて全国的な商売をした。

問13　文中の空欄 [4] に入るもっとも適切な語を，次の中から1つ選び，その記号をマークしなさい。

a　永楽通宝
b　乾元大宝
c　皇宋通宝
d　寛永通宝

問14　下線部⑩の事態に関連して，室町幕府・戦国大名は，撰銭令を出した。この撰銭令について，次の2点を論じなさい。

ⓐ　撰銭令が出された原因および撰銭令の内容を，80字以内（句読点を含む）で説明しなさい。

ⓑ　撰銭令の目的を，40字以内（句読点を含む）で説明しなさい。

問15　下線部⑪に関する次の説明のうち，正しいものにはイ，誤っているものにはロをマークしなさい。

a　応仁の乱は，将軍足利義政の後継者をめぐる争いも関係しており，義政の弟義尚と，子の義視，それぞれの支持派に分かれた。

b　応仁の乱を契機として，有力守護が在京して幕政に参加する幕府の体制がつくられた。

c　応仁の乱では，京都が戦場となったため，公家たちのなかには，戦火を避けて地方にくだる者も多く，各地に新しい文化の拠点がつくられた。

問16　文中の空欄 [5] に入るもっとも適切な語を，次の中から 1 つ選び，その記号をマークしなさい。

a　見世棚

b　問丸

c　土倉

d　連雀商人

Ⅱ　次の文章を読み，下記の設問に答えなさい。解答は，マーク解答用紙にマークしなさい。(30 点)

17 世紀末に長崎に滞在したドイツ人医師 [1] はその著書『日本誌』で，日本は長崎を通してオランダとのみ通商する閉ざされた国であると述べた。『日本誌』の一部を和訳した [2] は，これを「鎖国論」と題した。もっとも，鎖国①体制下でも，松前・対馬・長崎，琉球を通じた薩摩の「四つの口」を通して交易がおこなわれた。

蝦夷地松前を拠点とした松前氏は，大名としての処遇を受けた②。農作物による収入が期待できなかった松前藩は，アイヌ③との交易の場を家臣に分与して，アイヌとの交易であがる利益を知行の代わりとした。彼らは多くの利益を得ようとして，海産物などを安く買いたたいた。その後松前氏は，本土の商人に交易を請け負わせて運上金を徴収し，アイヌに対する過酷な支配をさらに強化した。

朝鮮王朝との外交は，対馬藩主宗氏の役目とされた④。朝鮮王朝は，1811 年までに 12 回にのぼる使節⑤を派遣した。通信使一行は江戸に行って朝鮮国王と将軍との国書を交換し，さらに学者・文化人と交流した。

中国⑥船・オランダ船との交易がおこなわれた長崎には，江戸幕府のいわゆる [3] のひとつである長崎奉行がおかれ，貿易を直接統制した。幕府は長崎を窓口としてヨーロッパの文物を輸入し，オランダ船の来航のたびにオランダ商館長⑦が提出するオランダ風説書によって，海外の事情を知ることができた。

薩摩藩の島津氏は，尚氏が王位にあった琉球王国を支配した⑧。島津氏は，琉球の貿易を支配して利益をあげるとともに，産物の砂糖の上納を強制するなどのきびしい負担を強いた。

問1　文中の空欄 [1] に入るもっとも適切な人名を，次の中から1つ選び，その記号をマークしなさい。

a　クルムス　　b　ケンペル　　c　シーボルト　　d　ポンペ

問2　文中の空欄 [2] に入るもっとも適切な人名を，次の中から1つ選び，その記号をマークしなさい。

a　雨森芳洲　　b　志筑忠雄　　c　只野真葛　　d　西川如見

問3　下線部①に関する次の説明のうち，正しいものにはイ，誤っているものにはロをマークしなさい。

a　1633年の禁令（鎖国令）は，奉書船以外の日本船の海外渡航を禁止した。

b　1635年の禁令（鎖国令）は，日本人の海外渡航と在外日本人の帰国を全面的に禁止した。

c　1639年の禁令（鎖国令）は，貿易に関係のないポルトガル人を追放した。

問4　下線部②に関する次の説明のうち，正しいものにはイ，誤っているものにはロをマークしなさい。

a　松前氏は，蝦夷ヶ島和人地に勢力を持っていた蠣崎氏が改称したものである。

b　松前氏は，1604年に徳川秀忠からアイヌとの交易独占権を保障され藩制を敷いた。

c　松前氏は，津軽藩の協力を得てコシャマインの蜂起を鎮圧した。

問5　下線部③に関する次の説明のうち，正しいものにはイ，誤っているものにはロをマークしなさい。

a　蝦夷錦とは，中国東北部から蝦夷地でのアイヌを経て松前にもたらされた中国製の絹織物である。

b　江戸幕府は，アイヌに対して和人名や和人語を強制するなど和風化政策をとった。

c　明治政府は，アイヌを民族として法的に位置づけ，アイヌ文化を保護した。

問6　下線部④に関する次の説明のうち，正しいものにはイ，誤っているものにはロをマークしなさい。

a　宗氏は，朝鮮通信使を警護し，通信使の接待にかかる莫大な費用を支出したが，幕府・諸藩は負担しなかった。

b　宗氏は，朝鮮との間に己酉約条を結んだが，この条約は近世日本と朝鮮との関係の基本となった。

c　宗氏は，朝鮮外交上の特権的な地位を認められたが，その特権とは対朝鮮貿易を独占することであった。

問7　下線部⑤に関する次の説明のうち，正しいものにはイ，誤っているものにはロをマークしなさい。

a　最初の3回は，文禄・慶長の役の朝鮮人捕虜の返還も目的とした使節であった。

b　通信使の来日の名目は新将軍就任の慶賀が過半であった。

c　通信使は，対馬から船で瀬戸内海を通り，大坂を経由して海路江戸にいたり，将軍に面会した。

問8　下線部⑥に関する次の説明のうち，正しいものにはイ，誤っているものにはロをマークしなさい。

a　江戸幕府は，明とは正式な交易関係を持つことができなかったが，清とは正式な条約を結び交易をおこなった。

b　明清の動乱がおさまると長崎での貿易額は年々増加し，江戸幕府は清船からの輸入額を制限したが，オランダ船については制限しなかった。

c　江戸幕府は，長崎の町に雑居していた清国人の居住地を制限するために長崎出島に唐人屋敷を設けた。

問9　文中の空欄 [3] に入るもっとも適切な語を，次の中から1つ選び，その記号をマークしなさい。

a　遠国奉行　　b　外国奉行　　c　勘定奉行　　d　道中奉行

問10　下線部⑦に関する次の説明のうち，正しいものにはイ，誤っているものにはロをマークしなさい。

a　オランダ商館は，オランダがバタヴィアにおいた東インド会社の支店である。

b　オランダ商館長は，定期的に江戸に参府して将軍の家臣という形をとって将軍に謁見した。

c　江戸幕府は，島原・天草一揆を鎮圧するにあたり，オランダ商館長に海上からの砲撃を要請したが，オランダ船は砲撃しなかった。

問11　下線部⑧に関する次の説明のうち，正しいものにはイ，誤っているものにはロをマークしなさい。

a　島津氏は，江戸幕府の許可なく琉球に攻めこみ，これを征服した。

b　琉球は，島津氏に征服されたため，明との冊封関係は継続できなくなった。

c　琉球使節は，中国風の服装を強制され，島津氏にひきいられて江戸にのぼった。

Ⅲ　次の文章を読み，下記の設問に答えなさい。解答は，マーク解答用紙にマークしなさい。(30点)

王政復古の大号令①によってその成立が宣言された明治新政府は，幕藩体制②の解体を通じて，集権国家の樹立を試みていくことになる。

近世を通じて，人民は江戸幕府や諸藩などによって身分制を基礎とした統治をうけていた③。これに対して1869年に版籍奉還④が断行されたことによって，藩主の統治下にあった土地と人民が天皇へと返上された。続いて政府は1871年の戸籍法の公布を通じて，それまで府藩県ごとに行われていた戸籍作成の規則を改め，全国の人民を統一された基準で把握・管理する体制を採用した。この戸籍法に基づいて作られた戸籍は，作成された年の干支(えと)をとって［　A　］戸籍と呼ばれる。こうした人民把握の方式は，これ以後に全国的に実施される税制度⑤や軍事制度⑥，教育制度⑦などの整備を通じた富国強兵の実現や殖産興業⑧政策の実施の前提をなす「国民」の創出を促していくことになる。

また，これと前後する時期には前参議の［　B　］らが政府に提出した民撰議院設立の建白書⑨をきっかけとして自由民権運動が活発に展開され，各地では政社の設立も相次いだ⑩。この運動は政府の諸政策の結果として生じたさまざまな負担を押しつけられた人々の不満とも結びつき，いくつかの地域で激化事件を引き起こす⑪ことになる。こうした事態に直面した政府は，各地方の民意を県政などに反映することを可能にする地方制度の改革⑫に着手した。その一方で，政府に対抗を試みる結社や言論の活動に対して，政府は厳しい態度で臨んだ⑬。

問1　下線部①に関する次の説明のうち，正しいものにはイ，誤っているものにはロをマークしなさい。

a　王政復古の大号令の発出にともない，孝明天皇から明治天皇への譲位が行われた。

b　王政復古の大号令の発出により将軍職が廃止され，天皇のもとで摂政・関白が有力諸藩の藩士とともに暫定的に政治を取り仕切ることとされた。

c　王政復古の大号令の発出と同日に開催された小御所会議により，徳川慶喜に対して内大臣の辞退と幕府領の一部返上を求めることが決議された。

問2　下線部②に関する次の説明のうち，正しいものにはイ，誤っているものにはロをマークしなさい。

a　将軍徳川秀忠が発布した武家諸法度により，大名が1年おきに国元と江戸とを往復する参勤交代が制度化された。

b　大名は将軍家との親疎の関係によって分けられるが，このうち外様は関ヶ原の戦い前後に徳川氏に従った大名をいう。

c　1615年の大坂の役以降，各大名領内の有力武士による領地・領民支配は一切否定され，城下町への集住が命じられた。

問3　下線部③に関する次の説明のうち，正しいものにはイ，誤っているものにはロをマークしなさい。

a　近世の支配身分として，将軍を頂点とした武士のほかに天皇や公家，また上層の僧侶や神職があげられる。

b　本百姓から選出された乙名・沙汰人と呼ばれる村の指導層により，入会地の管理や村内秩序維持のための村掟が作成された。

c　町人は道や橋の整備，防火・防災・治安などの都市機能維持のための役割を町人足と呼ばれる夫役としてつとめ，あるいはかわりに貨幣で支払った。

問4　下線部④に関する次の説明のうち，正しいものにはイ，誤っているものにはロをマークしなさい。

a　版籍奉還の計画は，新政府内で木戸孝允と西郷隆盛が中心となって進められた。

b　当初は薩摩・長州・土佐・肥前の4藩主が朝廷に願い出るという体裁をとり，その後に政府から全藩主に対して版籍奉還が命じられた。

c　版籍奉還にともなって旧大名である知藩事は罷免され，これにかわって中央政府から県令が派遣されて地方行政を担った。

問5　文中の空欄 [A] に入るもっとも適切な語を，次の中から1つ選び，その記号をマークしなさい。

a　庚午

b　壬午

c　甲申

d　壬申

問6　下線部⑤に関する次の説明のうち，正しいものにはイ，誤っているものにはロをマークしなさい。

a　地租改正条例の公布を通じて，地券の所有者が納税者とされた。

b　地租改正事業を通じて定められた地租は，豊作や凶作にかかわらず一律に貨幣で徴収された。

c　地租の税率は当初地価の3％であったが，各地で頻発した地租改正反対一揆をうけて1877年には税率が2.5％に引き下げられた。

問7　下線部⑥に関する次の説明のうち，正しいものにはイ，誤っているものにはロをマークしなさい。

a　1873年公布の徴兵令により，士族・平民の別なく満18歳に達した男子から選抜して3年間兵役に服させる制度が整えられた。

b　1873年公布の徴兵令には兵役免除に関する例外規定が多く存在したが，1889年の徴兵令の全面改定によって兵役免除は原則的に廃止された。

c　1878年には，政府から独立した天皇直属の軍令機関として参謀本部が設置された。

問8　下線部⑦に関して，明治時代に公布された法令ではないものを，次の中から1つ選び，その記号をマークしなさい。

a　教育令

b　大学令

c　学制

d　師範学校令

問9　下線部⑧に関する次の説明のうち，正しいものにはイ，誤っているものにはロをマークしなさい。

a　内務省が主導となって，新橋・横浜間や神戸・大阪・京都間に鉄道が敷設された。

b　1871年には前島密の建議によって郵便制度が発足し，まもなく全国均一料金制をとった。

c　日本近海・沿岸部の海運事業は，官営事業として運営された。

問10　文中の空欄 B に入るもっとも適切な人名を，次の中から1つ選び，その記号をマークしなさい。

a　片岡健吉

b　大隈重信

c　由利公正

d　副島種臣

問11　下線部⑨に関する次の説明のうち，正しいものにはイ，誤っているものにはロをマークしなさい。

a　建白書は，太政官の正院に提出された。

b　建白書の文面は郵便報知新聞に掲載され，世論に大きな影響を与えた。

c　建白書では，政府の意思決定がごく一部の有司によって担われていることを批判するとともに，天下の公議に基づく政治を行うことが求められている。

問12　下線部⑩に関して，この時期に設立された政社として，正しいものにはイ，誤っているものにはロをマークしなさい。

a　自助社

b　改造社

c　愛国社

問13　下線部⑪に関する次の説明のうち，正しいものにはイ，誤っているものにはロをマークしなさい。

a　激化事件続発の背景のひとつとして，松方正義大蔵卿による緊縮・デフレ政策による物価の下落と深刻な不況があげられる。

b　1884年に起こった秩父事件では，負債の破棄や減免を要求して蜂起した民衆の鎮圧のために，政府が軍隊を派遣する事態となった。

c　1882年に起こった福島事件を口実として，福島県令の三島通庸は大井憲太郎ら福島自由党員の多くを検挙した。

問14　下線部⑫に関する次の説明のうち，正しいものにはイ，誤っているものにはロをマークしなさい。

a　府県会規則の施行により，府県会に府県予算案の部分的審議権が付与された。

b　地方税規則の施行により，従来政府によって統一的に徴収されていた地方税が府県税や民費などに細分化され，府県に徴収権限が付与された。

c　郡区町村編制法の施行により，各府県では画一的な行政区画としての大区・小区制が実施された。

問15　下線部⑬に関する次の説明のうち，正しいものにはイ，誤っているものにはロをマークしなさい。

a　治安維持法は，治安を妨害するおそれのある者に皇居外三里の地への退去を求めるもので，首都から民権派を排除するのに用いられた。

b　民権運動家たちが新聞や雑誌を通じて活発に政府を攻撃するのに対して，政府は新聞紙条例を制定してこれを取り締まった。

c　集会条例では，軍人・教員・生徒の政治活動が禁止された。

世界史

（60分）

Ⅰ　つぎの文章は，東南アジアの歴史について述べたものである。よく読んで，下記の設問に答えなさい。なお，漢字は正確に書くこと。(34点)

東南アジアは，ユーラシア大陸の東南端に突出するインドシナ半島部と，その東南に広がる島々によって構成される。

この東南アジアでは，前2千年紀末に，ベトナムやタイ東北部を中心に青銅器がつくられていたが，前4世紀頃になると，ベトナム北部を中心に，中国の青銅器文明の影響を受けた（　1　）文化が発展した。銅鼓は，この文化に特有の青銅器として有名である。しかし，前111年に南越が前漢により滅ぼされ，(a)ベトナム北部に南海9郡の一つが設置され，その後ベトナム北部で起きた徴（チュン）姉妹の反乱が後漢の馬援により鎮圧されると，(b)中国によるベトナム北部の支配が一層強まり，（　1　）文化は衰退していった。

紀元前後より沿岸航路による交易が盛んになると，東南アジアは東西を結ぶ中継地として注目され，(c)東南アジアや中国をめざす者たちが盛んに来航するようになった。そして2世紀末までに，(d)ベトナム南部からカンボジア南部にかけて扶南が，ベトナム中部沿岸に林邑が建国され，交易で栄えた。

4世紀頃から，扶南および林邑を含め，東南アジアの大部分でインドの文明が積極的に取り入れられるようになった。ヒンドゥー教や大乗仏教，王権概念，サンスクリット語，インド式建築様式などがまとまって受け入れられたのである。もっとも，インドで確立された身分的上下観念である（　2　）制が東南アジアに定着することはなかった。

7世紀以後，マラッカ海峡を抜ける交易ルートが発達するなかで，スマトラ島南部のパレンバンを中心に(e)シュリーヴィジャヤ王国が成立した。ジャワ島では8世紀に(f)シャイレンドラ朝や（古）マタラム朝が生まれた。

8世紀には，ムスリム商人が【　i　】船と呼ばれる木造船を用いてインド洋交易に乗り出しており，彼らの船の一部はさらに交易路を拡大し，マラッカ海峡を越えベトナム中部沿岸や広州(g)など中国南部の港市に進出し，居留地をつくった。しかし，10世紀になると，【　ii　】船と呼ばれる木造船を利用する中国商人に，南シナ海交易の主役の地位は移っていった(h)。中国商人は，やがて，交易範囲を広げ，マラッカ海峡を越えインド洋にまで進出するようになった。

11世紀になると，それ以前より唐からの自立の動きを強めていた北部ベトナムで，（　3　）朝が成立して大越国と号した。この王朝は，中国の冊封を受け，文化面でも儒教や仏教を中国から取り入れた。（　3　）朝に次ぐ陳朝は1225年から1400年までつづく間，元からの3回におよぶ侵攻を撃退したことで，民族意識が高まった。この王朝においては，漢字の部首をもとにした民族文字である（　4　）がつくられた。この王朝が滅び，北部ベトナムは一時期，明に占領されたが，その後占領軍を撃退し，1428年，黎朝のもとに再び独立した。この王朝は，朱子学を振興し，中国的な官僚国家体制をつくり支配を固め，南進して占城を圧迫した。

ところで，カンボジアは8世紀初頭に南北に分裂したものの，9世紀初頭には再統一され，アンコールに都を置いて栄えた。この都には，12世紀にアンコール=ワット(i)が造営された。このアンコール朝は，15世紀にタイ(j)のアユタヤ朝に滅ぼされた。ビルマでは，11世紀にビルマ人によるパガン朝がおこり，スリランカとの交流により上座部仏教が広まった。この王朝はベンガル湾と雲南を結ぶ交易で栄え，灌漑事業をおこしてビルマ平原の農業開拓に成功した。13世紀末以後(k)，元軍の攻撃などでパガン朝は衰退したが，南部のモン人は港市国家(l)を建設し，ベンガル湾交易やヨーロッパ人商人との貿易を担った。

設問1　空欄（1～4）に入るもっとも適切な語を記しなさい。

設問2　空欄【ｉ・ii】に入る語の組み合わせとして正しいものはどれか。1つ選んでマーク解答用紙にマークしなさい。

①　i　ガレオン　　ii　ダウ
②　i　ダウ　　ii　亀甲
③　i　亀甲　　ii　ガレオン
④　i　ガレオン　　ii　ジャンク
⑤　i　ダウ　　ii　ジャンク

⑥ ｉ 亀甲 ⅱ ジャンク

設問3 下線部(a)について。南越を滅ぼした前漢の皇帝がベトナム北部に置いた郡の名称として正しいものはどれか。１つ選んでマーク解答用紙にマークしなさい。

① 臨屯郡

② 交趾郡

③ 朱崖郡

④ 蒼梧郡

⑤ 南海郡

設問4 下線部(b)について。ベトナム北部の統治のため，唐は軍事行政機関である安南都護府を置いた。安南都護・安南節度使などを歴任し，李白らと交流もした日本からの留学生で，その後唐にとどまり客死したのは誰か。その名前を記しなさい。

設問5 下線部(c)について。２世紀中頃，ローマ皇帝によって中国に派遣された使節が日南郡に至ったという。哲人皇帝とも呼ばれる，このローマ皇帝は誰か。正しいものを１つ選んでマーク解答用紙にマークしなさい。

① オクタウィアヌス

② アウグスティヌス

③ マルクス=アウレリウス=アントニヌス

④ ネロ

⑤ コンスタンティヌス

設問6 下線部(d)について。扶南・林邑に関する記述として正しいものはどれか。１つ選んでマーク解答用紙にマークしなさい。

① 扶南は１世紀にイラワディ（エーヤワディー）川下流域に建国された。

② 林邑は２世紀にクメール人が建てた国である。

③ 扶南は７世紀に真臘によって滅ぼされた。

④ 林邑はクローヴやナツメグを中国に輸出した。

⑤ 扶南の主要な外港であったホイアンからは，ローマ貨幣・インドの神像・後漢の鏡など，東西各地の遺物が発見されている。

設問7 下線部(e)について。7世紀，インド留学から帰国する途中にシュリーヴィジャヤ王国に滞在した唐僧で，『南海寄帰内法伝』をあらわした人物は誰か。その名前を記しなさい。

設問8 下線部(f)について。シャイレンドラ朝・(古) マタラム朝に関する記述として正しいものはどれか。1つ選んでマーク解答用紙にマークしなさい。

① シャイレンドラ朝は大乗仏教王国であった。

② シャイレンドラ朝は9世紀にシュリーヴィジャヤ王国によって支配された。

③ シャイレンドラ朝は9世紀にその首都をティモール島に移した。

④ (古) マタラム朝はイスラーム教王国であった。

⑤ (古) マタラム朝は10世紀にクディリ朝を支配した。

設問9 下線部(g)について。唐の中期に，広州において初めて設置された，海上交易全般を管理する官庁 (役所) は何か。その名称を記しなさい。

設問10 下線部(h)について。10世紀に中国商人が南シナ海交易の主役となった背景の一つに，交易範囲を広げていたムスリム商人の船がマレー半島まで撤退したという事情があるが，ムスリム商人の撤退に至る過程に関する記述として正しいものはどれか。1つ選んでマーク解答用紙にマークしなさい。

① 塩密売商人の挙兵からはじまった農民反乱で，広州が破壊された。

② 楊炎が，来港するムスリム商人に対して高額な納税を義務づけた。

③ 王仙芝が両税法を実施した。

④ 中宗と安禄山の争いによって貿易政策に混乱が生じた。

⑤ 韋后が高宗から政権を奪ったことで，節度使の勢力が強大化した。

設問11 下線部(i)について。次の①～⑤のうち，アンコール=ワットはどれか。正しいものを1つ選んでマーク解答用紙にマークしなさい。

①

②

③

④

⑤

設問12　下線部(j)について。タイの王朝に関する記述として正しいものはどれか。2つ選んでマーク解答用紙にマークしなさい。

① スコータイ朝は，タイ北部にモン人が建てた王朝である。

② スコータイ朝は，大乗仏教を積極的に取り入れ，仏教遺跡を多数残した。

③ アユタヤ朝は，ビルマのコンバウン朝に滅ぼされた。

④ ラタナコーシン朝（チャクリ朝）を倒したタウングー朝は，現タイ王朝である。

⑤ アユタヤ朝の都には，17世紀に日本町がつくられた。

設問13　下線部(k)について。13世紀末に元軍を撃退して東部ジャワに成立した王国に関する記述として，正しいものには①を，誤っているものには②をマーク解答用紙にマークしなさい。

(あ) この王国は，東南アジアで初めてのイスラーム王国である。

(い) この王国は，オランダの圧力によって衰退した。

(う) この王国の勢力は，三仏斉の圧迫などによりジャワの外には伸張しなかった。

設問14　下線部(l)について。港市国家とは，港市を基盤とする国家のことを指すが，港市国家の歴史をたどると，1世紀における新たな航海術の確立に行き着く。この航海術はどのようなものであったか。語群Aから1語，語群Bから2語を用いて，40字以内で説明しなさい。

語群A：極東風　シロッコ　偏西風　貿易風　モンスーン

語群B：アラビア半島南西岸　イベリア半島西岸　インド西岸
　インドシナ半島西岸　ベンガル湾　南シナ海

〔解答欄〕

という航海術

Ⅱ　つぎの文章（A～C）は，トルコ系の諸国や王朝の歴史について述べたものである。よく読んで，下記の設問に答えなさい。(33点)

A　6世紀のなかば，トルコ系遊牧民の突厥は，モンゴル高原で柔然を滅ぼし，華北でも（　1　）と北斉を服属させ，西方では（　2　）と結んでエフタルを攻め，モンゴル高原から中央アジアにまたがる遊牧帝国となった。突厥は古くから東西貿易に活躍していたソグド人を貿易や外交に活用し，はるか西方のビザンツ帝国とも外交関係をもった。しかし，突厥は6世紀末に東突厥と西突厥に分裂した。東突厥は，唐の太宗の攻撃を受けて630年に降伏し，西突厥もやはり唐にタリム盆地を奪われて衰退した。東突厥は7世紀末にモンゴル高原で勢力を取り戻したが，8世紀なかばに同じトルコ系のウイグルに滅ぼされた。突厥は，騎馬遊牧民族としてはじめて文字をつくり(a)，独自文化の発展にもつとめた。その背景には，ユーラシア大陸における活発な文化的交流があった。

突厥にかわって勢力を強めたウイグルは，玄宗(b)が治めていた唐を8世紀なかばに揺るがした内乱に際し，その鎮圧を助けたが，衰退する唐を圧迫する勢力となった。しかし，強勢を誇ったウイグル帝国も9世紀なかばに同じトルコ系のキルギスの攻撃によって倒された。ウイグル帝国が崩壊すると，トルコ系の遊牧集団は各地に移住し，中央アジアのオアシス地帯にはトルコ語の定着が進んだ。この地域への数世紀にわたるトルコ系諸民族の移住によって，（　3　）で「トルコ人の土地」を意味するトルキスタンという呼称がうまれた。トルキスタンにおいても，（　4　）をさかいにして東側の地域は，東トルキスタンと呼ばれマニ教や仏教の信仰が盛んであった。これに対して西側の地域は，ソグド人を中心としておもにゾロアスター教が信仰されていたが，9世紀以降はイスラーム化が進んだ。

B　ウイグル帝国の崩壊にともなって，中央アジアのトルコ人は西アジアに流入し，（　5　）を首都として栄えていたアッバース朝のもとでマムルークと呼ばれる奴隷軍人として組織された。彼らはカリフの親衛隊として用いられたが，しだいに勢力を強め，カリフの権力を揺るがす一因となった。広大な領土を支配したアッバース朝も，9世紀には各地で自立の動きが強まり，帝国は解体へと向かっていった。

10世紀には各地でトルコ系の王朝も成立している。中央アジアでは，カラ=ハン朝が成立し，イスラームを受容したことでトルコ系騎馬遊牧民のイスラーム化が進んだ。10世紀なかばにはサーマーン朝のマムルークがアフガニスタンで（　6　）をおこした。11世紀になると中央アジアからセルジューク朝がおこる。1055年，ブワイフ朝を追ってバグダードに入城したセルジューク朝の建国者トゥグリル=ベクは，アッバース朝のカリフからスルタンの称号を与えられた。セルジューク朝は，主要都市に（　7　）を設けてスンナ派の神学と法学を奨励したほか，ブワイフ朝から受け継いだイクター制(c)を施行した。

13世紀に入ると，トルコ系の諸王朝はモンゴルの進出に直面する。セルジューク朝のホラズム総督が11世紀後半に自立しておこしたホラズム朝（ホラズム=シャー朝）は中央アジアとイランを支配していたが，（　8　）の攻撃を受けたのち滅亡した。また，アナトリア（小アジア）にはセルジューク朝の一族のもとでルーム=セルジューク朝が建国されていたが，やはりモンゴルの進出により衰えた。その後，小アジアにはトルコ系の諸勢力が分立していたが，アナトリア北西部でおこったオスマン朝(d)は，後にヨーロッパ，アジア，アフリカにまたがる一大帝国に発展した。

C　第一次世界大戦に同盟国側で参戦して敗北したオスマン帝国は，戦後のセーヴル条約により領土は分割され，多くの地域がイギリス，フランス，イタリアの支配下にはいった。しかし，軍人であったムスタファ=ケマルは，アンカラで大国民議会を開催し，臨時政府を樹立した。さらにケマルは，ギリシアと戦って勝利し，アナトリア西部の都市（　9　）を回復するとともに，1923年に連合国と（　10　）条約を結んで，関税自主権の回復，治外法権の廃止を実現した。この年，ケマルはトルコ共和国の建国を宣言し，みずから初代大統領となる。また，ケマルはカリフ制を廃止するなど，トルコの脱イスラーム化を進めるとともに，近代化に向けた一連の諸改革(e)を推進した。

設問1　空欄（1～10）に入るもっとも適切なものを，それぞれ1つ選んでマーク解答用紙にマークしなさい。

（　1　）①北魏　②北宋　③北元　④北周

（　2　）①パルティア　②ササン朝ペルシア　③アケメネス朝ペルシア　④ウマイヤ朝

（　3　）①ギリシア語　②アラビア語　③ペルシア語　④トルコ語

（ 4 ）①パミール高原　②天山山脈　③モンゴル高原　④アルタイ山脈

（ 5 ）①ダマスクス　②バグダード　③サマルカンド　④イスファハーン

（ 6 ）①ガズナ朝　②ゴール朝　③トゥールーン朝　④奴隷王朝

（ 7 ）①スーク　②モスク　③ミスル　④マドラサ

（ 8 ）①フビライ=ハン　②バトゥ　③チンギス=ハン　④フラグ

（ 9 ）①ニコポリス　②プレヴェザ　③アドリアノープル　④イズミル

（ 10 ）①ローザンヌ　②トリアノン　③ヌイイ　④サン=ジェルマン

設問2　下線部(a)について。このときつくられた文字のもとになった文字は何か。その名前を記しなさい。

設問3　下線部(b)について。唐の玄宗の治世に関する記述として正しいものはどれか。2つ選んでマーク解答用紙にマークしなさい。

①　府兵制がくずれ，傭兵を用いる募兵制が採用された。

②　官僚の登用法として学科試験による科挙制度を創設した。

③　唐は征服地の有力者に統治をゆだね，都護府をおいてこれを監督する政策をはじめた。

④　タラス河畔で唐とアッバース朝の軍が戦い，アッバース朝が勝利を収めた。

⑤　チベット高原でソンツェン=ガンポが吐蕃をたてた。

設問4　下線部(c)について。イクター制とはどのような制度か。25字以内で説明しなさい。

〔解答欄〕

										制度				

設問5　下線部(d)について。オスマン帝国に関する記述として誤っているものはどれか。1つ選んでマーク解答用紙にマークしなさい。

①　戦争の際には帝国各地でイェニチェリと呼ばれる傭兵の軍団を組織した。

②　ヨーロッパ諸国にカピチュレーションと呼ばれる特権が与えられた。

③　メフメト2世がコンスタンティノープルを攻略してビザンツ帝国を滅ぼした。

④　キリスト教徒やユダヤ教徒の共同体（ミッレト）にも自治が認められた。

⑤　アンカラの戦いでティムール軍に敗れ，バヤジット1世が捕虜となった。

設問6　下線部(e)について。この一連の諸改革で行われた事柄に関する記述として誤っているものはどれか。1つ選んでマーク解答用紙にマークしなさい。

①　トルコ帽の着用が禁止された。

②　太陽暦が採用された。

③　国の人材育成のためにデヴシルメ制が採用された。

④　ローマ字がトルコ語表記に採用された。

⑤　女性の参政権が認められた。

Ⅲ　つぎの文章（A～D）は，世界恐慌および第二次世界大戦について述べたものである。よく読んで，下記の設問に答えなさい。(33点)

A　1929年10月，ニューヨーク株式市場での株価暴落(a)をきっかけに世界恐慌が始まった。1931年6月には（　1　）が戦債・賠償の支払い猶予を宣言するものの，状況は好転しなかった。1933年，新たに就任したアメリカ合衆国大統領は，恐慌対策に着手し，景気回復のためにさまざまな改革をおこなうとともに，外交においてもラテンアメリカ諸国との関係改善に努めた。さらに，1935年には（　2　）が制定され，労働者の団結権と団体交渉権が保障された。一方，イギリスでは1931年，恐慌克服をめざすマクドナルド挙国一致内閣(b)が誕生する。イギリスがイギリス連邦内における特恵関税制度を導入してスターリング=ブロックを結成すると，フランス・アメリカ合衆国・ドイツ・日本などもこれに対抗したため，世界各地にブロック経済が形成され，ブロック間の対立が深まっていった。

B　経済危機に苦しむドイツは，民主的なヴァイマル憲法を有していたが，（　3　）を定めた第48条などが議会政治の混乱をもたらし，政治危機に直面していた。こうしたなかでヒトラー率いる国民（国家）社会主義ドイツ労働者党(c)が勢力を拡大し，1933年1月にはヒトラー政権が誕生する。ヒトラー政権は，(d)全権委任法を成立させて一党独裁体制をもたらし，1934年に（　4　）が死去すると，ヒトラーはその権限をあわせもち，総統と称した。恐慌に苦しむイタリアでは，ムッソリーニ政権が1935年に（　5　）に侵攻して翌年これを併合した。1936年には日独防共協定が結ばれ，翌年イタリアもこれに加わって，日独伊三国防共協定が成立する。1938年3月，ドイツはオーストリアを併合し，さらにチェコスロヴァキアにも迫ると，同年9月には(e)ミュンヘン会談が開かれた。

C　1939年9月，ドイツがポーランド侵攻を開始し，これに対してイギリス・フランスがドイツに宣戦布告して，第二次世界大戦が始まった。ドイツは1940年にはデンマーク・ノルウェー・（　6　）・オランダに侵入し，6月にパリを占領する。フランスでは，（　7　）を首班とする対ドイツ協力政権が成立したが，これに対してド=ゴールを中心とする抗戦派は，1940年6月，ロンドンで自由フランス政府を樹立した。同じ頃，ドイツはバルカン半島に侵入し，1941年4月にはユーゴスラヴィアとギリシアを制圧する。ドイツはさらに同年6月，独ソ不可侵条約を破ってソ連に攻撃をかけ，(f)独ソ戦が始まった。

D　アメリカ合衆国は，1941年3月に成立した（　8　）によって，イギリスをはじめとする反ファシズム国を支援した。同年12月，日本の真珠湾攻撃により太平洋戦争が開始され，ドイツ・イタリアもアメリカ合衆国に宣戦布告する。翌1942年6月のミッドウェー海戦以降，日本は敗退の道をたどった。1944年6月の連合軍による（　9　）上陸作戦の成功は，ドイツ敗戦の流れを決定づけ，翌1945年2月には(g)アメリカ合衆国・イギリス・ソ連の首脳による会談が開かれた。同年5月にはドイツが無条件降伏し，日本も8月に降伏して，第二次世界大戦は終結した。

設問1　空欄（1～9）に入るもっとも適切なものを，それぞれ1つ選んでマーク解答用紙にマークしなさい。

（　1　）①フランクリン=ローズヴェルト　②セオドア=ローズヴェルト　③ウッドロー=ウィルソン　④ハロルド=ウィルソン　⑤フーヴァー

（　2　）①全国産業復興法　②ワグナー法　③ローラット法　④臨時約法　⑤社会保障法

（ 3 ）①戒厳令　②議会法　③大統領緊急令　④寛容法　⑤大陸封鎖令

（ 4 ）①エーベルト　②ブラント　③アデナウアー　④ヒンデンブルク　⑤シュトレーゼマン

（ 5 ）①エチオピア　②アルバニア　③ベッサラビア　④コンゴ　⑤トルコ

（ 6 ）①ズデーテン　②フィンランド　③スイス　④ベルギー　⑤スウェーデン

（ 7 ）①アサーニャ　②ヴィシー　③サラザール　④カルデナス　⑤ペタン

（ 8 ）①再保障条約　②武器貸与法　③ヤング案　④新約法　⑤ドーズ案

（ 9 ）①北アフリカ　②シチリア島　③ノルマンディー　④マルヌ　⑤ガダルカナル島

設問2　下線部(a)について。この出来事が起きた1929年10月24日は，歴史上，何と呼ばれているか。その名称を答えなさい。

設問3　下線部(b)について。この内閣に関する記述として，誤っているものはどれか。2つ選んでマーク解答用紙にマークしなさい。

①　第2次マクドナルド内閣の別称である。

②　マクドナルドが保守党・自由党とともに結成した。

③　オタワ連邦会議（イギリス連邦経済会議）を開催した。

④　金本位制を停止した。

⑤　産業別組織会議（CIO）を発足させた。

設問4　下線部(c)について。この政党に関する記述として，正しいものには①を，誤っているものには②を，マーク解答用紙にマークしなさい。

(あ)　国会議事堂放火事件後，共産党を解散に追い込んだ。

(い)　ミュンヘン一揆に成功したのち，ベルリンに進軍した。

(う)　政権掌握後，ユダヤ人やロマの人々を迫害して強制収容所へ送った。

設問5　下線部(d)について。全権委任法とはどのようなことを定めた法律か。20字以内で説明しなさい。

〔解答欄〕

					法律									

設問6　下線部(e)について。この会談に関する記述として，誤っているものはどれか。2つ選んでマーク解答用紙にマークしなさい。

①　イギリス・フランス・イタリア・ドイツの4ヵ国が参加した。

②　イギリス首相としてジョゼフ=チェンバレンが参加した。

③　フランス首相としてダラディエが参加した。

④　ドイツ・イタリアに対して宥和政策がなされた。

⑤　会談に不参加だったソ連はイギリスの姿勢に同調した。

設問7　下線部(f)について。この戦争に関する記述として，正しいものはどれか。2つ選んでマーク解答用紙にマークしなさい。

①　ソ連はイギリスと同盟を結んだ。

②　ソ連はイギリスやアメリカ合衆国との結束を強めるためにコメコンを解散した。

③　スターリングラードの戦いが転機となり，ソ連が攻勢に転じた。

④　ソ連はティトーによるパルチザン闘争を展開した。

⑤　ソ連軍はドイツのドレスデンに対して大空襲をおこなった。

設問8　下線部(g)について。この会談に関する記述として，誤っているものはどれか。2つ選んでマーク解答用紙にマークしなさい。

①　クリミア半島のヤルタで開催された。

②　イギリス代表はチャーチルからアトリーに交代した。

③　アメリカ合衆国・イギリスとソ連とが対立し，冷戦の萌芽が見られた。

④　会談では戦後処理について話し合われた。

⑤　連合国共同宣言が採択された。

政治・経済

（60分）

I　次の文章を読んで，下記の設問に答えなさい。(32点)

H. L. A. ハートによれば，第一次ルールとは，特定の社会で，ある事情の下で，社会の構成員一人一人に，どのようにふるまうべきかを教える規範のことである。「借金をしたら利息を支払え」とか「他人の財物を盗んではならない」とかというルールが，第一次ルールである。その第一次ルールの内容は，社会のシステム，文化（構造）によって決まるのである。

ハートは，第一次ルールの存在の不確実さと硬直さ，それに実効性の欠如，非効率から，人間の複雑な社会を維持・保全するには，第一次ルールとは性質を異にする第二次ルールが必要で，その異なった性質のルールが結びついて，はじめて，法の概念が構成される，という。

この第二次ルールによって，何が法で，法の内容が何で，法はどのようにして改正されるべきかが定められ，法の存在が確認されることになる。法の存在の確認，認知は，このように第二次ルールの存在と，社会システムを前提にしなければ不可能なのである。

他方，日本を含めた高度に文明化された社会では，法の確認，執行，判断，適用についての第二次ルールは極めて複雑である。

まず，日本の立法・行政・司法という法機能の究極の淵源は，主権者としての国民だとされる。このことは，主権在民といわれる。先にも触れたように，この場合の主権者たる国民とは何を意味するか(A)という問いも容易に答えることのできるものではない。ましてや，小さな共同体のように直接民主主義(B)は種々の理由で採れない。その最大の理由は，少数者との意味ある対話は直接民主体制では，極めつけといえるほど，むずかしいことにある。何の保護策，安全策も設けなければ，少数者の行為パターンを異分子のそれとして，社会から閉め出す正当根拠にできるような第一次ルールの設定にまでいたることすらある。そこで，個人や少数者の尊厳の保障(C)を可能にする，いくつかの自由の概念を用意したり，法確認の機関や手続を複雑に定めることにもなる。三権分立の工夫もその一つである。主権在民とはいっても，憲法としての存在を確認できるようにするための第二次ルールと法律を法として確認するシステムと関連する第二次ルールは違っている。法律は議会で制定できるが，その法律が憲法に適合するか否かの審査権限は，最終的には最高裁判所に与えられている。また，憲法改正(D)の権限は，議会にはなく，国会の衆参両院の各院の［ 1 ］の議員の賛同で国民に発議・提案することを第一歩にする。その提案は国民投票に任され，その投票での［ 2 ］で，その提案が承認されなければ，憲法の改正は実現しない。法律の改正は，衆参両議院の各議院の定足数を充足した両議院で［ 2 ］の議員の賛同をえれば，実現する。予算については，［ 3 ］のルールがあって，衆議院で可決された予算は，参議院の賛同がなくても，衆議院での可決後，国会休会中の期間を除いて［ 4 ］を過ぎると「自然成立」するとされている。

また，(E)最高裁判所の法律の違憲・合憲審査についてのメカニズムも複雑である。国会が，ある法律を制定・改正したときには，それが憲法に適合すると判断しているからである。だが，国会には憲法制定・改正権限はない。最高裁判所には，立法権は認められていないのはもちろん，ましてや憲法改正・制定権限などはない。

この文脈から，最高裁判所は，具体的にその法律を適用する具体的事件にかぎって，その法律をそこに適用することが合憲か違憲かという限定された審査権限しかない，という見解がとられてきている。

法の執行に当たるのは行政府である内閣であると，日本ではされている。行政が，法律に適合しているか否かは，争いが起ると裁判所の法解釈・適用の権限，つまり司法権に服する。行政，つまり法の執行が法律に適合し，国民の意志に適合するようにとの目的で，日本は，議院内閣制をとっている。その一方，(F)刑事法の執行の権限も内閣に属する行政権限の一つではあるが，刑事法の執行の一部を担当する検察官は，検察庁法によって，一定の範囲で内閣から独立している。訴追の適否，訴追に当って用いた法律の解釈・適用についての検察官の判断による処分や活動は，だが，裁判所の法律の解釈を通して規律される。

以上のように，法の第二次ルールによって法の正当な出所を明らかにし，法がどのような内容で存在するのかを確認し，変更し，判断するシステムは，高度に文明化された社会では複雑である。

このような複雑な形で，第一次ルールと第二次ルールが一定のシステムを維持するうえで結合しているときに，はじめて法が存在しているといえると，ハートは理解している。

（渥美東洋『法の原理』（中央大学生活協同組合出版局，2006年）44－51頁を要約引用）

問1　下線部Aに関し，日本国憲法第10条は，「日本国民たる要件は，法律でこれを定める」と規定している。日本国民の要件を定めており，その条文の一部が2008年に最高裁判所によって憲法違反であると判断されたことのある法律の名称を答えなさい。

問2　下線部Bに関し，地方自治法は，地方自治に関し住民が一定の事項について直接に請求を行う直接請求権を認めている。地方自治における直接請求権に関する下記の説明のうち，正しいものにはイを，誤っているものにはロを，マーク解答用紙にマークしなさい。

a．地方公共団体の有権者の50分の1以上の署名によって，条例の制定・改廃を請求することができる。

b．地方公共団体の有権者の50分の1以上の署名によって，日本国憲法第95条に定める地方自治特別法の制定・改廃を請求することができる。

c．地方公共団体の有権者の10分の1以上の署名によって，地方公共団体の長の解職を請求することができる。

d．地方公共団体の有権者の50分の1以上の署名によって，地方公共団体の事務の監査を請求することができる。

問3　下線部Cに関し，下記の説明のうち，正しいものにはイを，誤っているものにはロを，マーク解答用紙にマークしなさい。

a．ヘイトスピーチ解消法（本邦外出身者に対する不当な差別的言動の解消に向けた取組の推進に関する法律）は，第二次世界大戦終戦直後に，著しい在日外国人差別が問題となって制定された。

b．現行の男女雇用機会均等法（雇用の分野における男女の均等な機会及び待遇の確保等に関する法律）には，セクシュアルハラスメントの防止に関係する規定は定められていない。

c．障害者差別解消法（障害を理由とする差別の解消の推進に関する法律）は，社会的障壁の除去の実施についての必要かつ合理的な配慮を的確に行うため，行政機関や事業者が施設の構造の改善や施設整備等の必要な環境の整備に努めるべきことについても規定している。

d．ハンセン病患者については，らい予防法によってかつて隔離政策がとられていたことなどを原因として差別が生じたことが大きな問題となっているが，差別解消に向けてハンセン病問題基本法（ハンセン病問題の解決の促進に関する法律）が制定されるなどしている。

問4　下線部Dに関し，下記の説明のうち，正しいものにはイを，誤っているものにはロを，マーク解答用紙にマークしなさい。

a．国民投票法（日本国憲法の改正手続に関する法律）第22条は，憲法改正の国民投票を行う投票人名簿に満20歳以上の日本国民を登録する旨定めている。

b．日本国憲法は，憲法改正の手続の要件を法律の制定・改廃の手続の要件より厳格に定めているので，硬性憲法であるとされている。

c．国民投票法は制定されたものの，憲法改正の内容を審議する国会の衆議院・参議院の憲法審査会は，いまだ開催されたことがない。

d．日本国憲法第96条は，憲法改正が国民の承認を経たときは，天皇が，国民の名で公布する旨定めている。

問5　空欄（1～4）に入る最も適切な語句を，以下の選択肢（a～k）の中から1つ選びなさい。解答はマーク解答用紙にマークすること。

a．3分の1以上　　b．2分の1以上　　c．過半数
d．3分の2以上　　e．4分の3以上　　f．国会中心主義
g．衆議院の優越　　h．財政民主主義　　i．10日
j．30日　　k．60日

問6　下線部Eに関し，最高裁判所の違憲立法審査権により法律の条項が違憲であると判断された判例に関する下記の説明のうち，正しいものにはイを，誤っているものにはロを，マーク解答用紙にマークしなさい。

a．森林の所有の細分化を防ぐために共有林の分割を制限した森林法の規定は，

憲法第29条が保障する財産権を不合理に侵害するものとして違憲とされた。

b．尊属殺人を重罰化していた刑法の規定は，憲法第36条が定める残虐な刑罰の禁止に反するとして違憲とされた。

c．女性に離婚後6か月間は再婚を禁止していた民法の規定は，憲法第14条・第24条に反するとして，再婚禁止期間の設定自体が全体として違憲とされた。

d．薬局の新規開設に距離制限を定めていた薬事法の規定は，憲法第22条に違反するとして違憲とされた。

問7　下線部Fに関し，「刑事法の執行の権限も内閣に属する行政権限の一つではある」にもかかわらず，検察官は，検察庁法によって，個々の事件の捜査については内閣からの独立性が認められている。その理由について，検察官の役割を踏まえて，40字以内で述べなさい。ただし，句読点は字数に含めない。

Ⅱ　次の文章を読んで，下記の設問に答えなさい。(34点)

学生と教師の対話

学生甲：2021年に成立した岸田政権は経済政策として「新しい資本主義」を提唱しました。現代の日本では資本主義はどのように働いているのですか？

教師：生産活動を行う経済主体は企業と言われます。日本では，多くの企業は株式会社の形態を採ります。社員である株主が［あ］のみを負うことが株式会社の特質の1つです。つまり，会社が倒産しても，株主は債権者に対して各人の出資分以上の法的責任を負いません。

学生甲：教科書には，社員のすべてが［い］を負う会社が［う］，［い］を負う社員と［あ］のみを負う社員が併存するのが［え］であると書かれています。その他に，株式会社と同様に社員が［あ］のみを負う合同会社$_{\text{A}}$というものもあるようです。

学生乙：2005年に成立した［お］の施行以前は有限会社という種類の会社もあったけれど，今は新設はできず，すでに設立されているものは存続できるとも書かれています。

教師：株式会社の特徴(B)として，他にも株式の自由譲渡制を挙げることができ，株式会社の中には，株式を取引所に［ か ］するものもあります。そうすることで，会社は，資金調達(C)を効率的に行うことができます。そのかわり，株主に対して会計情報の適切な開示(D)が求められます。その他にも，現代の株式会社の特質として，［ き ］も挙げられます。すなわち，企業の経営は専門経営者に委ねられ，とりわけ［ か ］企業においては，企業の規模が拡大するとともに，株主の数は増加し，それぞれの株主の株式保有比率は低下し，影響力が低下したことと関連します。これにより，経営者は株主から制約されない独立した権力を得たと言われます。これは 20 世紀初頭のアメリカの会社を念頭に置いた議論です。

学生乙：日本でも同じことが起こったのですか？

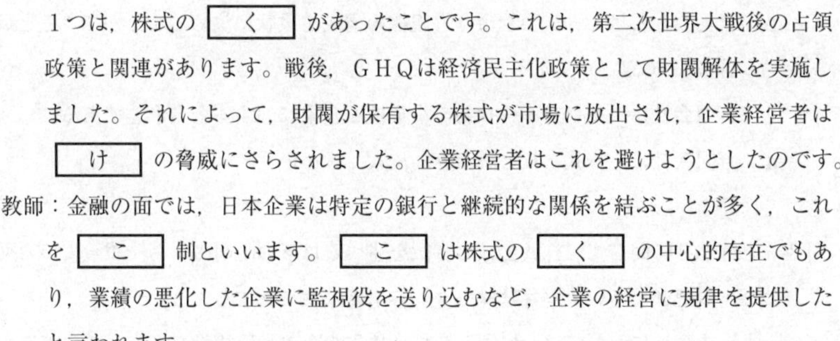

教師：いいえ，日本の株式会社はこれとは少し違う状況にありました。その要因の1つは，株式の［ く ］があったことです。これは，第二次世界大戦後の占領政策と関連があります。戦後，ＧＨＱは経済民主化政策として財閥解体を実施しました。それによって，財閥が保有する株式が市場に放出され，企業経営者は［ け ］の脅威にさらされました。企業経営者はこれを避けようとしたのです。

教師：金融の面では，日本企業は特定の銀行と継続的な関係を結ぶことが多く，これを［ こ ］制といいます。［ こ ］は株式の［ く ］の中心的存在でもあり，業績の悪化した企業に監視役を送り込むなど，企業の経営に規律を提供したと言われます。

学生甲：今説明されたような株式会社の特徴は今も続いているのですか？

教師：日本的経営は，バブル経済崩壊後の不況期を経て，変容を見せています。［ こ ］の機能については議論があり，バブル経済崩壊以前に財務体質の優良な企業に対する監視機能は失われていたという主張もあります。これは，財務体質の優良な企業は社債を発行することで資金調達を行う(E)ことができるようになったので，銀行の貸付に依存しなくなったからです。また，バブル経済崩壊後に銀行自身が不良債権問題(F)によって監視機能を喪失したとの議論もあります。

学生甲：教科書には，1990 年代以降，株式の所有者分布に変化がある(G)ことも書かれています。

学生乙：では，日本の会社の運営に関するルールは，アメリカのルールと同じようなものになるのでしょうか？

教師：今のところ，そうはならなそうです。例えば，サブプライムローン問題(H)に端を発するリーマン・ショック以降，世界の会社運営のルールは，会社が過大なリスクを取ることを警戒し，リスク管理を重視しています。これに対して，日本では，たとえばコーポレートガバナンス・コードが，会社が十分なリスクを取っていないとの認識に立って，リスクテイクの促進を目指しています。全く反対の方向を向いているとも言えます。資本主義の姿は国によって異なり，多様です。

問1　文中の空欄（あ～こ）を埋めるのに最も適切な語句を答えなさい。

問2　下線部Aに関して，合同会社の特徴を述べる以下の説明のうち，誤っているものを1つ選びなさい。解答はマーク解答用紙にマークすること。

a．合同会社には，株式会社よりも設立手続きが簡素であるという特徴がある。

b．合同会社には，株式会社よりも組織の構成を柔軟に決めることができるという特徴がある。

c．合同会社は，ベンチャー企業や小規模な企業に適する企業形態である。

d．合同会社は，株式会社と異なり，法人ではない。

問3　下線部Bに関して，株式会社の特徴を述べる以下の説明のうち，誤っているものを1つ選びなさい。解答はマーク解答用紙にマークすること。

a．株式会社においては，原則として，株主総会が，取締役を選任し，決算を承認する。

b．株式会社においては，原則として，株主は株主総会で一人一票の議決権を持つ。

c．株式会社においては，原則として，株主は所有する株式数に応じて配当を受け取る。

d．会社の業務を執行しない取締役もいる。

問4　下線部Cに関して，株式会社の資金調達方法を自己資本と他人資本とに区別した場合，それぞれ正しい具体例を挙げているものを，以下の選択肢の中から1つ選びなさい。解答はマーク解答用紙にマークすること。

a．自己資本：内部留保，新株発行　　　他人資本：社債の発行，銀行借り入れ

b．自己資本：内部留保，社債の発行　　他人資本：新株発行，銀行借り入れ

c．自己資本：内部留保，銀行借り入れ　他人資本：新株発行，社債の発行

d．自己資本：新株発行，社債の発行　　他人資本：内部留保，銀行借り入れ

問5　下線部Dに関し，次の各問に答えなさい。

⑴　一定期間の売上や費用などを計上し利潤を計算するために作成される計算書類の名称を答えなさい。

⑵　以下の図の計算書類の名称を答えなさい。

⑶　以下の図の計算書類を持つ株式会社の自己資本比率を答えなさい。

資産		負債・純資産	
【資産】		【負債】	
現金・預金	2億円	銀行借入れ	2億円
土地	3億円	社債	3億円
機械	1億円	【純資産】	
建物	4億円	資本金	5億円
総資産	10億円	総資本	10億円

問6　下線部Eに関し，次の各問に答えなさい。

⑴　以下の説明のうち，誤っているものを1つ選びなさい。解答はマーク解答用紙にマークすること。

a．社債は株式とともに直接金融に分類される。

b．直接金融においては，企業と家計の間の資金融通の際に金融機関は関与しない。

c．間接金融中心の経済では，銀行にリスクが集中しやすい。

d．銀行の預金業務と貸付業務においては，貸付利子と預金利子の差額が銀行の利潤となる。

⑵　以下の説明のうち，誤っているものを1つ選びなさい。解答はマーク解答用紙にマークすること。

a．利率とは，資金の借り手が貸し手に支払う，元金に対する利子の割合である。

b．利率は資金に対する需要と供給の関係で決まる。資金の供給を一定とした場合，資金の需要が増えれば利率は下落し，資金の需要が減れば利率は上昇する。

c．借り手の返済能力が高ければ利率は低く，信用度が低ければ利率は高くなる。

d．債券の価格と利回りは反対の動きをする。受け取る利子が変わらなければ，債券価格が上昇すると利回りは低くなり，債券価格が下落すると利回りは高くなる。

問7　下線部Fに関し，以下の説明のうち，誤っているものを1つ選びなさい。解答はマーク解答用紙にマークすること。

a．金融機関の破綻時に預金などを全額保護する措置が1996年に採られた。

b．バブル経済崩壊によって銀行が大量の不良債権を抱え込んだ主な原因は，銀行が無担保で融資をしていたことである。

c．ＢＩＳ規制を受け，銀行は，自己資本比率の低下を回避するため，不良債権の処理の先送りや，企業への貸し出しの抑制を行った。

d．ＢＩＳ規制における自己資本比率は総資産のうちリスクのある資産に対する自己資本の割合である。

問8　下線部Gに関し，1990年代以降の20年間の株式所有者分布の変化について述べる以下の文章の空欄を埋めるのに最も適切な組み合わせを以下の選択肢の中から1つ選びなさい。解答はマーク解答用紙にマークすること。

［ア］や［イ］などの［ウ］の株式保有比率が上昇した。これらの者は［エ］を重視するため，コーポレート・ガバナンスにおける［オ］重視の傾向が強まった。

a．ア：国　イ：地方公共団体　ウ：公的機関　エ：社会の調和的発展
オ：公共の利益

b．ア：機関投資家　イ：個人　ウ：外国人　エ：企業との長期的な関係維持
オ：多様なステークホルダーの利益

c．ア：外国人　イ：年金基金　ウ：機関投資家　エ：投資利回り
　オ：株主利益
d．ア：創業者　イ：その家族　ウ：創業家　エ：家族の名誉
　オ：企業の長期的存続

問9　下線部Hに関し，サブプライムローン問題の説明として誤っているものを以下の選択肢の中から1つ選びなさい。解答はマーク解答用紙にマークすること。

a．サブプライムローンは，アメリカの金融機関が低所得者向けに貸し付けた住宅ローンである。
b．サブプライムローンは，金利が高く，安全性が高かった。
c．サブプライムローン問題は住宅価格の下落が引き金となって発生した。
d．サブプライムローンを含む証券化商品をアメリカだけではなくヨーロッパの金融機関も購入していたことで，サブプライムローン問題は世界的な金融危機に発展した。

Ⅲ　次の文章を読んで，下記の設問に答えなさい。なお，問1，問3の解答にあたっては記述解答用紙を，問2，問4～問7の解答にあたってはマーク解答用紙を用いなさい。(34 点)

個々の財・サービスの価格水準は，原則として市場において決定される。価格は，需要と供給の一致する点に収束し，需要や供給の変化に応じて，変動する。市場メカニズムは，価格の自動調節作用を通じ，社会全体の資源の配分を最適におこなう機能を有している。ただし，市場メカニズムがうまく機能しない市場の失敗(A)と呼ばれるケースもある。例えば，規模の利益が大きく，市場に1つの売り手企業しか存在しない［　1　］の状態においては，価格が高止まりして，財の生産が過小になるおそれがある。

財・サービスの価格の平均的な水準が，「物価」である。物価が持続的に上昇することをインフレーションと呼び，持続的に下落することをデフレーションと呼ぶ。我が国においては，第二次世界大戦終了後の 1940 年代後半，大幅なインフレーションを経験している。この戦後インフレーションは，1949 年の復興金融金庫債の発行停(B)

止と強力な財政引き締め政策等を柱とする政策により収束した。この政策は，一般に［ 2 ］と呼ばれている。

物価水準に影響を与えうる要因としては，資源価格も重要である。インフレーションは，2つの種類に大別できるが，資源価格の上昇により引き起こされるインフレーションは，［ 3 ］の一種である。1973年には，第4次中東戦争をきっかけに，［ 4 ］の加盟国が原油価格を大幅に引き上げ，石油危機が発生したことにより，多くの国で物価が上昇するとともに，不況に陥った。インフレと不況が共存する状況を，［ 5 ］と呼ぶ。

その後，我が国では，バブル崩壊後，デフレーションに転じることとなる。物価の下落と不況が相互に作用し，不況が深刻化する状況は，［ 6 ］と呼ばれる。デフレーションからの脱却を目指し，日本銀行は，2013年に［ 7 ］%のインフレーションを目標とする政策を導入し，その実現のため，量的・質的緩和政策等の非伝統的金融政策を実施してきた。

2021年度に入り，欧米諸国においては，コロナ禍からの経済回復を反映し，資源(C)の価格が上昇した。さらに，2022年に入り，ロシアによるウクライナ侵攻が開始され，資源価格はさらに上昇することとなった。この資源価格の高騰に対し，我が国政府を含む先進国政府は様々な政策(D)を講じている。

問1　文中の空欄（1～7）に入る最も適切な語句または数字を答えなさい。

問2　下線部Aに関し，次の文章について，内容の正しいものにはイを，誤っているものにはロを，マーク解答用紙にマークしなさい。

a．利用者の数が多いほど，利用者の便益が増加するネットワーク産業では，多くの企業による競争が維持されやすい。

b．我が国では，市場における公正かつ自由な競争を促進するため，公正取引委員会が設置されている。

c．代表的な外部不経済の例は，公害である。公害の場合，外部不経済の存在により財が過小に生産されることになる。

問3　下線部Bに関し，復興金融金庫債の発行を停止することが，なぜインフレーションの抑制に有効なのか，50字以内で説明しなさい。ただし，句読点は字数に含めない。

問4　インフレーションに関する次の文章について，内容の正しいものにはイを，誤っているものにはロを，マーク解答用紙にマークしなさい。

a．きわめて短期間で急激に物価が上昇するケースをハイパーインフレーションと呼び，第一次世界大戦後のドイツや2000年代のジンバブエの例が有名である。

b．我が国においては，1949年に戦後インフレーションは抑制されたものの，景気は悪化した。しかし，ベトナム戦争の勃発に伴う特需により，景気はすぐに好転した。

c．我が国における石油危機には，第1次石油危機と第2次石油危機があるが，第2次石油危機の方が，物価上昇の幅は大きかった。

問5　デフレーションに関する次の文章について，内容の正しいものにはイを，誤っているものにはロを，マーク解答用紙にマークしなさい。

a．物価が下落するデフレーション期には，家計にとって，住宅ローン等の既存の債務の実質的な負担は軽くなることになる。

b．過去においては，不況のことをデフレーションと呼ぶ論者もいたが，日本政府は，2001年に2年以上の継続的な物価の下落をデフレーションと定義したことがある。

c．日本銀行のデフレーション脱却を目指す金融政策の1つとして，マイナス金利政策が存在する。

問6　下線部Cに関し，資源と環境の関係に関する次の文章について，内容の正しいものにはイを，誤っているものにはロを，マーク解答用紙にマークしなさい。

a．2015年に，2020年以降の地球温暖化対策の枠組みを定めたのは，京都議定書である。

b．市場メカニズムを活かしながら，地球温暖化の原因となる二酸化炭素の排出を抑制する手段としては，炭素税や排出権取引がある。

c．2020年の我が国における一次エネルギー（主として加工せずに使われるエネルギー）の供給量を見てみると，石油や天然ガスが大きな割合を占めており，原子力や石炭の割合は小さい。

問7 下線部Dに関し，ある国のガソリン市場において，下記の図のような需要曲線・供給曲線が存在していると想定する。同国には価格規制等はなく，ガソリン価格は，市場の需給により決定されることが知られている。

図 ガソリン市場の需要と供給

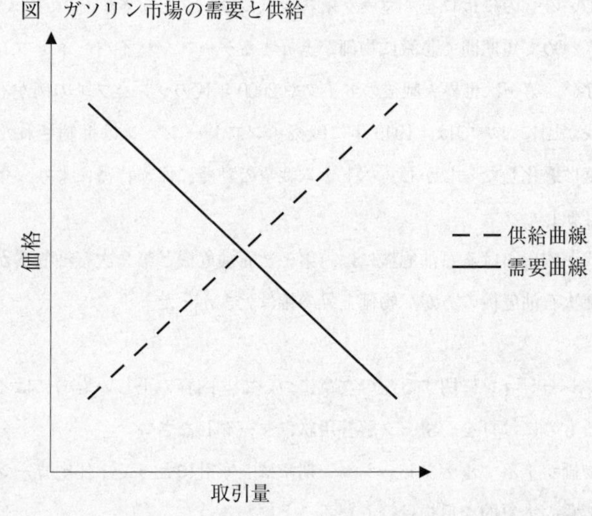

ガソリン価格の高騰で国民生活が苦しくなることを懸念して，政府が高齢者の家計全てに対し，当該家計のガソリン購入額の２割に当たる現金を給付する措置を導入すると仮定する。この国のガソリン市場で，この措置が，同措置を実施しなかった場合と比較して，以下のａからｄの項目につきどのような影響を与えるかについて，選択肢イ～ハの中から適当なものを選択しなさい。解答は，マーク解答用紙にマークしなさい。なお，需要曲線・供給曲線の傾きが変わる可能性は無視して，元の位置からの移動の方向だけに着目して，選択肢を選択しなさい。

ａ．需要曲線は，（イ：右へ移動する。 ロ：そのままである。 ハ：左へ移動する。）

ｂ．供給曲線は，（イ：右へ移動する。 ロ：そのままである。 ハ：左へ移動する。）

ｃ．ガソリンの市場価格は，（イ：上昇する。 ロ：そのままである。 ハ：下落する。）

ｄ．ガソリンの市場での販売量の合計は，（イ：増加する。 ロ：そのままである。 ハ：減少する。）

（60 分）

I　2 つの円

$$C_1 : x^2 + y^2 - 3 = 0, \qquad C_2 : x^2 + y^2 - 2x - 6y + 1 = 0$$

について，次の問いに答えよ。(30 点)

(1)　C_1 と C_2 が 2 点で交わることを示し，それら 2 つの交点を通る直線の方程式を求めよ。

(2)　C_1 と C_2 の 2 つの交点，および原点を通る円の方程式を求めよ。

(3)　C_1 と C_2 の 2 つの交点を通り，x 軸に接する円で，C_2 以外の円の方程式を求めよ。

II　自然数 n に対し，

$$a_n = \left(2+\sqrt{3}\,\right)^n + \left(2-\sqrt{3}\,\right)^n$$

とする。次の問いに答えよ。(30 点)

(1)　a_1，a_2 を求めよ。また，自然数 n に対し，

$$a_{n+2} + a_n = 4a_{n+1}$$

であることを証明せよ。

(1) により，すべての自然数 n について a_n は整数であることがわかる（このことは証明しなくてよい）。さらに，次の問いに答えよ。

(2)　すべての自然数 n について $a_{n+1} + a_n$ は 3 の倍数である。このことを数学的帰納法によって証明せよ。

(3)　a_{2023} を 3 で割ったときの余りを求めよ。

III　関数 $f(x) = \displaystyle\int_0^3 |t(t-x)|dt$ について次の問いに答えよ。(40 点)

(1)　$g(t) = |t(t-2)|$ とするとき，$y = g(t)$ のグラフをかけ。

(2)　$f(2)$ を求めよ。

(3)　$0 \leqq x \leqq 3$ のとき，$f(x)$ を求めよ。

〔問七〕　傍線(8)「勝ちたれ」の具体的な内容は何か。もっとも適当なものを左の中から選び、符号で答えなさい。

A　領家の代官が地頭に温情を掛けたことで、情けある人とされたこと
B　泰時が領家の代官と地頭の言い分を聞いて、裁判を終わらせたこと
C　領家の代官が決定的な道理を示して、座席の人々の支持を得たこと
D　領家の代官が地頭に対して、未納分を支払わせることができたこと
E　地頭が潔く負けを認めて、未納のうちの三年間分を免除されたこと

D　泰時が座席の人々を厳しく叱ったため

E　泰時の判決がことさら大げさだったため

〔問五〕　傍線(6)「日ごろの道理を聞きほどきたまひ、ことさらのひがごとにはなかりけり」の口語訳として、もっとも適当なものを左の中から選び、符号で答えなさい。

A　日頃の道理をお聞きになるに及ばなかったが、特別の道理も持ち合わせていなかったのですね

B　日頃の道理をお聞き下さる頃合いになって、わざと妨害するという意図もなかったのですね

C　日頃の道理をお聞き分け下さり、故意に非道なことをしようとしたのではなかったのですね

D　日頃の道理をお聞き及びになり、重大な事件に発展させようとすることもなかったのですね

E　日頃の道理をお聞きなさるには至らずも、新たに主張をしようとすることもなかったのですね

〔問六〕　傍線(7)「て」と文法的意味が同じものを左の中から一つ選び、符号で答えなさい。

A　夕顔の白く見えて（徒然草）

B　いと美しうてゐたり（竹取物語）

C　袖に移してとどめてば（古今集）

D　宇治のてを攻め落といて（平家物語）

E　女もしてみむとてするなり（土佐日記）

さい。

A　拒絶
B　軽蔑
C　焦燥
D　抵抗
E　納得

〔問三〕　傍線(4)「よそよりこそ負けに落とさるれ」の解釈として、もっとも適当なものを左の中から選び、符号で答えなさい。

A　違う理由で負けと判決を言い渡されてしまうが
B　別の裁判でも負けへと落とし込められてしまうが
C　以前の争いよりは負けに陥ってしまうことがあるが
D　周りの人から負けへと引き落とされることがあっても
E　他の事案でも負けとして扱われないようにしたとしても

〔問四〕　傍線(5)「にがりて」とある理由として、もっとも適当なものを左の中から選び、符号で答えなさい。

A　泰時が地頭を強く非難したため
B　泰時が意外にも地頭を褒めたため
C　泰時が地頭に暗に皮肉を言ったため

〔問一〕　傍線(1)「事ゆかずして」(3)「いみじく」(9)「されば」の解釈として、もっとも適当なものを左の各群の中からそれぞれ選び、符号で答えなさい。

(1)「事ゆかずして」

A　何事も許されなくて
B　物事が分からなくて
C　行く事ができなくて
D　事態が進展しなくて

(3)「いみじく」

A　予測もせず
B　かっこ悪く
C　抜け目なく
D　すばらしく

(9)「されば」

A　そうであるから
B　もしそうであれば
C　そうであるけれども
D　そうであったとしても

〔問二〕　傍線(2)「手をはたはたと打ちて」という行動が示す意味として、もっとも適当なものを左の中から選び、符号で答えな

三　次の文章を読んで、後の問に答えなさい。（30点）

下総国（しもつふさのくに）に御家人（ごけにん）ありけり。領家（りやうけ）の代官（だいくわん）と相論（さうろん）する事あつて、度々問答（もんだふ）しけれども、(1)事ゆかずして、鎌倉にて対決しけり。泰時（やすとき）、御代官の時なりけるに、地頭、領家の代官と重々（ぢゆうぢゆう）問答して、領家の方（かた）に肝心の道理（だうり）を申し述べたりける時、地頭(2)手をはたはたと打ちて、泰時の方へ向きて、「あら負けや」といひたりける時、座席の人々一同に、「は」と笑ひけるを、泰時うちうなづきて、「(3)いみじく負けたまひぬるものかな。泰時御代官として年久しく、かくのごとく成敗仕（つかまつ）るに、あはれ負けぬるものを、と聞く人も、叶（かな）はぬものゆゑに、一言も陳（ちん）じ申すことにて、(4)よそよりこそ負けに落とさるれ、我と負けたる人いまだ承らず。前の問答は、互ひにさもと聞こえき。今、領家の御代官の申さるる所肝心と聞こゆるに、陳状（ちんじやう）なく負けたまひぬること、返す返すいみじく聞こえ候ふ。正直の人にておはするにこそ」とて、涙ぐみてほめられければ、笑ひつる人々も(5)にがりてぞ見えける。

さて領家の代官、「(6)日ごろの道理を聞きほどきたまひ、ことさらのひがごとにはなかりけり」とて、六年が未進の物、三年をば(7)許してけり。情けありける人なり。これこそ、負けたればこそ(8)勝ちたれの風情（ふぜい）なれ。

(9)されば、人はものの道理を知り、正直なるべきものなり。失（とが）を犯しても、ものの道理を知りて我がひがごとと思ひて、正直に失を顕（あらは）し恐れ慎めば、その失許さるるなり。失とも思はず隠し、そらごとをもてあやまらぬ由（よし）をいふは、いよいよ失も重し。

（『沙石集』）

注　御家人…将軍と主従関係にある武士。　領家の代官…荘園の領主の代理で荘園で実務を行う者。
泰時…北条泰時。鎌倉幕府第三代執権。　地頭…ここでは御家人。　未進…未納。

イ リベラリズムの重要な要求の一つは、「自らの信念を形成し、そして改変する自由」が確保されることであり、そのためには、資源平等論において文化的メンバーシップを公正に配分されるべき基本財の一種として把握することが必要である。

ウ すべての市民が豊かで有意義な選択を行うことが可能になるためには、正義の基本的な要請として市民が文化的メンバーシップを平等に保証され、生の選択肢の可能性に平等なアクセスを確保することができなければならない。

エ 多文化主義の正当化に際しても、少数派文化の不平等への対応が必要となるが、資源平等論が公的補償の対象となる不平等を特定する場合、判断基準は選択と環境という二概念の区別に依拠し、両者の一致点を見出す努力が必要である。

オ 資源平等論は、人間が自らの選択の結果発生させた不平等に対して公的補償を行うことを拒絶する一方で、当人の選択の及ばない環境による不平等に対しては補償を行おうとするが、その理由はすべての不平等を補償する資源がないからである。

〔問四〕 キムリッカの考えでは、リベラリズムは少数派文化にどのような対応をすべきか、「公共政策」という言葉を用いて、本文に即して50字以内で書きなさい。（句読点も字数に数える）

〔問二〕　傍線(2)「平等主義的リベラリズムの内部に存在する、二つの立場の区別」とあるが、それについてのキムリッカの説明としてもっとも適当なものを左の中から選び、符号で答えなさい。

A　資源平等論は何らかの基本的資源の配分の平等性を問題にするのに対して、福利平等論はこのような資源セットから生じる選好充足の程度の平等化を指向するが、多文化主義の正当化の根拠になる点では変わりがない。

B　基本的資源の配分の平等性を問題にする資源平等論と選好充足の程度の平等化を指向する福利平等論は、社会正義の指標あるいは流通貨幣を巡る対立であり、これらの対立を解消するのが真の平等主義的リベラリズムである。

C　福利平等論は、選好充足それ自体を無条件に肯定するが、資源平等論はある種の不適切な選好を社会正義の考察の対象から除外するという相違があり、資源そのものが無条件なのか制限があるのかという考え方の相違に基づく。

D　資源平等論は、基本的な資源の平等が確立した上で、自らの選好が真に正義の名にふさわしい適切なものであるか否かを再考し、必要があればその改変を行う義務を課すという点で、どのような選好充足も認める福利平等論と異なる。

E　文化的少数派に対する擁護こそは、現代の平等主義的リベラリズムの正義論において、本来中心的な位置づけを与えられるべき問題であるが、資源平等論と福利平等論の二つの考え方の対立によりこの問題が無視されている。

〔問三〕　次のア～オのうち、キムリッカの主張する「多文化主義」の説明として、本文の趣旨と合致しているものに対してはA、合致していないものに対してはBの符号で答えなさい。

ア　資源平等論的リベラリズムが多文化主義の正当化の論拠となるには、文化的メンバーシップの意義が十分認知され、その享受が公共政策の平等性の適切な指標や貨幣として理解されることが必要であり、福利平等論の要請と同じ内容になる。

注　キムリッカ……一九六二〜　カナダの政治学者。　ロールズ……一九二一〜二〇〇二　アメリカの哲学者。
ドゥオーキン……一九三一〜二〇一三　アメリカの法哲学者。　アーネソン……一九四五〜　アメリカの哲学者。
コーエン……一九四一〜二〇〇九　カナダ出身の哲学者。

〔問一〕　傍線(1)「彼以前の時代において、リベラリズムと少数派文化擁護問題との間には、不幸な関係性が成立していた」とあるが、それについてのキムリッカの説明としてもっとも適当なものを左の中から選び、符号で答えなさい。

A　リベラリズムの本来の課題を考えたならば、多様な少数派文化に対する抑圧は、現代リベラリズムの最も中心的な課題になるべきだが、既存リベラルは少数派文化一般に対してこれまで関心を示すことがなかった。

B　既存リベラルが少数派文化に適切な関心を払ってこなかったという傾向性は、決して偶然に生じたのではなく、リベラルが擁護すべき権利概念をもっぱら個人主義的なものと理解してきたという根本的欠陥に基づいている。

C　リベラルの中心的論客のロールズは、権利概念を個人主義的なものと理解するものの、同時に文化集団のような集合的実体を主体とする権利も、たとえリベラルの基本原理に反するとしても市民権として認めようと考えていた。

D　既存リベラルはかつてアメリカで生じた黒人問題などに対しては、一定の関心を示してきたが、現代に残存する最大の少数派文化問題である北米の先住民問題については、それが個人の権利の問題に過ぎないとして一貫して無関心であった。

E　自分より前の時代にはリベラリズムは少数派文化擁護問題に関心を示していなかったが、これはアメリカの歴史において黒人や先住民の文化に関心が向かわなかったためであり、それらへの関心の目覚めにより状況は変わってきた。

は、その平等な配分が「諸個人に対して平等な配慮を示すための重要な要件をなすものである」という意味において、重要な基本財の一部と理解し得る、とキムリッカは主張するのである。

更にキムリッカは、多文化主義の正当化に関連する第二の論点に対しても、資源平等論の立場からの対応を試みる。この論点は、文化集団に対する平等化の正当化を巡る論点である。即ち、現代社会においては、不平等の是正を要求する多様な要求が競合しており、ある平等化の要求が生じた場合、それが公共政策による平等化の対象に相応しいものであることの正当化が不可欠となる。そこで、多文化主義の正当化に際しても、少数派文化の不平等に対する補償の正当化が必要となるが、キムリッカは、ここでもまた、資源平等論に依拠しつつ以下のような応答を試みる。即ち、彼によれば、資源平等論が公的補償の対象となる不平等を特定する場合、彼らの判断基準は、選択と環境という二概念の区別に依拠している。つまり、資源平等論は、人間が自らの選択の結果発生させた不平等に対して公的補償を行うことを拒絶する一方で、当人の選択の及ばない環境に起因する不平等に対しては補償を行おうとする。そして、資源平等論は、既に見たように、人々に自己の生の計画に関する修正の義務を課するが故に、選択の結果生じた不平等に対して、人々が生の計画の修正によって自己責任で対応することを要請する。こうした理解を前提として、キムリッカは、ある人間の文化的メンバーシップは、環境と選択という二分法のうち、環境の側に属すると主張する。何故ならば、ある人間が少数派文化に帰属する場合、当人が自覚的選択の下にかかる文化に帰属することは希である以上、この人間が自らの文化的メンバーシップを維持するために、主流派文化のメンバーが決して払うことのない追加的コストを払うのは、正義の要請に反している。それ故に、資源平等論の立場からは、少数派文化の成員が体験する不平等は、正当な公共政策の補償対象として理解されるべきなのである。

（飯田文雄「リベラルな多文化主義の形成と展開」による）

基本的資源の配分の平等性を問題とするのに対して、福利平等論はこうした資源セットから生じる選好充足（自分の好みによる選択が実現すること）の程度の平等化を指向する。換言すれば、この差異は、社会正義の指標あるいは流通貨幣を巡る対立として総括することが可能である。第二に、福利平等論は、選好充足それ自体を無条件に肯定するのに対して、資源平等論は、いわゆる「高級すぎる嗜好（expensive taste）」や「外的選好（external preference）」などのように、ある種の不適切な選好を社会正義の考察対象から除外する。つまり、資源平等論は、さし当たり基本的な資源の平等が確立された上で、人々が自らの選好が真に正義の名にふさわしい適切なものであるか否かを再考し、必要があればその改変を行う義務を、自らの平等論の要求として人々に課すことになる。

キムリッカは、以上の理解を前提として、多文化主義に関連する主たる論点を二つに類型化しながら、資源平等論的リベラリズムの立場が、多文化主義の正当化に有力な論拠を提供すると主張する。そうした論点の第一は、文化的メンバーシップ（ある文化に帰属していること）の価値に関する論点である。即ち、キムリッカによれば、多文化主義を正当化する場合、まず文化的メンバーシップの意義が人々に十分認知され、文化的メンバーシップの享受が公共政策の平等性の適切な指標や貨幣として理解されることが必要となってくる。そこでキムリッカは、文化的メンバーシップという存在を、資源平等論においてその公正な配分が問題となる、基本財の一種として把握することにより、以下のような文化的メンバーシップの意義の説明を試みる。彼によれば、リベラリズムの重要な要求の一つは、「我々が自らの生をその内部から生きる」ために、「自らの信念を形成し、そして改変する自由」を確保することにある。そして、こうした人間の生の批判的な再考察を促進するためには、人間に対して、自らの生きる文化的コンテクストの内部において代替的な生の可能性が提示されることが不可欠となってくる。それ故に、キムリッカは、すべての市民が豊かで有意義な選択を行うことが可能となるためには、市民が文化的メンバーシップを平等に保証され、生の選択肢の可能性に平等なアクセスを確保することが正義の基本的要請であると主張する。換言すれば、文化的メンバーシップ

二 次の文章を読んで、後の問に答えなさい。(20点)

キムリッカによれば、(1)彼以前の時代において、リベラリズムと少数派文化擁護問題との間には、不幸な関係性が成立していた。即ち、リベラリズムの課題が正義の実現に存する限り、多様な少数派文化に対する抑圧は、現代リベラリズムの最も中心的な課題となるべき資格を本来有している。そして事実、リベラル自身も、かつてアメリカで生じた黒人問題などに対しては、一定の関心を示してきた。しかしながら、リベラルは、現代に残存する最大の少数派文化問題の一つとしての北米の先住民問題に対しては、一貫して無関心な態度をとり続けてきた。このように、既存リベラルは、文化的少数派擁護の問題に対して、適切な関心を払ってこなかった。

そして更に、キムリッカは、そうした既存リベラルの傾向性は、決して偶然に生じたものではなく、彼らの権利理論の個人主義的な性格に内在する、根本的な欠陥であると強く批判する。即ち、既存リベラルの大多数は、リベラルが擁護すべき権利概念を、ひとえに個人主義的なものと理解してきており、文化集団のような集合的実体を主体とする権利は、リベラルの基本原理に反するものと考えた。そのことを最も典型的に示すのが、リベラルの中心的論客としてのロールズの場合である。彼は、「すべての人びとは正義に基づいた〈不可侵なるもの〉を所有している」ことを、諸個人の「平等な市民権の自由」として絶対視し、個人権を上回る集合的な権利の所在を、徹頭徹尾拒絶する態度を示してきた。

これに対して、キムリッカは、文化的少数派に対する擁護こそは、現代の平等主義的リベラリズムの正義論において、本来中心的な位置づけを与えられるべき問題であると反論する。そのために彼はまず、(2)平等主義的リベラリズムの内部に存在する、二つの立場の区別に着目した。その区別とは、ロールズやドゥオーキンに代表される資源基底的平等論と、アーネソンやコーエンに代表される福利基底的平等論の区別であり、キムリッカはその差異を以下の二点に要約する。第一に、資源平等論は何らかの

ア　「戦争は議論である」というメタファーがあまりありそうにもないのは、既知で具体的な知識を構造体として蓄えている「戦争」という概念に、「議論」という未知で抽象的な対象が構造を与えるということがないからである。

イ　競馬の着順差をはかるのに「鼻」や「馬身」ではかるのと時間ではかるのでは、そこから受けるイメージや印象が多分に変わるのは、鼻や馬身に対する見方が文化によって異なるため単なる着順の問題でなくなるからである。

ウ　「喜び」と「楽しみ」を、本来、面積・高さなどを表す視覚表現の「大きい」「小さい」で表現することが圧倒的に多いが、このような身体的・物理的経験基盤の強い表現は、近代化される以前の文化の名残と考えることもできる。

エ　感情は生理学的に感覚とは別のメカニズムで説明され、仮に外部刺激や生体物質の量により体験されるのであれば本来「量」的なとらえられ方をするはずだが、視覚表現である空間的な大小などを用いて比喩的にとらえられている。

オ　「海のように深い悲しみ」といった表現は、感情を概念化したうえで、喩えであることを示す明示的表現を含む直喩を用いて作られたものであり、感情を感覚から切り離して相手に理解してもらうための手段として有効である。

E 「暗い手触り」、「静かなにおい」、「うるさい味」など高次の感覚領域から低次の感覚領域への写像を具体化する表現が日常言語で見いだしにくいのは、言語使用の際の共同体におけるこれまでの習慣的な用法が原因となっている。

〔問六〕 傍線(9)「認知レベルでは、私たちはより高次の抽象性をもつ「感情」をより具体性のある「感覚」の延長線上でとらえているふしがある」とあるが、その説明としてもっとも適当なものを左の中から選び、符号で答えなさい。

A 代表的な感情である喜怒哀楽だけに絞ってみると、本来、面積、高さなどを表す視覚（次元）表現の「大きい」「小さい」が量的形容として四つの感情すべてに使用され、空間的な差が量的な差としてとらえられていることがわかる。

B 「喜び」と「楽しみ」では、インターネットで検索してみると「大きい」「小さい」が使用されることが圧倒的に多いが、このことは、「喜び」と「楽しみ」の感情が量的な体験というよりは、空間的な体験であることを証明している。

C 「軽重」「強弱」「深浅」などの知覚は、単純に感覚情報だけで実現しているものではなく、運動覚や圧覚などの体性感覚とともに筋肉を動かす運動情報も必要であり、そもそも感覚とは異質なものとして理解されなければならない。

D 言語表現としては、「深い」＋「哀しみ」の結びつきが多数検索されるが、これは感情と姿勢という身体的基盤をもつ上下のイメージが深浅のイメージに連動していて、感情が身体の姿勢により生み出される証拠になっている。

E 感情は目に見えない脳内の現象であり、本来、大きいものでも、重いものでも、深いものでもありえないが、私たちは生理学的に異なるメカニズムにより説明される感覚と結びついた表現で感情を比喩的に言い表そうとする。

〔問七〕 次のア～オのうち、本文の趣旨と合致しているものに対してはA、合致していないものに対してはBの符号で答えなさい。

がない現代人に理解できないのは、同じ文化圏なのだからと時代的な変化を無視する現代人の傾向が原因である。

C　「お言葉を頂戴する」などの日本語にある表現は、「考えは物体である」というメタファーを根底にしているが、そのようなメタファーが成立するためには、日本社会に独自のものである上下関係が前提にある。

D　日本語表現には、考えは物体であり、コミュニケーションはそれを送ることである、という英語話者と共通するメタファーもあるが、日本語話者は英語話者と違い、考えを容器に入れて送るとは思っていないようである。

E　文化差はものごとそのものの差ではなく、それをはかる尺度が違うところから生じるものであり、はかる尺度はそれぞれの文化でさまざまに異なっているので、文化差とはあくまでもイメージであり実体ではない。

〔問五〕　傍線(8)「「感覚」という目に見えないものを表現する」とあるが、これに関する説明としてもっとも適当なものを左の中から選び、符号で答えなさい。

A　より直接的・具体的な感覚の表現はより抽象的な感覚の表現として転用され、その逆はまれであることが指摘されているが、その理由は言語による表現が抽象的な感覚についてより具体的な感覚についての方が豊かなためである。

B　知覚とは、外界からの刺激を触覚などの体性感覚や、視覚などの特殊感覚などといった感覚情報をもとに「明るい」などの自覚的体験として意味づけする処理であり、この意味づけの過程で対象となる感覚が変容することになる。

C　視覚の中でも、物体の形などについての情報や物体の位置関係のような外界の空間的な情報はより具体性が強くメタファーでとらえやすいが、色彩にかかわる部分は具体性が弱くメタファーでとらえられることはほとんどない。

D　「なめらかな味」、「渋い声」、「甘い香り」などの表現が存在するが、これらは体性感覚から特殊感覚へと具体性が弱まること、そして特殊感覚の中でも具体性に強弱があることから生み出されるメタファーの具体例だと言える。

〔問三〕　傍線(3)「喩えるという行為も「喩えるもの」と「喩えられるもの」に共通、ないしは類似する特徴を抽出することによって行われるという考え方がある」とあるが、その考え方に対する筆者の見解としてもっとも適当なものを左の中から選び、符号で答えなさい。

A　これまでのメタファーは、表現の字義通りの意味と比喩的な意味の間の「類似性に基づく」ものであるとされてきたが、「喩えられるもの」のもつ「喩えるもの」と類似した構造は実際にはメタファーによって生み出されたところがある。

B　「喩えられるもの」の「喩えるもの」との類似した構造がメタファーにより明らかにされることにより、「喩えられるもの」が本来もっていた構造が私たちにも具体的に理解できるようになるのがメタファーの役割である。

C　「議論」は「議論は戦争である」や「議論は旅である」というメタファーでとらえられるが、料理番組で「大根」を長さで表現したり、重さで表現したりするように、メタファーもそのつど自由に切り替えが可能である。

D　「はかる」という行為は、「はかるもの」と「はかられるもの」から、共通の特徴を抽出して行われるものという考えがあるが、「喩えるもの」と「喩えられるもの」の関係ではむしろ両者の相異によりメタファーが生まれる。

E　メタファーの「一方向性」ということが指摘されるが、モノサシの長さをはかるのにベルトを押し当てる人がいないのは両者の用途の違いが原因であり、メタファーを生み出す目的の違いから一方向性になっていくのである。

〔問四〕　傍線(7)「文化差」についての説明としてもっとも適当なものを左の中から選び、符号で答えなさい。

A　概念メタファーは経験を基盤にした知識構造を介して得られるが、知識構造には言語の影響があるため、言語の違いそのものが大きな文化差になり、日本語話者の使うメタファーを非日本語話者は理解できない。

B　戦国時代の「いくさ」という知識構造をもとにした概念メタファーが、当時のように刀を使った戦いが行われること

（「光陰矢の如し」にみるように、「～の如し」「～のような」など、喩えであることを示す明示的表現を含む喩え）などを用いて「海のように深い悲しみ」などの表現を生み出しているのである。

（柳谷啓子「メタファーで世界を推しはかる―認知意味論の立場から」による）

〔問一〕　傍線(2)(4)(5)(6)(10)のカタカナを漢字に改めなさい。（楷書で正確に書くこと）

〔問二〕　傍線(1)「「議論は戦争である」というメタファー」とあるが、このメタファーの説明としてもっとも適当なものを左の中から選び、符号で答えなさい。

A　身体的・経験的基盤をもつ起点領域の「戦争」に関するすべての知識が、ひとつの構造としての抽象的な「議論」という目標領域へと写像されることにより、私たちが目標領域を理解する思考のプロセスである。

B　私たちが「戦争」について構造体として蓄えているさまざまな具体的な知識を「議論」という抽象的な事象に投影することで、具体性と抽象性の相互作用により「戦争」と「議論」の双方の理解が深まる過程である。

C　共同体の中で共有され、日常的に用いられている「戦争」という起点領域についての知識を「議論」という目標領域に対応させることで、目標領域を共同体で共有される具体的知識に変えようとする理解の仕方である。

D　「戦争」という起点領域において蓄えられている具体的な知識構造が、「議論」という抽象的な目標領域を理解するために、参照され写像されることにより「議論」に構造を与えるという認知の過程である。

E　「戦争」という具体的な概念の構造が抽象的で複雑な「議論」という概念へと写像されることにより、抽象的な概念が身体的・経験的基盤をもたないことが理解されるようになる対応づけである。

ことは、「はかりがたきをはかる」試みといえる。生理学的には、感情と感覚は別のメカニズムにより説明されるものである。感情の詳しいメカニズムはわからないが、仮に外部刺激の量（強さと期間）や生体物質の量により体験されるものであるとするならば、本来「量」的なとらえられ方をするはずである。

しかし、少なくとも言語表現を見るかぎり、(9)認知レベルでは、私たちはより高次の抽象性をもつ「感情」をより具体性のある「感覚」の延長線上でとらえているふしがある。

代表的な感情である喜怒哀楽だけに絞ってみてみると、本来、面積・高さなどを表す視覚（次元）表現の「大きい」―「小さい」は、量的形容として四つの感情すべてに使用される。特に「喜び」と「楽しみ」では、インターネットで検索してみると圧倒的に多い。これは、量的な「多―少」の差を空間的（それゆえ視覚的）な「上―下」（「より多きは上、より少なきは下」）でとらえるのと同様に、空間的な「大―小」（物質量が多ければ嵩は大きく、少なければ小さい）でとらえる認知プロセスの結果かもしれない。

「軽重」「強弱」「深浅」などの知覚は、そもそも単純に感覚情報だけで実現しているものではなく、運動覚や圧覚などの体性感覚とともに、能動的に筋肉を動かしたりする運動情報も必要となってくるため、単純にどの感覚でとらえているとはいいがたい。言語表現としては、たとえば「深い」＋「哀しみ」の結びつきが多数検索される。これは、感情と姿勢という身体的基盤をもつメタファー「楽しきは上、悲しきは下」の「上―下」のイメージが、さらに「深―浅」（深いものの底は下に位置する）へと連動していると考えることが可能である。

感情というものは、脳内の現象であり、本来、大きいものでも、重いものでも、深いものでもありえない。しかし、前述したとおり、私たちは感情の程度を「大小」「軽重」「強弱」「深浅」などによって比喩的にとらえ、それに基づいて言語化し、コミュニケーションに用いている。そして、このように(10)ハンヨウセイの高い尺度によって感情を概念化したうえで、さらに直喩表す表現は、（あたかも感覚を転移させていくかのように）より直接的・具体的な感覚の表現が、より抽象的な感覚の表現として転用されるが、その逆はまれであることが指摘されている。

身体基盤の最も直接的なものの中に、知覚がある。知覚とは、外界からの刺激を触覚、温覚、冷覚、痛覚、圧覚などの体性感覚や、視覚、聴覚、嗅覚、味覚などの特殊感覚などといった感覚情報をもとに、「明るい」「熱い」などの自覚的体験として意味づけする処理である。私たちが通常意識している感覚の中でもっとも直接的で具体的なのは、触覚など体性感覚に属するものであろうことは想像がつく。

次いで、特殊感覚の中の味覚、嗅覚という具合に具体性が薄れていくとされる。そして、視覚の中でも、外界にある物体の形、運動、テクスチャ、奥行きなどについての情報や、物体の位置関係のような外界の空間的な情報にかかわる部分（次元）が次に位置する。視覚の中でも色彩にかかわる部分はより具体性が弱く、聴覚と同程度の抽象性をもってこれに続く。

したがって、「なめらかな味」（触覚表現から味覚表現への転用）、「暖かい色」（触覚表現から視覚表現への転用）、「渋い声」（味覚表現から聴覚表現への転用）、「明るい声」（視覚表現から聴覚表現への転用）、「うるさい色」（聴覚表現から視覚表現への転用）、「甘い香り」（味覚表現から嗅覚表現への転用）などの表現が存在する。

これらの表現は、より具体的で直接的（それゆえ原初的）な感覚領域をより抽象的（それゆえ高次）な感覚領域へと写像させた結果としてのメタファー表現であると説明できる。一方、「暗い手触り」（視覚表現から触覚表現への転用）、「静かなにおい」（聴覚表現から嗅覚表現への転用）や、「うるさい味」（聴覚表現から味覚表現への転用）など、高次の感覚領域から低次の感覚領域への写像を具体化する表現は、少なくとも日常言語では見いだすのが難しいということになる。

同様に、「感情」（専門用語としての「感情」の使用は、心理学、脳科学、精神医学、認知科学などの研究者により異なるが、ここでは、日常的な意味で用いる）という個人的で目に見えないものも、特にその「大小」「軽重」「強弱」「深浅」をとらえる際、互いに鎬が擦れ崩れて落ちる様から「激しく争う」の意）、「バッサリやられる」、「渡り合う」、「一刀両断のもとに切り捨てる」などのメタファー表現が使われることになったりする。

　第二の文化差は、文化によって理解に用いる概念メタファー自体が違う場合である。アメリカのある言語学者は、英語話者における「コミュニケーション」という営みが、「考え（あるいは意味）は物体である」、「言語表現は容器である」、「コミュニケーションは送ることである」という三つのメタファーの複合から概念化されているとした。これは「導管メタファー」と言われる。「導管メタファー」は日本語話者にも一部あてはまるようである。「ご意見を(5)タマワる」、「お言葉を頂戴する」などのメタファー表現は、「考えは物体である」、「コミュニケーションは送ることである」というメタファーが根底にあることをうかがわせる。

　しかし、日本語でよく使う「いい考えが浮かぶ」、「言葉にできない」、「言葉にならない」、「本音を漏らす」、「流言」、「よどみなく話しつづける」、「立て板に水」、「(6)バセイを浴びる」などのメタファー表現をみるかぎり、日本語話者は、概念（考え）をふわふわした「気体」ととらえていて、それが「液体」である言葉に変化するものと認知しているのではないかと思われる。しかもそれを容器に詰め込んで「送る」というのではなく、そのもの自体が導管を流れていくというイメージでとらえているようなのである。

　(7)文化差というのは、同じものをはかる場合でも尺度が違えば異なる数値として認識されて、違うイメージとしてとらえられることとも共通している。同じ「長さ」ではかるにしても、曲尺（かねじゃく）を使うのか鯨尺を使うのかで数値は変わる。ましてや、大根を重さではかるのと長さではかるのでは、あるいは競馬の着順差をはかるのに「鼻」や「馬身」ではかるのと時間ではかるのでは、そこから受けるイメージや印象は多分に変わってくるはずである。

　個人の感覚器官に依存する(8)「感覚」という目に見えないものを表現することは、「とらえがたきをとらえる」試みといえる。感覚を表す表現については、「共感覚のメタファー」といわれる領域で、これまでにもさまざまな研究が行われてきた。感覚をそれゆえ、「議論」を「議論は旅である」というメタファーでとらえれば、今度は「問題の仲裁に乗り出したが、ここまでのところ、賛否は半々で、解決に至る道筋は遠く、結論には到達できそうにもない」などと語ることになる。これは、たとえば、料理番組で材料を読み上げる際に、「大根を10センチほど用意してください」と言うことも、「大根を50グラムほど用意してください」と言うこともあるのに似ている。長さを焦点化しようとすれば長さのモノサシが使われ、重さを焦点化しようとするならば重さのモノサシが選ばれ、以降、その尺度にのっとって話が進むということと類似した現象だといえる。

さらに、焦点化された一部の要素から関連するほかの要素がカンキ(4)されることもあり、メタファーは「類似性を生み出す」ともいえるのである。

図　ルビンの杯

メタファーが、ただ単に類似性によって成り立っているのではない証拠として、メタファーの「一方向性」ということが指摘される。つまり、WAR IS AN ARGUMENT「戦争は議論である」という逆のメタファーは、あまりありそうもないということである。それはちょうど、たとえばベルトの長さをはかるのにモノサシを押し当てることはしても、モノサシの長さをはかるのにベルトを押し当てる人はいないのに似ている。概念メタファーは、既知で具体的な経験が、未知で抽象的な対象に構造を与える、あるいは構造の類似性を体系的に焦点化するものなのである。

概念メタファーが経験を基盤にした知識構造を介して得られる以上、当然文化的な相違が生じるであろうことは予測される。第一に、同じメタファーをもとに対象を概念化していても、起点領域の知識構造が異なると、異なったメタファー表現が生まれるということがある。たとえば、同じ戦争でも戦国時代の「いくさ」という知識構造がもとになれば、「鎬（しのぎ）を削る」（斬り合うなどに関する知識を一つの構造体として蓄えているという。こうした知識の構造体は、共同体の中で共有され、日常的に用いられているものである。

私たちは「議論」という抽象的な事象を前にして、このような具体的な内容をもつ知識構造を参照しながら写像を行っているとされる。「戦争」の知識構造にはさまざまな側面があるが、把握しようとする「議論」を前にして選ばれる側面が、目標領域の「議論」に写像されて構造を与えるのである。

私たちはこのようにして「議論」を概念化し、「論陣を張り、理論武装して論敵の弱点を突き、味方を援護射撃しながら意見を戦わせ、攻防戦を繰り広げた」などとメタファー表現をふんだんに用いて「議論」について語ることになる。ただし、類似性により焦点化される部分だけが言語化されるのであって、必ずしも「戦争」のすべての側面が写像される必要はなく、たとえば「塹壕(ざんごう)を掘る」などという要素はふつう具現化されない。

「はかる」という行為は、「はかるもの」と「はかられるもの」の両者から、たとえば「長さ」という共通の特徴を抽出して行われるのだという考え方がある。それと同様に、(3)喩えるという行為も「喩えるもの」と「喩えられるもの」に共通、ないしは類似する特徴を抽出することによって行われるという考え方がある。確かにメタファーを得るきっかけについては、そういえる面もあり、それゆえ、伝統的にメタファーは、表現の字義通りの意味と比喩的な意味の間の「類似性に基づく」ものであるとされてきた。

しかし、「議論」の概念そのものが「戦争」という概念によって構造を与えられているという面もある。一つのメタファーによってとらえられた対象は、それがあたかも前々から（私たちの概念化とは独立して）そのような構造をもっていたかのように私たちには映る。すなわち、メタファーは「そのもの固有のあり方」として私たちが感じている姿を生み出す原因になっているといえる。その結果、「ルビンの杯」（杯のようにも、向かい合った横顔のようにも見える反転図形）のように、その他のとらえ方が、もはやできにくくなってしまったりするのである。

国語

（六〇分）

一 次の文章を読んで後の問に答えなさい。（50点）

ここでは、概念メタファーについての基本的な考え方やその典型例を見ることで、私たちが身体的・経験的基盤をもつ具体的なものを通して、抽象的でとらえにくい対象を推しはかり把握している様子を明らかにしよう。

それでは、概念メタファーとは、具体的にどういうものなのか。まず、最も重要なのは、具体的で基本的である概念から、抽象的で複雑な概念へと一連の構造が投影（写像）されることによって理解が成り立つ認知プロセスであるということである。概念間の写像に基づいた理解の仕方が、メタファーである。つまり、概念メタファーとは、「起点領域」（構造、枠組みを与えるもの）から「目標領域」（私たちが理解しようとするもの）への写像、すなわち対応づけということになる。

例として、アメリカの言語学者たちが挙げ、日本語話者も用いていると思われるARGUMENT IS WAR「議論は戦争である」[(1)]というメタファーを見てみよう。この場合、「議論」は理解の対象となる目標領域であり、「戦争」は理解の促進に使われる起点領域となる。

私たちは「戦争」について、参加者（敵・味方）や、構成（陣地・武器・戦略・攻撃・守り・テッタイ[(2)]など）や、動的な要素

解答編

英語

I **解答** 全訳下線部(a)・(b)参照。

◆全　訳◆

≪世界秩序の必要性≫

歴史とは，世界秩序が実体化し，崩壊し，別の形で再現するという現在進行中の一物語として理解できる。(a)この点で，世界秩序とはある特定の瞬間，あるいはある特定の期間にわたる世界の状態の説明であり，尺度である。世界秩序とは，それがよい要素と悪い要素の混ざり合いを反映し，１枚のスナップ写真か，あるいは１つの映画として理解できるという点において，ある個人の健康状態の評価と似て，程度と傾向の問題である。

どのように国際関係が実行されるべきかに関する広く受け入れられている決まりがどの程度存在しているか，またそれらに反対するものが誘発されそれらを犯さないよう，あるいはもし実際にそうしたなら失敗するよう，どの程度そうした決まりを強固なものにするパワーバランスが存在しているかを，秩序は反映する傾向がある。秩序のいかなる尺度にも，秩序と無秩序両方の要素，そしてそれらの間のバランスが必ず含まれる。世界には，完全な正義や平等はもちろんのこと，完全な平和も決して存在しない。

こうしたことすべてが，ある根本的な疑問を投げかける。なぜ世界秩序は実際に問題となっているほど重要であるのか？　それが国と国の間で不足している場合，特に（それが）その時その時の大国間である場合，生命の喪失や資源の（一点）吸収が莫大なものに，さらに繁栄や自由への脅威も相当のものになりかねない。これが20世紀前半を定義づけた２つの世界大戦から（我々が）学んだ教訓である。それゆえ世界秩序は非常に基本的なものなのだが，それは，今世界がどれほどつながり合っているかを考慮すると，世界秩序が存在するか否かは皆にとっての利益あるいは代償を即そのまま意味するからである。(b)国際関係において，それは酸素と比定されるものである。それがあれば，ほぼあらゆる問題における協力が可能となるが，それがなければ進歩の見通しが薄れるのである。

◀解　説▶

(a) In this respect (M), world order (S) is (V) a description … of time (C). という文構造。Mにあたる In this respect は「この点において」という意味の副詞句。なお，ここでの respect は「点」という意味。Sにあたる world order は「世界秩序」という意味の名詞。よって，ここまでで「この点において，世界秩序は…である」となる。

Cの部分は，a description と a measure が and によって並列され，それを形容詞句である of the world's condition が修飾している。さらにその the world's condition「世界の状態」を or によって並列された形容詞句である at a particular moment と over a specified period of time が修飾している。なお，particular は「ある特定の」という意味の形容詞，moment は「瞬間」という意味の名詞，specified は specify「～を特定する」の過去分詞，period は「期間」という意味の名詞。よって，Cの部分全体で「ある特定の瞬間，あるいはある特定の期間にわたる世界の状態の説明そして尺度」となる。

(b)コロン（：）までは In international relations (M), it (S) is (V) the equivalent of oxygen (C)：という文構造。international relation (s) は「国際関係」，equivalent は「相当するもの，比定されるもの」，oxygen は「酸素」という意味の名詞。なお，ここでのSである it は world order のことなので，「国際関係において，それ（＝世界秩序）は酸素と比定されるものである」となる。

コロン以降の前半は with it (M), cooperation on virtually every issue (S) becomes (V) possible (C), という構造。ここでの it も world order のこと。cooperation は「協力」という意味の名詞。virtually every＋A（単数形名詞）で「ほぼすべてのA」という意味。issue は「問題」という意味の名詞。よって，ここまでで「それ（＝世界秩序）があれば，ほぼすべての問題における協力が可能となる」となる。コロン以降の前半と後半をつなぐ while は「～だが一方で…」という意味の接続詞。後半は without it (M), prospects for progress (S) fade (V). という構造。ここでの it も

world orderのこと。prospect(s) は「見通し，見込み」，progressは「進歩」という意味の名詞。fadeは「薄れる」という意味の（ここでは）自動詞。よって，この部分は「それ（=世界秩序）がなければ進歩の見通しが薄れる」となる。

以上をつなぎ，より自然に訳出すると〔解答〕となる。

II **解答** (Companies use greenwashing to) attract〔interest〕consumers who take environmental protection〔conservation〕seriously without changing their major business activities drastically.

◀解　説▶

書き出し指定の部分（Companies use greenwashing to）から，「～ために，企業は…グリーンウォッシングを利用する」の部分は完成しているとわかる。

「環境保護を重視する消費者の関心を引く（ために）」の部分：「～の関心を引く」には他動詞 attract あるいは interest を用い，その～にあたる「消費者」には consumers を用いる。さらにその consumers を先行詞とし，「環境保護を重視する」の部分を関係代名詞 who に導かれる形容詞節として続ければよい。「環境保護」には environmental protection〔conservation〕を用い，「～を重視する」は「～を真剣に受け止める」と読み替え，take ～ seriously と表現する。以上を組み合わせた attract〔interest〕consumers who take environmental protection〔conservation〕seriously を書き出しの to に続ける。

「自らの主要なビジネス活動に重大な変化を加えることなく」の部分：「～することなく」は without *doing* を用いる。その～にあたる「A に重大な変化を加える」は「A を抜本的に変える」と読み替え，changing A drastically と表現する。その A にあたる「自らの主要なビジネス活動」は直訳的に their major business activities と表す。以上を組み合わせた without changing their major business activities drastically を前述の seriously に続ける。

III 解答

1．active 2．acquainted 3．due
4．another 5．defeated〔downed〕

◀解 説▶

1．日本語訳から空所には「活動する」を意味する語が入るとわかる。また，直前は are なので，空所には補語となる形容詞あるいは名詞が入ると判断する。以上の条件を満たし，a から始まる語なので，正解は active。

2．日本語訳から空所には「知り合った」を意味する語が入るとわかる。また，直前は got なので，空所には補語となる形容詞あるいは目的語となる名詞が入ると判断する。以上の条件を満たし，a から始まる語なので，正解は acquainted。

3．日本語訳の1文目から空所には「締め切り」を意味する語が入るとわかる。また，直前は It's（＝It is）なので，空所には補語となる形容詞あるいは名詞が入ると判断する。以上の条件を満たし，d から始まる語なので，正解は due。

4．日本語訳から，空所には *A* is one thing, and *B* is another.「*A* と *B* は別物である」の another が入るとわかる。

5．日本語訳から空所には「勝利した」を意味する語が入るとわかる。また，文構造（直後に目的語となるらしい名詞が続いている）より，空所には他動詞が入ると判断する。以上の条件を満たし，d から始まる語なので，正解は defeated または downed。

IV 解答

1．ア―(c) イ―(b) 2．ウ―(d) エ―(b)
3．オ―(c) カ―(f) 4．キ―(d) ク―(c)
5．ケ―(a) コ―(b)

◀解 説▶

1．(I've had many dogs in my life, but this) would have been our first rescue (and adult dog.)「私は人生で多くの犬を飼ってきたが，これが私たちが初めて飼った，すでに成犬した保護犬だっただろう」
this が S，would have been は would have *done*「～だっただろう」を用いた表現で V，our first rescue and adult dog が C という文構造にする。なお，rescue dog は「災害救助犬」あるいは「保護犬」の意。ここでは「保護犬」という意味だろう。

2．(In this country, everyone has a basic right to privacy) independent <u>of</u> whether they <u>are</u> a (citizen, an immigrant, or a short-term visitor.)「この国では，国民であろうと移民であろうと一時滞在者であろうと関係なく，誰もが基本的なプライバシー権を持つ」
independent of ～で「～とは無関係で」という意味。その～にあたる部分は whether S V「～かどうか」という意味の名詞節。

3．(When you send an email to more than one person, you need to double-check their addresses) in <u>order</u> for them <u>to</u> receive (it for sure.)「複数の人にメールを送る場合，相手が確実にそれを受け取ることができるように，アドレスを再確認する必要がある」
in order for *A* to *do* で「*A* が～する（できる）ために（ように)」という意味。

4．(Trudeau said that with the Taliban taking over Afghanistan, our) country <u>needs</u> to contribute <u>humanitarian</u> support (and services even more.)「トルドーは，タリバンがアフガニスタンを掌握しているので，我が国は人道的支援と奉仕をさらにもっと提供する必要があると言った」
need to *do* は「～する必要がある」という意味。ここでの contribute は「～を提供する」という意味の他動詞，humanitarian は「人道的」という意味の形容詞，support はここでは「支援」という意味の名詞。

5．(Some environmentalists say a big fast food company continuing to reject customers' personal mugs is) unacceptable <u>as</u> the planet <u>faces</u> numerous (environmental threats.)「一部の環境保護活動家は，この惑星（地球）は数多くの環境的脅威に直面しているので，巨大ファストフード企業が顧客の個人用マグカップを拒否し続けていることは受け入れられないと言う」
a big … personal mugs(S) is(V) unacceptable(C) という構造。続く as は接続詞で「～なので」という意味。その as 以下は the planet(S) faces(V) numerous environmental threats(O) という構造で，この face は「～に直面する」という意味の他動詞，numerous は「数多くの」という意味の形容詞。

V 解答

1―(d)　2―(a)　3―(c)　4―(c)　5―(c)　6―(d)
7―(b)　8―(a)　9―(a)　10―(b)

◀解　説▶

1.「10 億の人に話されているので，英語は明らかに世界言語である」
主節の主語は English なので「英語」は「話される」と考え，唯一の受動態である(d)を選ぶ。

2.「ラマダンはイスラム教の太陰暦で 9 番目の月であり，イスラム教徒はそれをコーランが預言者ムハンマドに開示された月として祝う」
(a) celebrate は「～を祝う」という意味の他動詞。他の選択肢は，(b)「～を固める」，(c)「～(重い病気）にかかる」，(d)自動詞で「協力する」という意味。

3.「私の兄は，あの店の前にいる 2 人のうちの背の高い方です」
the＋比較級の形容詞＋of the two で「2 つ（2 人）のうちでより～な方」という意味。

4.「君は今日ひどく疲れているように見える。昨夜夜更かしをするべきではなかったのに」
(c) shouldn't have *done* で「～するべきではなかった（のにしてしまった)」という意味。他の選択肢は，(a)「起きていたはずがない」，(b)「起きていなければならないかもしれない」，(d)「起きていたい」という意味。

5.「最終レポートのテーマを選ぶことに関し，先生の助言に従うのが賢明だろう」
(c) sensible は「賢明な」という意味の形容詞。他の選択肢は，(a)「喜んで」，(b)「意地の悪い」，(d)「緊急の」という意味。

6.「我々は地球の 5 大洋のそれぞれの最深点に関して，これまでで最も正確な情報を今では持つと科学者は言う」
the＋最上級の形容詞＋A yet で「これまでで最も～な A」という意味。

7.「私たちがとる食べ物は重要である。食べ物が私たちを，身体的に，文化的にそして精神的に今の私たちにしているからである」
It(S)（　V　）us(O) who we are(C)，という文構造なので，空所には「O を C にする」を意味する(b) makes が入る。他の選択肢では，基本的に SVOC の文型はとれない。

8.「困難な状況になってしまう前に，準備しておく方がよりよい」

(a) find *oneself* in ～で「気づいたら（自分が）～にいる」という意味。他の選択肢は，(c)「自分自身を～に引き込む」，(d)「自分自身を説得して～をやめさせる」という意味。

9．「自分を批判から守りたいという生まれ持った本能に抗うのは難しいが，脳の感情面に指導権を委ねることは何の役にも立たず，しかも不必要である」

空所には O to *do* の形が続いているので，「O に～させておく」を意味する(a) allow が入る。

10．「あるノーベル賞受賞者が指摘したように，全員とまでは言えずとも大半の研究者は好奇心に突き動かされて研究をしている」

most if not all ～で「すべてではないが大半の～」という意味。

Ⅵ　解答

1 ―(c)　2 ―(c)　3 ―(c)　4 ―(b)　5 ―(d)　6 ―(a)
7 ―(c)　8 ―(d)　9 ―(b)　10―(d)

◀解　説▶

誤りを含む下線部を正した場合の訳は以下の通り。

1．「比較的人の手に触れられていないアマゾンの多雨林のような場所においてさえ，鳥の身体は気候変動に応じて縮んでいる」

この部分全体を文法的に正しい文にするには，(c)に含まれている接続詞 though を消す。

2．「アメリカの研究者たちは 40 年という期間にわたって，アマゾンの多雨林で捕らえられ，IC タグをつけられ，その後再び放たれた 77 種に及ぶ 15,000 羽以上の留鳥（渡りを行わない鳥）に関する情報を研究してきた」

(c)に含まれる that は関係代名詞であり，その先行詞は more than 15,000 non-migratory birds である。よって，その(c)に含まれる was を were にする。

3．「最近の分析によると，1980 年代以来，平均で 10 年ごとに体重の約 2 ％を失って，これらの鳥の身体のほぼすべてが軽くなっていると，この科学者たちは発見した」

この部分全体の文構造的に，(c)を含む 2 つのコンマに挟まれた部分は分詞構文であると考え，そこに含まれる loss を losing にする。

4．「1980 年代に約 30 グラム（1 オンス）の体重であった平均的な鳥の種だと，個体群の平均は今では約27.6グラム（0.97オンス）になっている」

(b)は後続する(c)の部分まで含めて形容詞節であるが，(c)が示すように「1980年代」という過去のことである。よって，(b)に含まれる weight は weighed にする。なお，weight は名詞，weigh(ed) は動詞である。

5.「その研究はまた，研究されたアマゾンの鳥の種の3分の1で翼幅が広がりつつあることを明らかにしたが，これは北米の渡り鳥でもまたずっと目撃されているパターン（傾向）である」

(d)は「またずっと目撃しているパターン（傾向）である」という意味だが，spot は「～を目撃する」という意味の他動詞なので，「パターン（傾向)」は「～を目撃する」のではなく spotted「目撃される」と受動態で用いられるはずである。

6.「『こうした鳥は大きさの点でそれほど多様なわけではありません。それらはかなり（自然淘汰によって）微調整されていますので，個体群のうちのすべてがほんの数グラムでも以前より小さいなら，それは重大なのです』と，この研究の著者の一人であるフィリップ=ストーファーは説明した」

(a)に含まれる many は，ここでは副詞として用いられているが，そもそも many は形容詞である。よって，この many を much にする。なお，直前の that は「それほど」という意味の副詞。

7.「『これはきっと全世界的に起こっていることで，おそらく鳥に限った話ではないでしょう』と，ストーファーはニュース発表で言った。『もしあなたが窓の外を見て，そこに見えるものをよく考えたら，その（目に見える）状況は40年前のものとは異なりますし，植物や動物もその変化に反応しているという可能性は非常に高いのです」

(c)に含まれる what it is はその後に続く 40 years ago と共に名詞節を構成するが，その時制は ago でわかるとおり過去である。また the conditions は複数形なので，代名詞は they。よって，what they were が正しい。

8.「私たちは，見えているものが時間の中で固定されているという考えを持っていますが，もしこれらの鳥が時間の中で固定されていないなら，その考えは正しくないかもしれないのです」

(d)に含まれる those はこのままでは前述の these birds を指示することになるが，文脈上，this idea を指示しないと前後で文意が通じない。よって，この those を単数形である that にする。

9.「体重の低下と広がりつつある翼幅は，鳥たちがエネルギーをより効率よく用いているということを意味する，と研究者たちは述べた。気候の温暖化がこうした変化を後押ししている力であるが，実際に作用しているメカニズムは完全には明らかではない，とその研究は結論づけた」

(b)は that 節の述語となる部分なので，そこに含まれる using を use にする。

10.「これらの鳥が生息するブラジルのアマゾン川流域の気候は，研究期間中ずっと，少なくとも雨季にはますます暑く雨も多くなっていた。気候変動は（鳥にとっての）食べ物やその他の資源を僅かなものにしてしまったのかもしれない，とその研究論文に述べられている」

(d)に含まれる scarcely は make O C「O を C にする」の C にあたる部分なので，副詞である scarcely ではなく形容詞である scarce にする。

Ⅶ 解答

1―(c)　2―(b)　3―(h)　4―(j)　5―(g)　6―(i)
7―(f)　8―(d)　9―(e)　10―(a)

◆全　訳◆

≪運動が持つ真の意義≫

長い間，スポーツは健康や体調を維持する方法だとみなされてきたが，スポーツの重要性はそれをはるかに上回るものである。実は，スポーツをすることから，規律，責任感，自信，報告義務やチームワークといった，人生における教訓を教わるのである。

運動は脳への血流を増やし，身体が神経間のつながりをより多く作る助けとなり，結果として集中力が増し，記憶力が高まり，創造力が刺激され，問題解決能力が研ぎ澄まされることが研究によってわかっている。つまり，スポーツをすることで脳が成長し，脳がよりよく機能する助けになるということである。

社会的な立場から見ると，スポーツは人を結びつけ，共同体意識を生み出す強力な道具である。スポーツによって，あらゆる職業の人々を結びつけるつながりが生まれる。私がロチェスター大学で学ぶ留学生だった頃，体育館で寄せ集めのバスケットボールをプレーするのが，友だちを作る一番早くて簡単な方法だった。実際，大学での2日目に，学内を案内してくれて，ロチェスター大学で生活する上での秘訣を与えてくれた2人の友だちを作る機会に恵まれた。

電気工学と電子工学を専攻した学部生の頃，とても難しい授業があって，時に宿題や中間試験の成績が悪いという事実に対処しなければならなかった。そうしたことが起こる度に，私の自我は傷ついた。スポーツをすることが私に，人生の失敗や落胆にどう対処すればよいかを教えてくれたのだと思う。自分が求める結果を必ずしも得られるわけではないが，何であれ，辛抱強く，決して諦めてはならないということを学んだ。スポーツは私に，失敗をどのように自分を立ち直らせればよいのかを学ぶ方法と捉える前向きなものの見方を教えてくれた。

それに加え，運動することは，すべてが結局のところ宿題，プレゼン，グループプロジェクトに集約されることになる，ストレスの多い大学生活から逃れるすばらしい方法である。実際，スポーツをすることは学生がリラックスして不安を減らす手助けになる。個人的に私は，少なくとも週に3回ジムに行かなければ気が変になってしまうと思っている。健康管理の専門家は，いかなるストレス管理活動においても中心的な要素として身体活動を推奨している。

大半の学生がスポーツをしない理由は，つい怠けてしまう，さらにはそのエネルギーがないというものである。しかしながら，スポーツをするという激しい運動は人を疲れ果てさせるものだという根強い考えは，研究によって誤りであることが証明されている。運動はより多くの酸素を血液を通して身体へ送り込み，全体の（体内）システムを活気づけるので，スポーツをすることの恩恵には，大学での忙しいスケジュールを管理するために行う必要のある，他のあらゆることを成し遂げるためのより多くのエネルギーを与えてくれるということも実は含まれるのだ。

まとめると，スポーツをすることにはいくつかの重要な恩恵がある。単に楽しいだけでなく，スポーツは，学校での成績がよくなる，よりリラックスし不安が減る，挫折に対処する，他者とより上手く付き合う，そしてエネルギーを増大させる手助けになりうる――そのすべてが，学業と人生の中で起こっている他のあらゆることの間でバランスをとる助けとなるのだ。

◀解　説▶

まずは，すべての選択肢を文法的（(a)には関係代名詞の which が含まれている，(b)には等位接続詞 and に三単現の s がついた動詞 help が続いている等）に分析・分類してから，取り組むべきである。

1．空所の直前の節は複数形の名詞である sports を主語とするいわゆる名詞要素の欠けていない完全な文になっており，その節と空所はコンマで区切られている。以上の文法的観点から選択肢を絞り，(c)が入ると判断する。

2．空所の直前は不可算名詞である exercise をS，increases をVとする節になっている。その increase に三単現の s がついていることを手がかりに選択肢を絞り，(b)が入ると判断する。

3．前後の文構造から空所には完全な文が入るとわかる。また，空所には直後の関係代名詞 who の先行詞となる人という属性を持つ名詞が含まれているものが入るはずである。以上の観点から選択肢を絞り，(h)が入ると判断する。

4．文構造より，空所に入る可能性のある選択肢は(e)・(f)・(j)の3つである。(e)・(f)なら，文頭の As は接続詞，(j)なら前置詞ということになるが，文意から消去法的に(j)が入ると判断する。

5．直前が taught me なので，teach O O′ の O′ にあたるものが入ると考え，(g)が入ると判断する。

6．文構造より，空所には完全な文が入ると考え，(i)が入ると判断する。

7．空所の直前の動名詞句 playing sports を単数扱いの主語と考えると，その適切な述語となりうるのは(e)・(f)だが，文意から消去法的に(f)が入ると判断する。

8．残った選択肢(a)・(d)・(e)の中で文法的に考えて（直前に等位接続詞の and があり，さらにその前に feel lazy about it がある）適切な選択肢を絞り，最終的には文意から，(d)が入ると判断する。

9．残った選択肢(a)・(e)の中で文法的に考えて（the belief が主語，空所にはその述語となるものが入る），(e)が入ると判断する。

10．最後に残った(a)を空所に入れると文意が通り，そこに含まれる関係代名詞 which の先行詞となるものも空所の前に存在している。

VIII **解答** 問1．(c) 問2．(b) 問3．(c) 問4．(d) 問5．(a)
問6．(b) 問7．(b) 問8．(d) 問9．(a) 問10．(b)
問11．(d) 問12．(a)

◆全　訳◆

≪聞き上手が行っていること≫

［1］ 聞き上手であることは，誰でも持つことができる最も重要かつ魅力的な，生きていく上での技能のひとつである。しかし，それをどのように行えばよいのかを知っている人はほとんどいないのだが，それは我々が邪悪だからではなく，誰もやり方を教えてくれなかったからであり，さらに，関連する点だが，我々に十分にきちんと耳を傾けてくれた人がほとんどいなかったからである。よって，我々の社会生活は，聞くよりもむしろ話したくてたまらない，他人と出会うことを強く願うが相手の話を聞きたいとは思わない，というものになってしまっている。

［2］ 大半の物事と同様に，答えは教育にある。我々の文明は，どのように話すべきかに関する偉大な書物——キケロの『弁論家について』やアリストテレスの『弁論術』は古代世界における最高傑作の2冊である——に溢れているが，残念なことに，『聞き手』というタイトルの本を今までに書いた者はいない。一緒に時間を過ごすのが非常に楽しいと思わせる，聞き上手がしている幅広い事柄がある。必ずしもはっきりと認識しているわけではないが，我々は急を要する気がするが，やや不明確な感じもする何かによって，会話せざるを得なくなることがよくある。仕事で面倒なことになっている，もっと野心的なものへの転職を考えている，誰それが自分にとって相応しいのか確信が持てない，ある人物との関係がこじれている，何か心配事があったり人生全般に関して（何が問題なのかは正確にはわからないのだが）ちょっとふさぎ気味である，あるいはひょっとすると，その情熱の理由は特定しづらいのだが，何かにとても興奮していたり熱狂していたりする。

［3］ 心の中では，これらすべては明確化されることを求めている事柄である。理想的には我々は，他人との会話を通じて，混乱した精神の状態からより集中した，また（願わくば）より穏やかな状態へと移行したいと思っているのだと，聞き上手は知っている。彼らと共に，我々は何が本当のところ問題なのかを探り出すのである。しかし現実的には，こうしたこと

はあまり起こらない。明確化に対する願望と必要性の十分な意識が会話の中に存在しないからだ。聞き上手は十分には存在しない。よって，人は（自己）分析するよりも（自己）主張しがちなのである。人は多くの異なる方法で，自分は心配している，興奮している，悲しんでいる，あるいは期待しているという事実を言い換える。そして会話の相手は，耳を傾けはするが，より多くのことを発見する手助けにはならない。聞き上手は，幅広い会話術を用いてこれに抗うのである。

［4］　彼ら（聞き上手）は，相手が話す間は待機状態にある。彼らは，同情を示すため息，話の後押しとなる頷き，興味があることを示す戦略的な「なるほど」など，支持を表して話を促すちょっとした発言はするし，穏やかな肯定的仕草をする。彼らは常に相手にもっと深く問題の核心に迫るよう後押ししている。彼らは「…についてもっと教えてください」，「あなたは…って言ったけど，私はとても興味が湧きました」，「なぜそんなことになったのだと思います？」，あるいは「それについてどう思いました？」と言うのが非常に好きである。聞き上手は，他人との会話の中で曖昧さに出くわすのは当然であると考えている。しかし彼らは，曖昧さは万人に当てはまる非常に意味のある精神の問題で，真の友人の役割とはその手助けをすることだと考えているので，批判したり，先を急いだり，イラついたりはしない。しばしば我々は（答えである）何かに近づくが，我々を本当に煩わせていたり，興奮させたりしているものが何なのかはっきり悟ることができない。聞き上手は，我々が詳しく述べたり，もっと細かいところまで話を掘り下げたり，もう少し先まで話を進めるよう後押しされることで大きな利益を得ることを知っている。我々には，あまり多く話すのではなく，「続けて（Go on）」という，めったに聞かれない魔法のような2つの単語だけを口にする人が必要である。我々が兄弟姉妹のことに触れると，彼らはもう少し知りたいと思うのである。幼少期の関係はどのようなものだったか？　時が経つにつれ，それはどのように変わったか？　彼らは我々の心配（関心）や興奮がどこから生じるのかを知りたがる。彼らは「なぜそれがあなたを特に悩ませたのか？」，「なぜそれはあなたにとってそれほど大きなことだったのか？」といったことを尋ねる。彼らは我々の個人的な歴史を心に留める。彼らは，我々が以前言ったことに再び触れるかもしれない。それで我々は彼らがより深い関わり合いの土台を築いてい

ると感じる。曖昧なことを言うのは決定的に簡単なことである。何かが素敵だ，あるいはひどい，とか，嬉しい，あるいはイラつくなどと言うだけである。しかし，我々は，なぜ自分がそのように感じるのかを本当に追求するようなことはしない。聞き上手は，我々自身の当初の発言の一部に対する，生産的で好意に満ちた疑いを持っており，背景に潜んでいるより深いものの捉え方を探し求めているのである。

［5］　聞き上手が行う重要な一手は，話し手が導入するあらゆる二次的テーマや小さな話を必ずしも追いかけるわけではないということである。というのも，話し手は迷子になりかけていて，本人が望むより自身の要点から遠くなっている可能性があるからである。聞き上手は絶えず話し手を，理に叶った最終的な考えに引き戻そうと努めている。聞き上手は，逆説的だが，話を遮るのが上手い。しかし彼らは，大半の人がするように相手の話を遮って自身の考えを無理に刷り込んだりはしない。彼らは，話し相手が元々の，より本心からの，微妙でもある心配（関心）事に戻ってくる手助けのために話を遮るのである。

［6］　聞き上手はお説教をしない。彼らは，奇妙なことに出会っても驚いたり恐れたりしないほど自分自身の精神をよく知っている。彼らは，人間の弱さを認識しているし受け入れてもいるという印象を与える。彼らは，我々が恐れていることや望んでいることを口にしても一歩引いたりしない。彼らは，我々の自尊心を壊すようなことはしないと安心させてくれる。自分は失敗者だと感じる，と言うことは，（自分が人々から）見放されていることを意味しかねない。聞き上手は，そのような言葉（観点）で我々のことを見ていないということを，早い段階にはっきりと示す。我々の打たれ弱さは，彼らにとっては驚くべきものではなくよく理解できるものである。聞き上手は，普通の（つまりは非常に混乱していて不完全な）人間であるということの意味に関する記録をきちんとしておくために，彼ら自身について巧みに打ち明ける。彼らが打ち明けるのは自分の重荷を下ろすためではなく，他人が自身の本質を受け入れ，悪い親であること，駄目な恋人であること，あるいは困惑した労働者であることは，邪悪な行いなどではなく，彼らの公の人物紹介から他人が不当に切り取って編集してしまった，生きているということのごく普通の特徴である，と理解するのを助けるためなのである。

◀解　説▶

問1．直前に逆接を表すbutがあり，ここではhungry to meet othersと（　ア　）to hear themが対比されているとわかる。その逆接関係を成り立たせるには空所に(c)「〜したがらない」を入れるのが適切。他の選択肢は，(a)「喜んで」，(b)「不可能な」，(d)「重要な，有意な」という意味。

問2．下線部は先行詞であるa range of things「幅広い物事」を修飾する形容詞節を導く関係代名詞。またここでは，その先行詞を別の形容詞節（that the good listener is doing）が修飾するいわゆる二重限定になっている。(a)のthatはthe thing which「〜なこと（もの)」のthe thingと同じ役割を果たす後続する形容詞節の先行詞となる代名詞。なお，that whichは関係代名詞whatと同じようなもの。(b)のthatは関係代名詞なので正解。なお，ここではI thinkが挿入されたいわゆる連鎖関係代名詞節になっている。(c)のthatはso〜that…「とても〜なので…」を意味する構文を構成する接続詞。(d)のthatは「〜という」を意味する，いわゆる同格となる接続詞のthat。ここでは直前のChris's ideaと同格関係。

問3．特に最終2文（Without necessarily quite … to pin down.）の内容より，(c)が正解。

問4．be at stakeは辞書的には「危険に晒されている」という意味なので，ここでは「問題となっている」→「重要である」という意味だと判断する。よって，(d)「重要である」が正解。他の選択肢は，(a)「心穏やかな」，(b)「偶然に」，(c)「実は」という意味。

問5．直前の等位接続詞orによって，空所に入るものは「…についてもっと教えて」，「あなたは…って言ったけど，私はとても興味が湧きました」，「なぜそんなことになったのだと思います？」と並列関係になると考えられるが，等位と言える内容を表すのは(a)「それについてどう思いましたか？」である。他の選択肢は，(b)「どういたしまして」，(c)「前にも同じような話を聞いたことがあります」，(d)「それを聞いて私自身の経験を思い出しました」という意味。

問6．空所を含む文は「自分ではあまり話さず，『(　オ　)』という魔法の言葉を口にする人が必要である」という意味である。また本文では，問5を含めて，ここまで聞き上手は相手に話を掘り下げるよう促すと述べている。よって，空所には聞き上手が相手にもっと話すよう促す際に用いる可能性が一番高いと思われる(b)「続けて」が入ると判断する。他の選択肢は，(a)「それは忘れて」，(c)「気をつけて」，(d)「なぜダメなの？」という意味。

問7．下線部は直訳的には「生産的で好意に満ちた疑い」という意味だが，文脈上ここでは「(聞き上手が相手の話す事柄を）よい方向へ導こうという優しさを持ちながらも批判的かつ客観的に聞くこと」といった意味だろう。よって，それに一番近い(b)が正解。

問8．意味的に考えても，文法的（段落という区切りを飛び越えている）に考えても，(a)と(b)は正解にはならない。また，文法的には(c)と(d)のどちらも指示することができるが，文脈的（「聞き上手は，話し手が自身の心の奥底にある不安や心配を認識する手助けをする」）・意味的（「迷子になりかけて，要点から遠くなっている」）に考えると，正解は(d)となる。なお，この本文では the good listener も the speaker も形上は単数ではあるが，性別が不明なので複数扱いであることに注意。

問9．空所を含む部分が2つのコンマによって主節と区切られた挿入節であること，また直後に most people(S) do(V) が続いていることから，空所には何らかの副詞節を導く接続詞が入るとわかる。その条件を満たすのは(a)「～ように」のみである。他の選択肢は，(b)前置詞で「～にもかかわらず」，(c)副詞で「したがって」，(d)形容詞で「そのような」という意味。

問10．段落全体の内容から消去法的に判断する。

問11．後ろに as to help … が続いていることから，空所には not so much *X* as *Y*「*X*というよりも*Y*」の not so much が入ると判断する。なお，ここでは*X*も*Y*も不定詞句である。

問12．(a)は第4文（They reassure …）より，「話し手の尊厳を傷つけない」は正しいが，「失敗談を聞いてもやさしく慰め」という記述はないので，不適切。

(b)は第8文（The good listener …）に「聞き上手は，普通の人間は混乱した不完全なものである，ということを示すために，自分自身について巧みに打ち明ける」という内容が書かれているので，適切。

(c)は第3文（They give the impression …）の後半に，「聞き上手は，話し手が恐れていることや望んでいることを口にしても，一歩引いたりしない」と書かれているので，適切。

(d)は第 1 文（The good listener doesn't …）に「聞き上手はお説教をしない」，第 3 文（They give the impression …）に「彼らは人間の弱さを認識し，受け入れている」と書かれているので，適切。

(e)は第 6 文（The good listener signals …）に「聞き上手は，そのような観点（話し手が人々から見放されているということ）で話し手を見ていないことを早い段階ではっきりと示す」と書かれており，これはつまり「話し手を肯定することを，早い段階で明確に示す」ことなので，適切。

❖講　評

2023 年度も大問 8 題で，長文読解問題 3 題，英作文問題 1 題，文法・語彙問題 4 題という構成である。

出題された英文は，Ⅰが「世界秩序の必要性」を論じた論説文，Ⅶが「運動が持つ真の意義」を論じた随筆文，Ⅷは「聞き上手が行っていること」に関する論説文であった。

Ⅰの英文和訳は短い時間で構文を把握し，こなれた日本語にするにはかなりの力が要求される。基本構文の理解はもちろん，語順の入れ替え，判断しにくい並列関係や複数の関係詞節などが含まれる文の構造理解にも慣れておく必要がある。Ⅶの空所補充は，語彙自体はそれほど難しくないが，長文の展開を把握しておかないと選びにくいものも含まれる。Ⅷの文体は標準的で，語彙も難しいものではない。ただし，設問の中には文法・語法問題も含まれ，日頃から展開だけでなく文法も意識した読解を習慣づける必要がある。全体で相当量の英文を読む必要があるので，速読力が試される。

Ⅱの和文英訳は，2022 年度と同様，短文 1 問の出題であった。例年通り，難しい箇所はなく，基本的な語彙・構文を用いて英訳できるもので取り組みやすい。なお，2020 年度以降は，英語で与えられた書き出しに続けて解答する形式が続いている。結果，大問全体の難度は以前と比べ下がっている。

文法・語彙問題は，空所に適切な 1 語を自分で考えて補充する形の空所補充がⅢで出題された。ヒントとして最初の 1 文字が指定されているので取り組みやすいと思われる。またⅣでは語句整序問題が出題された。空所自体は 6 カ所だが，答えるのはそのうちの 2 カ所だけであり，しかもそれを記号で答えればいいという，数年前までセンター試験などで出題されていた単純な形式である。Ⅴでは4択文法問題が10問，Ⅵでは文法の誤り指摘問題が10問出題された。Ⅶについてはひとつづきの長文を10分割し，それぞれのパートの中で4択が与えられ，答えを選んでいくという珍しい形式である。

長文読解問題は，英文自体は標準的であるが，試験時間のわりに英文量が多いので，その点では難しいと言える。文法・語彙問題で取りこぼしをしないことが大切である。また，試験時間90分の中で時間配分を考え，見直しの時間をとることも必要である。

日本史

I　**解答**　問1．a－イ　b－イ　c－ロ
問2．a－ロ　b－イ　c－ロ

問3．c　問4．a－イ　b－ロ　c－イ

問5．a－ロ　b－ロ　c－イ　問6．a－ロ　b－イ　c－イ

問7．a－イ　b－イ　c－ロ　問8．c

問9．a－イ　b－ロ　c－イ　問10．a－ロ　b－イ　c－イ

問11．d　問12．a－イ　b－イ　c－ロ

問13．a

問14．ⓐ貨幣の需要が増大してくると粗悪な私鋳銭が流通し撰銭が行われたため，悪銭と精銭の混入比率を決めたり，一定の悪銭の流通を禁止したりしてそれ以外の銭の流通を強制した。(80字以内)

ⓑ撰銭が円滑な貨幣流通を阻害して経済が混乱したため，それを抑制するねらいがあった。(40字以内)

問15．a－ロ　b－ロ　c－イ　問16．d

◀解　説▶

≪原始～中世の文化・社会・経済≫

問2．a．誤文。北海道には弥生文化が及ばず，貝塚文化ではなく続縄文文化とよばれる食料採取文化が続いた。沖縄などの南西諸島では，貝塚文化とよばれた。

b．正文。

c．誤文。弥生時代前期には乾田ではなく，湿田が中心で，中・後期になると湿田だけではなく，乾田の開発も進められた。

問3．「6世紀頃」「新興の有力農民」からc．群集墳を導く。群集墳は古墳時代後期に各地で見られ，横穴式石室のものが多い。

問4．a・c．正文。

b．誤文。新羅ではなく，高句麗が独自に南下政策を進めると，ヤマト政権は朝鮮半島へ出兵し，百済や加耶（加羅）諸国とともに戦った。

問5．a．誤文。「帝紀」「旧辞」をもとに天武天皇が稗田阿礼によみなら

わせたものを太安万侶が筆記したものは，『日本書紀』ではなく『古事記』である。

b．誤文。蒔絵の手法が多く用いられたのは，平安時代以降である。

c．正文。

問6．a．誤文。租は主に中央政府ではなく，諸国へおさめるものであった。調や庸が主に中央政府におさめられ，それを都まで運ぶ運脚の義務があった。

b・c．正文。

問7．a・b．正文。

c．誤文。早稲・中稲・晩稲の作付けが普及したのは，室町時代である。

問9．a・c．正文。

b．誤文。『庭訓往来』は国語辞典ではなく，教科書用である。国語辞典は『節用集』である。

問10．a．誤文。有田焼・薩摩焼・萩焼などは文禄・慶長の役の際に諸大名が連れ帰った朝鮮人陶工によって伝えられ，江戸時代になって全国へ広がった。

b・c．正文。

問11．「揚浜」「入浜式」からd．塩田を導く。揚浜と入浜式の違いもしっかり確認しておきたい。

問12．a・b．正文。

c．誤文。灯炉供御人の鋳物師は奈良の興福寺ではなく，蔵人所を本所とした。

問14．ⓐ撰銭令が出された原因と撰銭令の内容を，80字以内で答えなければならない。この問題を解答するにあたって，撰銭と撰銭令の区別はしっかりしておきたい。

撰銭は悪銭をきらって，良銭を選び取る行為であるが，撰銭令は精銭と悪銭の交換比率を決めるなど，極端な撰銭を禁止した法令である。

撰銭令が出されたのは，明銭が大量に輸入され，その需要が増大するとともに粗悪な私鋳銭が流通し，撰銭が行われるようになったからである。そのため撰銭令が出され，室町幕府や戦国大名たちは，悪銭と精銭の混入比率を定めたり，一定の悪銭の流通を禁止したりする代わりに，それ以外の銭の流通を強制的に行うように命じた。

ⓑ撰銭令は貨幣経済が発達する中，撰銭を行うことによって円滑な貨幣流通が阻害されたため，幕府や戦国大名らが経済の混乱を抑える目的で発令したものである。

問 15. a．誤文。足利義政の弟と子の名前が逆である。義政の弟が義視で，子が義尚である。

b．誤文。応仁の乱を契機として，有力守護が在京して幕政に参加する幕府の体制がつくられたのではなく，崩壊した。

c．正文。大内氏の城下町である山口には，雪舟らの文化人が集まり，小京都ともよばれた。

Ⅱ 解答

問 1．b　問 2．b　問 3．a－イ　b－イ　c－ロ
問 4．a－イ　b－ロ　c－ロ
問 5．a－イ　b－イ　c－ロ　問 6．a－ロ　b－イ　c－イ
問 7．a－イ　b－イ　c－ロ　問 8．a－ロ　b－ロ　c－ロ
問 9．a　問 10．a－イ　b－イ　c－ロ
問 11．a－ロ　b－ロ　c－イ

◀解　説▶

《鎖国体制下の交易》

問 3．a・b．正文。

c．誤文。「貿易に関係のないポルトガル人を追放した」が誤り。ポルトガル人の子孫の追放を命じたのは，1636 年の禁令であり，1639 年の禁令は，貿易のためにやってくるポルトガル船の来航を禁止したものである。

問 4．a．正文。

b．誤文。松前氏は，1604 年に徳川秀忠ではなく，徳川家康からアイヌとの交易独占権を保障され藩制を敷いた。

c．誤文。松前氏が，津軽藩の協力を得て鎮圧したのはコシャマインの蜂起ではなく，シャクシャインの蜂起である。

問 5．やや難。a．正文。蝦夷錦は，中国東北部の山丹人がアイヌを経由して松前にもたらしたもので，山丹錦ともよばれた。

b．正文。19 世紀初めに江戸幕府は，東蝦夷地を永久の直轄地とし，アイヌ人に対して和人名や和人語を強制するなど和風化政策を進めた。

c．誤文。アイヌを民族として法的に位置づけ，アイヌ文化を保護したの

は，アイヌ文化振興法（アイヌ新法）で，1997年に成立した。

問6．ａ．誤文。「幕府・諸藩は負担しなかった」が誤り。通信使の接待にかかる費用は，幕府・諸藩も負担しており，正徳の治の一環として新井白石は朝鮮通信使の経費削減のために待遇を簡素化した。

ｂ・ｃ．正文。

問7．ａ・ｂ．正文。

ｃ．誤文。通信使は，大坂を経由して海路ではなく，陸路で江戸にいたり，将軍に面会した。

問8．ａ．誤文。「清とは正式な条約を結び交易をおこなった」が誤り。江戸時代，清との正式な条約は結ばれていない。明治時代になって日清修好条規が結ばれたが，これが日清間で結ばれた最初の正式な条約である。

ｂ．誤文。「オランダ船については制限しなかった」が誤り。オランダ船は年間2隻，銀高にして3000貫に制限された。

ｃ．誤文。「長崎出島に唐人屋敷を設けた」が誤り。唐人屋敷は長崎の町に設けられたが，出島とは別の場所であった。

問9．「長崎奉行」からａ．遠国奉行を導く。遠国奉行は，重要な幕府の直轄地に置かれた各地の奉行の総称である。

問10．やや難。ａ・ｂ．正文。

ｃ．誤文。「オランダ船は砲撃しなかった」が誤り。オランダ船は，一揆勢がたてこもる原城跡に激しい砲撃を行っている。

問11．ａ．誤文。「江戸幕府の許可なく」が誤り。島津氏は徳川家康の許可を得て琉球に攻めこみ，これを征服した。

ｂ．誤文。「明との冊封関係は継続できなくなった」が誤り。琉球は島津氏に征服されたが，明との冊封体制は続けさせたので，日本と明の両方に服属する形となった。

ｃ．正文。琉球は，国王の代替わりごとにその就任を感謝する謝恩使，将軍の代替わりごとにそれを祝う慶賀使を幕府に派遣した。

Ⅲ 解答

問1．a－ロ　b－ロ　c－イ
問2．a－ロ　b－イ　c－ロ
問3．a－イ　b－ロ　c－イ　問4．a－ロ　b－イ　c－ロ
問5．d　問6．a－イ　b－イ　c－イ
問7．a－ロ　b－イ　c－イ　問8．b
問9．a－ロ　b－イ　c－ロ　問10．d
問11．a－ロ　b－ロ　c－イ　問12．a－イ　b－ロ　c－イ
問13．a－イ　b－イ　c－ロ　問14．a－イ　b－ロ　c－ロ
問15．a－ロ　b－イ　c－イ

◀解　説▶

≪幕末～明治時代の社会・政治≫

問1．a．誤文。「孝明天皇から明治天皇への譲位が行われた」が誤り。孝明天皇は1866年の第2次長州征討中に急死しており，1867年に出された王政復古の大号令の発出にともない，譲位は行われていない。

b．誤文。王政復古の大号令では，将軍職とともに摂政・関白も廃止された。

c．正文。

問2．a．誤文。将軍徳川秀忠ではなく，徳川家光が発布した武家諸法度により，大名が1年おきに国元と江戸とを往復する参勤交代が制度化された。

b．正文。関ヶ原の戦い以前より徳川氏の家臣であった大名を譜代大名という。

c．誤文。「各大名領内の有力武士による領地・領民支配は一切否定され」が誤り。江戸時代の初期には有力武士に領地・領民支配を認める地方知行制をとることもあった。

問3．a・c．正文。

b．誤文。本百姓から選出されたのは乙名・沙汰人ではなく，名主・組頭・百姓代とよばれる村の指導者であった。

問4．a．誤文。版籍奉還の計画は，西郷隆盛ではなく，新政府内で木戸孝允と大久保利通らが中心となって進められた。

b．正文。

c．誤文。版籍奉還ではなく，廃藩置県にともなって旧大名である知藩事

は罷免され，これにかわって中央政府から府知事・県令が派遣され地方行政を担った。

問7．a．誤文。徴兵令により満18歳ではなく，満20歳に達した男子から選抜して3年間兵役に服させる制度が整えられた。

b・c．正文。

問8．b．大学令は1918年，原敬内閣の時に出された法令である。

問9．a．誤文。内務省ではなく，工部省が主導となって，新橋・横浜間や神戸・大阪・京都間に鉄道が敷設された。

b．正文。

c．誤文。日本近海・沿岸部の海運事業は官営事業ではなく，民営事業として運営された。

問10．d．副島種臣は西郷隆盛・板垣退助・後藤象二郎・江藤新平らとともに征韓派参議の一人であった。

問11．a．誤文。建白書は，太政官の正院ではなく，左院に提出された。

b．誤文。建白書の文面は『郵便報知新聞』ではなく，『日新真事誌』に掲載された。

c．正文。

問12．やや難。a．正しい。自助社は1874年に設立された徳島の政社である。

b．誤り。改造社は1919年に創立された出版社で，総合雑誌『改造』を発行した。

c．正しい。

問13．a・b．正文。

c．誤文。福島県令の三島通庸は，大井憲太郎ではなく河野広中ら福島自由党員の多くを検挙した。

問14．難問。a．正文。

b．誤文。「統一的に徴収されていた地方税が府県税や民費などに細分化され」が誤り。地方税規則の施行により，細分化されていた複雑な諸税である府県税や民費が，地方税に統一された。

c．誤文。「各府県では画一的な行政区画としての大区・小区制が実施された」が誤り。郡区町村編制法の施行により，大区・小区は廃止され，旧来の郡・町・村の行政区画が復活した。

問 15. a．誤文。治安を妨害するおそれのある者に皇居外三里の地への退去を求めたのは，治安維持法ではなく保安条例である。

b．正文。

c．正文。軍人・教員・生徒の政治活動の禁止項目は，第 7 条に記載されている。

❖講　評

2022 年度の大問 5 題から，2023 年度は大問 3 題となり，文章正誤判定・語句選択・論述 2 問（40・80 字）が出題された。大問は 3 題となったが，設問数は例年通りであった。ここ数年原始からの出題は見られなかったが，2023 年度は出題が見られた。時代的には原始から近代までであり，戦後からの出題は見られなかった。

Ⅰ．原始から中世の文化・社会・経済分野に関する問題が出題された。特に中世の社会・経済分野は受験生が苦手としがちな分野であり，注意が必要である。問 14 の論述問題に関しては，撰銭令は撰銭を禁止するための法令ではないことをしっかり確認しておこう。撰銭令に関する教科書の内容を学習し，簡潔にまとめる力があれば解答できる問題である。

Ⅱ．鎖国体制下の「四つの口」を通しての交易をテーマとした問題である。文章正誤判定問題がほとんどで，教科書の内容に沿った標準的な問題であるが，問 5 はやや詳細な内容が含まれていた。

Ⅲ．幕末から明治時代の社会・政治に関する問題が出題された。標準的な問題が多かったが，問 14 の郡区町村編制法・府県会規則・地方税規則のいわゆる地方三新法に関する問題は教科書の脚注までしっかり学習できていない受験生にとっては難問であったと思われる。

世界史

I 解答

設問1．1．ドンソン　2．ヴァルナ（カーストも可）
3．李　4．チュノム〔字喃〕

設問2．⑤　設問3．②　設問4．阿倍仲麻呂　設問5．③　設問6．③
設問7．義浄　設問8．①　設問9．市舶司　設問10．①　設問11．⑤
設問12．③・⑤　設問13．(あ)―②　(い)―②　(う)―②
設問14．モンスーンを利用しアラビア半島南西岸とインド西岸を海上ルートで結ぶ（という航海術）（40字以内）

◀解　説▶

≪東南アジアの歴史≫

設問3．前漢の武帝は南越を滅ぼしてベトナム北部に南海9郡の一つ②交趾郡を設置した。③朱崖郡，④蒼梧郡，⑤南海郡も南海9郡に含まれるが，いずれもベトナム北部ではない。①臨屯郡は朝鮮4郡の一つで朝鮮半島東部に設置された。

設問4．阿倍仲麻呂は玄宗に重用された日本の留学生。日本への帰国途上で暴風にあい失敗し，長安にとどまって客死した。「天の原　ふりさけみれば　春日なる　三笠の山に　出でし月かも」という彼の和歌は，望郷の念が込められている。

設問6．①誤文。扶南はメコン川流域に建国された。
②誤文。林邑はチャンパーの中国名で，チャム人による建国。
④誤文。クローヴやナツメグの生産地はモルッカ諸島である。
⑤誤文。扶南の主要な外港はオケオである。ホイアンはベトナム中部の都市。

設問8．②誤文。シャイレンドラ朝は9世紀にシュリーヴィジャヤ王国を支配した。
③誤文。シャイレンドラ朝が首都をティモール島に移した事実はない。
④誤文。（古）マタラム王国はヒンドゥー教国であった。
⑤誤文。クディリ朝は（古）マタラム王国の王族が首都をジャワ東部に移して建てた王朝である。

設問 10. やや難。①正文。黄巣の乱では広州が破壊され，ムスリム商人が弾圧された。
②誤文。楊炎がムスリム商人に高額な税を課した事実はない。
③誤文。両税法を施行したのは徳宗の宰相の楊炎である。王仙芝は黄巣の乱の首謀者の一人。
④誤文。安禄山は，玄宗の時代に安史の乱を起こした人物である。
⑤誤文。韋后は中宗から政権を奪った。
設問 11. ①はタージ=マハル，②はハギア=ソフィア大聖堂，③はボロブドゥール，④はパガンの寺院遺跡群である。
設問 12. ①誤文。スコータイ朝は，南下したタイ人によって建てられた。
②誤文。スコータイ朝は上座部仏教を取り入れた。
④誤文。現タイの王朝は，ラタナコーシン（チャクリ）朝である。
設問 13.「13 世紀末に元軍を撃退して東部ジャワに成立した王国」はマジャパヒト王国。
(あ)誤文。マジャパヒト王国は，ジャワ島最後のヒンドゥー教国である。
(い)誤文。マジャパヒト王国は，イスラーム勢力の台頭で衰退した。
(う)誤文。マジャパヒト王国はバリ島に進出したほか，現在のインドネシア地域に広範な港市連合王家を築き交易圏とした。
設問 14. 1世紀における航海術の内容を論じる問題である。1世紀にはモンスーン（季節風）を利用した季節風貿易が確立され，『エリュトゥラー海案内記』でも紅海からインド洋にかけての季節風貿易が行われていたことが書かれている。これについて語群Aからモンスーン（季節風）を，語群Bからアラビア半島南西岸とインド西岸を選んで説明すればよい。

II 解答

設問 1. 1―④　2―②　3―③　4―①　5―②
6―①　7―④　8―③　9―④　10―①

設問 2. ソグド文字（アラム文字も可）　設問 3. ①・④
設問 4. 軍人に俸給に代わり，分与地の徴税権を与えた（制度）（25 字以内）
設問 5. ①　設問 6. ③

◀解　説▶

≪トルコ系の諸国や王朝の歴史≫

設問1．1．突厥が北周を服属させたことは細かい知識であるが，消去法で考えよう。①北魏が東西に分裂して北周と北斉が成立した。②北宋は10世紀，③北元は14世紀に成立しているので時期が違う。

3．やや難。トルキスタンはペルシア語である。トルコ人の西走に対して，先住のイラン人（ペルシア人）が彼らによって支配された地域をこのように呼んだ。

設問2．突厥文字の起源はソグド文字，アラム文字の2つの説がある。

設問3．②誤文。科挙を創設したのは隋の文帝である。

③・⑤誤文。時代が対応しない。玄宗の治世は8世紀。都護府は唐初期の7世紀に設けられた軍事行政機関。吐蕃がたてられたのは7世紀。

設問4．イクター制の内容を25字以内で論じる問題である。アッバース朝の衰退で俸給（給与）制度の維持が困難となったため，ブワイフ朝がバグダード占領後に軍人に分与地の徴税権（イクター）を付与した制度である。

設問5．①誤文。イェニチェリはオスマン帝国の歩兵常備軍であり，後にスルタン直属の近衛兵に発展した。

設問6．③誤文。デヴシルメ制はオスマン帝国における奴隷や官僚の徴用制度。

III　解答

設問1．1－⑤　2－②　3－③　4－④　5－①
6－④　7－⑤　8－②　9－③

設問2．暗黒の木曜日　設問3．①・⑤

設問4．(あ)―①　(い)―②　(う)―①

設問5．立法権を政府に委譲することを定めた（法律）（20字以内）

設問6．②・⑤　設問7．①・③　設問8．②・⑤

◀解　説▶

≪世界恐慌と第二次世界大戦≫

設問1．2．ワグナー法は，全国産業復興法が違憲とされたため，労働者の諸権利保護を目的に制定された。問題文の「1935年」という年代からこの法律を想起したい。

3．やや難。大統領緊急令はヴァイマル憲法第48条に規定された，非常時における大統領に与えられた緊急の立法権である。1930年代に乱用されて，ナチスの台頭を招いた。

設問3．①誤文。挙国一致内閣は，マクドナルドの第3次内閣にあたる。

⑤誤文。産業別組織会議（CIO）は，アメリカで発足した労働組合である。

設問4．(い)誤文。国民（国家）社会主義ドイツ労働者党はミュンヘン一揆に失敗し，ヒトラーは一時投獄された。

設問5．全権委任法の定めた内容を記すことが求められてる。20字以内という字数から考えて法の内容のみに焦点をあてて述べればよい。「立法権」と「政府」の関係に言及することがポイント。

設問6．②誤文。ミュンヘン会談に参加したイギリス首相は，ネヴィル＝チェンバレンである。

⑤誤文。ミュンヘン会談に不参加であったソ連は，イギリスやフランスのドイツへの姿勢に不信感をもった。

設問7．②誤文。独ソ戦開始によってソ連はイギリスやアメリカとの結束を強めるため，コミンテルンを解散した。

④誤文。ナチスに対してティトーによるパルチザン闘争が展開されたのは，ユーゴスラヴィアである。

⑤誤文。ドレスデンに対して大空襲を行ったのは，アメリカ・イギリス両空軍である。

設問8．「1945年2月」に開催されたのはヤルタ会談。

②誤文。イギリス代表がチャーチルからアトリーに交代したのは，ポツダム会談である。

⑤誤文。連合国共同宣言が採択されたのは1942年。

❖講　評

Ⅰ　東南アジアの諸王朝の興亡をテーマとして，古代から15世紀の東南アジア史を中心に出題された。正文選択問題が4問，正誤判定問題が1問出題されたが，東南アジア史の学習の度合いで得点差が出やすい。設問11は視覚資料からの出題であったが，いずれも教科書などに掲載されているものであるので対応は難しくないと思われる。設問14は40字以内の論述問題であったが，語群Bの使い方に戸惑う受験生が多かったであろう。

Ⅱ　トルコ系の諸国や王朝の歴史を題材に，古代から現代におけるトルコ人の歴史が問われた。設問１の空所補充問題も正文・誤文選択問題もほぼ標準レベルであるので得点を積み重ねておきたい。設問４のイクター制の論述も基礎的知識であった。

Ⅲ　世界恐慌および第二次世界大戦をとりあげつつ現代ヨーロッパ史を中心に出題された。設問１の空所補充問題は３の大統領緊急令がやや難であったが，全体的には標準レベルの出題であった。４問出題された正文・誤文選択問題もいずれも教科書の基本的知識で対応できる内容である。設問５の論述問題は20字以内と字数が少ないためコンパクトにまとめる必要があった。

政治・経済

I

解答

問1．国籍法

問2．a－イ　b－ロ　c－ロ　d－イ

問3．a－ロ　b－ロ　c－イ　d－イ

問4．a－ロ　b－イ　c－ロ　d－イ

問5．1－d　2－c　3－g　4－j

問6．a－イ　b－ロ　c－ロ　d－イ

問7．捜査対象は内閣にも及ぶので法を正当に適用するため独立性を保障し干渉を避けている。(40字以内)

◀解　説▶

≪法の原理≫

問1．2008年に最高裁判所は，国籍法第3条1項が規定している出生後に認知された非嫡出子の国籍取得の条件に関して，本人の責任ではない理由で国籍取得ができないことは憲法第14条の法の下の平等に反するとして違憲とした。

問2．a．正文。地方自治法第74条の規定である。

b．誤文。憲法第95条に規定されている地方自治特別法とは，特定の地方公共団体にのみ適用される法律のことで，その制定・改廃には国会の議決と当該地方公共団体の住民投票による過半数の同意が必要であるが，地方自治法による直接請求の対象ではない。

c．誤文。長の解職請求には有権者の3分の1以上の署名が必要である。

d．正文。地方自治法第75条の規定である。

問3．a．誤文。ヘイトスピーチ解消法は2016年に制定されている。

b．誤文。男女雇用機会均等法のセクシュアルハラスメント防止の規定は，1997年の同法の改正で導入され，さらに，2006年，2016年の改正で強化されている。

c．正文。合理的な配慮を規定している障害者差別解消法は2013年に制定されている。

d．正文。らい予防法に代わったハンセン病問題基本法は2008年に制定された。

問4．a．誤文。国民投票法の投票人名簿には満18歳以上の日本国民が登録される。

b．正文。憲法は，国会の発議には各議院の3分の2以上の賛成，国民投票による過半数の賛成という厳しい改正条件が課されている硬性憲法である。

c．誤文。2007年に設置された憲法審査会は2022年11月には衆参両院とも自由討議を行うなどして開催されている。

d．正文。憲法第96条2項の規定である。

問5．1・2．憲法第96条1項に出てくる規定である。

3・4．憲法第60条に出てくる規定である。

問6．a．正文。1987年の最高裁の違憲判決である。

b．誤文。尊属殺重罰規定違憲判決は，憲法第36条ではなく憲法第14条の法の下の平等規定に違反するとの理由による。

c．誤文。女性の再婚禁止規定の判決では，再婚禁止期間の設定全体ではなく，100日を超える部分が過剰な制約であるとして違憲とされた。

d．正文。1975年の最高裁の違憲判決である。

問7．検察官は，刑事事件の捜査・起訴等の検察権を行使する権限が付与されており，内閣を構成する行政機関や政治家に対してもその権限を行使する役割が与えられている。したがって，内閣からの独立性が保障されなければ，検察庁法第4条にある「公益の代表者」たり得ない。この内容を40字以内でまとめる。

II　解答

問1．あ．有限責任　い．無限責任　う．合名会社
え．合資会社　お．会社法　か．上場
き．所有（資本）と経営の分離　く．相互持ち合い　け．企業買収
こ．メインバンク

問2．d　問3．b　問4．a

問5．(1)損益計算書　(2)貸借対照表〔バランスシート〕　(3)50％

問6．(1)―b　(2)―b　問7．b　問8．c　問9．b

◀解　説▶

≪現代の企業≫

問1．あ．有限責任は出資金の範囲で会社の債務に責任を負うこと。

い．無限責任は出資者である社員が連帯して債務のすべてに対して責任を負うこと。

う．合名会社は無限責任の社員のみで構成される企業である。

え．合資会社は有限責任社員と無限責任社員で構成される企業である。

お．会社法は 2005 年に商法の会社に関する規定を独立させて制定された。

か．上場は一定の基準をみたした企業が証券取引所での株式の売買を認められること。

き．所有（資本）と経営の分離とは，企業の巨大化と株主の分散によって法的な企業所有者である株主と企業を経営する経営者が分離することを指す。

く．株式の相互持ち合いは，会社がお互いに株式を持ち合うことで相互に相手側の安定株主となること。これにより企業買収を防ぐとともに，旧財閥系企業は銀行や商社を中心とした企業グループとして再編成された。

け．株式会社の発行株数の過半数を買い占めることでその企業を支配することを企業買収という。

こ．メインバンクとは取引銀行のうちの最も融資のシェアが大きく企業経営に直接関与することもある銀行を指す。

問2．ａ．正文。

ｂ．正文。合同会社は所有と経営が同一であり，定款も自由に決められるので柔軟な組織といえる。

ｃ．正文。合同会社は，迅速な意思決定や利益分配などが自由に行えることからベンチャー企業や小規模な会社に向いている。

ｄ．誤文。合同会社も株式会社と同じように登記が必要な法人企業である。

問3．ａ．正文。株式会社の最高意思決定機関は株主総会である。

ｂ．誤文。議決権は１人１票ではなく，１株１票である。

ｃ．正文。議決権と同様に株式保有数に応じて配当が決まる。

ｄ．正文。2015 年の会社法改正による社外取締役の要件厳格化で，業務執行取締役に対する監督機能が強化され，非業務執行取締役という概念が生まれた。

問4．内部留保，および新株発行による調達資金は返済する必要がないので自己資本である。社債と銀行借り入れによる資金は債務として返済の必要があるので他人資本である。したがって，aが正解。

問5．(1)損益計算書は，企業の財務諸表のうち一定の期間の利潤を計算するための書類である。

(2)貸借対照表は，ストックされた企業の資産や負債の状況を示す表で，総資産と総資本のそれぞれの金額が等しくなるように作成されるのでバランスシートとも呼ばれる。

(3)総資本10億円のうち，自己資本である資本金が5億円なので，自己資本比率は50％となる。

問6．(1)a．正文。社債は株式と同じように債券発行市場から直接的に資金を調達するので直接金融となる。

b．誤文。直接金融の場合でも証券会社などの金融機関は取引を媒介するブローカーの役割や各種の金融商品の販売者として関与している。

c．正文。銀行はリスクテイカーとして家計や企業からの預金の運用にあたっている。

d．正文。銀行の利潤の源泉は貸付利子と預金利子の差額である。

(2)a．正文。利率は利子率ともいい，元金に対する利子の比率をいう。

b．誤文。利率も一般の商品と同じように，資金供給が一定の場合，需要が増えれば利率は上昇し，需要が減れば利率は下落する。

c．正文。返済能力が高い借り手には低い利率で貸すが，低い借り手は返済ができなくなる可能性があるので高い利率でしか貸すことはできない。

d．正文。利回りとは金融資産がどれだけの収益をもたらすかを表す指標のこと。債券の場合，{(利子を加えた債券の償還時の金額－債券の購入金額)／債券の購入金額}×100で計算する。したがって，債券価格が上昇したときに購入した債券の場合，受け取る利子が変わらないとすれば，利回りは低くなる。逆に，債券価格が下落しているときに債券を購入した場合は，利回りは高くなる。つまり，債券の価格変動は利回りと反対の動きをする。

問7．a．正文。金融機関の破綻時には1000万円までは預金を保証するというペイオフ制度があるが，1996年の金融危機に際してはその措置が一次凍結され，預金が全額保護された。

b．誤文。不良債権の原因は銀行が土地を担保にして不動産関連の業者に過剰な融資をしたことが原因であった。

c．正文。このとき銀行による貸し渋りと呼ばれる貸し出し抑制が行われた。

d．正文。BIS規制による自己資本比率はリスクアセットと呼ばれるリスクのある資産に対する自己資本の割合を指している。

問8．ア～ウ．近年の株式保有比率が上昇したのは機関投資家が増えたためであり，そのなかでも顕著なのは外国人（海外の投資銀行やヘッジファンドなど）や年金基金である。

エ．機関投資家は短期の売買だけでなく投資の利回りを重視する傾向が強い。

オ．特に海外の機関投資家は「物言う株主」として株主利益を重視する主張を展開するなどの動きを見せている。

問9．a．正文。優良貸し出し先のプライムローンに対して低所得者向けのリスクの高いローンがサブプライムローンである。

b．誤文。サブプライムローンは安全性が低い分だけ金利は高かった。

c．正文。住宅バブルがはじけて転売ができなくなり，住宅ローンの焦げ付きが始まった。

d．正文。サブプライムローンを証券化した金融商品をヨーロッパの金融機関も購入していたので，欧米の銀行の破綻が連鎖して発生した。

Ⅲ　解答

問1．1．独占　2．ドッジライン
3．コストプッシュインフレーション
4．石油輸出国機構〔OPEC〕　5．スタグフレーション
6．デフレスパイラル　7．2

問2．a－ロ　b－イ　c－ロ

問3．インフレは復興金融金庫債の日本銀行引き受けによって起こされたので，復興金融金庫債の発行停止で抑制できた。(50字以内)

問4．a－イ　b－ロ　c－ロ

問5．a－ロ　b－イ　c－イ

問6．a－ロ　b－イ　c－ロ

問7．a－イ　b－ロ　c－イ　d－イ

◀解 説▶

≪市場と物価変動≫

問1．2．デトロイト銀行頭取のジョセフ=ドッジが来日して指示したデフレ政策である。

3．コスト上昇によるインフレーションである。コストインフレでも可。

4．原油価格を約4倍に引き上げたのは中東諸国を中心とする産油国の組織である石油輸出国機構（OPEC）の加盟国である。

5．スタグフレーション（stagflation）は，停滞を意味する stagnation と物価上昇を意味する inflation を合わせた用語である。

6．スパイラルはらせんのこと。デフレスパイラルは物価下落と不況がらせん状に進行してしまう状態を指す。

7．日本銀行はアベノミクスの3本の柱の一つとして2％の物価上昇を目標とした政策（インフレターゲッティング）をとり，異次元の金融緩和を行った。

問2．a．誤文。ネットワーク産業では利用者が多くなるほど，利用者の便益が増すので，特定の企業に利用者が集中しやすくなり，独占や寡占になりやすい。

b．正文。公正取引委員会は独占禁止法の運用を担当する内閣府外局の行政委員会である。

c．誤文。公害の場合，規制や課税による外部経済の内部化が行われることで供給量が調節される。

問3．復興資金を供給するための復興金融金庫債は日本銀行引き受けの赤字公債であったため，通貨供給量を増大させ，復金インフレを引き起こした。したがって，復金債の発行を停止することでこれ以上の通貨の供給を止めることがインフレ抑制の第一歩となった。

問4．a．正文。ハイパーインフレーションは，戦争や内乱などで膨大な財政赤字が出て，通貨の信用がなくなったときに発生する。

b．誤文。ドッジラインによる不況が好転するきっかけとなったのは1950年に起きた朝鮮戦争による特需である。

c．誤文。第1次石油危機では消費者物価の上昇率は前年比約23％であったのに対して，第2次石油危機では上昇率は約7％であった。

問5．a．誤文。デフレのときは，貨幣の価値が上昇しているので債務の実質的な負担は重くなる。

b．正文。2001年に政府は，「2年以上の継続的な物価下落」をデフレとするBIS（国際決済銀行）やIMF（国際通貨基金）の1999年の定義を踏まえて，「持続的な物価下落という意味でのデフレ状況」という表現でデフレを定義した。

c．正文。2016年1月にデフレ脱却のために日本銀行は，市中銀行の日銀当座預金に対してマイナス金利を導入した。

問6．a．誤文。2015年に地球温暖化対策の枠組みを定めたのはパリ協定である。

b．正文。炭素税を課すと製造コストがあがるため，二酸化炭素の排出をともなう生産が減少する可能性があり，排出権取引を導入することで二酸化炭素排出減少のインセンティブを与えることができる。いずれも市場メカニズムを利用した抑制手段である。

c．誤文。2020年の一次エネルギーの供給量の内訳は，石油36.4％，天然ガス23.8％，原子力1.8％，石炭24.6％である。石炭が天然ガスより比率がまだ高く，石炭の割合が小さいとはいえない。

問7．a．ガソリン購入費の現金給付があればガソリンの需要は増えるので，需要曲線は右側にシフトする。

b．現金給付は需要側だけで供給には影響が出ないので，供給曲線はそのままである。

c．供給曲線が変化せず，需要曲線が右にシフトした場合，均衡点が右上に移動してガソリン価格は上昇する。

d．均衡点が右上に移動したので，取引量も増加する。

❖講　評

例年通り，記述・論述中心のオーソドックスな形式の問題が出題されている。2022年度にあった大問1題がすべてマークシート問題という形式は姿を消し，記号選択問題と記述，論述の組み合わせに戻っている。設問レベルでは，2023年度も2022年度と同様，日頃の着実な学習の成果が生きるような問題が大半である。一部に教科書では記載されていない時事知識や法律知識，学習内容を問う問題も出題されている。

Ⅰ　中央大学で刑事訴訟法の講座を長年担当されていた渥美東洋氏の

テキストをリード文とした中央大学法学部ならではの問題である。問1の国籍法は違憲判断の事例で取り上げられているので落とすことはないだろう。問2の直接請求も教科書レベルである。問3の法律も人権学習で登場する法律なので判断できるであろう。問4は憲法審査会の開催など時事的知識が必要なものもあるが，他の選択肢は基本知識が問われている。問5の空所補充は基本中の基本。問6も違憲判例では必ず登場する事例なので落ちついて判断すればよい。問7は，検察庁法の改正が政治問題となったことを念頭におけばポイントを外すことはないだろう。

Ⅱ　現代の企業に関する問題である。企業の法律的側面は教科書で扱われているが，企業会計に関しては「政治・経済」ではあまり扱われていないので戸惑ったかもしれない。しかし，誤文選択なので，消去法で正解にたどり着くこともできるだろう。問1の空所補充は企業に関する基本的な知識が問われたが，相互持ち合いやメインバンク制はやや専門的。問2の合同会社は最近の注目の企業形態なので誤文は選びやすい。問3の選択肢dは専門的。問4の自己資本，他人資本の区別はやや専門的。問5の財務諸表の問題は簿記や会計の基本であるが「政治・経済」では扱っていない場合が多いので難しく感じた受験生もいるだろう。問6の(1)は常識を働かせることで判断できよう。(2)の選択肢dは専門的。誤文が明確なので判断できるだろう。問7の選択肢も細かい知識が必要になるが，消去法で判断したい。問8は株主総会などのニュースに注目していると判断できるだろう。問9はリーマンショックの学習を着実にしていれば解答できるだろう。

Ⅲ　市場経済の基本的知識とインフレ，デフレなどの物価変動の理解を確認する問題である。問1は戦後経済の歴史と近年の市場動向を理解していれば正解できるだろう。問2は市場の失敗が理解できていれば正解できる。問3は復金インフレの原因，それを止めたドッジラインなど戦後の復興期の経済の理解があれば説明できるだろう。問4の選択肢cは細かな数字を知らなくとも判断できるだろう。問5の選択肢bは時事的知識が必要。問6の選択肢cは一次エネルギーの割合の知識が必要になるとともに文章判断が求められる。問7のガソリン市場の問題は，需給曲線のシフトが理解できていれば平易な基本問題である。

数学

I　**解答**　(1)　$C_1 : x^2+y^2=3$　……①

C_1の中心は（0, 0），半径は$\sqrt{3}$であり

$C_2 : (x-1)^2+(y-3)^2=9$　……②

C_2の中心は（1, 3），半径は3である。

中心間の距離は

$$\sqrt{1^2+3^2}=\sqrt{10}$$

ここで

$$3-\sqrt{3}<\sqrt{10}<3+\sqrt{3}$$

$$\iff 12-6\sqrt{3}<10<12+6\sqrt{3}$$

$10<12+6\sqrt{3}$は明らかに成り立ち

$$12-6\sqrt{3}<10$$

$$\iff 1<3\sqrt{3}$$

であるから，C_1，C_2は2点で交わる。　（証明終）

2つの交点を通る直線の方程式は，①－②から

$$2x+6y-4=0$$

$\therefore$　$x+3y-2=0$　……③　……(答)

(2)　C_1とC_2の2つの交点を通る円の方程式は，kを実数とするとき，①，③から

$$x^2+y^2-3+k(x+3y-2)=0 \quad \cdots\cdots ④$$

と表せる。これが原点を通るとき

$$k=-\frac{3}{2}$$

$\therefore$　$x^2+y^2-\frac{3}{2}x-\frac{9}{2}y=0$　……(答)

(3)　④から

$$\left(x+\frac{k}{2}\right)^2+\left(y+\frac{3}{2}k\right)^2=2k+3+\frac{1}{4}k^2+\frac{9}{4}k^2$$

これがx軸と接するとき

$\frac{1}{4}k^2+2k+3=0$

$k^2+8k+12=0$

$(k+2)(k+6)=0$

$\therefore\ k=-2,\ -6$

$k=-2$ のときは C_2 であるから，$k=-6$ のとき

$x^2+y^2-6x-18y+9=0$　……(答)

◀解　説▶

≪２つの円の交点を通る直線および円≫

(1)　２つの円の中心間の距離を d，２つの円の半径を r_1，r_2 とするとき，２つの円が２点で交わることは

$|r_1-r_2|<d<r_1+r_2$

と同値である。

２つの交点を通る直線の方程式は①，②を連立して x，y の１次式を求める。

(2)　C_1，C_2 の２つの交点を通る円は，実数 k を用いて

円束：$x^2+y^2-3+k(x+3y-2)=0$　……④

と表せるから，これが原点を通る k の値を求める。

(3)　④において

(中心の y 座標)＝(半径)

となる k の値を求める。

Ⅱ　解答

(1)　$a_1=(2+\sqrt{3})+(2-\sqrt{3})$

$=4$　……(答)

$a_2=(2+\sqrt{3})^2+(2-\sqrt{3})^2=14$　……(答)

$x=2+\sqrt{3}$，$y=2-\sqrt{3}$ とおくと

$a_n=x^n+y^n$

$\begin{cases} x+y=4 \\ xy=1 \end{cases}$

$(x+y)(x^{n+1}+y^{n+1})=x^{n+2}+y^{n+2}+xy(x^n+y^n)$

$4a_{n+1}=a_{n+2}+a_n$

$\therefore\ a_{n+2}+a_n=4a_{n+1}$　……①　(証明終)

(2)　①から

$$a_{n+2}+a_{n+1}=5a_{n+1}-a_n$$
$$=6a_{n+1}-(a_{n+1}+a_n)\quad\cdots\cdots②$$

(i) $n=1$ のとき，$a_2+a_1=18=3\cdot6=$ (3 の倍数) が成り立つ。

(ii) $n=k$ のとき，$a_{k+1}+a_k=3m$ (m は整数) と仮定すると，②から

$$a_{k+2}+a_{k+1}=6a_{k+1}-(a_{k+1}+a_k)$$
$$=3(2a_{k+1}-m)$$

ここで，$2a_{k+1}-m$ は整数であるから，$a_{k+2}+a_{k+1}$ は 3 の倍数であり，$n=k+1$ のときも成り立つ。

(i), (ii)から数学的帰納法により，すべての自然数 n に対して，$a_{n+1}+a_n$ は 3 の倍数である。　(証明終)

(3)　(2)の結果から，a_1+a_2，a_2+a_3，a_3+a_4，… はすべて 3 の倍数であり，a_n を 3 で割った余りを，$a_n\equiv l$ と表すと

$$a_1\equiv1,\ a_2\equiv2,\ a_3\equiv1,\ a_4\equiv2,\ \cdots$$

となる。$a_n\equiv l$ は周期 2 で循環し，n が奇数のとき $a_n\equiv1$ であるから

$$a_{2023}\equiv1\quad\cdots\cdots(答)$$

◀解　説▶

≪共役無理数の n 乗の和，3 の倍数となる証明≫

(1)　a_1，a_2 は具体的に計算する。

$x=2+\sqrt{3}$，$y=2-\sqrt{3}$ とおくと

$$a_n=x^n+y^n,\quad \begin{cases}x+y=4\\ xy=1\end{cases}$$

であり

$$(x+y)(x^{n+1}+y^{n+1})=x^{n+2}+y^{n+2}+xy(x^n+y^n)$$

である。

(2)　$$a_{n+2}+a_n=4a_{n+1}\Longleftrightarrow a_{n+2}+a_{n+1}=6a_{n+1}-(a_{n+1}+a_n)$$

であるから，$a_{n+1}+a_n$ が 3 の倍数であるとき，$a_{n+2}+a_{n+1}$ も 3 の倍数となることを示す。

(3)　(2)の結果から，a_n を 3 で割った余りは周期 2 で循環することがわかる。

Ⅲ 解答

(1)　$g(t)=\begin{cases} t(t-2) & (t<0,\ 2<t) \\ -t(t-2) & (0\leqq t\leqq 2) \end{cases}$

よって，$y=g(t)$ のグラフは右図のようになる。

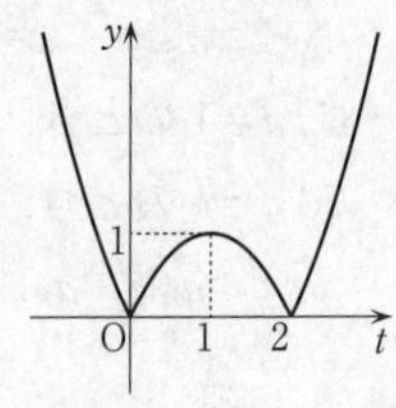

(2)・(3)　$0\leqq x\leqq 3$ のとき

$$f(x)=\int_0^x(-t^2+xt)\,dt+\int_x^3(t^2-xt)\,dt$$

$$=\left[-\frac{1}{3}t^3+\frac{x}{2}t^2\right]_0^x+\left[\frac{1}{3}t^3-\frac{x}{2}t^2\right]_x^3$$

$$=\frac{1}{3}x^3-\frac{9}{2}x+9 \quad \cdots\cdots(\text{答})$$

$$\therefore\ f(2)=\frac{8}{3} \quad \cdots\cdots(\text{答})$$

◀解　説▶

≪定積分で表された関数≫

(1)　$t(t-2)>0$，$t(t-2)\leqq 0$ で場合分けする。

(2)　(3)で求めた $f(x)$ において $x=2$ とすればいい。

(3)　積分区間を $0\leqq t\leqq x$，$x\leqq t\leqq 3$ で分けると

$$f(x)=\int_0^x(-t^2+xt)\,dt+\int_x^3(t^2-xt)\,dt$$

である。

❖講　評

大問 3 題の出題で，すべて記述式である。

Ⅰ　2 つの円の「円束」に関する出題で，円束の方程式をつくり，これを元にして考える。

Ⅱ　共役な無理数の n 乗の和からなる整数の列に関する出題である。誘導に従って，漸化式をつくり，これを利用して証明をする。小問間の論理的な流れに注意したい。

Ⅲ　定積分で表された関数を求める出題である。被積分関数に絶対値記号がついているため，積分区間を分けて考えていく。(2)は(3)で $x=2$ とした値になるから，(3)から解いた方が効率的である。

各大問とも論理の組立てがしっかりした出題である。小問間の論理の流れをつかんで考えたい。

象に対応する〉という根本理論を読み取れるかどうかが鍵である。

二は短い文章で、設問数も少ない。対立概念についての説明が多く、ある意味では図的な理解が必要な文章である。論述問題も出題されており、文章の核心をとらえることが要求された。

三は『沙石集』からの出題。文章自体は比較的読みやすいが、出来事や登場人物の心情に基づいた解釈・口語訳が要求された。ただし基本的には逐語訳を重視した内容であり、深く考えすぎず過不足なく読解していくことが肝要である。

大問三題で、やや設問数も多めであるため、時間配分には注意が必要。確実に誤りと断定できる選択肢をまず外しておき、迷ったら次の設問へ進むなど、一つの設問に時間をかけすぎないようにし、解き漏れのないように工夫すべきだろう。

D、「ひがごと」は〝過ち、悪事〟という意であり、「事件」だけではやや不足。また、この発言の後、領家の代官は未納分を半分免除していることから、未納が「事件」というのは不自然なので不適当。

〔問六〕「てき」「てけり」「にき」「にけり」は、完了＋過去の助動詞の組み合わせである。「許し」が連用形であることからも、傍線(7)の「て」は完了の助動詞「つ」であるとわかる。

A・B、単純接続を表す助詞「て」なので不適当。単純接続の「て」は〝そして〟と言い換えても成立する。

C、「ば」の上なので、傍線部は未然形もしくは已然形ということになる。すると、完了の助動詞「つ」の未然形は「て」であり、〝とどめたならば〟という仮定条件が成立する。

D、〝軍勢〟という意の体言の「て」なので不適当。格助詞「の」の後にあること、および、「攻め落といて」の目的語となっていることからも傍線部は体言とわかる。

E、格助詞「と」＋接続助詞「て」、または、「とて」で一語の格助詞なので不適当。

〔問七〕「負けたればこそ勝ちたれ」なので、勝ったのは訴訟に負けた地頭である。この時点で、主語が明らかに地頭ではないA～Cは不適当。「勝ちたれ」の内容としては、負けたはずの地頭が領家の代官によって「六年が未進の物、三年をば許してけり」と未納分のうち半分を免除され、地頭が損をし過ぎなかったということなのでEが適当。未納分は半分免除したのであり、支払わせたとは言い切れないためDは不適当。

❖講　評

現代文の評論が二題、古文が一題という大問構成である。各問、難易度としては標準的と言えるが、細かい箇所で正誤を判断させるきわどい選択肢も多い。現代文は「メタファー」「リベラル」など、やや難解な概念がテーマで、文章自体は読みづらい。

一はかなりの長文で、文章の論点も展開していくことが特徴。ただ、各論点共通してメタファーにおいて〈具体が抽

◀解　説▶

〔問一〕⑴「相論」は、語義を知らなかったとしても、「相」の字から〝相互に〟というニュアンスを汲み取り、係争が起きたと解釈できるとよい。「ゆかず」は単純に〝進まない〟の意。

⑶「いみじ」は〝すばらしい、ひどい、はなはだしい〟の意。ここでは泰時の発言のうち「陳状なく……おはするにこそ」の部分で負けた地頭を褒めていることから、Dが適当。

⑼「さ／あれ／ば」が元と考える。接続助詞「ば」に逆接の意はないためC・Dは不適当。「あれ」はラ変動詞「あり」の已然形なので、「ば」は確定条件となるため、Bも不適当。

〔問二〕泰時の発言では、地頭について「陳状なく……おはするにこそ」と、文句を言わず素直に負けを認めたと評している。ここから、地頭が手を打ったのも自らの負けに納得がいったためと解釈できる。

〔問三〕傍線⑷とその直後の「我と負けたる人」が対概念であることをおさえておく。「よそ」に対しての「我」であり、「るれ」は受身の助動詞であるから、「よそ」とは外部要因であり、傍線⑷は〝外部要因によって負けに落とされる〟という意味になる。〝外部要因によって〟という要素が含まれるのはA・Dに絞られるが、Aは〝落とされる〟要素がないため不適当。

〔問四〕傍線⑸直前に「涙ぐみてほめられければ」と、泰時が地頭を褒めたことが理由だと明示されている。この「られ」は尊敬の助動詞であり、泰時への敬意を示す。

A・D、泰時が誰かを非難するようなことはしていない。

C、泰時は皮肉を言っていない。皮肉を言ったのであれば涙ぐんで褒めるということと整合性がとれない。

E、泰時は地頭を褒めたのみであり、判決を言い渡していない。

〔問五〕A・E、「聞きほどきたまひ」に打消の要素はないため不適当。

B、「聞きほどきたまひ」に「頃合い」の要素はないため不適当。

〔問六〕　C

〔問七〕　E

◆全　訳◆

下総の国に御家人がいた。領家の代官と訴訟をすることがあって、たびたび問答をしたけれども、事態が進展せず、鎌倉で裁判をした。（北条）泰時が、執権の時代であったが、地頭が、領家の代官と重ね重ね問答をして、領家の方が肝心な道理を申し述べたとき、地頭が手をはたと打って、泰時の方へ向いて、「ああ負けました」と言ったとき、その座にいた人々が一同に、「はは」と笑ったが、泰時は頷いて、「すばらしくお負けになったものですね。私は執権として長いこと、このような裁判を取り仕切っておりますが、『ああ負けたなあ』、というように（私が）聞く人であっても、（自分の望みが）叶わないがために、一言でも反論を申すものであって、周りの人から負けへ引き落とされることがあっても、自分から負けた人のことは未だかつてうかがったことがありません。先ほどの問答は、お互いになるほどというところがあるように聞こえました。今、領家の代官殿が申されたのは肝心なところと思われましたが、反論なくお負けになったことは、かえすがえすすばらしいと理解されます。（地頭殿は）正直な人でいらっしゃるのでしょう」と言って、涙ぐんで褒めたたえなさったので、笑った人々も気まずくなったと見えた。

そして領家の代官は、「日頃の道理をお聞き分けくださり、故意に非道なことをしようとしたのではなかったのですね」と言って、六年分の未納の年貢のうち、三年分を免除した。（領家の代官は）情けのあった人である。これこそ、負けたからこそ勝ったという趣のことである。

そうであるから、人は物の道理をわきまえ、正直であるべきものだ。過ちを犯しても、物の道理をわきまえて自分の間違いだと思って、正直に過ちを明らかにして恐れ慎むと、その過ちは許されるのだ。過ちとも思わずに隠し、嘘をついて間違っていないという旨を言うのならば、いよいよ過ちも罪の重いものとなる。

〔問三〕 ア、「同じ内容」が不適当。第四段落によれば資源平等論は「人間の生の批判的な再考察を促進」するが、第三段落によれば福利平等論は「選好充足それ自体を無条件に肯定する」のであり、決定的な違いがある。
イ・ウ、第四段落の内容と合致する。
エ、「両者の一致点を見出す努力が必要」が誤り。最終段落に選択と環境が「二分法」とあるように、両者は別々のものであり、一致点を見出す必要はない。
オ、「その理由は」以降が誤り。選択の結果生じた不平等を補償しない理由は、最終段落の「人々に自己の……要請する」で説明されている。資源の問題ではなく、責任の所在が個人にあるかどうかが問題である。

〔問四〕 最終段落の内容をもとに解答する。まず最終文の「少数派文化の成員が……理解されるべき」の内容は必須。加えて、その理由として「人間が自らの選択の結果……補償を行おうとする」「ある人間の文化的メンバーシップは、……要請に反している」という点もまとめる必要がある。要は、〈少数派文化の成員となることは、自己責任で対応すべき当人の選択の結果ではなく、選択の及ばない環境に起因するものである。したがって、そこで起きる不平等は公共政策の補償対象とすべきである〉という論理関係が読み取れればよい。

三

出典 無住『沙石集』〈巻三　問注に我れと負けたる人の事〉

解答

〔問一〕 (1)―D　(3)―D　(9)―A
〔問二〕 E
〔問三〕 D
〔問四〕 B
〔問五〕 C

のである。

〔問二〕A、「一般に対して」が誤り。第一段落によれば、アメリカで生じた黒人問題には、リベラルは一定の関心を示している。

C、「同時に」以降が誤り。第二段落のロールズについて述べた部分における「彼は、……集合的な権利の所在を、徹頭徹尾拒絶する態度を示してきた」と矛盾する。

D、「個人の権利の問題に過ぎないとして」が誤り。第二段落によれば、既存リベラルは「リベラルが擁護すべき……反するものと考えた」のであり、北米の先住民は「集合的実体」であり、リベラルが擁護すべき権利概念から外れるため無視されたのである。

E、アメリカの歴史について述べている点が誤り。第一段落では、リベラルが黒人問題に関心を持ったとは示されているものの、アメリカ全体の歴史に関しては触れられていない。

〔問三〕A、「変わりがない」が誤り。第四段落に「資源平等論的……論拠を提供する」とあるが、福利平等論も多文化主義の正当化に有力だとする論拠は本文中にない。

B、「これらの対立を」以降が誤り。第三段落によれば、資源平等論と福利平等論の差異は社会正義の指標あるいは流通貨幣を巡る対立として総括可能、というだけであり、その対立を解消することは本文中で触れられていない。

C、「資源そのものが」以降が誤り。第三段落によれば、資源平等論は資源の配分の平等性を、福利平等論は資源セットから生じる選好充足の平等性を問題にするのであり、資源そのものの制限については問題視されていない。

E、「二つの考え方の対立により」が誤り。文化的少数派の擁護が無視されているのは、第二段落においてロールズの立場として示されている「集合的な権利の……拒絶する態度」によるものだが、第三段落でロールズは資源平等論者と紹介されている。つまり、資源平等論と福利平等論の対立は無関係である。

ージも異なるということである。
ウ、「近代化される以前」が合致しない。ウの内容は第二十三段落で述べられているが、近代／近代以前と時代によって変化があるという根拠は本文中にない。
エ、第二十一段落および最終段落の内容と合致する。
オ、「感情を感覚から切り離して」が合致しない。最終段落によれば、私たちは感情の程度を感覚によって比喩的にとらえ、それに基づいて言語化しているため、むしろ感情を感覚的にとらえていると言える。

二

出典　飯田文雄「リベラルな多文化主義の形成と展開」（飯田文雄編『多文化主義の政治学』法政大学出版局）

解答

〔問一〕　B

〔問二〕　D

〔問三〕　ア―B　イ―A　ウ―A　エ―B　オ―B

〔問四〕　少数派文化の成員が体験する不平等は選択の結果ではないため、公共政策の補償対象とすべきだとしている。（50字以内）

◆要　旨◆

キムリッカは、文化的少数派の擁護は、現代の平等主義的リベラリズムの正義論において中心的な問題であり、資源平等論的リベラリズムの観点から、少数派文化の成員が体験する不平等は、公的補償の対象に入ると主張する。資源平等論においては、人間が自らの選択の結果被った不平等は自己責任であり、公的補償の対象ではない。対して、人間が選択できない環境に起因する不平等は公的補償の対象であり、少数派文化の成員となることはこれにあてはまる。キムリッカによれば、ある文化に帰属していることは基本財の一種であり、平等に配分することで多文化主義の正当化がはかられるものに「共通している」のみであり、文化差そのものではない。文化差とは、第十二・十三段落にあるように、同じメタファーでも起点領域の知識構造が異なれば違った表現になることや、文化によって概念メタファー自体に違いが出るということである。

〔問五〕A、「その理由は」以降が誤り。本文中では言語表現の豊かさについて触れられていない。

B、「感覚が変容する」が誤り。感覚自体が変容するわけではなく、感覚が〈表現される〉ということである。

C、「具体性が弱くメタファーでとらえられることはほとんどない」が誤り。弱いからこそ具体的な感覚を転用したメタファー表現が存在する。

E、「言語使用の際の」以降が誤り。本文中では共同体の習慣について触れられていない。

〔問六〕A、「量的な差として」が誤り。第二十一〜二十二段落にかけて「本来『量』的な……はずである」「しかし」としていることから、量的にはとらえていないということがわかる。

B、「証明している」が誤り。筆者は第二十三段落で「かもしれない」と示唆的に表現するにとどめており、これをもって「証明している」とは言いがたい。

C、「感覚とは異質なものとして」が誤り。「軽重」などは体性感覚「とともに」運動情報も必要になってくるのであり、第二十四段落の「単純にどの……いいがたい」からもわかるとおり、どの感覚なのか判然としないだけで「感覚とは異質」ではない。

D、「感情が身体の姿勢により」以降が誤り。第二十五段落にもあるとおり、あくまで「深い」はメタファーなのであり、物理的な姿勢が感情の喚起に起因するわけではない。

〔問七〕ア、第五段落および第十一段落の内容と合致する。

イ、「鼻や馬身に対する見方が文化によって異なる」が合致しない。イの内容は第十五段落で述べられているが、鼻や馬身に対する見方ではなく、鼻や馬身で着順差をはかるのか、時間ではかるのかという違いによって受け取るイメ

B、「双方の」が誤り。第三段落にもあるように、「議論」に対する「戦争」は、「議論」というものの理解を促進するために使われるものに過ぎない。

C、「具体的知識に変えよう」が誤り。第一～六段落で述べられているのは〈日常的・具体的な知識を使って抽象的な事象をわかりやすく説明する〉ということであって、抽象的なものを具体的知識に変換させるわけではない。

E、「身体的・経験的基盤をもたないこと」が誤り。第三段落にもあるように、「戦争」というメタファーで理解が促進されるのは「議論」という抽象的なものである。抽象的だ、ということではなく、「議論」とはどのようなものなのかが理解される。

〔問三〕　B、「本来もっていた構造」が誤り。第八段落「あたかも……かのように」と矛盾する。

C、「そのつど自由に切り替えが可能」が誤り。第十一段落にもあるように、メタファーは「一方向性」を持つ。

D、「両者の相異により」が誤り。第十段落「類似性を生み出す」、第十一段落「類似性を体系的に焦点化する」と矛盾する。

E、「目的の違いから」が誤り。第十一段落にあるように、概念メタファーは「既知で具体的な……焦点化するもの」という性質のものであるため「一方向性」を持つ。目的の違いではなく、具体的か抽象的かの違いである。

〔問四〕　A、「日本語話者の」以降が誤り。もしそうであれば、もともと英語である「議論は戦争である」を日本語話者は理解できないはずだが、第三段落によればこのメタファーは日本語話者も用いている。

B、「現代人に理解できない」が誤り。第十二段落に「いくさ」をもとにした場合について述べられているが、現代人がそれを理解できないという根拠は本文中にない。

C、「上下関係が前提にある」が誤り。第十三段落によれば、「頂戴する」は〈考えは物体で、コミュニケーションは送ること〉というメタファーが根底にあることを示唆するものである。

E、「はかる」ことに限定している点が誤り。第十五段落によれば、「はかる」尺度の違いはあくまで文化差というも

国語

一

出典 柳谷啓子「メタファーで世界を推しはかる――認知意味論の立場から」（阪上孝・後藤武編著『〈はかる〉科学――計・測・量・謀……はかるをめぐる12話』中公新書）

解答

〔問一〕 (2)撤退 (4)喚起 (5)賜 (6)罵声 (10)汎用性

〔問二〕 D

〔問三〕 A

〔問四〕 D

〔問五〕 D

〔問六〕 E

〔問七〕 ア―A イ―B ウ―B エ―A オ―B

◆要　旨◆

概念メタファーとは、具体的なものを抽象的な事象に対応づけることで、抽象的な事象への理解を促進するものである。メタファーが異なれば受けるイメージも異なる。感覚を表現するメタファーは、具体的な感覚領域を抽象的な感覚領域へ対応づけるという特徴がある。同様に、感情という抽象的な事象に関するメタファーも、生理的には別のメカニズムではあるが、具体性、汎用性の高い感覚によって対応づけられ、表現されている。

▲解　説▼

〔問二〕 A、「すべての」が誤り。第六段落「必ずしも」以降と矛盾する。

2022年度

問題と解答

■一般方式・共通テスト併用方式

問題編

▶試験科目・配点

〔一般方式〕

区分	教　科	科　　　目	配　点
4教科型	外国語	コミュニケーション英語Ⅰ・Ⅱ・Ⅲ，英語表現Ⅰ・Ⅱ	150点
	地歴・公民	日本史B，世界史B，政治・経済から1科目選択	100点
	数　学	数学Ⅰ・Ⅱ・A・B	100点
	国　語	国語総合（漢文を除く）	100点
3教科型	外国語	コミュニケーション英語Ⅰ・Ⅱ・Ⅲ，英語表現Ⅰ・Ⅱ	150点
	選　択	日本史B，世界史B，政治・経済，「数学Ⅰ・Ⅱ・A・B」から1科目選択	100点
	国　語	国語総合（漢文を除く）	100点

▶備　考

- 「数学B」は「数列，ベクトル」から出題する。
- 国際企業関係法学科の「外国語」は150点を200点に換算する。
- 3教科型において，「地理歴史・公民」と「数学」の両方を受験した場合は，高得点の1教科の得点を合否判定に使用する。

〔共通テスト併用方式〕

大学入学共通テストの得点（4教科4科目，500点満点）と一般方式の「外国語」の得点（法律学科・政治学科：200点満点，国際企業関係法学科：300点満点）を合計して合否を判定する。

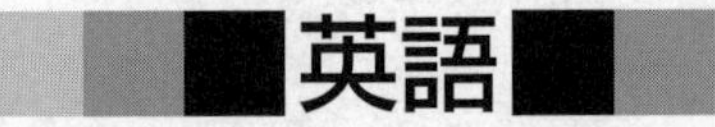

英語

（90 分）

（注）満点が 150 点となる配点表示になっていますが，国際企業関係法学科の満点は 200 点となります。なお，学部別選抜大学入学共通テスト併用方式の満点は，法律学科および政治学科が 200 点・国際企業関係法学科が 300 点となります。

I　次の英文の下線部(a)と(b)を日本語に訳しなさい。（30 点）

When people think of problems with nutrition in the developing world, they probably think of hunger. But the number of young people in low- and middle-income countries who are overweight or obese is catching up with the number who are underweight. In 1975, obese children were almost unknown outside the rich world: just 0.3% of people in developing countries aged 5 to 19 had a body-mass index (BMI) more than two standard deviations* above the average for their age and gender, the World Health Organisation's definition of obesity. That figure has soared to 7% today. Meanwhile, the proportion of children who are underweight (with a BMI two standard deviations below average for their age and gender) in low- and middle-income countries has declined, from 13% to 10%. (a)According to the WHO, if current trends continue, the number of obese children worldwide will surpass that of the undernourished by 2022.

It might seem paradoxical that countries can have high levels both of hunger and of obesity. But the two are linked. Poor parents tend to seek the most affordable meals they can find to fill up their children. Thanks to the spread of convenience foods and energy-dense processed carbohydrates, (b)the cheapest foods often deliver extremely few nutrients relative to the calories they contain, putting children who eat a lot of them at risk of obesity.

As a result, countries where the number of underweight children falls sharply often overshoot in the other direction. South Africa, for example, slashed the share of its youngsters who are underweight from about 20% in 1975 to less than 5% today. Over the same period, its childhood obesity rate went from roughly zero to more than 10%.

* standard deviation　標準偏差

Ⅱ 次の英文にある日本語の文を，与えられた書き出しにしたがって，英語に訳しなさい。(15 点)

Looking globally, the landscape of language is complex, one estimate suggesting that there are more than 7,000 languages divided into more than 150 language families. ［英語は中国語ほどネイティブ・スピーカーが多くないかもしれないが，それは世界で断然最も広く話されている言語であり，また第二言語として最も選ばれている。］ It began its rise with British colonialism, then expanded on the back of American culture, and has more recently been given a boost by the internet. It is often the language of diplomacy, business, and mass communication, although there are still many people in the world (about six out of seven by most estimates) who cannot speak English.

（書き出し）English may not have ...

出典追記：Ⅰ. Seriously Curious by Tom Standage, PublicAffairs
Ⅱ. Introduction to Global Studies by John McCormick, Red Globe Press

Ⅲ　次の英文1～5の空所に，与えられた文字で始まる適切な1語を入れると，下の日本語にほぼ相当する意味になります。与えられた文字も含めて，その語を解答欄に書きなさい。(10点)

1　Experts have urged the government to take action to (p　　) the river from flooding again in future.
その川が将来また氾濫しないように対策をとるよう，専門家たちは政府に強く求めた。

2　It is important to take time and consider different approaches when you are trying to find an effective (s　　) to a problem.
効果的な問題解決方法を見つけようとしているときは，時間をかけて様々な手法を検討することが重要である。

3　Jonathan is a friendly person and he is on good (t　　) with his classmates.
ジョナサンはとても気さくなので，クラスメイトとうまくやっている。

4　Finding a good place to eat is (v　　) impossible in this area.
おいしい店を見つけるのは，このあたりではほぼ不可能だ。

5　Students should not (h　　) to contact the Student Support Center if they have any questions.
学生のみなさんは何か質問があれば，遠慮せずに学生支援センターに連絡してください。

Ⅳ　次の英文１～５において，それぞれ下の(a)～(f)の語句を並べ替えて空所を補い，最も適切な英文を完成させなさい。ただし解答は，ア～コに入れるべき語句の記号のみをマークしなさい。(10 点)

例題

Mom! Taro's gone! (＿＿ ＿ア＿ ＿＿ ＿＿ ＿イ＿ ＿＿) study room.

(a) escaped　(b) from　(c) he　(d) his　(e) I　(f) think

答え　ア：(f)　　イ：(b)

1　If you are interested in our past and want to learn (＿＿ ＿ア＿ ＿＿ ＿＿ ＿イ＿ ＿＿), you should consider studying history.

(a) future　(b) how　(c) it　(d) our　(e) shape　(f) will

2　Joan overslept and missed the class today. But I believe she is (＿＿ ＿ウ＿ ＿＿ ＿＿ ＿エ＿ ＿＿) mistake again.

(a) a　(b) enough　(c) not　(d) such　(e) to make　(f) wise

3　We cannot rely on the results of this experiment as evidence until at least one follow-up experiment (＿＿ ＿オ＿ ＿＿ ＿＿ ＿カ＿ ＿＿) similar results.

(a) comparable　(b) conditions　(c) conducted　(d) gives　(e) under　(f) us

4　The software company made a public announcement about their new product, the (＿＿ ＿キ＿ ＿＿ ＿＿ ＿ク＿ ＿＿) on their website.

(a) be　(b) can　(c) details　(d) of　(e) viewed　(f) which

5　Researchers are said to resemble detectives in that they doubt everything first. They cast (＿＿ ＿ケ＿ ＿＿ ＿＿ ＿コ＿ ＿＿), in order to make a breakthrough and develop a new theory.

(a) believe　(b) correct　(c) doubt even　(d) is　(e) on what
(f) they

V　次の英文1～10の空所に入れるのに最も適切な語句を(a)～(d)から1つ選び，その記号をマークしなさい。(20点)

1　Once the performance started, the audience (　　) its attention to the stage.
(a) drew　(b) felt　(c) made　(d) turned

2　While its original importance was understood only by family and friends, the painting's subsequent popularity (　　) being featured in a TV program.
(a) came towards　(b) increased as
(c) regarded as　(d) resulted from

3　Zero degrees Celsius is defined as the temperature (　　) liquid water turns into ice.
(a) at which　(b) in which　(c) on which　(d) which

4　The new electric car is (　　) as gasoline-powered ones of the same size.
(a) a fast as vehicle　(b) as a fast vehicle
(c) as a vehicle fast　(d) as fast a vehicle

5　Reading a book on Thomas Edison, I truly (　　) at how many inventions he had made.
(a) amazed　(b) astonished　(c) marveled　(d) surprised

6　Our research team (　　) of young researchers from all over the world.
(a) composes　(b) forms　(c) is contained　(d) is made up

7　The grapefruit might be one of the strangest fruits around. (　　) from its origins to how it got its name is a bit of a mystery.

(a) Anything　(b) Everything　(c) Nothing　(d) Something

8 The Paris Agreement on climate change aimed to (　　) the global temperature rise to within 1.5℃ above pre-industrial levels.

(a) increase　(b) keep　(c) leave　(d) save

9 Researchers warned (　　) forests across the world face "significant threats".

(a) for　(b) if　(c) of　(d) that

10 His voice was shaking with anger (　　) all his efforts to restrain it.

(a) as much as　(b) despite　(c) far from　(d) without

Ⅵ 次の英文 1 ～10 の下線部(a)～(d)には，文法・語法・内容などの誤りを含むものが 1 つあります。その記号をマークしなさい。(20 点)

1 When I was a kid <u>growing up</u>(a) in Buffalo, I spent a lot of time alone. It wasn't easy for me to <u>make friends</u>(b). I was awkward, bigger than everyone else, and I didn't know <u>how to talk the other kids</u>(c). I <u>was happiest by myself</u>(d), doing math puzzles or playing video games.

2 Then, when I <u>got to junior high school</u>(a), I joined the lacrosse and soccer teams. I wanted to play American football, but we couldn't find <u>a helmet that fit</u>(b). I didn't join these teams because I was some great athlete. In fact, <u>I was</u>(c). I was overweight and out of shape. But I was seriously competitive, and I <u>loved playing games</u>(d).

3 I loved winning, and, <u>even more than that</u>(a), I hated losing. That <u>has been true</u>(b) when I was a child playing "Monopoly" with my mother, but it became

(c) especially clear when I was (d) playing sports.

4 (a) What I hadn't expected, though, was how much I (b) loved being part of a team and how much I (c) learned from it, especially when I (d) belonged the football team in high school.

5 I had to learn how to (a) communicate better. I had to learn when to take the lead on the field and (b) in the locker room, and when to step back and (c) give my support. I had to learn how to accept instruction and criticism from coaches. And (d) there were a lot of it.

6 I had to work hard (a) so if I didn't I would be (b) letting my teammates down. Don't (c) get me wrong. I didn't always like the guys I was (d) playing with. That didn't matter, though. We were in it together.

7 I (a) am convincing that every kid would benefit (b) from being part of a team, not because of (c) what playing team sports did for me as a football player, but (d) because of what it did for me as a mathematician.

8 It might (a) seem that being a mathematician is a solitary pursuit. (b) It's true that I spend a lot of time in a room by myself. But what I didn't expect is that I would (c) also spent a lot of time working with other mathematicians or, (d) in other words, being on a team.

9 It may (a) seem crazily, but playing football helped me write my first research (b) paper on the Sun-Jupiter-asteroid three-body problem. It (c) took effort and learning how to (d) deal with feedback.

10 People spend (a) years in classrooms trying to gain the skills (b) that will help them succeed, but some of (c) the most important skill, I believe, are (d) best learned on a field.

出典追記：John Urschel on why every child should play team sports, PBS NEWS HOUR on May 13, 2019

Ⅶ　次の英文の空所 1 ～10 に入れるのに最も適切なものをそれぞれ(a)～(j)から 1 つ選び，その記号をマークしなさい。同じ選択肢を繰り返し用いることはできません。(20 点)

Some sports are inherently competitive. Tennis fans may admire a well-executed backhand; but (1) on court would soon become dull if no match followed. The same is true of football: Who would go to watch a group of people kicking a ball around a field if it wasn't all about winning or losing? Players of these sports cannot exhibit the full range of their skills without (2).

Surfing is different. It offers opportunities to meet challenges that call on a variety of skills, both physical and mental; but the challenges are a part of the activity itself and do not involve beating an opponent. In that respect, surfing is closer to hiking, mountaineering, or skiing than to tennis or football: The aesthetic experience of (3) is an important part of the activity's attractiveness; there is satisfaction to be found in the sense of accomplishment; and there is vigorous physical exercise that doesn't involve (4) running on an exercise machine or swimming laps.

To make surfing competitive requires developing (5). The way we meet this requirement is to judge certain skills displayed in riding a wave. There is nothing wrong with surfers competing to see who can do the most difficult moves on a wave—just as there is nothing wrong with seeing who can perform the most difficult dive from the ten-meter platform.

But when we make surfing competitive, (6) which millions of people can happily participate is transformed into a spectator sport to be watched, for most, on a screen. It would be highly regrettable if the competitive sport's narrow focus on point-scoring were to limit our appreciation of the beauty and harmony we can experience riding a wave without (7) into our time on it.

Many of the highlights of my surfing have more to do with experiencing the splendor and power of the waves than with my ability to ride them. In fact, at the time of my single most magical surfing moment, (8). At Byron Bay, Australia's easternmost point, I was paddling out to where the waves were breaking. The sun was shining, the sea was blue, and (9) the Pacific Ocean stretching ahead thousands of miles, uninterrupted by land until it reached the coast of Chile.

A pulse of energy, generated in that vast expanse of water, neared a submerged line of rocks and reared up in front of me in a green wall. As the wave began to break, a dolphin leapt out ahead of the foam, its entire body clear of the water.

It was a sublime and awe-inspiring moment, (10). As many of my fellow wave riders know, we are the only animal that plays tennis or football, but not the only animal that enjoys surfing.

(a) a recreational activity in
(b) being in a beautiful natural environment
(c) being pushed by a competitive opponent
(d) but not such an unusual one
(e) fitting as many turns as possible
(f) I was aware of
(g) I wasn't on a wave at all
(h) something boring like
(i) watching players warm up
(j) ways to measure performance

出典追記：A Surfing Reflection, Project Syndicate on January 15, 2015 by Peter Singer

Ⅷ　次の英文を読んで，あとの問 1 ～問 12 に答えなさい。(25 点)

［1］ Now, more than ever, women in the US are participating in the labor force in full-time, year-round positions. This was not always the case. Changes in the economy (namely, the decline of men's wages), an increase in single mothers, and educational and job opportunities as well as cultural shifts created by feminist movement politics from the 1960s and 1970s have fueled(ア) the increase in women's labor force participation. Dual-earner homes are much more common than the breadwinner-homemaker model popularized in the 1950s, in which women stayed home and did unpaid labor (such as laundry, cooking, childcare, cleaning) while men participated in the paid labor force in jobs that would earn them enough money to support their family. It turns out that this popular American fantasy(イ) was only ever a reality for some white, middle-class people, and, for most contemporary households, is now completely out of reach.

［2］ Though men and women are participating in the labor force, higher education, and paid work in near equal numbers, a wage gap between men and women workers remains. On average, women workers make 77% of what men make. Even when differences in educational experience, working style, and occupational status are considered, this gap still exists. Thus, women with similar educational backgrounds who work the same number of hours per year as their male counterparts are making 23% less than similarly situated men. So, how can this gender wage gap be explained? Researchers put forth four possible explanations: 1) discrimination; 2) occupational segregation; 3) devalued work; and 4) inherent work-family conflicts.

［3］ Most people believe discrimination in hiring is a thing of the past. Since the 1964 Civil Rights Act* passed, it has been illegal to discriminate in hiring based on race or gender. However, although companies can no longer say "men only" in their hiring advertisements, they can make efforts to recruit men, such as circulating job advertisements in men's social networks and choosing men to interview from the applicants. The same companies can also have limited family-leave policies that may discourage women from applying. In addition, discrimination cases are very difficult to prosecute legally since no government agency monitors general trends and practices, and so individuals must complain about and prove specific instances of discrimination in specific job settings. (ウ)Hiring discrimination in particular is extremely difficult to prove in a courtroom, and can thus persist largely unchecked.

[4] In addition, even when they are hired, women working in male-dominated fields often run into a glass ceiling, an invisible barrier, which means that they face difficulties in being promoted to higher-level positions in the organization. One example of the glass ceiling and gender discrimination is the way that Wal-Mart, a major retail store chain, has treated its female staff. Although Wal-Mart has hired some women in managerial positions across the country, they also have informal policies at the national level of promoting men faster and paying them on a different wage scale. This demonstrates that (エ).

[5] Gendered occupational segregation describes a (オ)split labor market in which women are more likely to do certain jobs and men others. The jobs women are more likely to work in have been called "pink-collar" jobs. While "white collar" describes well-paying office work and "blue collar" describes physical labor predominantly done by men with a wide range of income levels depending on skill, "pink collar" describes mostly low-wage, female-dominated positions that involve services and, often, emotional labor. The term emotional labor is used to describe work in which, as part of their job, employees must control and manage their emotions. For instance, a waitress risks being fired if she confronts rude and harassing customers with anger; she must both control her own emotions and help to calm the emotions of angry customers in order to keep her job. Any service-based work that involves interacting with customers (from psychiatrists to food service cashiers) also involves emotional labor. The top three "pink-collar" occupations dominated by women workers—secretaries, teachers, and nurses—all involve exceptional amounts of emotional labor.

[6] Feminized work, or work thought to be "women's work," is not only underpaid, it is also socially undervalued, or (カ) less than work thought to be "men's work." Care work is an area of the service economy that is feminized,

involves intense emotional labor, and is consistently undervalued. Caretakers of children and the elderly are predominantly(キ) women. It has been argued that care work is undervalued both because women are more likely to do it and because it is considered to be natural for women to know how to care. Women have traditionally done care work in the home, raising children and caring for sick and dying relatives, usually for free.

[7] Some feel it is wrong to ever pay for these services and that they should be done voluntarily even by non-family members. Women are stereotyped as having natural caring instincts, and, if these instincts come naturally, there is no reason to pay well (or pay at all) for this work. (ク), care work requires learned skills like any other type of work. What is interesting is that when men participate in this work and other "pink-collar" jobs, they actually tend to be paid better and to advance to higher-level positions faster than comparable women. This phenomenon, in contrast to the glass ceiling, is known as the glass escalator(ケ).

[8] Finally, the fourth explanation for the gender wage gap has to do with the conflict(コ) between work and family that women are more likely to have to negotiate than men. For instance, women are much more likely to interrupt their career path to take time off to care for children. Since quitting and rejoining the labor force typically means starting at the bottom in terms of pay and status at a new company, this negatively impacts women's overall earnings even when they return to full-time work.

* the 1964 Civil Rights Act　1964 年公民権法

問 1　下線部(ア)と最も意味の近いものを(a)～(d)から 1 つ選び，その記号をマークしなさい。

(a) damaged　(b) tilled　(c) risen　(d) stimulated

問 2　下線部(イ)の説明として最も適切なものを(a)～(d)から 1 つ選び，その記号をマークしなさい。

(a) 1950 年代に一般的になった，共働き家庭の体現するイメージ。

出典追記：Introduction to Women Gender Sexuality Studies by Miliann Kang, Donovan Lessard, Laura Heston, Sonny Nordmarken, University of Massachusetts Amherst Libraries

(b) 調理や育児などの無償労働を男女双方が担うという家族のイメージ。

(c) 女性が家事を担い，男性が給料を稼いで家族を養うというイメージ。

(d) ほとんどの白人中産階級の人々が実現している家族のイメージ。

問３ 段落［２］の内容として最も適切でないものを(a)〜(d)から１つ選び，その記号をマークしなさい。

(a) 同等の学歴をもつ男女間で比べてみても，女性の労働時間は男性より23%少ない。

(b) 学歴や働き方，職種などを勘案しても，男女間の賃金格差は依然として存在する。

(c) 男女間の賃金格差の原因を説明しうるものとして，４つの点が挙げられている。

(d) 平均的に見て，女性の給与は男性の８割に届かない。

問４ 下線部(ウ)の説明として最も適切なものを(a)〜(d)から１つ選び，その記号をマークしなさい。

(a) 採用における性差別は1964年公民権法で禁止され過去のものとなっているため，裁判ではほとんど扱われない。

(b) 採用における性差別はそうとは分からないような方法で行われており，立証が難しいため，規制されないままとなりうる。

(c) 採用における性差別は法廷内で証言することが難しいため，大規模な調査が行われないままになる可能性がある。

(d) 採用における性差別はほとんど規制されずにきたため，法廷で争われることがほとんどない。

問５ 空所（ エ ）に入れるのに最も適切なものを(a)〜(d)から１つ選び，その記号をマークしなさい。

(a) because gender discrimination is illegal, it has been acceptable to block women from being promoted

(b) once a glass ceiling has been built to discourage women from being hired, it is difficult for them to break through it

(c) since gender discrimination has long been regarded as an illegal act, it does not happen

(d) while gender discrimination is illegal, it can still happen in patterned and widespread ways

問6 下線部(オ)と同じ使われ方をしているsplitを含む文を(a)〜(d)から1つ選び，その記号をマークしなさい。

(a) Some workers split with the company after a policy dispute.

(b) The news says that he lost the boxing match in a split decision.

(c) There is often a split in a political party over its policies for elections.

(d) When I heard the news, deep sorrow split my heart.

問7 空所（ カ ）に入れるのに最も適切なものを(a)〜(d)から1つ選び，その記号をマークしなさい。

(a) taken to be worth　(b) taken to worth

(c) taking to be worth　(d) taking to worth

問8 下線部(キ)と最も意味の近いものを(a)〜(d)から1つ選び，その記号をマークしなさい。

(a) actually　(b) culturally

(c) overwhelmingly　(d) traditionally

問9 空所（ ク ）に入れるのに最も適切なものを(a)〜(d)から1つ選び，その記号をマークしなさい。

(a) In addition　(b) In reality　(c) In this sense　(d) In turn

問10 下線部(ケ)の説明として最も適切なものを(a)〜(d)から1つ選び，その記号をマークしなさい。

(a) 一般的に女性は家族の面倒を見るのが自然であるとされてきたため，それが女性の昇進に対する見えない障壁となること。

(b) 女性は「ピンクカラー」の仕事に向くと考えられてきたため，そういった職種での女性の昇進は，他よりもはやいということ。

(c) 男性が「ピンクカラー」の職種に就くと，女性よりも昇進のスピードが速くなるということ。

(d) 男性は肉体労働などの職種で女性よりもはやく昇進する傾向があるということ。

問11 下線部(コ)の説明として最も適切なものを(a)〜(d)から1つ選び，その記号をマークしなさい。

(a) 仕事を行う男性と家族の面倒を見る女性の間に不和が生じるということ。

(b) 外で働く女性と家庭にいる女性とは対立しがちであるということ。

(c) 職場と家庭の両方でケア労働を期待される女性は葛藤を抱えるということ。

(d) 女性は，男性以上に仕事と家庭の板挟みに苦慮しがちだということ。

問12 本文の説明として最も<u>適切でない</u>ものを(a)〜(e)から1つ選び，その記号をマークしなさい。

(a) 差別的な採用を行っていないとしながらも実際には男性がよく目にするように求人情報を出すなど，事実上の差別的行為を行っている会社もある。

(b) ウォルマートは，女性を管理職に採用しながらも，昇進や給与面で男性に有利な仕組みを非公式に持っている。

(c) 労働の分類には，オフィスでの比較的高い給与の仕事に従事する「ホワイトカラー」や，低い給与が特徴の肉体労働を指す「ブルーカラー」のほか，女性が中心の「ピンクカラー」もある。

(d) 感情労働とは，被雇用者が労働において感情の制御を多分に必要とする労働の種類であり，「ピンクカラー」の代表的な職種はとりわけ多くの感情労働を伴う。

(e) 育児などを理由とした退職とその後の復職というプロセスは，生涯賃金などの面で女性に不利益をもたらすことが多い。

日本史

（60分）

I 次の文章を読み，下記の設問に答えなさい。解答は，マーク解答用紙にマークしなさい。（28点）

701年に大宝律令が完成し，律令制度による国家の仕組みが整えられていくと，人々は6年ごとに作成される戸籍に登録され，6歳以上の男女には班田収授法にもとづき口分田が与えられた。①

その後，人口の増加などにより口分田が不足してくると，政府は723年に三世一身法を施行し，開墾を奨励した。さらに743年に墾田永年私財法②を発布し，一定の限度はあるものの，開墾した土地を永年にわたって私有することを認めた。この法を契機として，初期荘園③が成立していくこととなる。

9世紀にはいり，律令支配が動揺しはじめると，調・庸などの未進によって国家財政の維持が困難になってきたため，政府は823年に大宰府管内において［ あ ］を，879年には畿内に［ い ］を設置して財源の確保につとめた。だが，国家や諸国は，財政を維持することがしだいにできなくなっていった。

こうした事態に対して政府は，大きな権限と責任とを負わせた受領のもと，課税の単位を人から土地へと転換し，税収を確保しようとした。④

10世紀頃には，貴族や有力寺社の権威を背景にして，政府から税の免除（不輸）を認めてもらう荘園（［ 1 ］）が徐々に増加し，さらに国司の使者である検田使の立入りを認めない不入の権を得る荘園もあらわれた。その結果，荘園の独立性が強まっていくこととなる。

1069年，後三条天皇は延久の荘園整理令⑤を出し，荘園領主から証拠書類を提出させ，審査のうえ基準にあわない荘園を整理して，公領の回復につとめた。

次に即位した［ う ］は，1086年に幼少の［ え ］に皇位をゆずると，天皇の後見として政治の実権を握り，院政⑥をはじめた。院の権威が高まってくると，院や女院に荘園の寄進が集中し，膨大な天皇家領荘園群が形成される⑦こととなった。

一方，12 世紀末には武家政権として源頼朝が鎌倉に幕府を創設したが，⑧その財政基盤は，将軍である頼朝自身が所有する知行国や多くの荘園だった。

⑨承久の乱後，幕府は後鳥羽上皇方についた人々の所領を没収し，戦功のあった御家人たちをその土地の地頭に任命した。新たにおかれた地頭のうち，新補率法が適用された場合，田畑 11 町ごとに 1 町の土地や，田地 1 段につき 5 升の米（ 2 ）などが与えられた。

やがて，現地の支配権をめぐって，地頭と荘園・公領の領主とのあいだで紛争がひんぱんに発生するようになり，⑩荘園・公領の領主たちは幕府に訴えたものの，地頭の行動を阻止することはしだいにできなくなっていった。

問 1 下線部①に関する次の説明のうち，正しいものにはイ，誤っているものにはロをマークしなさい。

a 口分田は，良民の男女にそれぞれ 2 段，私有の奴婢には良民男女の 3 分の 1 が支給された。

b 口分田は売買できず，本人が死ぬと 6 年ごとの班年に収公された。

c 上級官吏には，口分田のほかに位田・職田などが支給された。

問 2 下線部②に関する次の説明のうち，正しいものにはイ，誤っているものにはロをマークしなさい。

a 墾田永年私財法によって，政府は掌握する田地を増加させ，土地支配の強化をはかった。

b 墾田の所有面積は，年齢に応じて限度が設けられた。

c 新たに開墾した田地の租を免除することで，政府は開発を推進させた。

問 3 下線部③に関する次の説明のうち，正しいものにはイ，誤っているものにはロをマークしなさい。

a 初期荘園は独自の荘民をもたず，周辺の農民に墾田を貸し与えて経営した。

b 東大寺などの大寺院は，国司・郡司の干渉を排除しつつ開墾をすすめた。

c 初期荘園では，現地の管理者として目代がおかれた。

問4　文中の空欄 あ ， い に入るもっとも適切な語を，次の中からそれぞれ選び，その記号をマークしなさい。

a　官田

b　勅旨田

c　公営田

d　諸司田

問5　下線部④に関する次の説明のうち，正しいものにはイ，誤っているものにはロをマークしなさい。

a　受領は税の徴収を請け負って，国家財政を支えたが，巨額の利益を得て私腹をこやす者もいた。

b　受領は，郷司とよばれる有力農民に田地の耕作を請け負わせた。

c　税目は，租・調・庸や利稲，雑徭などから，官物・臨時雑役へと変化した。

問6　文中の空欄 1 に入るもっとも適切な語を，次の中から1つ選び，その記号をマークしなさい。

a　官省符荘

b　寄進地系荘園

c　田荘

d　国免荘

問7　下線部⑤に関する次の説明のうち，正しいものにはイ，誤っているものにはロをマークしなさい。

a　後三条天皇は荘園整理をすすめるとともに，京枡とよばれる公定の枡を制定した。

b　後三条天皇は荘園整理令の実施にあたり，記録荘園券契所（記録所）を設けた。

c　石清水八幡宮は，荘園整理令の影響を受けず，所有する荘園の数に変化はなかった。

問8　文中の空欄 う ， え に入るもっとも適切な天皇を，次の中からそれぞれ選び，その記号をマークしなさい。

a　白河天皇

b　近衛天皇

c　鳥羽天皇

d　堀河天皇

問9　下線部⑥に関する次の説明のうち，正しいものにはイ，誤っているものにはロをマークしなさい。

a　上皇は仏教をあつく信仰し，六勝寺など多くの大寺院を造営して，盛大な法会をもよおした。

b　上皇の側近として，御内人とよばれる一団が形成され，政治に活躍しはじめた。

c　院におかれた政庁である院庁からくだされる院庁下文や，上皇の命令を伝える綸旨が力をもつようになった。

問10　下線部⑦に関する次の説明のうち，正しいものにはイ，誤っているものにはロをマークしなさい。

a　崇徳上皇が皇女八条院に伝えた荘園群を八条院領という。

b　後白河上皇が持仏堂である長講堂に寄進した荘園群を長講堂領という。

c　八条院領は，のちに亀山上皇に伝えられ，大覚寺統の経済基盤となった。

問11　下線部⑧に関する次の説明のうち，正しいものにはイ，誤っているものにはロをマークしなさい。

a　頼朝は，平家没官領を含む多くの関東御領を所有していた。

b　頼朝が所有する知行国では，頼朝自身を国司として，国からの収入を幕府の財政に繰り入れた。

c　頼朝は，所有する知行国・荘園に対し，必要に応じて段銭・棟別銭を課した。

問12　下線部⑨に関する次の説明のうち，正しいものにはイ，誤っているものにはロをマークしなさい。

a　乱の際に幕府の軍を率いた北条泰時・時房は，乱後も六波羅探題として京都にとどまった。

b　将軍源頼家が公暁に暗殺されたのを機に，朝廷と幕府との関係は急速に悪化し，後鳥羽上皇の挙兵へと展開した。

c　乱後，幕府は3上皇を配流するとともに，仲恭天皇を廃するなど，幕府の意向にそう政治をする体制をつくった。

問13　文中の空欄［　2　］に入るもっとも適切な語を，次の中から1つ選び，その記号をマークしなさい。

a　囲米
b　加徴米
c　俸禄米
d　兵粮米

問14　下線部⑩に関する次の説明のうち，正しいものにはイ，誤っているものにはロをマークしなさい。

a　幕府から使節遵行の権限を与えられた地頭は，荘園・公領の支配を強化していった。

b　荘園領主のなかには，地頭に荘園の管理を任せて，毎年一定額の年貢納入を請け負わせる者もあらわれた。

c　荘園領主と地頭との間で，下地中分の取決めをおこなう方式が各地にひろまった。

Ⅱ　次の文章を読み，下記の設問に答えなさい。解答は，マーク解答用紙にマークしなさい。(18点)

徳川幕府は，①幕府直轄領である幕領から上がる年貢と主要鉱山の収入を中心的な財源としていた。また，②重要な都市を直轄地にし，商工業や貿易を統制した。行政機構については，家康や秀忠の時代には側近が行政にあたっていたが，③3代将軍家光のころまでに幕府の職制が整備された。

④家光の死後，わずか11歳の家綱が4代将軍となった。当初は由比正雪らによる反乱が計画されたりしたが，17世紀後半以降は政治と社会は安定し，経済もめざましい発展を遂げた。しかしながら，経済的発展が引き起こす問題も表面化することになり，以後，幕府や藩はその対応に苦慮することになる。

商品経済の発展は，幕府や藩の経済的基盤に負の影響を及ぼす側面も有していた。農民の中には土地を担保にした金貸しをおこない，質流れという形で土地を集積し地主として成長していくものがいる一方で，土地の所有を失い，小作人となっていくものもいた。農民が商品経済に巻き込まれることによって，安定的な年貢の徴収が困難になっていった。都市部では，商品の需要が増大したため，物価が上昇した。⑤幕府や藩の出費は増加し続けたが，米価の上昇は他の商品に比べると緩やかであったため，年貢米を売って物資を購入していた幕府や藩の財政は悪化し，支給される蔵米によって生計を立てていた旗本や御家人，藩士たちの生活は困窮した。

7代将軍家継が死去し，家康以来の宗家（本家）が途絶えると，三家の紀伊藩主であった吉宗が8代将軍になった。⑥吉宗は，旗本や民間から有能な人材を積極的に登用して幕政全般の改革にあたった。吉宗は新しい産業についても積極的に奨励し，⑦甘藷・さとうきび・櫨・朝鮮人参などの主要穀物以外の作物の栽培をすすめ，農民の年貢負担能力の向上と生活の安定をはかった。また，司法制度の整備にも力を入れ，⑧1719年に相対済し令を出した。

吉宗の改革は多くの成果を上げたが，年貢増徴政策によって農民の負担が増えて，その生活は圧迫された。また，しばしばおそう凶作や飢饉は，農民の生活に打撃を与えた。江戸時代を通じて百姓一揆は各地で発生していたが，享保期以降，⑨百姓一揆が各地で頻発した。

問 1　下線部①に関する次の説明のうち，正しいものにはイ，誤っているものにはロをマークしなさい。

a　幕領は全国に散在しており，畿内・関東などの要地には幕領は少なかった。

b　主要鉱山には，佐渡の相川，但馬の生野，石見の大森などがあった。

c　17 世紀末以降になると，長崎貿易や貨幣鋳造による収入も大きな比重を占めるようになった。

問 2　下線部②に関する次の説明のうち，正しいものにはイ，誤っているものにはロをマークしなさい。

a　京都，大坂，駿府には，町奉行が置かれた。

b　長崎，堺，奈良，館林などに，いわゆる遠国奉行が置かれた。

c　遠国奉行は若年寄が統轄した。

問 3　下線部③に関する次の説明のうち，正しいものにはイ，誤っているものにはロをマークしなさい。

a　幕府の職務全体を統轄する老中は譜代大名から選ばれた。

b　大番頭が大名を監察し，大目付が旗本・御家人を監察した。

c　評定所が設けられ，老中や寺社奉行・勘定奉行・町奉行（江戸）の三奉行らが合議して重要な訴訟の審理にあたった。

問 4　下線部④に関する次の説明のうち，正しいものにはイ，誤っているものにはロをマークしなさい。

a　牢人の増加を防ぐために，末期養子の禁を緩和した。

b　すべての大名に惣無事令を発して，将軍の権威を確認した。

c　政権を安定させるため，大名に対し，家臣の子弟を人質として出すことを要求した。

問 5　下線部⑤に関する次の説明のうち，正しいものにはイ，誤っているものにはロをマークしなさい。

a　御家人の中には，裕福な町人に御家人株を売るものもあらわれた。

b　米価を上昇させるため，幕府や藩は競って新田開発を進めた。

c 鉱山資源が枯渇してきたことも，幕府財政がひっぱくする原因となった。

問6 下線部⑥に関する次の説明のうち，正しいものにはイ，誤っているものにはロをマークしなさい。

a 側用人の間部詮房や儒者の新井白石を登用して，政治の刷新をはかった。

b 役職に就任するものの家禄がその役職の役高に達しない場合，在職中に限って不足額を補う制度を設けた。

c 旗本の荻原重秀や宿駅の名主であった田中丘隅らの有能な人材を登用した。

問7 下線部⑦の普及に貢献したもっとも適切な人名を，次の中から1つ選び，その記号をマークしなさい。

a 青木昆陽　　b 荻生徂徠　　c 神尾春央　　d 野呂元丈

問8 下線部⑧に関する次の説明のうち，正しいものにはイ，誤っているものにはロをマークしなさい。

a 金銀貸借をめぐる訴訟が増加し，他の訴訟の処理に支障が生じたため，訴訟事務の軽減をはかろうとした。

b 金銀貸借をめぐる訴訟について，幕府は訴訟を受理せず，当事者間で解決させようとした。

c 金銀貸借をめぐる訴訟について，公正中立な仲介人が間に入って紛争を調停する方法を定めた。

問9 下線部⑨に関する次の説明のうち，正しいものにはイ，誤っているものにはロをマークしなさい。

a 藩の政策に協力する商人や村役人の家を打ちこわすなどの実力行動もみられた。

b 惣百姓一揆が減少し，かわりに代表越訴型一揆が増加した。

c 幕府や諸藩は一揆の要求を一部認めることもあったが，多くは武力で鎮圧し，指導者を厳罰に処した。

Ⅲ　日米修好通商条約によって始まった貿易は，幕末の日本経済に大きな影響を与えた。貿易統制を行うために幕府は1860年に五品江戸廻送令を出した。しかしながら効果は十分上がらなかった。幕府が五品江戸廻送令という貿易統制を行った2つの直接的な理由と五品江戸廻送令の効果が十分上がらなかった政治的な理由を，45字以上80字以内（句読点を含む）で記述解答用紙に答えなさい。(14点)

Ⅳ　次の文章を読み，下記の設問に答えなさい。解答は，マーク解答用紙にマークしなさい。(20点)

1945年10月，マッカーサー元帥を最高司令官とする連合国軍最高司令官総司令部（ＧＨＱ）①が設置され，対日占領政策はアメリカの主導で進められた。対日占領政策の目標は，日本が再びアメリカの脅威となることを防ぐことにあった。この実現のためには，日本の非軍事化だけでは不十分であり，戦前の日本を支えた政治的・経済的・社会的基盤を民主的に再編成しなければならないと考えたＧＨＱは，占領政策の基本方針といえる五大改革指令を発して，日本の非軍事化と民主化に本格的に着手した。政党や労働組合が結成され，日本共産党が合法政党として活動を再開する一方で，公職追放指令②によって，戦争協力者・職業軍人・国家主義者らが戦時中の責任を問われて公職から追放されることになった。そして，1947年には日本国憲法が施行された③。

初期の対日占領政策は，中国内戦で［　④　］の指導する中国共産党の勢力が強まるにつれて，大きな転換を迫られることになった。［　⑤　］陸軍長官は，1948年1月の演説で，極東における共産主義に対する防壁としての役割を日本に負わせることを説いた。すなわち，米ソの冷戦⑥の進行のもとで，日本を政治的に安定した工業国として復興させ，極東における主要友好国とする方向への大転換であった。ＧＨＱの指令によって国家公務員法が改正され，労働運動の中核であった官公庁労働者は争議権を失うことになった。また，ＧＨＱは経済安定九原則⑦の実施を指令した。デトロイト銀行頭取ジョセフ＝ドッジが公使兼財政顧問として来日し，経済政策を具体化して超均衡予算を成立させた。さらに，コロンビア大学教授カール＝シャウプを団長とする税制使節団が来日し，租税制度の改革を勧告した。その結果，インフレーションは収まり，政府は赤字財政を脱したが，中小企業の倒産と行政整理・人員整理によって失業者が激増し，労働運動が激化した。しかし，下山事件・三鷹事件・松川事件の怪事件が起こると，労働組合員や日本共産党員に嫌疑が向けられ，労働運動⑧は大きな打撃を受けることになった。

朝鮮戦争が勃発すると，ＧＨＱは，朝鮮戦争に出動した在日アメリカ軍の空白をうめるために，警察予備隊の創設を指令した⑨。また，ＧＨＱの指令による日本共産党幹部の公職追放は，官公庁・報道機関の日本共産党員やその同調者の追放へと拡大していった。他方で，朝鮮戦争はアメリカ軍発注の特殊需要を生み出し，日本経済は急速に復興をとげることになった。

問１　下線部①に関する次の説明のうち，正しいものにはイ，誤っているものにはロをマークしなさい。

a　連合国の占領政策を決定する最高機関として，極東委員会が東京に置かれた。

b　極東委員会の決定は，アメリカ政府を通じて連合国軍最高司令官に伝えられた。

c　連合国軍最高司令官の諮問機関として，アメリカ・イギリス・フランス・ソ連・中国の代表で構成される対日理事会が置かれた。

問２　下線部②に関して，公職から追放された人名を，次の中からすべて選び，その記号をマークしなさい。

a　芦田均　　b　石橋湛山　　c　岸信介　　d　鳩山一郎

問３　下線部③に関する次の説明のうち，正しいものを１つ選び，その記号をマークしなさい。

a　日本国憲法の施行によって，女性に選挙権が付与された。

b　日本国憲法の施行によって，在日朝鮮人は選挙権を失った。

c　日本国憲法の施行によって，貴族院は廃止された。

問４　文中の空欄［　④　］に入るもっとも適切な人名を，次の中から１つ選び，その記号をマークしなさい。

a　汪兆銘　　b　蔣介石　　c　孫文　　d　毛沢東

問5　文中の空欄 ⑤ に入るもっとも適切な人名を，次の中から1つ選び，その記号をマークしなさい。

a　ケナン　　b　ダレス　　c　ドレーバー　　d　ロイヤル

問6　下線部⑥に関する次の説明のうち，正しいものにはイ，誤っているものにはロをマークしなさい。

a　アメリカは，マーシャル＝プランを発表して，西欧諸国に対する軍事・経済上の援助を開始した。

b　ソ連と東欧7カ国が共同防衛組織である北大西洋条約機構を結成すると，アメリカと西欧諸国は共同防衛組織であるワルシャワ条約機構をつくって対抗した。

c　ドイツは，アメリカと西欧諸国が管理するドイツ民主共和国と，ソ連が管理するドイツ連邦共和国に分断された。

問7　下線部⑦に関して，その内容に含まれる項目を，次の中からすべて選び，その記号をマークしなさい。

a　徴税強化　　b　物価統制　　c　信用拡張制限　　d　輸出増進

問8　下線部⑧に関して，次の文章の空欄 ア ～ ウ に入るもっとも適切な語の組合せを1つ選び，その記号をマークしなさい。

1946年には，労働組合の全国組織として，右派の ア ，左派の イ が結成されていたが，1950年，GHQの支援のもとに反共を方針とする ウ が結成された。

a　ア　全日本産業別労働組合会議　　イ　日本労働組合総同盟
　　ウ　日本労働組合総評議会

b　ア　全日本産業別労働組合会議　　イ　日本労働総同盟
　　ウ　日本労働組合総評議会

c　ア　日本労働組合総同盟　　イ　全日本産業別労働組合会議
　　ウ　日本労働組合総評議会

d　ア　日本労働総同盟　　イ　全日本産業別労働組合会議
　　ウ　日本労働組合総連合会

問 9　下線部⑨に関する次の説明のうち，正しいものを 1 つ選び，その記号をマークしなさい。

a　警察予備隊の創設は，国会の審議を経ることなく進められた。

b　警察予備隊の創設と同時に，海上警備隊が創設された。

c　警察予備隊は，後に警備隊に改組されて強化された。

V　次の文章を読み，下記の設問に答えなさい。解答は，マーク解答用紙にマークしなさい。(20 点)

1952 年 4 月，サンフランシスコ平和条約が発効し，日本は独立国としての主権を回復①した。他方で平和条約が調印された 1951 年 9 月，日米安全保障条約（安保条約）が調印され，独立後もアメリカ軍が引き続き日本に駐留②することになった。

この時期，アメリカを盟主とする西側（資本主義・自由主義陣営）とソ連を盟主とする東側（社会主義・共産主義陣営）の二大陣営による冷戦が激化した。日本は西側の一員としてアメリカ主導の自由貿易体制③に参加し，1968 年には資本主義諸国のなかでアメリカにつぐ世界第 2 位の国民総生産（ＧＮＰ）を実現した。西側主要国は，1975 年に先進国首脳会議（サミット）④を設けて経済政策を調整することとしたが，日本は当初からこれに参加し，世界の経済大国としての位置をしめた。

外交面では，日本は，対米協調を基本としながらもアジア諸国との関係を深め⑤，特に経済援助で大きな役割をはたすようになった。またアジア諸国は，外国の資本や技術を導入し，輸出指向型の工業化を進めて急激な経済成長を遂げた。かくして「経済大国」日本とアジア諸国からなる経済圏は，世界経済の活力の中心となった⑥。他方で 1980 年代には日本の対米貿易黒字が激増したため，日米間で貿易摩擦が激化⑦した。

その後，冷戦が終結⑧すると，続発する地域紛争に国連平和維持活動（ＰＫＯ）で対応する動きが国際的に強まった。日本も 1992 年に自衛隊員を海外に派遣⑨した。こうした冷戦後の状況に対応するため，日米関係の強化も進み，1996 年 4 月には冷戦終結後の日米安保体制についての共同宣言⑩が発表された。

問1　下線部①に関して，日本が主権を回復した時点で，日本の施政権下になかった地域を，次の中から1つ選び，その記号をマークしなさい。

a　奄美諸島

b　淡路島

c　佐渡島

d　対馬

問2　下線部②に関する次の説明のうち，正しいものにはイ，誤っているものにはロをマークしなさい。

a　1952 年には日米地位協定が締結され，日本はアメリカ軍に基地（施設・区域）を提供し，駐留経費を分担することになった。

b　アメリカ軍立川基地をめぐって，内灘事件が起こった。

c　1960 年には安保条約が改定され，条約発効後 10 年がたてば一方の国が条約の廃棄を通告できること，などが定められた。

問3　下線部③に関して，日本が参加した経済・貿易に関する国際機関に当てはまらないものを，次の中から1つ選び，その記号をマークしなさい。

a　ＯＥＣＤ

b　ＩＭＦ

c　ＯＡＰＥＣ

問4　下線部④に関して，先進国首脳会議が設立された背景には世界的な経済減速があったが，その原因としてもっとも適切な語を，次の中から1つ選び，その記号をマークしなさい。

a　イラン革命

b　イラン・イラク戦争

c　第 4 次中東戦争

d　リーマン・ショック

問5　下線部⑤に関する次の説明のうち，正しいものにはイ，誤っているものにはロをマークしなさい。

a　日本は，朝鮮民主主義人民共和国（北朝鮮）との貿易拡大をめざして，国交のない同国と準政府間貿易（ＬＴ貿易）の取決めを結んだ。

b　日本は，中国との国交正常化をアメリカに先立って実現した。

c　日本が東南アジア４カ国と結んだ賠償協定は，日本企業の東南アジア進出の足がかりとなった。

問６　下線部⑥に関する次の説明のうち，正しいものにはイ，誤っているものにはロをマークしなさい。

a　1970年代から80年代にかけて，日本は，欧米先進諸国と比べると相対的には高い成長率を維持した。

b　アジアでは，韓国・シンガポール・台湾・香港などが，急激な経済成長を続け，新興工業経済地域（ＮＩＥＳ）と呼ばれた。

c　日本の開発途上国に対する政府開発援助（ＯＤＡ）の供与額は世界最大規模となった。

問７　下線部⑦に関する次の説明のうち，正しいものにはイ，誤っているものにはロをマークしなさい。

a　日本の自動車の対米輸出が急増し，アメリカの自動車産業は大きな打撃を受け，アメリカでは対日非難（ジャパン・バッシング）が高まった。

b　1980年代には貿易黒字が累積して，日本は世界最大の債権国となったが，一人当たり国民所得（ドル表示）でアメリカに追いつくことはなかった。

c　先進国首脳会議でドル高の是正が合意されると（プラザ合意），円高が一気に加速した。

問８　下線部⑧に関する次の説明のうち，正しいものにはイ，誤っているものにはロをマークしなさい。

a　ソ連のゴルバチョフは積極的な外交で対米関係の改善をはかり，アメリカと中距離核戦力（ＩＮＦ）全廃条約を締結した。

b　1989年，ヤルタで米ソ首脳会談が開かれ，「冷戦の終結」が米ソ共同で宣言された。

c　冷戦の象徴であった「ベルリンの壁」は打ち壊され，東西ドイツが統一を実現した。

問 9　下線部⑨に関して，このときに自衛隊員が派遣された地域としてもっとも適切な語を，次の中から 1 つ選び，その記号をマークしなさい。

a　ルワンダ

b　ユーゴスラヴィア

c　カンボジア

d　東ティモール

問10　下線部⑩に関して，このときの日本の総理大臣としてもっとも適切な人名を，次の中から 1 つ選び，その記号をマークしなさい。

a　村山富市

b　橋本龍太郎

c　小渕恵三

d　森喜朗

e　小泉純一郎

世界史

（60 分）

I　つぎの文章（A～B）はスイスのジュネーヴについて述べたものである。よく読んで，下記の設問に答えなさい。(25 点)

A　「共和国の敵はかく滅びん！」。毎年 12 月初旬，国際都市ジュネーヴ(a)の市民は「エスカラード（梯子）」と呼ばれる祭りを楽しむ。1602 年 12 月 11 日から 12 日にかけての深夜，ジュネーヴの城壁を梯子でよじ登ろうとしたサヴォワ軍を返り討ちにした史実に由来する。この祭りでは，鍋の形のチョコレートが店頭を飾る。煮え立った鍋を敵兵にぶちまけて撃退の機運を高めたとされる肝っ玉母さんにちなんだ風物詩。祭りでは，上の掛け声とともに，チョコレート製の鍋を打ち砕く習慣がある。

この祭りと因縁の深いエスカラード事件は，チューリヒやベルンなどに次いで宗教改革を経験したジュネーヴが，プロテスタント共和国となって後の出来事である。スイスでいち早く宗教改革が起きたのはチューリヒであり，従軍司祭として悲惨なイタリア戦争(b)を経験して傭兵制度に反対したツヴィングリが改革の指導者であった。ジュネーヴには，カルヴァン(c)がやってくる。この城塞都市の宗教改革のいきさつとその後の困難について，少しまとめてみよう。

11 世紀のジュネーヴは，神聖ローマ帝国(d)の自治司教区であった。15 世紀中頃からジュネーヴの司教は，隣接するサヴォワ公国の近親者が歴任するようになった。ブルジョワジーの台頭によりサヴォワ公国の影響からの脱却を目指したジュネーヴは，スイスの他の都市との間に同盟関係(e)を模索した。

こうした流れを受けて 1533 年に，ジュネーヴの司教が逃亡する。続く 1535 年にはフランス人宗教改革者(f)ギヨーム=ファレルとその弟子ピエール=ヴィレによってカトリックの礼拝が廃止された。そして 1536 年，ファレルは同胞のカルヴァンにジュネーヴの改革の協力を依頼したのである。

改革に着手したばかりのカルヴァンは，その思想の厳格さゆえ自由派市民の反発をかい，一旦は追放の憂き目に遭うものの，1541 年に復帰すると政教一致の政治を行った。市民には峻厳な信仰が求められ，派手な衣装や豪華な食事，演劇や遊興などの奢侈（しゃし）が禁じられた。カルヴァンの思想はヨーロッパに波及し，ジュネーヴは「プロテスタントのローマ」と称された。

宗教改革後もジュネーヴは，隣接するサヴォワ公国との緊張関係に悩まされた。しかしエスカラード事件の翌年，1603 年には，同盟都市のベルンやフランス王国の後ろ盾もあり，サヴォワ公シャルル=エマニュエル 1 世と平和協定を締結するに及んだ。このサヴォワ家は，後の(g)イタリア王家である。

1685 年，ルイ 14 世によって(h)ナントの王令（勅令）が廃止されると，フランスの(i)ユグノーたちはジュネーヴに移住して難を逃れた。ジュネーヴは経済的にフランスとの繋がりを深め，フランス派がスイス同盟派をしのぐようになる。こうしてジュネーヴは，サヴォワ公国の脅威にも増して，フランス王国との難しい外交を迫られるようになった。

B　18 世紀の思想家(j)ルソーは，ジュネーヴの時計職人の家に生を受けた。プロテスタントの少年ルソーは徒弟奉公先から逃げ出すと，サヴォワを通ってイタリアのトリノへたどり着き，そこでカトリックに改宗した。1754 年，40 歳を過ぎたルソーは，ジュネーヴでプロテスタントに復帰し，市民権を得る。それは「ジュネーヴ共和国に捧げる」という献辞を載せた著書『人間不平等起源論』の刊行に際してのことだった。この著作は，フランスのディジョン・アカデミーにルソーが応募した懸賞論文であった。このように 17～18 世紀のヨーロッパは，理性や観察・実験を重んじる合理的な科学精神を国を挙げて振興した。1666 年，フランスでは王立の科学アカデミーが，(k)コルベールによって設置されている。

ルソーはその『人間不平等起源論』の献辞のなかで，ジュネーヴに賛辞を惜しまない。「そこに生きる市民たちの幸福と諸国の民の規範のため，かくも適切にかくも見事につくられた共和国が，どうかいつまでも続きますように！」そんなルソーが，1763 年，ジュネーヴの市民権をみずから放棄しなければならなくなったのは，彼の『エミール』を焚書扱いにしたフランスに倣って，故郷ジュネーヴが『エミール』のみならず『社会契約論』までも弾圧したからである。ルソーには，フランスからもジュネーヴからも，逮捕状が出されていた。『エミール』に見られる宗教論（「サヴォワの助任司祭の信仰告白」）も，『社会契約論』も，それぞれの政体の気に障るほど「大胆」だったからだ。

ルソーは，フランス革命を思想的に準備したひとりとされる。彼は革命を待たずして世を去った。革命軍の勢いを受けてスイスで最初に革命が起きた地がジュネーヴというのは，歴史の皮肉だろうか。

ジュネーヴで革命派が権力を握った1792年は，パリのチュイルリー宮殿を防御していたスイス人傭兵たちが革命のあおりで大量に虐殺された年でもあった。彼らの死を悼む「瀕死のライオン」の石碑が，スイス中部の都市ルツェルンにある。勇敢さで名を馳せたスイスの傭兵であるが，「中立」の代償は大きかった。ロシアなどへのナポレオンの遠征(1)に同行したスイス人傭兵も，多くがその命を異国の地で失った。

設問1 下線部(a)について。国際都市としてのジュネーヴに関する記述として誤っているものはどれか。2つ選んでマーク解答用紙にマークしなさい。

① スイスのデュナンの発案による赤十字条約が，ジュネーヴで締結された。

② ヴェルサイユ条約で設置の決まった国際連盟は，ジュネーヴに本拠地をおいた。

③ ワシントン会議で決定をみなかった補助艦の保有量制限は，続くジュネーヴ軍縮会議でようやく進展をみた。

④ すでに独立を宣言していたトルコ共和国の独立が，ジュネーヴ会議で正式に承認された。

⑤ スターリンの死後，米・英・仏・ソ4か国首脳によるジュネーヴ4巨頭会談が開催された。

設問2 下線部(b)について。イタリア戦争に関する記述として誤っているものはどれか。2つ選んでマーク解答用紙にマークしなさい。

① フランス王フランソワ1世によるイタリア侵入が，この戦争の発端となった。

② イタリア戦争を経験したマキァヴェリは，『君主論』を執筆した。

③ カトー=カンブレジ条約で，ハプスブルク家はミラノ・ナポリ・シチリアなどを失った。

④ イタリア戦争を機に，新しい国際秩序としての主権国家体制が形成され

始めた。

⑤ イタリア戦争を機に，フィレンツェはルネサンスの中心地ではなくなった。

設問3 下線部(c)について。カルヴァンに関する記述として正しいものには①を，誤っているものには②をマーク解答用紙にマークしなさい。

(あ) カルヴァンは，『キリスト者の自由』を著してプロテスタント神学を体系化した。

(い) カルヴァンは，利益の追求や蓄財は許されないと説いた。

(う) カルヴァン派は，暴君に対する抵抗権を認めた。

設問4 下線部(d)について。ハプスブルク家出身の神聖ローマ皇帝として正しいものには①を，誤っているものには②をマーク解答用紙にマークしなさい。

(あ) マリア=テレジア

(い) ヨーゼフ2世

(う) フランツ=ヨーゼフ1世

設問5 下線部(e)について。スイスの発展に関する記述として誤っているものはどれか。2つ選んでマーク解答用紙にマークしなさい。

① 13世紀末には，共同防衛のため3つの州が永久同盟を結んだ。

② 15世紀初頭には，13自治州からなるスイス連邦共和国が成立した。

③ 1648年のウェストファリア条約により，スイスの独立が国際的に承認された。

④ 1815年のウィーン議定書により，スイスは武装永世中立国として承認された。

⑤ 1830年の七月革命が起きると，その影響を受けて同じ年に民主的な連邦憲法を制定した。

設問6 下線部(f)について。ドイツの宗教改革者マルティン=ルターに関する記述として誤っているものはどれか。2つ選んでマーク解答用紙にマークしなさい。

① 1517年に「九十五カ条の論題」を発表した。

② ブランデンブルク選帝侯フリードリヒによって，ヴァルトブルク城にかくまわれた。

③ カルヴァンの思想を引き継いで，予定説を唱えた。

④ ドイツ農民戦争が急進化すると，領主側に立って反乱鎮圧を訴えた。

⑤ ルターの教えは，スウェーデン・デンマーク・ノルウェーに伝播した。

設問7　下線部(g)について。イタリア王国に関する記述として誤っているものはどれか。2つ選んでマーク解答用紙にマークしなさい。

① ヴィットーリオ=エマヌエーレ2世が，初代イタリア国王となった。

② 自由主義者のマッツィーニが首相となり，鉄道建設など近代的社会基盤の整備を推進した。

③ プロイセン=フランス戦争に乗じてローマ教皇領を占領した。

④ 統一後のイタリアは，エチオピアに次いでエリトリアを植民地とした。

⑤ 統一後のイタリアでは資本主義の発展に南部が取り残され，北部との経済格差が広がった。

設問8　下線部(h)について。ナントの王令（勅令）の公布によって，フランスにおける危機は終息にむかったが，それまで新旧両宗派の対立が深まっていたのはなぜか。その理由を，当時の国際情況を考慮して10字以上20字以内で記しなさい。

設問9　下線部(i)について。ユグノーはフランスにおけるカルヴァン派の呼称であるが，オランダにおけるカルヴァン派の呼称はなにか。1つ選んでマーク解答用紙にマークしなさい。

① ゴイセン

② ジェントリ

③ ピューリタン

④ 水平派

⑤ 長老派

設問10　下線部(j)について。ルソーに関する記述として正しいものはどれか。1つ選んでマーク解答用紙にマークしなさい。

① イギリスの憲政をたたえ，権力の分立と王権の制限を主張した。

② 自然状態は「万人の万人に対する闘争」であると考え，これを調停するために各人が契約によって国家を形成すべきと説いた。

③ 各人が社会と契約して権利を譲渡したうえで，社会の統治に代表民主制の形で参加すべきと説いた。

④ ルソーの作品には，19世紀に流行したロマン主義の萌芽がみられる。

⑤ 啓蒙思想家として，自然よりも理性を重視し，文明の進歩をたたえた。

設問11　下線部(k)について。コルベールに関する記述として誤っているものはどれか。2つ選んでマーク解答用紙にマークしなさい。

① ルイ14世の財務総監として，王権の財政基盤の確立を目指した。

② 王立マニュファクチュアを創設して，国内産業を育成しようとした。

③ 重商主義政策をとって，自由貿易のオランダに対抗した。

④ 東インド会社を創設して，南アフリカでケープ植民地を築いた。

⑤ アカデミー=フランセーズを創設して，国語の統一と洗練を目指した。

設問12　下線部(l)について。ナポレオンの遠征に関する記述として誤っているものはどれか。2つ選んでマーク解答用紙にマークしなさい。

① イタリア遠征を機に，イギリスは第2回対仏大同盟を結んだ。

② イタリア遠征においてナポレオンは，イタリア派遣軍司令官としてオーストリアを破った。

③ エジプト遠征は，イギリスが1806年の大陸封鎖令に違反したことに対する軍事遠征であった。

④ ナポレオンのエジプト遠征隊が発見した石板ロゼッタ=ストーンには，ヒエログリフ・デモティック・ギリシア文字の3つの文字が刻まれている。

⑤ ロシア遠征によりナポレオンはモスクワを一時占領したが，ロシア軍の焦土作戦と反撃にあって敗走した。

Ⅱ　つぎの文章（A～D）は鉄道の歴史について述べたものである。よく読んで，下記の設問に答えなさい。(25点)

A　鉄道は旅客や物資を運搬する単なる道具ではなく，資本主義の発展，さらには帝国主義の帰趨までも左右する重要な手段であった。

いちはやく産業革命がはじまったイギリスでは，工業化に伴い，工場で生産するための原材料や製品を大量に運搬する必要が生じていた。そこで，18世紀には蒸気機関という新たな動力の開発がおこなわれた。18世紀前半にニューコメンが蒸気の凝縮を利用したポンプをはじめて製作したが，これを大幅に改良し，産業に活かせるようにしたのが（　1　）であった。彼の技術開発により，動力としての蒸気機関(a)が飛躍的に発展したのである。

その技術は，鉄道にも用いられていく。1814年，スティーヴンソンが石炭運搬のための蒸気機関車の試運転に，さらに1825年には客車の牽引に成功し，1830年には（　2　）と（　3　）の間で鉄道が開通した。

ここに鉄道が敷かれたのは，イギリス国内の資本主義の発展と大きな関係がある。18世紀からの産業革命により工業化が進んだイギリスは，当時勃興しつつあった綿工業の製品および海外から輸入した綿花を大量に運搬する必要が生じた。そこで，湾岸都市であった（　2　）と商工業都市である（　3　）との間に鉄道を通したのであった。それによって基本的な社会の基盤が農業から工業へと大きく変化していったのである。

B　イギリスに続いて，ヨーロッパ各国にも産業革命がおこったが，そのなかで比較的早くおこった国の1つに，1830年に独立を宣言したばかりの（　4　）がある。この国は以前から（　5　）の産地を抱えており，同時にいくつかの商業都市もすでに存在していたためであった。さらにドイツや日本も産業革命を経験し，資本主義社会として歩みはじめた。

産業革命を契機に工業化した国家は，第2次産業革命を経験し，重工業を生産の中心としていった。そのためには莫大な資本が必要となったため，企業の大規模化が進み，（　6　）が形成されるようになる。そうした大企業は政府や国家にも大きな影響を与えるようになっていった。

このような企業は，さらなる生産力の強化を求めるようになっていく。ところが，とりわけヨーロッパ諸国はおおむね自国の市場が飽和状態に近づいており，原材料なども乏しかったため，工業生産にも限界が生じていた。そこで，さらなる市場や物資を得るため，各国は植民地の獲得に向かうことになる。いわゆる帝国主義の誕生である。

帝国主義と鉄道とはきわめて関係が深い。宗主国が植民地を支配するにあたり，原材料や製品の運搬を自らが管理するため，鉄道敷設権(b)は重要な利権であった。そこで，各国は自らの思惑によって植民地の鉄道敷設権を獲得し，鉄道を開通させていった。

その一例として，ドイツによるいわゆる3B政策(c)のもとすすめられたバグダード鉄道計画がある。ドイツは自国資本の会社が（　7　）政府から鉄道敷設権を獲得し，内陸部の都市コンヤからバグダードまでの総延長距離約3200キロメートルにわたる鉄道の建設に着手した。ところが各国との資本提携に失敗し，国際情勢が悪化するなかで，結局ドイツは敷設権を失っている(d)。

C　日本も欧米諸国から少し遅れて産業革命を経験し，資本主義社会へとかじを切った。富国強兵の名のもとで資本主義化をおしすすめた日本は，鉄道の開通こそ欧米よりやや遅れをとったが，鉄道支配の重要性を十分に理解しており，日露戦争後から海外，とりわけ中国の鉄道敷設権の獲得に向かっていった。

一方ロシアは東方戦略に力を入れ始めていたことから，日清戦争の講和条約において日本が領有を承認された（　8　）を，フランス・ドイツとともに返還させた。ロシアはその見返りとして，清の欽差大臣（全権大使）だった李鴻章と密約を結んで，満州（中国東北部）北部の鉄道敷設権を得た。そこでロシアは，建設途中であったシベリア鉄道の経由点として満洲里からハルビンを経てロシアとの国境にある綏芬河（すいふんが）を結ぶ本線，およびハルビンから大連までの支線の建設に着手した。だが，日露戦争に敗北したロシアは，1905年の（　9　）条約によって長春以南の支線部分を日本に割譲した。この鉄道こそ南満州鉄道であり，この鉄道を運営するために設立されたのが南満州鉄道株式会社，世にいう満鉄である。

1932年に満州国(e)が成立すると，満州国は満州の残りの部分の鉄道経営権をソ連から買収した。満鉄は鉄道の経営だけでなく数々の事業を手がけ，満州のみならず本土であった日本の経済にもきわめて大きな影響を及ぼしたのである。

このように，経済に及ぼす鉄道の影響力を知った日本は，さらなる鉄道建設を計画する。それが1942年に公表された「大東亜縦貫鉄道構想」(f)である。これは日本からアジアにある自らの植民地都市を経てヨーロッパにまで至る，1万キロメートル以上に及ぶ壮大な鉄道計画であった。日本は「東亜新秩序」の名のもとに「新東亜の建設」を目指すなかで，物資や人を本国から植民地都市，さらには同盟国であったドイツにまで運ぶ計画を立てたのである。

この構想は大きく分けて2つのルートからなる。主要な路線としては，日本の植民地都市を結ぶルート，すなわち本土である東京，下関から，釜山・奉天・北京・ハノイを経てシンガポールまで結ぶ路線があった。もう1つはドイツとの連絡のためのもので，東京からいくつかの都市を経てベルリンにまで至るものであったという。これらの構想は荒唐無稽であると当時から大きな批判も受けており，実現することはなかったが，満鉄は敷設に向けた調査をおこなっていたといわれる。まさに地球レベルでの「帝国と鉄道」の一例であったとはいえないだろうか。

D 第二次世界大戦が終了すると，鉄道敷設権が争われることはきわめて少なくなった。もちろん航空機や船舶の発展もあり，産業における鉄道の役割は相対的に下がったとも思われる。ところが，さまざまな目的のために，大規模な鉄道建設は昨今でもおこなわれている。その1つが，2006年に全面開通した青蔵鉄道である。

この鉄道は中国西部の西寧からチベット自治区区都の（ 10 ）までを結ぶ鉄道で，この鉄道の開通によって，北京や上海などの中国の主要都市から（ 10 ）まで乗り換えることなく通行できるようになった。中国政府としては，沿岸部の資本や物資が内陸の都市にまで行きわたるといった経済効果を見込んでいた。ところが，逆に都市部から人口が流入し，そうした人々によって元来あった観光資源などの富が握られてしまい，先住のチベット族(g)の経済状況が改善しないというような問題も生じている。これについては多角的な考察が必要だが，これまでの鉄道の歴史をふりかえると，こうした事例は「帝国による植民地化」のイメージと重なるとする向きもある。やはり，現代の世界においても鉄道は依然として影響を与え続けているといえよう。

設問1 空欄（1～10）に入る最も適切なものを，それぞれ1つ選んでマーク解答用紙にマークしなさい。

（ 1 ）①ミュール ②ダービー ③ワット ④フーリエ

(2) ①マンチェスター　②リヴァプール　③ロンドン　④エディンバラ

(3) ①マンチェスター　②リヴァプール　③ロンドン　④プリマス

(4) ①スウェーデン　②オランダ　③ベルギー　④ポーランド

(5) ①毛織物　②絹織物　③綿織物　④麻織物

(6) ①国家資本　②帝国資本　③商業資本　④独占資本

(7) ①イラク　②オスマン帝国　③ムガル帝国　④イラン

(8) ①遼東半島　②山東半島　③朝鮮半島　④九竜半島

(9) ①下関　②ポーツマス　③北京　④南京

(10) ①ウルムチ　②ジャムス　③ラサ　④ゴルムド

設問2　下線部(a)について。以下の年表は，蒸気機関に関連するものである。空欄（あ～う）に入る人名の組み合わせとして最も適切なものを1つ選んで，マーク解答用紙にマークしなさい。

1785　(あ)が蒸気機関を利用した力織機を発明する

1804　(い)が軌道式蒸気機関車を発明する

1807　(う)が蒸気船の試運転に成功する

①　(あ) アークライト　(い) トレヴィシック　(う) フルトン

②　(あ) カートライト　(い) クロンプトン　(う) ホイットニー

③　(あ) アークライト　(い) ハーグリーヴズ　(う) トレヴィシック

④　(あ) カートライト　(い) トレヴィシック　(う) フルトン

⑤　(あ) カートライト　(い) ハーグリーヴズ　(う) フルトン

設問3　下線部(b)について。清朝に対して，当時の帝国主義国家がこの権利とならんで獲得しようとした権利はなにか。漢字5字で記しなさい。

設問4　下線部(c)について。3B政策に関する記述として，正しいものには①を，誤っているものには②を，マーク解答用紙にマークしなさい。

(あ)　ヴィルヘルム1世によっておしすすめられた。

(い)　ドイツは鉄道の敷設を契機に，中東への進出を目論んだ。

（う）　この政策を警戒して，イギリス・フランス・ロシアは三国同盟を結んだ。

設問5　下線部(d)について。ドイツがこの鉄道の敷設権を失ったのはなぜか。20字以内で説明しなさい。

設問6　下線部(e)について。満州国に関する記述として正しいものを2つ選んで，マーク解答用紙にマークしなさい。

①　関東軍は，日本政府の指示のもとで中国東北部を占領した。
②　関東軍は，溥儀を皇帝として擁立し，建国を宣言した。
③　満州国と国境を接するソ連に対抗するため，日本はまずイタリアと協定を結んだ。
④　日本は軍備拡大のため，満州国では重化学工業を重視した。
⑤　国際連盟が総会を開いて満州国の不承認を決議すると，日本は国際連盟を脱退した。

設問7　下線部(f)について。この鉄道構想の主要路線における都市の組み合わせとして最も適切なものは，以下のうちどれか。1つ選んでマーク解答用紙にマークしなさい。

①　(ア)・(イ)・(エ)・(カ)・(ケ)・(サ)・(シ)
②　(ア)・(イ)・(ウ)・(オ)・(ク)・(コ)・(シ)
③　(ア)・(イ)・(ウ)・(キ)・(ク)・(コ)・(シ)
④　(ア)・(イ)・(エ)・(キ)・(ケ)・(コ)・(シ)
⑤　(ア)・(イ)・(ウ)・(オ)・(ケ)・(サ)・(シ)

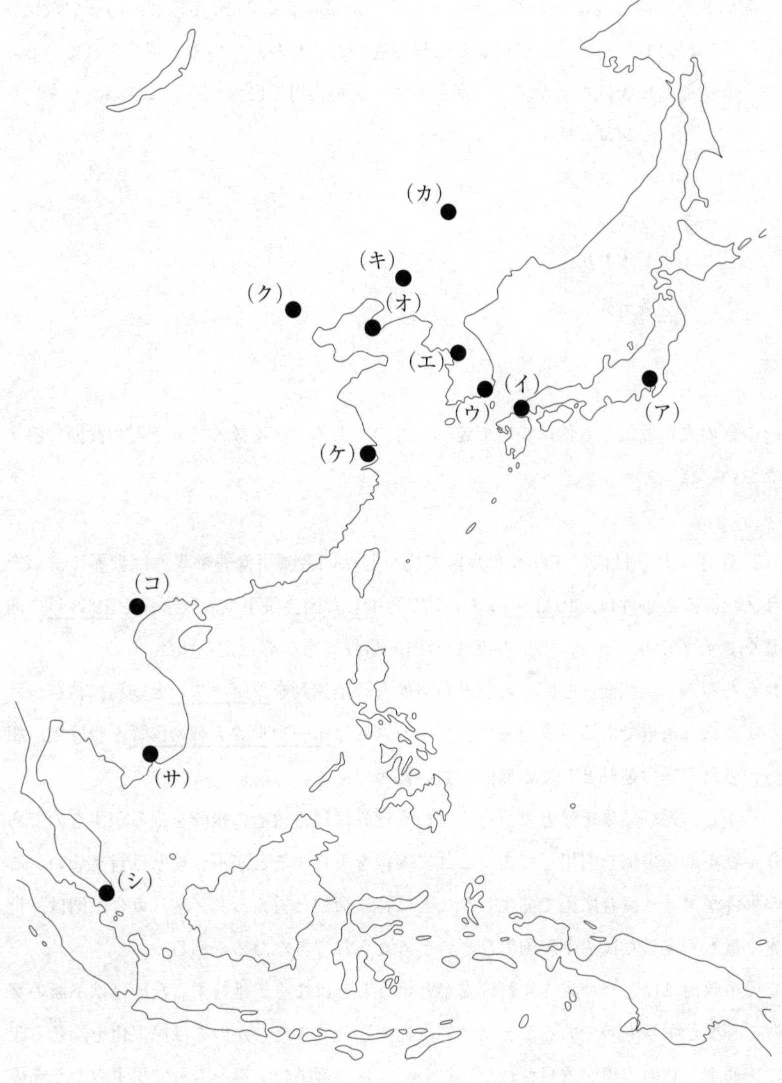
(カ)
(キ)
(ク)
(オ)
(エ)
(イ)
(ウ)
(ア)
(ケ)
(コ)
(サ)
(シ)

設問8 下線部(g)について。チベット族と同様に，ここ10年ほど，ある少数民族に対しても中国政府による人権侵害がおこなわれていると報じられている。その民族はなにか。1つ選んでマーク解答用紙にマークしなさい。

① モンゴル族

② ウイグル族

③ ウズベク族

④ クルド族

⑤ 満州族

Ⅲ つぎの文章は民主政治について述べたものである。よく読んで，下記の設問に答えなさい。(25点)

2021年1月6日にアメリカ合衆国で発生した国会議事堂襲撃事件は世界に衝撃を与えた。この事件は，1933年(a)にドイツで発生した国会議事堂放火事件や1938年(b)に同じくドイツで起こった「水晶の夜（※注）」事件にもなぞらえられた。

もちろん，現在発生している急進右翼的な政治運動をファシズム(c)と安易に結びつけることには慎重であるべきだろう。ファシズムは第一次世界大戦の影響(d)を受けた，組織化された暴力運動としての側面が強いためである。

しかし，選挙結果を暴力で覆そうという運動は民主政治の根幹を揺るがすものであり，歴史的な事例を引用してまでこれに警鐘を鳴らすことが不合理とは言えない。この事件がアメリカ合衆国で発生したことは特に深刻と言える。アメリカ合衆国は，世界で最も安定した民主主義国のひとつと考えられてきたためである。

民主政治はひとたび成立すれば安泰ということはなく，維持するためには不断の努力を必要とするものであることはつとに指摘されてきた。かつては民主化を論じる際に普通選挙制(e)の実現が重視された。しかし，議会選挙の実現をもって民主政治が完成するわけではない。歴史上には民主体制が崩壊した事例も事欠かない。民主政治の定着と安定については，様々な要因が検討されるべきであろう。

現代において民主政治を脅かす要素は何か。政治制度の上では，言論や表現の自由に加えて，私的財産権など広い意味での自由権(f)の重要性が指摘されてきた。今日では，インターネットの利用拡大とも相まって，科学の成果(g)を否定するような言説や陰謀論の流通などの新たな課題も急速に増大している。

物理的な暴力をどのように統制するのかは，政治にとって重要な課題である。2021年２月にミャンマー(h)で発生した軍事クーデタ(i)は，文民政府と軍部の関係という伝統的な問題が今なお重要な課題であることを世界に印象付けた。

また，もうひとつの古くて新しい課題として貧富の格差がある。古代のギリシアでもローマでも(j)，貧富の格差が民主政治（ローマでは共和政）を脅かすことが懸念された。19 世紀のイギリスでも，貧富の格差の拡大が「ふたつの国民」を分断しているとの認識から，保守党のディズレーリなどが「ひとつの国民」への統合(k)を訴えた。

格差の拡大を放置すれば，民主政治そのものへの支持が低下する恐れもある。東アジアや東南アジアに見られた開発独裁(l)の政権は，経済成長を政治的な正統性の源泉とした軍事独裁であった。生活水準の向上をもたらさない民主政治よりも経済成長を実現する独裁を支持する人も多いことを，歴史の経験は示している。

民主政治を取り巻く環境は，日々変化している。過度な悲観論に陥る必要はないものの，現状を正しく認識して課題を明らかにする必要があろう。

※注　「水晶の夜」とは，発生当時から用いられた呼称で，割れた窓ガラスを水晶になぞらえたものであるが，暴力的な事件を叙情的に描くことへの忌避感から現在は使用に否定的な論者も多い。

設問１　下線部(a)について。以下の(あ)～(う)の出来事は，1933 年前後に起こったものである。この出来事を起こった順番に正しく並べたものはどれか。１つ選んでマーク解答用紙にマークしなさい。

(あ)　フランスで，人民戦線内閣が成立した。

(い)　アメリカ合衆国で，フーヴァー大統領が賠償・戦債の１年間の支払い停止を宣言した。

(う)　ドイツで，ヒトラーが首相に就任した。

①　(あ)　→　(い)　→　(う)

②　(あ)　→　(う)　→　(い)

③　(い)　→　(あ)　→　(う)

④ (い) → (う) → (あ)

⑤ (う) → (あ) → (い)

⑥ (う) → (い) → (あ)

設問2 下線部(b)について。1938年以前の出来事に関する記述として正しいものはどれか。2つ選んでマーク解答用紙にマークしなさい。

① ソ連で発布されたスターリン憲法は，全市民の平等な諸権利を謳っていた。

② イタリアは，アルジェリア全土を征服した。

③ ドイツは，ロカルノ条約を破棄してポーランド回廊に軍を進めた。

④ スペインでは，選挙で成立した人民戦線政府に対してフランコが反乱を起こした。

⑤ 中国では，張作霖が蔣介石を拘束する西安事件が勃発した。

設問3 下線部(c)について。ファシズム発祥の地であるイタリアに関する記述として正しいものはどれか。2つ選んでマーク解答用紙にマークしなさい。

① ナポレオンの占領までの間，イタリアの北部と南部は，いずれもハプスブルク系の王朝であるオーストリアとスペインにそれぞれ支配されていた。

② イタリア王国成立後もオーストリアの支配下にあったシチリア島は「未回収のイタリア」と呼ばれた。

③ 第一次世界大戦後，イタリアでは労働運動が激しさを増し，北部の工業地帯を中心に工場の占拠もおこなわれた。

④ 1943年に連合軍がシチリア島に上陸すると，国王はムッソリーニを解任して，新政権の下で連合国に無条件降伏をした。

⑤ イタリアは戦後の欧州統合の参加には消極的で，ヨーロッパ経済共同体には当初は参加しなかった。

設問4 下線部(d)について。第一次世界大戦の影響に関する記述として正しいものはどれか。2つ選んでマーク解答用紙にマークしなさい。

① 賃労働に従事する女性の増加を受けて，ファシズム指導者の多くは男女平等など法の下の平等を強く支持した。

② 第一次世界大戦中に発生したロシア革命に対する警戒感から，ファシズムは反共産主義的な姿勢を鮮明にした。

③ イタリアでは，賠償金負担による経済の破綻が既存の政治エリートへの不信を招き，ファシスト党への支持拡大につながった。

④ ドイツでは，賠償問題に端を発するルール占領で経済が混乱したものの，シュトレーゼマンの協調外交を通じて相対的には安定した政治を確保した。

⑤ ハンガリーでは，第一次世界大戦中の独立運動の指導者であったピウスツキが軍事独裁体制を確立した。

設問5　下線部(e)について。普通選挙制に関する記述として正しいものはどれか。2つ選んでマーク解答用紙にマークしなさい。

① フランスでは，第三共和政の下で成年男性による普通選挙制が実施されたが，成年女性が選挙権を獲得したのは第一次世界大戦後の1919年であった。

② ドイツでは，帝国議会で成年男性のみによる普通選挙制が実施されたが，ワイマール共和国では成年男女に選挙権が認められた。

③ イギリスでは，制限選挙の時代が長く続き，男女平等の普通選挙制が実現したのは第四次選挙法改正が成立した1918年であった。

④ アメリカ合衆国では，南北戦争後の奴隷解放で全ての人に連邦議会での選挙権が認められたものの，投票に際する人種間の不平等は解消されなかった。

⑤ 日本では，1925年の選挙法改正で25歳以上の男性による普通選挙制が成立したが，女性が選挙権を獲得したのは第二次世界大戦後であった。

設問6　下線部(f)について。自由権に関する記述として正しいものはどれか。2つ選んでマーク解答用紙にマークしなさい。

① イギリスでは，名誉革命の結果として，恣意的な逮捕・投獄を禁じる人身保護法が制定された。

② ナポレオン法典（民法典）は，フランス革命の成果であった私有財産の不可侵や契約の自由などを否定する内容であった。

③ ナポレオンに敗れたプロイセンでは，近代化のため営業の自由の承認な

どの改革が進められた。

④　辛亥革命によって成立した中華民国では，議会選挙で勝利した国民党の指導者である孫文が大総統に就任して，自由主義的な改革を進めた。

⑤　ソ連では，第一次世界大戦の終結後，戦時共産主義への反発の高まりを受けて余剰生産物の自由な販売などを認める新経済政策が実施された。

設問7　下線部(g)について。科学（学問）に関する記述として正しいものはどれか。2つ選んでマーク解答用紙にマークしなさい。

①　中世ヨーロッパのスコラ学は，キリスト教の教義に反する古代ギリシアの哲学の影響を排して独自の理論を確立した。

②　アッバース朝の時代にギリシア語の文献の多くがアラビア語に翻訳され，インドやイランの学問とも融合して様々な学問が発展した。

③　明の時代には思弁的な学問が尊重され，元の時代に活況を呈した実用的な学問は下火となった。

④　近世のヨーロッパではニュートンやハーヴェーが中世的な魔術や錬金術・魔女裁判などを否定し，近代的な学問の基礎を築いた。

⑤　19世紀末以降には自然科学の成果が電機産業や石油産業にも応用され，第2次産業革命にも大きく貢献した。

設問8　下線部(h)について。現在のミャンマーに相当する地域に関する記述として正しいものはどれか。2つ選んでマーク解答用紙にマークしなさい。

①　11世紀の中ごろに成立したパガン王国の下では大乗仏教が特に積極的に保護され，多数の寺院が建立された。

②　16世紀後半にアユタヤ王国を攻略したトゥングー（タウングー）朝は，マラッカ海峡を勢力下において東西の交易を支配した。

③　18世紀の中ごろに成立したコンバウン（アラウンパヤー）朝は，ほぼ現在のミャンマーと等しい地域を領有した。

④　19世紀に数次にわたるフランスとの戦争に敗れたことから，この地はフランスの植民地とされ，仏領インドシナに併合された。

⑤　クーデタで成立したネ=ウィン政権は，産業の国有化や貿易統制をおこなったが，国際的に孤立して経済の停滞が生じた。

設問9　下線部(i)について。世界各地で発生したクーデタの記述として正しいものはどれか。2つ選んでマーク解答用紙にマークしなさい。

① 中国では，蔣介石が上海クーデタで権力を掌握して第一次国共合作を進めた。

② 韓国では，クーデタで権力を掌握した朴正熙大統領の下で外国企業の誘致による輸出工業の育成が進められた。

③ ポルトガルでは，海外植民地の解放を契機とするクーデタで戦間期以来の独裁体制が崩壊して民主化が進んだ。

④ チリでは，社会主義革命により成立したアジェンデ政権が，ピノチェトらのクーデタにより打倒された。

⑤ ソ連では，ペレストロイカに反発したエリツィンによるクーデタでゴルバチョフが失脚した。

設問10　下線部(j)について。古代のギリシアとローマに関する記述として正しいものはどれか。2つ選んでマーク解答用紙にマークしなさい。

① アテネの民会はポリスの防衛について議論したため，武器を自弁できない貧しい市民には参加が認められなかった。

② スパルタは市民団内部の平等を徹底するために，金属貨幣の使用を禁止し，土地を平等に分配した。

③ 共和政期のローマにおいて市民は重装歩兵として国防に重要な役割を果たしたことから，全ての市民が元老院議員の選挙に立候補できた。

④ グラックス兄弟は，貧富の格差の拡大が軍事力低下に結び付くことを恐れ，有力者に集中した土地の再配分を試みた。

⑤ 帝政期のローマにおいては貧困化した市民が債務奴隷として農村に売却されたため，奴隷制農場経営が発達した。

設問11　下線部(k)について。伝統的には裕福な人々に支持されてきた保守党が，ディズレーリの指導期以降，貧富の格差の解消を訴えたのはなぜか。その理由を30字以上40字以内で記しなさい。

設問12　下線部(1)について。第二次世界大戦後の開発独裁政権に関する記述として正しいものはどれか。2つ選んでマーク解答用紙にマークしなさい。

① インドネシアでは，九・三〇事件を契機として共産党を壊滅させたスハルトが実権を掌握して，軍部の独裁の下で工業化を進めた。

② 1980年代になると韓国内の民主化運動は大きな支持を集めるようになり，軍部もこれを抑圧しなかったので，平和的な民主化が実現した。

③ 台湾では，国民党の独裁的支配の下で経済成長が進んだが，その後，総統に就任した李登輝の下で民主化が進んだ。

④ フィリピンでは，1960年代以降マルコスが独裁政治を行ったが，1980年代以降，ドイモイ政策を導入して自由化を進めた。

⑤ カンボジアでは，開発独裁を進めるシハヌークが急進的な左派勢力である赤色クメールを弾圧した。

Ⅳ　つぎの文章（A～B）は，大航海時代に始まった「世界の一体化」と，今日のグローバル化（グローバリゼーション）について述べたものである。よく読んで，下記の設問に答えなさい。(25点)

A　人類の歴史は，世界が一体化する過程と捉えることができる。世界各地に形成された地域的世界は，大航海時代以降，商業活動などを通して結びつきを強めていき，今日のグローバル化にいたっている。

大航海時代は，14～15世紀に諸々の危機に見舞われたヨーロッパ(a)が，対外進出，特にアジア進出に活路を見出したことから始まった。アジアを目指す動きを最初に本格化したのは，13世紀にはレコンキスタによってイスラーム支配(b)を脱していたポルトガル(c)だった。ポルトガルは，アフリカの南を回ってインドに向かうという悲願を達成し，インド航路を切り拓いた。しかしながら，当時インド洋から東南アジアにいたる地域では，ムスリム商人を中心に貿易が盛んに行われていたため，香薬の生産地モルッカ（マルク）諸島(d)で直接交易することは難しかった。そこでポルトガルは，現地勢力やムスリム商人と衝突しながら，各地に拠点をつくり(e)，アジア域内の交易ネットワークに参入することに成功した。しかし，産業革命以前のヨーロッパには，アジアで需要のある商品がなく，スペインがアメリカ大陸で獲得した

（　f　）が香薬の対価となった。

アジア進出でポルトガルに遅れをとっていたスペインは，（　g　）を攻略しレコンキスタを終了した1492年に，西方に航海することでアジアを目指したコロンブスを支援し，インドに向けて派遣した。コロンブスが偶然にもアメリカ大陸に到達したことによって，スペインの命運は変わった。

(h)ヨーロッパ人来航前のアメリカ大陸では，古くからマヤ文明などの独自の諸文明が栄えていた。しかしながら(i)アメリカ大陸には香薬がなく，それ以外にも交易をする上でアメリカ大陸の状況はアジアとは異なっていた。このためスペイン人は，アメリカ大陸の先住民を強制的に働かせ，利益の高い商品を生産した。先住民は新たに持ち込まれた病気や過酷な労働のため人口が激減した。アメリカ大陸の文明は，大航海時代に侵略したヨーロッパ人によって破壊されたのである。一方，ヨーロッパはアジアやアメリカ大陸と直接交易を行うようになったことで，貿易量は大幅に増大し，ヨーロッパの経済には劇的な変化が生じた。

B　大航海時代に始まった世界の一体化により国際分業体制が築かれていき，21世紀に生きる私たちのグローバル化した時代にいたっている。

グローバル化は，20世紀末以降，地球規模での経済の相互依存が深まったことにより進展した。これにより，(j)様々な問題が頻発するようになったが，国際的なシステムを維持する(k)国際連合や大国の力は低下している。グローバル化は文化面にも及び，文化が国民国家の枠を越えて人類の共有財産となる一方で，文化の多様性が衰退するという問題も生まれている。グローバル化時代に生きる私たちにとって，グローバル化の弊害を克服することも含め，世界的な課題にどのように向き合うかが重要になっている。

設問1　下線部(a)について。14～15世紀にヨーロッパが経験した危機に関する記述として正しいものはどれか。1つ選んでマーク解答用紙にマークしなさい。

① ペスト（黒死病）の流行により，ヨーロッパの人口の三分の二が失われ，深刻な労働力不足に陥った。

② 寒冷な気候が続いたことにより，各地で不作や飢饉が起きた。

③ ヴェネツィアでは，毛織物商人組合に対するチオンピ（梳毛工（そもう））の反乱が起きた。

④　イングランドでは，ウィクリフがジョン=ボールに対して農奴制の廃止を要求した。

⑤　フランスでは，ワット=タイラーの乱が起き，農民が重税への反発から領主の城を攻撃した。

設問2　下線部(b)について。イベリア半島におけるイスラーム支配地域に関する記述として誤っているものはどれか。1つ選んでマーク解答用紙にマークしなさい。

①　イスラーム支配下のイベリア半島は，アンダルスと称された。

②　灌漑農業が発達し，多くの都市が繁栄した。

③　ユダヤ教徒やキリスト教徒のイスラーム教への改宗が進み，改宗しない者の多くもアラビア語を習得した。

④　コルドバの大モスクは，13世紀以降はキリスト教の教会となった。

⑤　イベリア半島における最後のイスラーム王朝となったムワッヒド朝は，アルハンブラ宮殿を建設した。

設問3　下線部(c)について。ポルトガルに関する記述として正しいものはどれか。1つ選んでマーク解答用紙にマークしなさい。

①　12世紀にアラゴンから独立した。

②　15世紀初めに，ジブラルタル海峡に面したアフリカ北部のセウタを占拠した。

③　女王イサベルは，貴族の反乱を鎮めて王権を強化した。

④　コルテスが中心となり，地理や航海術の研究を進めた。

⑤　カボット父子が漂着したブラジルは，ポルトガル領となった。

設問4　下線部(d)について。地図1の①～⑤の中で，モルッカ（マルク）諸島の位置として最も適切なものはどれか。1つ選んでマーク解答用紙にマークしなさい。

地図1

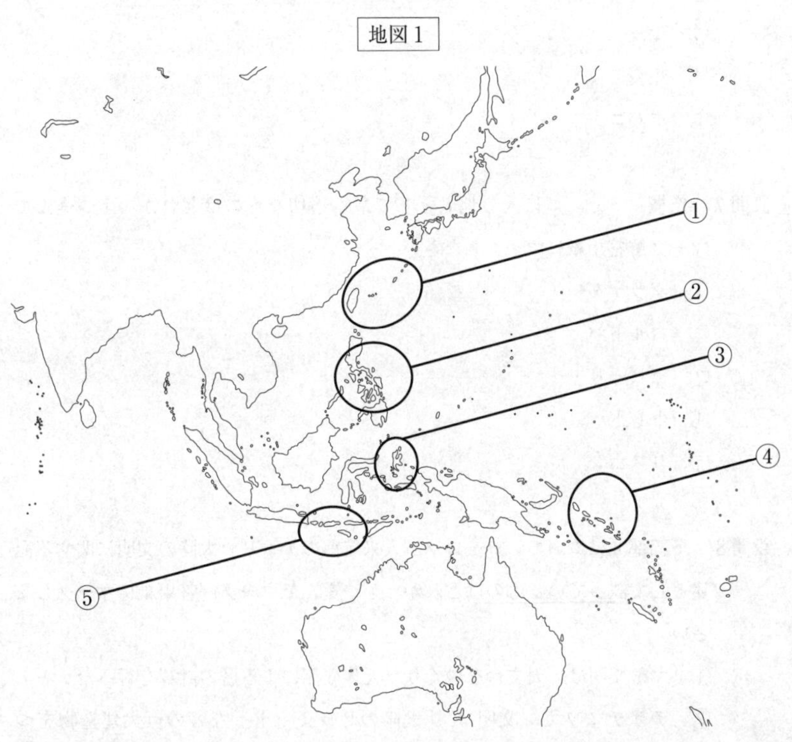

設問5　下線部(e)について。ポルトガルが築いた拠点として誤っているものはどれか。1つ選んでマーク解答用紙にマークしなさい。

① アカプルコ

② ホルムズ

③ マカオ

④ マラッカ

⑤ モザンビーク

設問6　空欄（　f　）に入る語句として最も適切なものはどれか。1つ選んでマーク解答用紙にマークしなさい。

①　金

②　銀

③　毛皮

④　小麦

⑤　タバコ

設問7　空欄（　g　）に入る地名として最も適切なものはどれか。1つ選んでマーク解答用紙にマークしなさい。

①　グラナダ

②　コルドバ

③　セビーリャ

④　トレド

⑤　リスボン

設問8　下線部(h)について。ヨーロッパ人来航前のアメリカ大陸の文明に関する記述として誤っているものはどれか。1つ選んでマーク解答用紙にマークしなさい。

①　マヤ文明は，天文台をつくり，天体観測による暦の計算を行った。

②　テオティワカン文明は，「太陽のピラミッド」などの巨大建造物をつくった。

③　アステカ王国は，テノチティトランを建設した。

④　オルメカ文明は，ジャガーを聖獣として信仰した。

⑤　インカ帝国の皇帝アタワルパは，スペイン人のラス=カサスに処刑された。

設問９　下線部(h)について。地図２の①～⑤の中で，マヤ文明が繁栄した場所として最も適切なものはどれか。１つ選んでマーク解答用紙にマークしなさい。

地図２

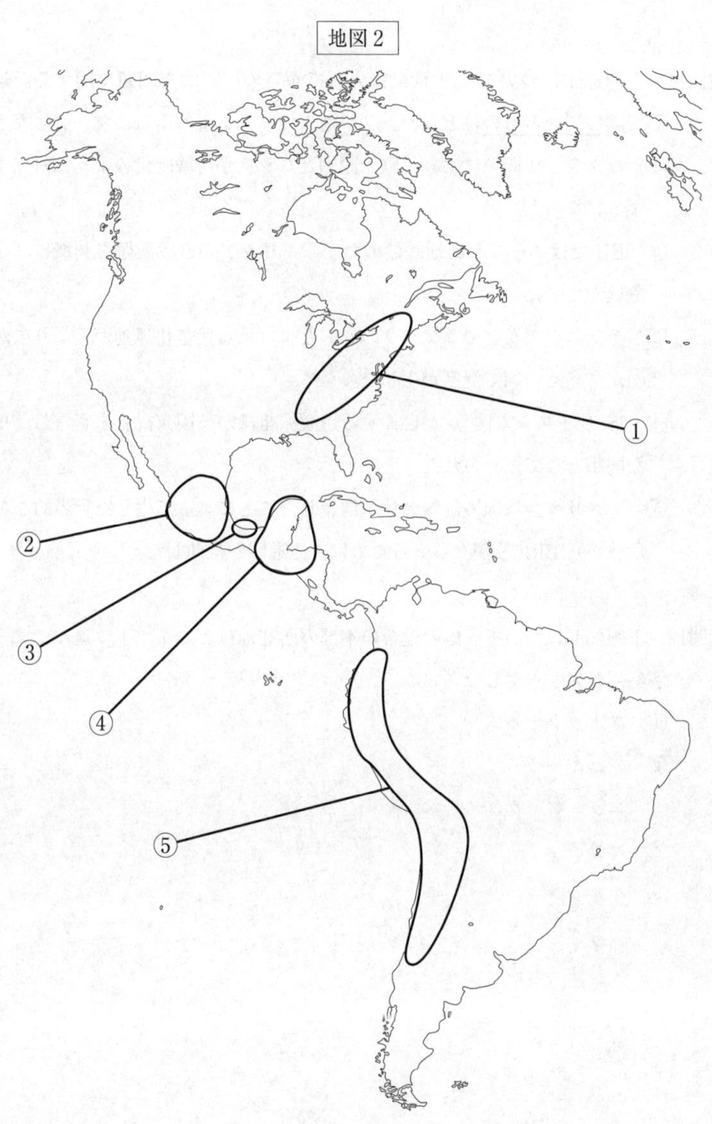

設問10　下線部(i)について。アメリカ大陸は交易する上でアジアとどのように状況が異なっていたか。「アメリカ大陸には,」に続けて，20字以内で説明しなさい。

設問11　下線部(j)について。21世紀に入ってからの国際的な問題に関する記述として誤っているものはどれか。2つ選んでマーク解答用紙にマークしなさい。

① ウクライナ問題により，欧米諸国とロシアが冷戦時代のように対立するようになった。

② EUではユーロが流通し始めたが，ギリシアの財政問題を契機にユーロ危機が生じた。

③ チュニジアなどで「アラブの春」とよばれる民主化運動が起こり広がったが，多くの国で混乱が生じた。

④ IS（「イスラム国」）と自称する過激派組織が，国家樹立を宣言し，正式な国家として認められた。

⑤ アメリカ合衆国の証券会社が倒産したことによって生じた世界的な金融危機からBRICSが立ち直るために，先進国が援助した。

設問12　下線部(k)について。国際連合の本部の所在地はどこか。1つ選んでマーク解答用紙にマークしなさい。

① ストックホルム

② ジュネーヴ

③ ニューヨーク

④ パリ

⑤ ヘルシンキ

政治・経済

（60分）

Ⅰ　次の文章を読んで，下記の設問に答えなさい。（36点）

私たちの身の回りには，海外で製造された家電や衣服等の商品が数多く存在している。また，多くの人々は，国内外の企業が運営するオンラインショッピングモールサービス，ＳＮＳと呼ばれるコミュニケーションツール，それらを利用するためのスマートフォン等の情報端末機器等を駆使している。そして，私たちは，上記の商品を含め様々な商品やサービスに関する多くの情報をほぼ無料で入手することができ，また，それらを購入することができている。その際，私たちは，企業と消費者の間や企業間で行われる様々な情報のやりとり(A)に国境を意識する場面は少ないのではないか。

ところで，2008年の輸出ベースでの世界貿易額は，前年比15.8％増の15兆512億ドルとなり，６年連続して２ケタの成長率を記録した。その後上下変動はあったが，2017年には約17兆ドルを記録している。このような世界規模での国際貿易の拡大はグローバリゼーションとしばしば呼称される。世界各国は，この動きを推進するために多大な労力を投入してきた。現代の国際貿易拡大の起点は，1947年に締結した［　1　］，いわゆるＧＡＴＴであろう。ＧＡＴＴは，「自由・多角・無差別」を理念として掲げ，非関税障壁の廃止，関税の軽減，そして，条約当事国の一方が，現在と将来にわたって任意の第三国に与える事業活動・関税等の待遇のうち，最も有利なものと同じ待遇を，他方の条約国にも与える［　2　］，また，たとえば，輸入製品に対して同種の国内製品よりも不利な内国税や法的規制を課すことを禁じる［　3　］を採用した。

ＧＡＴＴの上記理念は，多国間において合意されることでその実効性が確保されることから，いわゆる多角的貿易交渉（ラウンド）が開催され，第８回ウルグアイ・ラウンドにおける合意に基づいて，［　4　］（ＷＴＯ）が設立されるとともに，ＧＡＴＴはＷＴＯの付属文書に位置付けられた。

また同時に，ＧＡＴＴの理念とは異なり，利害等が一致しやすい特定の国・地域の間で関税やサービス貿易の障壁等を削減・撤廃することを目指す協定，いわゆる［　5　］

（ＦＴＡ），地理的に近接しない国家・地域間においても，経済制度全体の調和を目指し，貿易以外，たとえば，人の移動や知的財産権，投資等を含めた包括的な協定である［ 6 ］（ＥＰＡ）や，特に地理的に隣接する特定国間での貿易自由化を含めた市場の拡大等を内容とする地域的経済統合が行われてきている点も確認できる。

日本は，長らく多数国間での協定等締結を支持する立場であったが，1990年代末以降にこの方針を転換した。2002年には，シンガポールとの間で初めてＥＰＡが発効し，その後，アジア地域の国々との間でもＥＰＡを締結してきた。［ ア ］年には，日本にとって輸出入の主要相手国・地域の１つであるヨーロッパ連合（ＥＵ）との間でのＥＰＡが発効した。

上記の地域的経済統合や地域的統合を推進するためのフォーラムには，ヨーロッパ地域のＥＵ，アジア地域では，東南アジア諸国連合（［ 7 ］），アジア太平洋経済協力会議（［ 8 ］），アメリカ地域では，1994年発効の北米自由貿易協定（［ 9 ］）（現在では，北米自由貿易協定に代わって，アメリカ・メキシコ・カナダ協定（ＵＳＭＣＡ）が2020年に発効している。），南米南部共同市場（［ 10 ］）等がある。もっとも，現在，ＥＵでは，加盟国増加によって，［ イ ］年に12か国の間での通貨統合完了により現金通貨が発行され，流通が開始されたユーロが，加盟国間の財政事情の相違によって不安定化し，また，ＥＵへの加盟により自国の財政悪化に対する緊縮財政対応の必要に迫られ，そして，移民・難民の流入に対する受入の加盟国間での相違等の諸問題が顕在してきた。イギリスでは［ ウ ］年の国民投票によりＥＵ離脱派が勝利し，2020年にＥＵを正式に離脱した。

これまでの国際貿易に対する国際的協調の動きに関しては，自由貿易がもたらす利益を最大限に尊重する考え方の一方で，<u>ＷＴＯへの参加国が増大することに伴う交渉や合意，紛争解決の困難さ</u>(B)の両方に留意すべきである。

そして，近年の日本の貿易協定としては，特に，［ 11 ］（ＴＰＰ11またはＣＰＴＰＰ）に注目しなければならない。ＴＰＰ11は，米国のトランプ政権がＴＰＰ12から離脱を表明した後，11か国が再交渉を経て［ エ ］年３月に合意文書に署名し，同年に発効した。

加えて，2020年11月，ＴＰＰ11とも密接に関わるアジア太平洋に位置する国々の間で地域的な包括的経済連携協定（ＲＣＥＰ）が約８年にも及ぶ交渉の末妥結された。ＲＣＥＰは，地域の貿易・投資の促進等に向けて，市場アクセスを改善し，発展段階や制度の異なる国々の間で幅広い分野のルールを整備する意義をもつ。たとえば，<u>日</u>(C)

本の工業製品のＲＣＥＰ締約国への市場アクセスに関して，14か国全体で約92％の品目の関税撤廃を獲得した。

問１　次の問いに答えなさい。

⑴　空欄（１～11）に入る最も適切な語句を，下記の選択肢（ａ～ｘ）の中からそれぞれ１つ選びなさい。解答はマーク解答用紙にマークしなさい。

ａ．世界貿易機関　　ｂ．ＥＵＲＡＴＯＭ
ｃ．経済連携協定　　ｄ．ＡＰＥＣ
ｅ．環太平洋パートナーシップに関する包括的及び先進的な協定
ｆ．経済協力開発機構　　ｇ．ＡＬＡＤＩ
ｈ．自由貿易協定　　ｉ．ＮＡＦＴＡ
ｊ．単一欧州議定書　　ｋ．ＡＳＥＡＮ
ｌ．ＩＭＦ　　ｍ．新国際経済秩序
ｎ．関税及び貿易に関する一般協定　　ｏ．内国民待遇
ｐ．ＭＥＲＣＯＳＵＲ　　ｑ．ネガティブコンセンサス方式
ｒ．特恵関税　　ｓ．ミニマム・アクセス
ｔ．最恵国待遇　　ｕ．ダンピング
ｖ．ＥＭＳ　　ｗ．セーフガード
ｘ．ＵＮＣＴＡＤ

⑵　空欄（ア～エ）に入る最も適切な年数を，下記の選択肢（ａ～ｈ）の中からそれぞれ１つ選びなさい。解答はマーク解答用紙にマークしなさい。

ａ．2000　ｂ．2002　ｃ．2004　ｄ．2011
ｅ．2016　ｆ．2018　ｇ．2019　ｈ．2020

問２　下線部Ａに関し，下記の説明のうち，内容の正しいものにはイを，誤っているものにはロを，マーク解答用紙にマークしなさい。

ａ．情報化社会においては，情報端末機器を用いて商品等を購入する際に購入者の発信する様々な情報を入手し，それらの膨大な情報を収集分析して，生産や販売活動等に役立てている企業も存在する。

ｂ．一般の人々が情報の送り手ともなる情報化社会において，個人情報や画像だけでなく，検索結果についても，これらを関係する企業等に削除することを求

めることは，日本国憲法が「忘れられる権利」として明記している。

c．情報化社会において情報を入手し処理する能力や環境に関して，個人間・国家間で大きな格差が存在するため，それらの間で特に経済格差の問題を生じさせるおそれがある。

d．インターネット上で，商品やサービス，それらの情報を提供する多くの者とそれらを求める多くの者との間で，情報のやりとりの場を提供・運営する企業は，プラットフォーム企業と呼ばれている。

問３　下線部Ｂに関し，下記の説明のうち，内容の正しいものにはイを，誤っているものにはロを，マーク解答用紙にマークしなさい。

a．自由貿易が環境に悪影響を与える一方で，環境政策が自由貿易を阻害する等経済発展と環境保護の間で参加国の考え方に相違がある場合，たとえば，木材の貿易に関するこれらの参加国の間の合意形成は難航しやすい。

b．2001年に交渉がはじまったドーハ・ラウンドは，ドーハ開発アジェンダとも呼ばれ，貿易を通じた途上国の開発を課題としたが，最終的に交渉は休止され合意は断念された。

c．農業分野において自国農業分野保護と自由貿易による農産物の輸入拡大による低価格な農産物の国民への流通等，特に参加国間での個別の農産物に対する農業政策の考え方に相違がある場合，農産物貿易に関するこれらの参加国の間の合意形成は難航しやすい。

d．ＷＴＯの参加国間の紛争処理等の場面では，全会一致の賛成でない限り否決されてしまう手続ルールがあるため，参加国のうちで１当事国でも反対する場合には紛争等の解決は困難である。

問4　下線部Cに関し，日本の貿易構造を示した下記のグラフについて，下記の説明文の内容が正しい場合にはイを，誤っている場合にはロを，マーク解答用紙にマークしなさい。

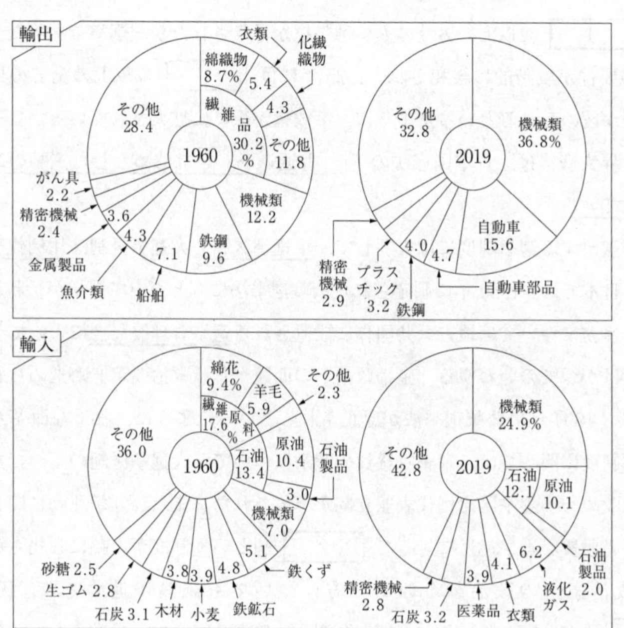

出所　日本国勢図会2020／2021年版283頁　図24－3「主要輸出入品」

（注：グラフ上の数値は，輸出入品の金額に基づく割合である。）

（説明文）

1960年から2019年の間には，主要な輸出入品としての機械類の割合が増加しているが，この現象については，日本の貿易構造が水平的分業から垂直的分業へ変化したものと説明することができる。

Ⅱ　次の文章を読んで，下記の設問に答えなさい。(33 点)

選挙は，国民が主権者として代表者を選ぶことで意思表示を行う場である。

日本においては議会が開設された 1890 年に行われた選挙は，直接国税 15 円以上を納めた［　1　］歳以上の男性のみに選挙権が付与された制限選挙であった。その後，納税額の要件が段階的に緩和され，1925 年には［　1　］歳以上の全ての男性に普通選挙権が認められるといったように，参政権が徐々に拡大されていった。そして，第二次世界大戦後は，日本国憲法の下，「普通選挙」をはじめとした選挙の基本原則が示されている。(A)

議員を選出する選挙制度には大別して，小選挙区制(B)，大選挙区制，比例代表制(C)などがある。日本では，1950 年に制定された公職選挙法にもとづいて選挙が行われ，選挙に関する事務については地方公共団体に設置される選挙管理委員会(D)によって行われる。

日本ではかつてのいわゆる「金権政治」の問題から「政治改革」が進められ，選挙に関しても 1994 年に公職選挙法が改正されるといったように，様々な改革が行われた。選挙制度に関しては，衆議院議員の選挙について，大選挙区制の 1 つである中選挙区制を改め，小選挙区比例代表並立制が導入された。また，選挙運動に関しても，買収などの悪質な選挙違反に対して［　2　］制という制度が大幅に強化された。さらに，政治家への政治献金のあり方についても議論が進められ，1994 年に［　3　］法が改正され，たとえば，企業団体による献金は，政党または政党の指定する［　4　］に限定された。そして，［　5　］法が制定され，政党の活動費を国庫から補助することとなった(E)。

このように，1990 年代以降様々な改革が行われたものの，日本の選挙制度の課題として，議員定数の配分のあり方(F)や，選挙運動のルールのあり方(G)といった課題が現在においても指摘されている。

問 1　空欄（1 ～ 5）に入る最も適切な語句または数字を答えなさい。

問 2　下線部 A に関し，本文中の「普通選挙」をはじめとした 5 つの基本原則が指摘されるが，残りの 4 つの基本原則のうち，a）憲法 15 条 4 項，b）憲法 93 条 2 項にもとづくとされる原則をそれぞれ答えなさい。

問3 下線部Bに関し，小選挙区制の特性について，大選挙区制，比例代表制と比較して示した以下の文章について，内容の正しいものにはイを，誤っているものにはロを，マーク解答用紙にマークしなさい。

a．小選挙区制では有権者と候補者との関係が希薄になりやすく，他の選挙制度に比べて有権者が候補者を理解することが困難になる。

b．小選挙区制では選挙区の面積が狭く選挙費用が少額ですむことから多くの政党が候補者を擁立しやすく，その結果，他の選挙制度に比べて小党分立による政治の不安定をまねきやすい。

c．小選挙区制では落選候補に投じられて議席に結びつかない票が少ないため，他の選挙制度に比べて政党の得票率と獲得議席数との乖離が小さく，有権者の多様な意思を反映しやすい。

問4 下線部Cに関し，ドント式という方式があるが，比例区の定数が6名の選挙区において，A党が5名，B党が4名，C党が2名の候補者を擁立し，各党の得票数がA党1200万票，B党930万票，C党270万票の時の各党の当選者数をドント式にもとづいて計算して答えなさい。

問5 下線部Dに関し，総務省の特別の機関であり，衆議院比例代表選挙と参議院比例代表選挙に関する事務，最高裁判所裁判官の国民審査に関する事務などを管理し，これらの事務について都道府県または市区町村の選挙管理委員会に助言・勧告する役割が与えられている機関の名称を答えなさい。

問6 下線部Eに関し，政党交付金について示した以下の文章について，内容の正しいものにはイを，誤っているものにはロを，マーク解答用紙にマークしなさい。

a．政党交付金を受けている政党の政治資金の内訳を見ると，全ての政党において政党交付金の割合が6割以上を占めている。

b．国会議員が1名しかいなくても，直近の国政選挙で1％以上の得票率を得た政党には政党交付金が交付される。

c．毎年の政党交付金の総額は，直近の国勢調査の人口に250円を乗じて得た額を基準としている。

問７　下線部Ｆに関し，いわゆる一票の格差について示した以下の文章について，内容の正しいものにはイを，誤っているものにはロを，マーク解答用紙にマークしなさい。

ａ．議員定数の不均衡については多くの訴訟が起こされ，最高裁判所はこれまで参議院の議員定数の配分について二度の違憲判決を出している。

ｂ．衆議院議員の選挙では小選挙区比例代表並立制が導入されてから「一票の格差」は一度も拡大することなく減少し続けている。

ｃ．議員定数の不均衡については，参議院においては 2019 年の選挙では福井県選挙区と東京都選挙区との間で最も大きな格差が生じている。

問８　下線部Ｇに関し，現行の選挙運動のルールについて示した以下の文章について，内容の正しいものにはイを，誤っているものにはロを，マーク解答用紙にマークしなさい。

ａ．日本では，選挙運動でのインターネットの利用は 2013 年に解禁され，選挙期間中の政党・候補者・有権者による情報発信が一部可能となった。

ｂ．日本では，衆議院議員の選挙で小選挙区比例代表並立制が導入されたのにあわせ，選挙運動における戸別訪問が欧米諸国と同様に禁止された。

ｃ．日本では，選挙運動におけるポスターやビラの配布に関する制限がないため，資金力のある大政党に有利になり，金権政治を誘発するという批判が行われてきた。

Ⅲ　次の文章を読んで，下記の設問に答えなさい。(31点)

正義の中核的な理念であるとされる平等は，人権保障の中心の1つであり，近代以降に定められた憲法には，法の下の平等を保障する規定が置かれている。

[1] 年に制定された大日本帝国憲法(A)では，「日本臣民ハ法律命令ノ定ムル所ノ資格ニ応シ均ク文武官ニ任セラレ及其ノ他ノ公務ニ就クコトヲ得」(19条) として，公務就任の場面における平等を定めるにとどまっていた。また，華族制度が採用され，身分による特権も認められていた。

これに対して，日本国憲法は，「すべて国民は，法の下に平等であつて，人種，信条，性別， [2] 又は門地により，政治的，経済的又は社会的関係において，差別されない」(14条1項) と定め，法の下の平等を一般的に保障している。また，華族制度などの貴族制度を廃止し (14条2項)，栄典の授与も1代に限り，いかなる特権も伴わない形でしか行われないとされる (14条3項)。さらに，家族生活における両性の本質的平等 (24条) や教育の機会均等 (26条) など，生活の様々な部面での平等を個別的に保障している。

もっとも，憲法で平等を定めるだけでは，平等を実現することはできない。そこで，様々な手段によって平等化が進められている。

その1つは，法律による平等化の推進である。男女の平等化に向けた動きとして，日本国憲法の制定に先立ち，すでに衆議院議員選挙法の改正により，女性の参政権が認められた。また，女子差別撤廃条約を批准するために1985年に男女雇用機会均等法が定められ，1999年には [3] 法が制定され，性別による差別の解消が進められている。

そのほか，法律による差別解消の試みとして，たとえば，アイヌの人々に対しては，1899年に制定された北海道旧土人保護法では同化政策がとられていたが，1997年制定のアイヌ文化振興法，さらに2019年制定の [4] 法により，アイヌを先住民族として認めるとともに，アイヌの人々が民族としての誇りをもって生活することができる社会を実現しようとしている。また，部落差別の解消のため，1969年には同和対策事業特別措置法が定められ，2016年には部落差別解消推進法が制定されている。さらに，障がい者差別に対しては，1993年に心身障害者対策基本法が改正されて障害者基本法に改められ，2013年には障害者差別解消法が定められた。

法律による平等化のほか，裁判所の判決を通じて平等化が進められることがある。

たとえば，嫡出でない子の相続分を嫡出子の２分の１とする民法の規定が，合理的な根拠のない差別であり法の下の平等に反するとして，最高裁判所によって違憲と判断された(B)。他方，夫婦同氏制を採用することについては，最高裁は2015年と2021年の２度にわたり憲法に違反しないと判断した。

もっとも，現在も多様な差別が存在しており，平等化に向けてさらに歩みを進めていくことが求められる。たとえば，性差別(C)に対しては，ポジティブ・アクションの一環として，たとえばクオータ制の導入が主張されている(D)。また，夫婦同氏制が採用されている現況に対し，［ 5 ］を採用するべきとの議論もある。さらに，性的マイノリティに対する差別や偏見の解消も，課題の１つとなっている(E)。

問１　空欄（１～５）に入る最も適切な語句または数字を答えなさい。

問２　下線部Aに関し，次の説明のうち，内容の正しいものにはイを，誤っているものにはロを，マーク解答用紙にマークしなさい。

a．大日本帝国憲法は，君主である天皇が定めた欽定憲法であり，プロイセン憲法を範としたものである。

b．大日本帝国憲法は天皇大権の１つとして，帝国議会の閉会中，緊急の必要のために緊急勅令を発することを天皇に認めていたが，次の帝国議会で承諾を得なければならないとされた。

c．大日本帝国憲法では，天皇が帝国議会と枢密院の協賛を経て法律を定めるものとされた。

d．大日本帝国憲法には，内閣の規定が置かれていなかった。

e．大日本帝国憲法が定める臣民の権利は，法律によりさえすれば制限できる，法律の留保のついた権利であるとされた。

問３　下線部Bに関し，次の説明のうち，内容の正しいものにはイを，誤っているものにはロを，マーク解答用紙にマークしなさい。

a．最高裁判所以外の裁判所は，違憲審査権を行使することができない。

b．最高裁判所が法律のある条文について違憲判決を下した場合は，その条文は直ちに法律から削除されるわけではない。

c．最高裁判所は，法律に対して違憲審査権を行使するだけではなく，行政機関による命令や処分に対しても違憲審査権を行使することができる。

問4　下線部Cに関し，世界経済フォーラムが発表している男女格差を数値化した「ジェンダーギャップ指数」の2021年版によれば，日本は調査対象国156か国中，男女格差の小さい順で総合何位か。最も適切なものを，次の選択肢（a～e）の中から1つ選び，マーク解答用紙にマークしなさい。

a．40位

b．60位

c．80位

d．100位

e．120位

問5　下線部Dに関し，次の問いに答えなさい。

(1)　ポジティブ・アクションとは何か，30字以内で説明しなさい。ただし，句読点は字数に含まない。

(2)　2020年に閣議決定された「第5次男女共同参画社会基本計画」では，政策・方針決定過程への女性の参画拡大に関し，様々な目標や成果目標が挙げられている。このうち，政府が政党に働きかける際に念頭におく努力目標として，どのような目標が掲げられているか，具体例を1つ挙げなさい。

問6　下線部Eに関し，同性カップルに対して，一部の自治体が条例により採用している関係の証明または確認の制度を何と呼ぶか，答えなさい。

数学

（60分）

I　点 O を中心とする半径 r の円 O の周上に中心角 $\frac{2}{3}\pi$ の弧 AB をとる。このとき，半円より大きい方の弧 AB の上に点 C を，弦の長さの比が $\mathrm{AC}:\mathrm{BC}=3:1$ となるようにとる。次を求めよ。(30 点)

(1)　弦 AC の長さ

(2)　平面ベクトルの内積 $\overrightarrow{\mathrm{OA}}\cdot\overrightarrow{\mathrm{OC}}$

(3)　$\triangle\mathrm{AOC}$ の面積

II　a, b, c を整数とする。次の問いに答えよ。(30 点)

(1)　$a+b+c$，$ab+bc+ca$ がともに偶数ならば，a, b, c はいずれも偶数であることを証明せよ。

(2)　次の命題の真偽を判定し，真ならば証明を与え，偽ならば反例をあげよ。

$a+b+c$，$ab+bc+ca$ がともに 8 の倍数ならば，a, b, c はすべて 4 の倍数である。

III　2 つの放物線

$$C_1:\ y = x^2, \qquad C_2:\ y = ax^2 + bx + c \qquad (a \neq 0)$$

を考える。次の問いに答えよ。(40 点)

(1)　放物線 C_2 の点 P $(p, ap^2 + bp + c)$ における接線 l の方程式を a, b, c, p で表せ。

以下，(1) で求めた直線 l が放物線 C_1 と異なる 2 点 (α, α^2), (β, β^2) $(\alpha < \beta)$ で交わると仮定する。

(2)　$(\alpha - \beta)^2$ を a, b, c, p で表せ。

(3)　直線 l と放物線 C_1 とで囲まれた部分の面積を S とする。S が点 P の取り方によらず一定であるための a, b, c の条件を求めよ。また，そのときの S を a, b, c で表せ。

〔問五〕　傍線(6)「人の心は、いみじういふかひなきものにこそありけれ。などておぼゆべからむ」の口語訳として、もっとも適当なものを左の中から選び、符号で答えなさい。

A　人の心は、まったくいやしいものであることよ。どうして財産や名誉を失うことが気に掛かるのだろうか。
B　人の心は、たいそう情けないものであることよ。どうして娘の気持ちなんかを理解することができようか。
C　人の心は、なんとも話にならないものであることよ。どうして過去のことをいちいち覚えていられようか。
D　人の心は、とてもどうしようもないものであることよ。どうして俗世間のことなどに執着するのだろうか。
E　人の心は、いくら言っても仕方のないものであることよ。どうして家族のことを気にかけていられようか。

〔問六〕　本文中の二首の和歌に共通する修辞として、もっとも適当なものを左の中から選び、符号で答えなさい。

A　倒置　　B　掛詞　　C　対句　　D　序詞　　E　反復

〔問七〕　傍線⑽の和歌で四条の大納言が伝えたかったこととして、もっとも適当なものを左の中から選び、符号で答えなさい。

A　奥山に訪ねて来ても、椎の実がたくさん実っていることをあなたは理解してくれるはずがないということ。
B　奥山に訪ねて来ると、私が昔と少しも変わっていないことをあなたは理解してくれるはずであるということ。
C　奥山に訪ねて来ても、私がどうしてそんな所に住んでいるかをあなたは理解してくれるはずがないということ。
D　奥山に訪ねて来ると、私のことを少しも考えていなかったことをあなたは理解してくれるはずであるということ。
E　奥山に訪ねて来ると、私にこれまでどんなにひどいことをしたかをあなたは理解してくれるはずであるということ。

〔問三〕 傍線(4)「このほどこそいとよきほどなれ」とあるのは、どのような理由で、何をするのによい機会であるということか。もっとも適当なものを左の中から選び、符号で答えなさい。

A　孫の結婚が行われる前なので、出家するのによい機会であるということ。
B　孫の結婚が行われる前なので、療養をするのによい機会であるということ。
C　娘の葬儀が終わった後なので、荘園管理するのによい機会であるということ。
D　娘の葬儀が終わった後なので、公務を再開するのによい機会であるということ。
E　娘の葬儀が終わった後なので、孫の縁談を進めるのによい機会であるということ。

〔問四〕 傍線(5)「おぼされて」(7)「おぼしまはしつつ」(8)「知らせたまへれど」の主語の組み合わせとして、もっとも適当なものを左の中から選び、符号で答えなさい。

A　(5) 女御　(7) 女御　(8) 女御
B　(5) 四条の大納言　(7) 女御　(8) 女御
C　(5) 女御　(7) 四条の大納言　(8) 女御
D　(5) 四条の大納言　(7) 四条の大納言　(8) 女御
E　(5) 四条の大納言　(7) 四条の大納言　(8) 四条の大納言

〔問二〕 傍線(2)「あいなき」(3)「わりなき御絆」(9)「なかなかに」の解釈として、もっとも適当なものを左の各群の中からそれぞれ選び、符号で答えなさい。

(2) 「あいなき」
A 不本意な
B 不確実な
C 不可能な
D 不可解な

(3) 「わりなき御絆」
A 揺るぎない間柄
B とても美しい関係
C 極めて無分別な愛着
D どうしようもない執着

(9) 「なかなかに」
A かえって
B ほどよく
C 都合よく
D すぐれて

つといふことは知らせたまはず。

かかるほどに、椎(しひ)を人の持て参りたれば、女御殿の御方へ奉らせたまひける、御筥(はこ)の蓋(ふた)を返し奉らせたまふとて、女御殿、

(9)ありながら別れむよりはなかなかになくなりにたるこのみともがな

と聞こえたまひければ、大納言殿の御返し、

(10)奥山の椎がもとをし尋ね来(こ)ばとまるこのみを知らざらめやは

女御殿、いとあはれとおぼさる。

（『栄花物語』による）

注　四条の大納言殿…藤原公任(きんたふ)。内の大殿の上の御事…内大臣の北の方であった公任の娘が亡くなったこと。御庄の司ども…荘園の管理人たち。

御匣殿の御事…内大臣の娘であり公任の孫である生子が東宮の妃(きさき)になること。

女御…花山院の女御で公任の姉もしくは妹である諟子(じし)。

〔問一〕　傍線(1)「御おこなひ」とは、何をすることか。もっとも適当なものを左の中から選び、符号で答えなさい。

A　療養

B　詠歌

C　行事

D　公務

E　勤行

ず、恣意的に運用されるものと捉えていることが挙げられる。

ウ　コンリィとオバールは少額請求裁判所における本人訴訟の当事者の法廷での語りを分析して、ルール指向的な語りは日常世界においても、不平等の解消の役に立つと結論づけた。

エ　ルール指向的に語る人と関係指向的に語る人は法について異なる見方をしているが、それはまた社会的世界をどのように考えるか、また自らをどう位置づけるかの違いでもある。

オ　法制度の運営をする人々の大部分は、法をルール指向的に理解し、関係指向的な語りをする人を不利に扱うが、この要因には社会的世界での不平等を自覚していないことがある。

三　次の文章を読んで、後の問に答えなさい。（30点）

かくて四条(しでう)の大納言殿(だいなごんどの)は、内の大殿(おほどの)の上の御事の後は、よろづ倦(うむ)じはてたまひて、つくづくと(1)御おこなひにて過ぐさせたまふ。法師(ほふし)と同じさまなる御ありさまなれど、「これ思へば(2)あいなきことなり。一日(ひとひ)にても出家(すけ)の功徳(くどく)、世にすぐれめでたかなるものを、今しばしあらば、御匣殿(みくしげどの)の御事など出(い)で来て、いとど見捨てがたく、(3)わりなき御絆(ほだし)にこそおはせめ。さらば、(4)このほどこそいとよきほどなれ」とおぼしとりて、人知れずさるべき文(ふみ)ども見したため、御庄(みしやう)の司(つかさ)ども召して、あるべき事どものたまはせなどして、なほ今年とおぼすに、女御(にようご)の、なほ人知れずあはれに(5)心細くおぼされて、(6)「人の心は、いみじういふかひなきものにこそありけれ。などておぼゆべからむ」といと我ながらも口惜(を)しうおぼさるべし。「何事かはある」(7)とおぼしまはしつつ、人知れず御心ひとつをおぼしまどはすも、いみじうあはれなり。この御本意(ほい)ありといふことは、女御殿も(8)知らせたまへれど、い

〔問四〕　傍線(4)「そうして選択される語りは、語り手にとって自然なものではあり得ない」とあるが、その理由としてもっとも適当なものを左の中から選び、符号で答えなさい。

A　語り手にとっての本来の語りは、抽象的な原理やルールといった要素とは無縁であるが、紛争当事者という特殊な状況では、あたかもすべてのルールを知っているかのように話すから。

B　語り手にとっての本来の語りは、そのつどルール指向的なものと関係指向的なものの間から自由に選択したものなのに、法的な世界においてはどちらか一方のみしか選択できないから。

C　語り手にとっての本来の語りは、解釈枠組やアイデンティティをある程度意識しつつ行われるが、紛争当事者という特殊な状況においては、それらを忘れてしまう傾向があるから。

D　語り手にとっての本来の語りは、意識されていないとしても自らの解釈枠組やアイデンティティとつながっているが、それらと距離を置く形式に依拠するのが法的な世界であるから。

E　語り手にとっての本来の語りは、自らの価値観や利害関心の充足を求めて行われるが、相互に依存しあう社会的ネットワークの場合は、こうした目的が他人に無視されてしまうから。

〔問五〕　次のア〜オについて、本文の趣旨と合致しているものに対してはA、合致していないものに対してはBの符号で答えなさい。

ア　ルール指向的な語りは、法という抽象的な原理やルールに基づいているため、法の世界のみならず、日常的な生活世界においても関係指向的な語りより普遍性があり優れている。

イ　社会的に不利な立場の者は、法の世界でも不平等に扱われるが、その原因には法を普遍的に適用されるものとは考え

B　当事者に法のルールを守ることを命じる権威的な制度

C　法のルールに則った要求にのみ応じ得る限定的な制度

D　現実の紛争に無関係な法のルールによる形式的な制度

E　法のルールに合わない状況にも干渉する規律的な制度

〔問二〕　傍線⑵「戦略的な選択」とあるが、その説明としてもっとも適当なものを左の中から選び、符号で答えなさい。

A　相手である紛争当事者との関係に応じて、あえて自分にとって不利な選択を行うこと。

B　複雑に絡み合った社会の現実を見極めながら、そのつど異なる選択を次々に行うこと。

C　自分の語りがふたつの類型のどちらに属するか判断し、わざと反対の選択を行うこと。

D　日常の語りとは異なる形式でも、不利な扱いを受けないよう意識的に選択を行うこと。

E　特定の形式で語ることを放棄し、新しい語りの形式を生み出すような選択を行うこと。

〔問三〕　空欄⑶に入れるものにもっとも適当なものを左の中から選び、符号で答えなさい。

A　自覚的に選択しているわけではない

B　感情的に判断しないよう努めている

C　常にひとりで決めているとは限らない

D　新しく作り出しているわけではない

E　熟慮の末に導き出しているのである

組に依拠し、特定の世界認識や自己認識を語ることにほかならないのである。もちろん、人々は、日常的なコミュニケーションのプロセスにおいて、自らの依拠する解釈枠組やアイデンティティを絶えず参照しつつ、それに相応しい語りの形式を［(3)］。通常の場合、人々は他の語りの形式もあり得ることをまったく意識することなく、ある特定の形式で語るのであり、そうした語りのなかに、必ずしも明確にはそれとして自覚してはいない解釈枠組やアイデンティティが無意識のうちに表出されるのである。しかしながら、語りの形式と解釈枠組やアイデンティティとのこうした意識されざる連接ゆえに、語り手は、自らの語りに違和感を感じることなく、語り続けることができるのである。たとえ戦略的にではあれ、日常的な生活世界におけるそれとは異なる語りの形式に依拠することは、この連接を断ち切ることを意味する。(4)そうして選択される語りは、語り手にとって自然なものではあり得ない。語り手は、自らと世界観を異にする他者の語りに対して感じる違和感と同様のものを、自らの語りに対して感じざるを得ないであろう。語り手が語りから疎外されてしまうのである。

（阿部昌樹『ローカルな法秩序　法と交錯する共同性』による）

注　J・コンリィ……現代アメリカの法学者。
W・オバール……現代アメリカの文化人類学者。
マージナル……周縁的。
与件……与えられること。また、そのもの。

〔問一〕　空欄(1)に入れるものにもっとも適当なものを左の中から選び、符号で答えなさい。

A　法のルールを知る者にのみ利益を与える差別的な制度

責任、および法をルール指向的に理解しているため、関係指向的な語りは、しばしば不適切なものとして遮られ、あるいは無視され、それゆえ、関係指向的に語る紛争当事者は、法制度から十分な救済を得ることができないのである。ここで看過してはならないのは、社会的にマージナルな立場にある者ほど、法の世界においては不利な扱いを受けざるを得ない関係指向的な語りを多用する傾向があるという事実である。そうした語りの不均等な社会的分布ゆえに、法の世界におけるルール指向的な語りの優越は、法の外の世界における不平等を、そのことに無自覚なままに法の世界に再現するとともに、法の外の世界において不利な立場に置かれている者に対して、その関係指向的な語りの形式を改めない限りは、法の世界においても不利に扱われるという、規律的な作用を及ぼしているのである。

　純粋に戦略的な観点からは、コンリィとオバールのこうした知見から、日常的な生活世界においては関係指向的に語ることを常にしている者であっても、法の世界においてはルール指向的に語るべきであるという提言が導きだされるであろう。そして、法の規律作用を与件として受け容れたうえでの、語りの形式のそうした(2)戦略的な選択は、確かにある程度までは可能であり、かつ有効である。しかしながら、語りの形式の戦略的な選択には、大きな問題が伴うこともまた確かである。

　コンリィとオバールの認識に従うならば、二つの語りの形式は、権利、責任、および法についての異なる見方の反映であり、それはまた、社会的世界やそこにおける自らの位置づけについての異なった理解の仕方と分かち難く結びついている。すなわち、人々は、それぞれに固有の価値観や利害関心を有する相互に独立した諸個人が、資源の稀少（きしょう）性（せい）という制約の下で、自らの価値観や利害関心の充足を求めて競い合う市場のイメージで社会的世界を理解し、自らをそうした社会的世界における自立した人格として認識するがゆえに、ルール指向的に語り、あるいは、それぞれに固有の規範的含意を有する社会関係が複雑に絡み合った網状の組織として社会的世界を理解し、自らもまた、そうした社会的ネットワークの結節点の一つとして、多くの人々と相互に依存しあう存在であると考えるがゆえに、関係指向的に語るのである。換言するならば、特定の形式で語ることは、特定の解釈枠

二　次の文章を読んで、後の問に答えなさい。(20点)

法の世界は、特定の事実ないしはトピックを、法的な観点からは考慮するに値しないものとして排除するのみならず、そこにおいてある事実ないしはトピックが語られる、その語られ方にも規律的な作用を及ぼす。この後者の側面に関して興味深い知見を提供してくれるのが、少額請求裁判所における本人訴訟の当事者の法廷における語りを分析した、J・コンリィとW・オバールの研究である。

彼らによれば、紛争当事者の語りは、自らの要求の正当性を裏付けるルールの存在を強調するルール指向的(rule-oriented)な語りと、自らと相手方紛争当事者との関係や両者を取り巻くより広い社会関係のネットワークに重きを置き、それらの特性に即した解決を求める関係指向的(relational)な語りとを二つの極とする連続線上のいずれかの点に位置づけられる。これら二つの極は、権利、責任、および法についての二つの対照的な理解の仕方を反映したものである。ルール指向的に語る人々は、権利や責任を、紛争当事者それぞれの社会的地位や相互の関係にかかわりなく普遍的に適用される、抽象的な原理やルールに基づいて決せられるべきものとして捉え、また、法はけっして万能ではなく、［(1)］であると認識している。これに対して、関係指向的に語る人々は、権利や責任は、紛争当事者各人の社会的地位やそれぞれが組み込まれている社会的ネットワークに相対的に確定されるべきものであり、また、法は、紛争当事者の各々やそれを取り巻く社会全体のニーズに相応したかたちで救済や処罰を割り当てようとする自らの努力を全面的に援助してくれるはずであると考えている。こうした権利、責任、および法についての理解の相違が、ルール指向的な語りと関係指向的な語りという、二つの対照的な語りの形式として現象化しているのである。

法廷において有効なのがルール指向的な語りであることは言うまでもない。法制度の運営に携わっている者の大部分は、権利、

〔問七〕次の文ア～オについて、本文の趣旨と合致しているものに対してはA、合致していないものに対してはBの符号で答えなさい。

ア　正直だが、人間の言葉を理解しない自然について、ガリレオ・ガリレイは「自然という書物は数で書かれている」と言い、医学者、統計学者のウィリアム・ペティも科学の言語を提案したように、環境危機への対処をするためには、誰でも確かめられる数字などに基づく「自然の言葉」を理解しなければならない。

イ　アリストテレスは人間の社会性を、対等の相手と対等な交換を行う交換的正義と、社会の中での役割に比例して報酬を受け取る配分的正義ととらえたが、個人の能力差をはるかに超えた所得分配の不公平さがあり、国家が個人に死を要求するという現実を考慮していない。

ウ　衛生や医療など社会インフラは、パンデミックに対する「生命の防波堤」であるが、いつ襲うかわからない津波に対する防波堤の建設がGDPに貢献しないと非難されることがないように、「生命の防波堤」についても経済的な観点から評価するのではなく、独自の評価をしなければならない。

エ　複合危機による「コロナ危機」の克服には、医学による妥当な処方箋が与えられるまでにはかなり時間がかかるので、従来型の景気対策を優先し続け、マイナス成長に慌てるのではなく、生活保障だけでなくコロナ対策のためにも環境危機の対処を最優先とした集中的な資源の投資を行うべきである。

オ　コロナウィルスは自己保存を目的としていて、大増殖の結果宿主を殺すことがあるが、それを目的としているわけではないのに対して、同族のSARSやMERSは周囲の人間を手当たり次第に殺害していて、コロナウィルスとは異なり自己保存と殺人がふたつとも目的になっていると言える。

A　社会的動物の若者は、目の前に立つ強く老獪なボスに従うが、ボスがいなくなれば自由にふるまうのに対し、人間は会ったこともない無力な老人の言葉に従って戦地に赴き、命を捨てるという、自己保存を図る生命としては不合理な行動をとってしまい、どこでも年長者に従ってしまう傾向がある。

B　人間の知性には「恣意性」、自然から離れて内的な世界を展開する能力があるため、集団、民族、国家を結びつける絆という「科学的」根拠のない「フィクション」によって動かされ、絶対権力者に従う時代よりも個人が自律して自己統治するとされる近代の方が気づかずに操作されやすくなる。

C　「自然の統治」と「民衆の統治」は双方とも近代社会の主要な要素だが、ときには対立し合うので個人には優劣を判断できず、劇場政治や広告代理店政治や「友 - 敵理論」などで大量の宣伝をされることにより、近代社会における知性を軽視する傾向により民衆の統治がより優れていると思い込まされる。

D　カントやアリストテレスの知性のモデルから見ると、現実の人間は理性的に行動していず、脳内の仮想の主体によって動かされているが、このような人類の頭脳の「欠陥」は、個人の行動を内から規律し、巨大な社会を構成する接着剤として機能しているため、社会に生きる人間の行動を理性で制御できない。

E　ブラジルで経済対策優先を叫んで専門家のコロナ対策に対立する大統領に貧しい市民が呼応して大きな被害が生じていることで明らかなように、近代の市民の求めるのは雇用の安定など生活の安定と自立性であり、雇用の拡大を約束する政治指導者の根拠がない約束を安易に信じやすくなっている。

コロナウィルスは自然選択の過程で高い合目的性を獲得したスマート・ウィルスと言え、事前的合目的性の観点からではウィルスにうまく対応できなかったから。

B　医学者たちのコロナ対策は、コロナウィルスが未知のウィルスのため知見が限られていて、学説間の対立もあるためしばしば誤りを犯して、政治家や官僚との協力ができず対策に時間を要してしまい、その時間を利用してウィルスは自己保存のため効率よく大増殖することができたから。

C　医学者たちの研究によりコロナウィルスの目的が自己保存であることは分かったが、コロナウィルスがその目的のために多くの殺人をする必要がないことは分からなかったため、コロナウィルスが増殖のために殺人をするはずだという誤った考え方から、対策を間違ってしまったから。

D　医学者たちは、人間が「万物の霊長」であるという意識から抜け出せなかったために、コロナウィルスが生物であろうと生物でなかろうと知性と呼べるものはないはずだ、と先入観を持って対策を考え、コロナウィルス以外のウィルスに対する対策をそのまま応用することしかしなかったから。

E　医学者たちはその職業上、自然選択を回避するために犠牲となる個体が少なく資源と時間の浪費が避けられるというコスト・ベネフィットが高い適応戦略を採用するのだが、コロナウィルスの場合には、犠牲となる個体が多くないとそれに対処する有効な手段が見つからないから。

〔問六〕　傍線(8)「個人の自律性、自己統治が高まっていく近代では、かえって「形容詞」を乱用して集団が共有するフィクションを操作する「選挙民誑(たら)し」が権力を得やすくなる」とあるが、その説明としてもっとも適当なものを左の中から選び、符号で答えなさい。

接の要因が外因性より、周期的景気変動と恐慌という内因性のものに替わり、対応方法も自然条件ではなく純粋に経済政策という経済学の問題に変わっていった。

B　第二次世界大戦による数千万人の犠牲者という甚大な被害に直面することで、政治家、労働運動、学者、企業家たちが様々な提案をして、その結果福祉国家と成長レジーム、国際協調体制が確立したことに明らかなように、国民の様々な立場の人々が協力することでよい政策が生まれた。

C　近世西欧ではそれまでの人類の主要なエネルギー源だった再生可能エネルギーの一つである森林の破壊が生じ、石炭がその代替に使われるようになったが、そのことが地球温暖化など環境危機を生み出すことになったため、人間の経済活動と環境破壊の関係の研究が必要になった。

D　地球環境問題への対処は、これまで行われてきたような無意識的適応、事後的で意識的な適応ではなく科学者の知見に基づき本格的な被害を阻止するという、環境政策の予防原則に従って行われる危機へのグローバルな事前の意識的な対処であり、科学者が政治家や官僚に代わって政策を決定するようになった。

E　未知の要因が働く環境危機への対処では官僚の前例主義や政治家の経験主義は無力であるため、確証された知識は限られて学説間の対立もあり、しばしば誤りを犯すとはいえ、対策は科学者の知見に基づくしかなくなるので、科学者の知見を政治家も重視せざるを得なくなった。

〔問五〕　傍線(6)「今回専門家の「知能」はウィルスに及ばなかった」とあるが、その理由としてもっとも適当なものを左の中から選び、符号で答えなさい。

A　医学者たちは専門的知見に基づきコロナウィルスによる被害が大きくならないように事前に阻止する努力をしたが、

れたが、実際には個人は文明を支える主体性を持っていた。

D 人間の知性には、環境を取り入れ、それに対応するだけでなく、自然から離れて内的な世界を展開する能力という、もう一つの定義が可能であり、集団、民族、国家を結びつける絆は一種の「フィクション」であると言えるが、人間がそれらに動かされることで巨大な社会が構成されることになった。

E 学者の意見を理解し選択できるアカデミックな知性を持っている国々はコロナ危機に対してよいパフォーマンスを見せたが、反知性主義的な指導者を持つ国々は甚大な被害を出してしまい、政治家の知性が学者の知性に劣っている証拠となったので、科学者による統治の優位性が明らかになった。

〔問三〕 空欄(2)に入れるのにもっとも適当なものを左の中から選び、符号で答えなさい。

A パンデミックに強い社会体制の整備

B パンデミックを予防する世論の醸成

C パンデミック防止のための経済対策

D パンデミックの原因究明の研究推進

E パンデミック根絶の予防医学の推進

〔問四〕 傍線(3)「前世紀後半からのグローバルな複合危機への対処は、知識と統治の関係を変えてきた」とあるが、その説明としてもっとも適当なものを左の中から選び、符号で答えなさい。

A エネルギー転換によって工業を主軸とする環境変動に強い経済システムが造り出されることになり、深刻な危機の直シリアルキラー……複数の殺人を一定の期間をおいて繰り返す殺人者。

SARS-CoV-2……新型コロナウィルス。　フランソワ・ケネー……一六九四〜一七七四。フランスの経済学者。

バグ……コンピュータプログラムの誤りや欠陥。　ＯＳ……コンピュータの操作を司るシステムソフトウェア。

アダム・スミス……一八四六〜一八九四。イギリスの経済学者。　ボルソナーロ……ブラジル大統領。

ウェルフェア……福祉事業。

〔問一〕　傍線(4)(5)(7)(9)(10)のカタカナを漢字に改めなさい。（楷書で正確に書くこと）

〔問二〕　傍線(1)「知性」とあるが、筆者の「知性」に関する考えとしてもっとも適当なものを左の中から選び、符号で答えなさい。

A　類人猿、哺乳類、鳥類からタコや昆虫にも高い学習能力が明らかにされている現在、人間と動物を区別していたキリスト教的な「万物の霊長」という人間観は妥当しなくなっていて、もはや「知性」というあいまいな言葉ではなく、「合理性」というより明確な言葉を使うべきである。

B　タンパク質や脂質で包まれた核酸の塊であるウィルスは自己再生能力を持たず、生命と見なすには議論の余地があるものの、適応し進化する点では生命と同様の「知性」を持っていると考えられるが、ただ生命ではないウィルスに「知性」があると判断することには科学者として慎重であるべきだ。

C　純粋な知的な存在者を神のように自立自存する存在と理解するカントや、社会的動物として知的生命を考えるアリストテレスの知性のモデルから見ると、「現実の人間」は理性的に行動していないため知的生命として不完全であるとさ療などの社会インフラは、パンデミックに対する「生命の防波堤」である。いつ襲うかわからない津波に対するケンゴ(9)な防波堤の建設がGDPに貢献しないと批判されることがないのと同様、パンデミックを迎え撃つ「生命の防波堤」は、ウェルフェア一般と同様、市民の基本権を保障するだけでなく、環境危機に対する社会の防壁となる。それは狭義の経済効果や財政負担とは別に、常に高く積み上げていくべきであり、それを高齢化社会での財政負担削減のターゲットとすれば、パンデミックに脆弱(ぜいじゃく)な社会をつくることになる。その点で生命の防波堤とウェルフェアの強化は「経済成長」に優先する課題であり、むしろそれらへの恒常的な投資を生かして経済を回転させるように、ウェルフェアと環境危機への対処を同時に満たす解となる経済発展モデルを追求すべきである。

複合危機の全体をとらえてウィルスと経済問題の両面を総合した対策を取る必要を理解しない政治家の愚かさは、不調の経済と迫るウィルスの脅威で揺れ動く政策の混乱を生んでいる。コロナ危機以前に景気後退に入った日本、二〇二〇年には息切れが予想されていた合衆国など、リーマン・ショック以後の経済動向には大きな転機が訪れつつあり、ウィルスはそれを直撃して急激に悪化させた。医学によって妥当な処方箋が与えられるまでにはかなりの時間がかかり、「コロナ不況」が長期化するのは避けられないので、マイナス成長に慌てて従来型の景気対策を優先するのは賢明でない。危機以前の「オールド・ノーマル」への復帰を考えず、従来のモデルから脱却する構造転換を念頭に置きつつ、生活保障とコロナ危機の克服に向けて資源を集中的に投下し、同時に環境危機に対処できる持続可能な発展キドウ(10)へ乗り換える準備を進めるべきである。

（長尾伸一「複合危機と資本主義の未来」（『思想』二〇二〇年一〇月号、岩波書店）による）

注 リバタリアン……個人的な自由、経済的な自由の双方を重視する政治思想。
マックス・ヴェーバー……一八六四〜一九二〇。ドイツの社会学者。
コスト・ベネフィット……費用と利益との関係。

許して半ばフィクションの中で生きている個人は、カントやアリストテレスの知性のモデルから見ると、理性的に行動しておらず、知的生命としては不完全である。しかし脳内の仮想の主体によって動かされるという、あたかも容易に乗っ取られるバグを持った不出来なＯＳのような人類の頭脳の「欠陥」は、個人の行動を内から規律し、巨大な社会を構成する接着剤として機能して、文明を支えてきた。

ケネーは自然の統治を理性ある啓蒙専制君主に託そうとしたが、(8)個人の自律性、自己統治が高まっていく近代では、かえって「形容詞」を乱用して集団が共有するフィクションを操作する「選挙民誑（たら）し」が権力を得やすくなるので、かならずしも「理性的な統治」は実現されない。「自然の統治」と「民衆の統治」は双方とも近代社会の主要な要素だが、ときには対立し合う。劇場政治や広告代理店政治や「友‐敵理論」などで多数の選挙民の支持を得ても、自然は聴く耳を持たない。反知性主義の統治は環境危機に対して無力であるばかりか有害であり、人類の未来を損なうので、それを許さない統治のシステムを構築する必要がある。

生活の安定と安心が環境危機対策の社会的前提となることは、「コロナ危機」でも示されている。ブラジルでは経済優先を叫んで専門家のコロナ対策に対立する大統領に貧しい市民が呼応して、大きな被害が生じている。彼らが雇用を求めるのは、生活の安定と自立性のためである。アダム・スミスが言うように、自由市場型の政策下でこれらを同時に満たすのは雇用の増加以外になく、それがトランプやボルソナーロが支持された理由の一つとも言われる。さらに環境危機一般と同様、パンデミックは低所得層、不安定雇用層を直撃し、それが感染者数の増大と感染抑制の困難さに結びついている。対照的に何らかの形でウェルフェアが制度的に確立している国では、パンデミック対策が容易になり、それが経済の早期の回復をも可能にするだろう。

とくに医療を中心とした包括的な社会的ケアがある程度十分に機能している国では死亡者が少なく、それが存在しない合衆国や、緊縮財政で崩壊しているイタリアやイギリスなどは多くの犠牲者を出している。広義のウェルフェアの一種である衛生、医に反知性主義的な指導者を持つ合衆国や連合王国やブラジルは甚大な被害を出し、無知な首脳部がガラパゴス化した御用学者集団に囲まれている日本は、おそらく交差免疫、早い対策の実施、ウィルスの株の違い等のために欧米に比べ罹患率が全体として低いアジア太平洋地域の中では、きわめてパフォーマンスが悪い。自然は正直だが、人間の言葉を理解しない。ガリレオ・ガリレイは「自然という書物は数で書かれている」と言い、十七世紀の医学者、統計学者であり、政治経済学の先駆者だったウィリアム・ペティは、意見の食い違いや抗争を引き起こす「形容詞」を排除し、感覚のみに基づき、誰でも確かめられる「数字や重量や尺度」だけを使って議論する科学の言語を提案した。環境危機への対処のためには、この「自然の言葉」を理解しなければならない。

だが科学による「専門家支配」の統治は、必ずしも「民主主義」に呼応しない。「合理性」以外に、知性には「恣意性」、環境を取り入れ、それに対応するだけでなく、自然から離れて内的な世界を展開する能力という、もう一つの定義が可能である。集団、民族、国家を結びつける絆は「科学的」には無根拠の観念的複合物であり、一種の「フィクション」であると言えるが、個人はそれらに動かされる。社会的動物の若者は、目の前に立つ強く老獪なボスの(7)イカクに従うが、ボスがいなくなれば自由にふるまう。人間は会ったこともない無力な老人の言葉に従って戦地に赴き、命を捨てるという、自己保存を図る生命としては「不合理」な行動を行う。それはまるで頭の中に、「王」や「大統領」などという名のウィルスが寄生しているようである。

このような頭脳の働きは、通常の知性の観念と対立する。イマヌエル・カントは純粋な知的な存在者を神のように自立自存する存在と理解し、彼らの社会性を「自分にしてほしいように他者に対してふるまう」こととした。アリストテレスは自立自存ではなく、社会に依存して生きる社会的動物として知的生命を考え、その社会性を、対等の相手と対等な交換を行う交換的正義と、社会の中での役割に比例して報酬を受け取る配分的正義ととらえた。だがこのどちらも、個人間の能力差をはるかに超えた所得分配の不公平さがあり、自己保存衝動に反する死を個人に要求する国家が存在する「現実の人間」の社会性ではない。これらを前的合目的性」への進化が、「高等動物」の知性へと発展したと言えよう。それは自然選択を回避するので犠牲となる個体が少なく資源と時間の浪費を避けられる、コスト・ベネフィットが高い適応戦略である。

このように合目的性一般という意味では、どのような生命にも「知性」がある。タンパク質や脂質で包まれた核酸の塊であるウィルスは自己再生産能力を持たず、生命かどうかには議論の余地があるが、適応し進化する点では生命と同様の「知性」を持っている。病原性ウィルスの「目的」は自己保存であり、殺人ではない。彼らは次の宿主に乗り移って種としての自己保存を達成するために大増殖するのであり、その結果としてしばしば宿主の生命を奪う。とくに手近な人間に襲いかかり、手当たり次第に殺害する殺人鬼のような同族のSARSやMERSのウィルスに比べ、頭を使って警察の目を逃れながら、選んだ犠牲者を確実に殺害し続けるシリアルキラーのようなSARS-CoV-2は、自然選択の過程で高い合目的性を獲得したスマート・ウィルスとも言える。「ウィルスとの闘い」を標榜（ひょうぼう）する政治家の言説に反し、このウィルスは地球上に広がる現生人類を利用して、地球生態系全体に生存地域を拡大する偉業を半年程度で実現し、すでに当初の「目的」を達成している。人類とウィルスとの闘いは、緒戦で「万物の霊長」の敗北に終わった。「ウィルスとの闘い」は「事前的合目的性」の医学者と「事後的合目的性」のウィルスの高度な知恵比べになるが、(6)今回専門家の「知能」はウィルスに及ばなかった。

このように「想定外」の事態をもたらす地球環境危機への対処では、統治者の下に最高の知性と、最先端の科学と技術を結集する必要がある。かつてフランソワ・ケネーは、理想的な統治は科学によって見出された世界の秩序を実現する「自然の統治(physiocratie, physiocracy)」であると言い、学者皇帝に率いられた当時の清朝を高く評価する論考を書いている。実際「コロナ危機」に際して比較的よいパフォーマンスを見せているのは、短期間にトップレベルの知性を動員できた中国や台湾や韓国などや、最悪の事態を想定した学者の提案に従いパンデミック対策を準備していたドイツなどである。これらの国の首脳部はエコロジー的な発展戦略にも意欲的に取り組んできていて、学者の意見を理解し選択できるアカデミックな知性を持っている。反対前世紀後半からのグローバルな複合危機への対処は、知識と統治の関係を変えてきた。(3) 近世西欧ではそれまでの人類の主要なエネルギー源だった再生可能エネルギーの一つである森林資源のコカツ(4)が生じ、石炭がその代替に使われるようになり、それが非再生可能エネルギーへのエネルギー源のシフトを引き起こした。このエネルギー転換は、工業を主軸とする環境変動に強い経済システムを造り出す一つの要因となった。工業化は人類を自然の直接の脅威から切り離して適応力を高めたが、それは意図的でない行動の結果としての適応だった。それによって工業社会では、深刻な危機の直接の要因が外因性より、周期的景気変動と恐慌という内因性のものに替わった。第二次大戦後の福祉国家と成長レジーム、国際協調体制の確立は、一九三〇年代に頂点に達した市場システムの危機と、国民国家に基づく世界政治システムの危機に対する対応だった。それは数千万人にのぼる第二次大戦の犠牲者という甚大な被害に直面して起きた事後的な適応だったが、政治家、労働運動、学者、企業家たちが提案した様々な計画に基づく、意識的な対応でもあった。これらの無意識的適応、事後的で意識的な適応と比較すると、地球環境問題への対処は、科学者の知見に基づき本格的な被害を事前に阻止するという、環境政策の予防原則に従った、おそらく歴史上最初の、危機へのグローバルな事前の意識的な対処である。

環境危機への対処では認知コミュニティと政策コミュニティの密接な連携が不可欠となる。未知の要因が働く環境危機の前では、官僚の前例主義や政治家の経験主義は無力である。そのため確証された知識は限られて学説間の対立もあり、またしばしば誤りを犯すとはいえ、対策は科学者の知見に基づくしかない。そのことは「コロナ危機」でも示された。類人猿、哺乳類、鳥類からタコや昆虫にいたるまで、現在では動物たちの高い学習能力が明らかにされ、人間と動物をカクゼン(5)と区別していたキリスト教的な「万物の霊長」という人間観は妥当しなくなった。知性の起源は進化の過程にある。知性の一つの特性は「合理性」であり、それは例えばマックス・ヴェーバーの「目的合理性」（目的と手段の適合性）として定義できるが、「目的合理性」に似た「合目的性」は、自然選択を通じた適応で広く見られる。この「事後的合目的性」から、脳の機能による行動変化に基づく「事

国語

（六〇分）

一　次の文章を読んで後の問に答えなさい。（50点）

パンデミックの中の知性(1)と自由

被害の顕在化が主にローカルな形で現れていた従来の環境危機とパンデミックは、複合危機として見た場合、原因の違いとともに、突然グローバルに人類全体を襲った明白な緊急性と鋭さでも区別される。環境危機への対処は、①緊急の対症療法的な環境破壊に対する対策、②長期的な点から原因そのものを除去する対策に分けられるが、パンデミックについても、②侵襲的な開発の抑制と、地球生態系と人間の活動の分画化と管理、それらに必要な多方面の研究と技術開発などの原因に対する長期的な政策とともに、①個々のパンデミックに有効に対処し、阻止するための条件である、［(2)］の二つが考えられる。後者についてはすでに各国の対応を見ることで、①科学に基づく統治、②環境危機と内因性危機への同時対処のための技術的、社会的イノベーションに並行する、「生命の防波堤」の建設、③リバタリアン的な自由概念からの脱却という、パンデミックの再来を含め、今後様々な形で襲来すると思われる本格的な環境危機についても示唆するものが多い。複合危機対策にかかわる三つの要点が明らかになりつつある。

解答編

英語

I　**解答**　全訳下線部(a)・(b)参照。

◆全　訳◆

≪肥満の子供が途上国でも増える理由≫

開発途上諸国の栄養状態に関する問題について考えるとき，人はおそらく飢餓について考えるだろう。しかし，低所得国や中所得国の若者で体重超過か肥満である者の数は，体重不足である者の数に追いつきつつある。1975 年，肥満の子供は豊かな国の外側ではほとんど知られていなかった。開発途上国に住む 5 歳から 19 歳の人の中でわずか 0.3％が，世界保健機関（WHO）による肥満の定義である，年齢と性別による平均を上回る 2 つの標準偏差以上の BMI 指数を示していた。その数字は今日 7％にまで急上昇している。一方で，低所得国や中所得国の体重不足である（年齢と性別による平均を下回る 2 つの標準偏差の BMI 指数を持つ）子供の割合は，13％から 10％に減った。(a)WHO によると，もし現在の傾向が続くなら，2022 年までには全世界の肥満の子供の数は栄養失調の子供の数を超えるようだ。

国の中で飢餓と肥満の両方が高い値を示すことがあるというのは，逆説的に思えるかもしれない。しかし，その 2 つはつながっているのである。貧しい親は子供の腹を満たすため，自分達にとって最も安価に入手できる食べ物を求める傾向がある。便利な食べ物やエネルギーが豊富な加工炭水化物が広まったせいで，(b)最も安価な食べ物が与える栄養素は，それに含まれるカロリーと比べ極端に少ないことが多く，それらを多く食べる子供を肥満の危険にさらすことになる。

その結果，体重不足の子供の数が急激に減った国は，しばしば反対方向で度を越してしまう。例えば南アフリカは，体重不足の子供の割合を，

1975年の20％程度から今日の5％未満にまで大幅に下げた。同期間にわたって，子供の肥満率はほぼ0％から10％を超えるまで上昇した。

◀解　説▶

(a) According to the WHO の部分は according to ～「～によると」を用いた表現で，ここでは文修飾する副詞句。if *A do* は「もし *A* が～するなら」という意味の副詞節。current「現在の」は形容詞で，直後の名詞 trends「傾向」を修飾する。continue は，ここでは「続く」という意味の自動詞。よって，if current trends continue の部分は「もし現在の傾向が続くなら」となる。the number of ～は「～の数」という意味で，ここでは主節の主語となっている。obese は「肥満の」という意味の形容詞，worldwide は「世界中の」という意味の副詞だが，ここでは形容詞的に用いられ，直前の children を修飾している。主節の動詞である surpass は「～を超える」という意味の他動詞で，その目的語となるのが that of the undernourished の部分。この that は前述の名詞の繰り返しを避けるために用いられる代名詞で，ここでは the number のこと。the undernourished は，the＋形容詞「～な人々」を用いた表現だが，ここでは「栄養失調の子供」を表す。by 2022「2022年までに」は前述の surpass を修飾する副詞句。よって，主節の部分は「2022年までには全世界の肥満の子供の数は栄養失調の子供の数を超えるようだ」となる。

(b) the cheapest foods (S) often (M) deliver (V) extremely few nutrients (O) という文構造で，そのOを形容詞句である relative to ～「～と比べて」が修飾している。また，その～に当たる the calories を形容詞節である (which) they contain が修飾している。cheapest は形容詞 cheap「安価な」の最上級，ここでの deliver は「～を与える」という意味の他動詞，extremely は「極度に」という意味の副詞，nutrients は「栄養素」という意味の名詞の複数形。よって，the cheapest foods … calories they contain の部分を直訳すると「最も安価な食べ物はしばしば，それに含まれるカロリーと比べて極端に少ない栄養素を与える」となる。putting 以降は，put *A* at risk of *B*「*A* を *B* という危険にさらす」を用いた分詞構文である。その *A* に当たる children を形容詞節 who eat a lot of them が修飾している。*B* に当たる obesity は「肥満」という意味の名詞。よって，この部分を直訳すると「そして，それらを多く食べる子供を肥満の危険にさらす」となる。以上をより自然に訳出すると，全訳下線部のような解答となる。

II 解答

(English may not have) as many native speakers as Chinese, but it is by far the most widely spoken language in the world, and (it is) also most chosen as the second language.

◀解　説▶

書き出し指定の部分（English may not have …）によって，「英語は…ないかもしれない」の部分までは完成しているとわかる。「中国語」にはChinese,「ネイティブ・スピーカー」にはnative speakers,「多く」にはmanyを用いればよい。また,「〜ほど…ない」はnot as … as〜で表すので，ここまでを書き出し部分に続けると，(English may not have) as many native speakers as Chineseとなる。

「〜が，…」の「が」はbutで表せばよい。「断然」はby farで表す。「世界で最も広く話されている」にはmost widely spoken in the world,「言語」にはlanguageを用いればよい。よって，butの後ろは，it is by far the most widely spoken language in the worldとなる。

「〜，また…」の「また」はandとalsoで表せばよい。「第二言語」にはthe〔a〕second languagc,「〜として選ばれている」の部分には「*A*を*B*に選ぶ」を意味するchoose *A* as *B*を受動態（*A* be chosen as *B*）で用いればよい。さらに，ここでの「最も」は「選ばれている」を修飾する副詞なので，chosenの直前に置けば誤解が生じない。よって，andの後ろは，it is also most chosen as the second languageとなる。なお，このit isは繰り返しなので省略することができる。

III 解答

1. prevent　2. solution　3. terms　4. virtually
5. hesitate

◀解　説▶

1．与えられた日本語から，空所の部分は「川が氾濫しないように」するという意味だとわかる。また，空所の後ろにfrom *doing*の形が続いており，かつ空所自体はpから始まる語なので，preventを入れ，prevent *A* from *doing*「*A* が～するのを妨げる」を作る。

2．空所の部分は「解決方法」という意味だとわかり，かつsから始まる語なので，正解はsolutionとなる。

3．空所の部分は「～とうまくやっている」という意味であり，空所の前にis on，後ろにwithがある。かつ，空所自体はtから始まる語なので，termsを入れ，be on ～ terms with …「…と～な間柄である」を作る。

4．空所の部分は「ほぼ」という意味だとわかり，かつvから始まる語なので，正解はvirtually。virtually「実質的には，ほぼ，ほとんど」

5．空所の部分は「遠慮せず～する」という意味だとわかり，後ろにto *do* の形が続いている。かつ空所自体はhから始まる語なので，hesitateを入れ，not hesitate to *do*「躊躇なく～する」を作る。

Ⅳ 解答

1．ア―(c) イ―(d) 2．ウ―(b) エ―(d)
3．オ―(e) カ―(d) 4．キ―(d) ク―(a)
5．ケ―(e) コ―(d)

◀解　説▶

1．(If you are interested in our past and want to learn) how it will shape our future(, you should consider studying history.)

「もしあなたが過去に興味があり，それがどのように未来を形作るのかを学びたいのなら，歴史を勉強することを検討するべきだ」

選択肢にhow「どのように」，future「未来」，shape「～を形作る」があるので，空所はその前後と併せて，「どのように未来が形作られるのか（を学びたいのなら歴史を勉強するべきだ)」という意味になると推測できる。how *A do* で「どのように *A* は～するか」という意味の名詞節になり，ここでは他動詞learnの目的語となっている。

2．(Joan overslept and missed the class today. But I believe she is) wise enough not to make such a (mistake again.)

「ジョーンは今日寝過ごして授業を欠席した。しかし私は，彼女はそのようなミスを再びしないほどじゅうぶんに賢明だと信じている」

空所を含む文がBut「しかし」で始まるので，彼女が再び同じミスをしないことを信じているという主旨になると推測できる。… enough not to *do* で「～しないくらいじゅうぶん…」という意味の表現。make a mistake で「過ちを犯す」という意味。such a～で「そのような～」という意味の表現。

3．(We cannot rely on the results of this experiment as evidence until at least one follow-up experiment) conducted under comparable conditions gives us (similar results.)

「少なくともひとつの追跡実験が同じ条件のもと行われ，似たような結果が出るまで，この実験結果を根拠として信頼することはできない」

conduct は「～を行う」という意味の他動詞だが，ここではそれが過去分詞として用いられ，under comparable conditions「同じ条件のもと」と共に直前の名詞 experiment を修飾している。give *A* *B* で「*A* に *B* を与える」という意味で，ここでは us が *A*，similar results が *B* に当たる。

4．(The software company made a public announcement about their new product, the) details of which can be viewed (on their website.)

「そのソフトウェア会社は新製品を公表したが，その詳細はウェブサイトで見ることができる」

選択肢に details「詳細」，viewed「見られる」があるので，空所の前後と併せて考えると，空所は「(ウェブサイトで新製品の) 詳細を見ることができる」という意味になると推測できる。～of which で whose～と同じような意味・用法となる関係代名詞節を作ることができる。ここでは直前の名詞 their new product が先行詞，the details が～の部分になる。view「～を見る［閲覧する］」は，ここでは受動態となっている。

5．(Researchers are said to resemble detectives in that they doubt everything first. They cast) doubt even on what they believe is correct(, in order to make a breakthrough and develop a new theory.)

「研究者たちはまずすべてを疑うということにおいて探偵に似ていると言われている。彼らは突破口を開いて新しい理論を発展させるために，自分たちが正しいと信じていることにさえ疑問を投げかける」

空所の直前に cast，選択肢に doubt even や on what があるので，cast doubt on～「～に疑問を投げかける」という表現になるとわかる。その目的語の～の部分は，関係代名詞を含む on what に続けて残りの選択肢を並べて，(on) what they believe is correct「彼らが正しいと信じているもの」となる。

V 解答

1—(d)　2—(d)　3—(a)　4—(d)　5—(c)
6—(d)　7—(b)　8—(b)　9—(d)　10—(b)

◀解　説▶

1.「一度演技が始まると，観客はステージに注目を向けた」

turn *one's* attention to ～で「～に注意［注目］を向ける」という意味。

2.「そもそもの重要性は家族と友人にしか理解されていなかったが，テレビ番組で特集されたことで，その絵画は後に人気を博した」

result from ～で「～から生じる」という意味。

3.「摂氏0度は，液体状態の水が氷に変化する温度であると定義されている」

空所の後ろがいわゆる，名詞的要素の欠けていない完全な文なので，ただの which ではなく前置詞＋which が入るとわかる。「温度」を意味する temperature は，at ～ temperature の形で「～な温度で」を表すので，ここで用いるべき前置詞は at だとわかる。

4.「その新しい電気自動車は，同じ大きさのガソリン車と同じくらいの速度が出る乗り物である」

as ～ a *A*（単数形名詞）as … で「…と同じくらい～な *A*」という意味の表現。語順に注意が必要である。

5.「トマス=エジソンに関する本を読んで，彼がどれほど多くの発明をしたのかに対して本当に驚愕した」

marvel at ～で「～に驚愕する」という意味。なお，他の選択肢は was と組み合わされた受動態であれば可となる。

6.「私たちの研究チームは，世界中から集まった若い研究者で構成されている」

be made up of ～で「～で構成されている［出来上がっている］」という意味。なお，(a)は受動態であれば可となる。

7.「グレープフルーツは身の回りにある最も奇妙な果実のひとつかもしれない。その起源からその名を得た経緯までのすべてが，ちょっとしたミステリーである」

everything from *A* to *B* で「*A* から *B* までのすべて」という意味の表現。

8.「気候変動に対するパリ協定は，世界の平均気温の上昇を産業革命以前の気温よりプラス1.5度までに抑えることを目標としていた」

keep *A* to *B* は「*A* を *B*（数値など）に抑える」という意味。なお，ここでの rise は名詞である。

9.「研究者たちは世界中の森林が『大きな脅威』に直面していると警告した」

空所の後ろが SVO の完全な文になっているので，空所には接続詞（(b)か(d)）が入るとわかる。さらに，意味的に(b) if「～かどうか」ではなく，(d) that「～ということ」が入ると判断する。

10.「抑えようとする努力にもかかわらず，彼の声は怒りで震えていた」

despite は「～にもかかわらず」という意味の前置詞。他の選択肢も文法的には空所に入りうるが，(a)「～ほど多くの量の」，(c)「～には程遠い」，(d)「～なしで」という意味なので不可。

Ⅵ 解答

1―(c)　2―(c)　3―(b)　4―(d)　5―(d)
6―(a)　7―(a)　8―(c)　9―(a)　10―(c)

◀解　説▶

誤りを含む下線部を正した場合の訳は以下の通り。

1.「私がバファローで育つ子供だったころ，多くの時間を一人で過ごしていた。友人を作るのは私には簡単なことではなかった。私は不器用で，他の誰よりも身体が大きく，どのように他の子に話しかければよいのかわからなかった。数学のクイズをしたりテレビゲームをしたりして，一人でいるときが最も幸せだった」

ここでの talk は自動詞なので，(c) how to talk the other kids を how to talk <u>to</u> the other kids としなければならない。

2.「それから，中学校へ上がると，私はラクロス部とサッカー部に入部した。アメフトをしたかったのだが，合うヘルメットが見つからなかったのだ。私は優れた運動選手だったからこれらの部に入部したというのではなかった。実際，優れた運動選手ではなかったのだ。私は太っていて，体調もよくなかった。しかし，私は競争には真剣であったし，試合をすることは大好きだった」

(c) I <u>was</u> を I <u>wasn't</u> にしなければ，内容が文脈に合わない。いずれもその後ろに some great athlete が省略されていると考えられるが，ここは肯定文ではなく否定文でなければ，前後と自然につながらない。

3.「私は勝つことが大好きだったし，さらにそれ以上に，負けることが大嫌いだった。母と『モノポリー』をした子供のときもそうだったのだが，スポーツをしているときには特に，それが明らかになった」

(b) has been true を had been true にしなければならない。「母とモノポリーをした子供のとき」は「スポーツをしているとき」よりも前なので，but it bacame especially clear when I was playing sports よりも前の時制となる。

4.「しかし，私が予想していなかったのは，自分がチームの一員であることをどれほど愛したか，そこからどれほど多くを学んだかということだったのだが，それは高校のサッカー部に所属していたときに特にそうだった」

belong は自動詞なので，(d) belonged the football team を belonged to the football team にしなければならない。もしくは belonged を joined としてもよい。join「～に参加する」

5.「私はどうすれば人ともっと上手に意思疎通できるかを学ばなければならなかった。フィールドやロッカールームでいつ自分が指導権を握るべきか，いつ一歩引いて相手を支持するべきかを学ばなければならなかった。どのように監督からの指示や批判を受け止めるべきかを学ばなければならなかった。そして，それは多くあったのだった」

(d) there were a lot of it を there was a lot of it としなければ，主語と動詞の数の一致に反する。

6.「私は懸命に努めなければならなかった。もしそうしなければ，チームメイトを落胆させることになるだろうからだ。誤解しないでもらいたい。私は一緒にプレーしていた奴らのことが常に好きというわけではなかった。しかし，それは問題ではなかった。私たちは皆でチームだったのである」

(a) so を because など理由を表す語句にしなければ，直後の仮定法で書かれた文と自然につながらない。

7.「すべての子供はチームの一員であることから恩恵を受けると私は確信している。それはチームスポーツを行うことがサッカー選手としての私にしてくれたことによるのではなく，数学者としての私にしてくれたことによる」

convince は「～を確信させる」を意味する他動詞なので，ここでは(a) am convincing that を am convinced that と受動態にしなければ，「～を確信している」という意味にならない。

8．「数学者であることは孤独な探求に見えるかもしれない。確かに，私は多くの時間を部屋で一人で過ごす。しかし私が予想していなかったことは，他の数学者と一緒に作業をする，言い換えると，チームの一員になる時間もたくさんあるということだ」

助動詞 would と組み合わさる部分なので，(c) also spent a lot of time を also spend a lot of time にしなければならない。

9．「正気でないように見えるだろうが，サッカーをすることが，太陽-木星-小惑星の三位一体問題についての，私の初めての研究論文を書く手助けになった。それには，努力と，どのように反響に対処すればよいかを学ぶこととが必要だったのである」

seem に対する補語となる部分なので，(a) seem crazily を seem crazy にしなければならない。

10．「人は教室で，自分の成功の助けとなる技能を得ようと何年もの時を過ごすが，最重要な技能のいくつかはフィールドで学ぶのが最も良いと，私は思っている」

some of に続く部分なので，(c) the most important skill を the most important skills にしなければならない。

Ⅶ　解答

1―(i)　2―(c)　3―(b)　4―(h)　5―(j)
6―(a)　7―(e)　8―(g)　9―(f)　10―(d)

◆全　訳◆

≪サーフィンが与える真の喜び≫

一部のスポーツはそもそも競争的である。テニスのファンはうまく行われたバックハンドを賞賛する。しかし，もし試合が後に行われないならば，コートで選手がウォーミングアップしている姿を見ることはすぐに退屈になるだろう。同じことがサッカーにも言える。もしそれが勝ち負けがすべてというものでなければ，誰がフィールドで，ある一団がボールを蹴っている姿を見に行くだろうか？　こうしたスポーツの選手は，強敵に後押しされずに自身の技能のすべてを示すことはできない。

サーフィンは別である。それは，身体的なものと精神的なものの両方の，様々な技能を必要とする挑戦に直面する機会を与えてくれるが，その挑戦は活動自体の一部であり，相手を打ち負かすことを含んでいない。その点において，サーフィンはテニスやサッカーよりハイキングや登山，あるいはスキーに近い。美しい自然が織りなす環境に身を置くという美の経験は，その活動が持つ魅力の重要な一部である。達成感の中で見出される充実がある。エクササイズマシンの上を走ることや，往復を繰り返す水泳といった退屈なものを含まない激しい身体的運動がある。

サーフィンを競技化するには，演技を評価する方法を作り出すことが必要である。この要求を満たす方法は，波に乗る際に見られるある種の技能を審判することである。あるひとつの波で誰が最も困難な技を行うことができるかを確かめるためサーファーが競い合うことに，何ら間違ったところはない。高さ10mの舞台から誰が最も困難な飛び込みを行えるかを確かめることに何ら間違ったところがないのと，まさしく同様である。

しかし，サーフィンを競技化する際には，何百万もの人々が楽しく参加できる娯楽活動が，たいていはスクリーン上で観られる観覧スポーツへと変容される。もし，競技スポーツにおける得点を取ることへの狭い焦点が，持ち時間内にできるだけ多くのターンを入れ込むことなどなく，波に乗ることで経験できる美と調和の鑑賞を制限してしまうことになったら，非常に残念だろう。

私がサーフィンをする上で重要な点の多くは，波を乗りこなす能力というより，その波の壮麗さと力強さを経験することに関わっている。実際，私がサーフィンを通じて経験した中でまさに最も魅力的な瞬間，私は波にはまったく乗っていなかった。オーストラリア最東端の地点であるバイロン湾で，波が激しく打ち上げるところへと私はパドリングしていた。太陽は輝き，海は青く，太平洋がチリの海岸まで陸地に遮られることなく数千マイルも前方へと広がっていることが意識できた。

その大海原の中で生み出された，エネルギーの躍動が，水中に隠れた岩の連なりに近づき，緑色の壁となって私の目の前にそびえ立った。波が崩れると同時に，一頭のイルカが，身体全体を水からさらけ出し，その泡の前から飛び出した。

それは崇高で荘厳な瞬間ではあったが，それほど珍しいものではなかった。私の友人である波乗りたちの多くが知っているように，私たちはテニスやサッカーをする唯一の動物であるが，サーフィンを楽しむ唯一の動物ではないのである。

◀解　説▶

1．文法的に，直後のon courtと組み合わさって文の主語となりうる選択肢を探す。冒頭の第1文で「一部のスポーツはそもそも競争的である」という本文のテーマが示されている。その前提で，「もし試合が後で行われないならば」どのような行為が「退屈になる」のかを考え，空所には(i)「選手がウォーミングアップしている姿を見ること」が入ると判断する。

2．文法的に，直前の前置詞withoutの目的語となるひとかたまりの名詞となりうる選択肢を探す。「こうした（競争的な）スポーツの選手」は何がないと「技能のすべてを示すことができない」のかを考え，空所には(c)「強敵によって後押しされること」が入ると判断する。

3．文法的に，直前の前置詞ofの目的語となる，ひとかたまりの名詞となりうる選択肢を探す。「サーフィンの魅力のひとつ」である「美の経験」を与えるのはどのような行動かと考え，空所には(b)「美しい自然が織りなす環境に身を置くこと」が入ると判断する。

4．文法的に，直後のrunning on an … or swimming lapsと組み合わさって直前の他動詞involveの目的語となりうる選択肢の(a)か(h)に絞られる。第2段第1文（Surfing is different.）以降に，サーフィンは競争を伴うスポーツとは異なり，美しい自然の中に身を置くこと自体が重要な要素であると書かれている。エクササイズマシンを使った運動や水泳などは，変化のない環境下での単調なくりかえしの運動なので，空所には(h)「～のような退屈なこと」がふさわしいと判断する。

5．文法的に，直前の他動詞の目的語となる，ひとかたまりの名詞となりうる選択肢を探す。「サーフィンを競技化する」には何が必要かと考え，空所には(j)「演技を評価する方法」が入ると判断する。

6．participateは自動詞で，通例participate in ～で「～に参加する」という形で用いられる。空所には形容詞節らしきwhich millions of people can happily participateが続いているが，このparticipateにはinが後続していない。空所に(a)を入れると，その形容詞節はwhich …ではなくin which …となり，文全体の文意も通じる。

7．文法的に，直後の into our time on it と組み合わさって直前の前置詞 without の目的語となるひとかたまりの名詞となりうる選択肢は(e)だけである。なお，この(e)は fit *A* into *B*「*A* を *B* に入れる［挟む］」と as many ～ as possible「できるだけ多くの～」を組み合わせた表現。

8．文法的に，すべての要素が揃った完全な文となりうる選択肢を探すと(g)が入ることがわかる。

9．文法的に，空所の前の2つの節と並列関係となる節である選択肢を探す。be aware of ～「～を意識している」を含む(f)なら，空所の後ろともつながるのでこれが入る。

10．(d)は省略と繰り返しを避ける代名詞 one を含むが，そもそもは but not such an unusual moment（＝one）ということなので，文法的にも意味的にも空所には最適である。

Ⅷ　解答　問1．(d)　問2．(c)　問3．(a)　問4．(b)　問5．(d)
問6．(b)　問7．(a)　問8．(c)　問9．(b)　問10．(c)
問11．(d)　問12．(c)

◆全　訳◆

≪労働における根強い男女格差≫

［1］　今現在，これまで以上に，アメリカの女性がフルタイムで，一年を通して働く立場で労働力に参加している。これはいつの時代もそうだったわけではない。1960年代から70年代にかけてのフェミニズム運動抗争によって生じた文化的転換だけでなく，経済における変化（つまり男性の賃金の低下），シングルマザーの増加，そして教育や仕事の機会は，女性の労働力への参加を増大させることを促した。夫婦二人が稼ぎ手である家庭は，1950年代に一般化した，女性は家に留まり賃金の出ない仕事（洗濯，料理，子育て，掃除など）をし，男性は家族を養うのに十分な金額が稼げる仕事に就き労働力に参加する，稼ぎ手-家庭の守り手という形よりも，はるかに当たり前のものになっている。この広く行き渡ったアメリカ的幻想は，一部の中流階級である白人にのみ当てはまる現実であったが，現代の家庭の大半にとっては今や完全に手の届かないものであるとわかる。

［2］　男性も女性も労働力，高等教育，賃金の出る仕事にほぼ同数で参加しているが，男性労働者と女性労働者の賃金格差は残っている。平均して，

女性労働者は男性労働者が稼ぐ額の 77％しか稼げない。教育経験，働き方や職場での地位の差を考慮しても，この格差はやはり残る。したがって，似た教育的背景を持ち，一年あたりで男性と同じ時間数働く女性は，同じような境遇の男性に比べ 23％稼ぎが少ないことになる。では，どのようにしてこの性別による賃金の格差は説明できるだろうか？　研究者は 4 つの可能性のある説明を示している。1）差別，2）職業上の差別的待遇，3）重んじられていない仕事，4）そもそも存在する仕事と家庭の葛藤，の 4 つである。

[3]　大半の人は，雇用における差別は過去のものだと思っている。1964 年公民権法が可決されて以来，雇用の際に人種や性別に基づいて差別することは違法である。しかしながら，企業は求人広告で「男性のみ」と書くことはもはやできないが，男性用ソーシャルネットワークで求人広告を流したり，志願者の中から男性を選んで面接したりするなど，男性を求人するための努力は行うことができる。また同じ企業が，女性の志願を妨げかねない，育児休暇の制限を設けていることもあるだろう。さらに，全体的な傾向や慣習を監視する政府機関は存在せず，それゆえ個々人が特定の仕事の場面における特定の差別の事例を訴え，それを証明しなければならないので，差別案件は法的に訴追するのが非常に困難である。特に採用時における差別は法廷で証明するのが極めて困難で，そのせいで大部分は野放しの状態が続くことがある。

[4]　さらに，雇用された場合でさえも，男性主導の分野で働く女性はしばしばガラスの天井，つまり目に見えぬ壁に衝突するが，要は，組織の中で上位の地位に昇進することにおける困難に直面する。ガラスの天井や性差別の具体例のひとつは，巨大小売業チェーンであるウォルマートの女性被雇用者の扱い方である。ウォルマートは国中で管理職に何人かの女性を雇用してはいるが，男性の方を早く昇進させる，異なる基準で男性に賃金を支払う，といった全国的な非公式の方針も持つ。これは，性差別は非合法だが，パターン化された広範囲にわたる形でいまだに起こりうるということを具体的に示している。

[5]　性別に基づく職業上の差別的待遇とは，女性の方がある種の仕事を行う可能性がより高く，男性はそれとは別の仕事を行う可能性が高いという形の分断された労働市場を意味する。女性の方が行う可能性のより高い

仕事は「ピンクカラー」仕事と呼ばれている。「ホワイトカラー」は給料の高いオフィスでの仕事を，「ブルーカラー」は技能に応じて収入の幅が広い男性中心の肉体労働を表すが，「ピンクカラー」はサービスや，しばしば感情労働に関わる，たいていは低賃金で女性中心の職を表す。感情労働という言葉は，仕事の一部として被雇用者が自身の感情を制御し統制しなければならないようなものを表すために用いられる。例えばウェイトレスは，無礼で困らせる客に怒りを持って接すると解雇される危険がある。彼女は仕事を保持するため，自身の感情を制御すること，その怒れる客の感情を落ち着かせる手助けをすることの両方を行わなければならない。接客を伴うサービス業（精神科医から食品提供サービス業のレジ係まで）は，いかなるものであれ，やはり感情労働を含む。女性労働者が中心である「ピンクカラー」の上位3つの職業，つまり秘書，教師，看護師のすべては，例外的な量の感情労働を含む。

［6］ 女性化した仕事，つまり「女性の仕事」だと考えられている仕事は，低賃金なだけでなく，社会的に低評価，つまり「男性の仕事」と考えられるものほど価値がないと受け取られている。ケアワークは女性化しているサービス経済の一分野であり，極度の感情労働を含み，絶えず過小評価されている。子供や老人のケアを担う人は大多数が女性である。女性が行う可能性がより高いこと，女性はケアの仕方を知っているのが当然だと考えられていることの両方が理由となって，ケアワークは過小評価されるという主張がある。子育てや，病人や死にゆく縁者の介護といった，家でのケアワークは，たいていは無報酬で，女性が伝統的に行ってきた。

［7］ こうした奉仕活動に対し金を払うことは間違いである，それはたとえ家族でなくとも自発的に行われるべきである，と思っている人がいる。女性には持って生まれた他人をケアする本能があると固定観念化されており，もしこうした本能が自然に発露するなら，この仕事に対して十分に金を支払う（あるいはそもそも金を払うこと自体）理由がない。だが現実としては，ケアワークには他のどの種の仕事とも同様に技能習得が必要である。興味深いことに，男性がこの仕事や他の「ピンクカラー」仕事に参加すると，実は，同一条件の女性と比べ給料もより多く，高い地位へ昇進するのも早い傾向がある。ガラスの天井とは対照的なこの現象は，ガラスのエスカレーターとして知られている。

［8］　最後に，性別による賃金格差の4つ目の説明は，男性よりも女性の方が折り合いをつけなければならない可能性が高い，仕事と家庭の間の葛藤に関係している。例えば，女性の方が子供を世話する時間を取るために仕事の道をいったん中断する可能性がはるかに高い。労働力から抜けた後にもう一度参入すると，新しい会社で給与と地位の点で一番下からスタートし直すのが典型的なので，たとえ女性がフルタイムの仕事に戻ったとしても，これが彼女らの全体的な稼ぎにマイナスの影響を与えるのである。

◀解　説▶

問1．ここでのfuelは「～に勢いを与える」という意味の他動詞の過去分詞形なので，(d) stimulated「～を刺激した」が最も近い。他の選択肢も過去分詞形で，(a)「～を害した」，(b)「～を満たした」，(c)（自動詞で）「上がった」という意味。

問2．下線部には指示語のthisが含まれ，その指示内容は直前の文の内容（女性は家を守り，男性が外で金を稼いでくる）だと考えるのが自然なので，(c)が正解。

問3．(b)は第2段第3文（Even when differences …），(c)は第2段最終文（Researchers put forth …），(d)は第2段第2文（On average, women …）の内容に一致する。(a)の「女性の労働時間」の部分に関する記述はない。「女性の労働賃金」とすれば第2段第4文（Thus, women with …）の内容に合致する。

問4．下線部を直訳すると「特に採用時における差別は法廷で証明するのが非常に困難であり，そのせいで大部分は規制されないまましつこく残ることがある」という意味なので，それに一番近い(b)が正解。

問5．空所を含む文には指示語のThisが含まれ，その指示内容は直前の文の内容（ウォルマートの性差別的慣習）だと考えられる。さらにその指示内容が何を具体的に示すかを考え，空所には(d)「性差別は非合法だが，パターン化された広範囲にわたる形で，それはいまだに起こりうる」が入ると判断する。他の選択肢は，(a)「性差別は非合法なので，女性が昇進するのを妨げることは許容されている」，(b)「女性を雇用することを妨げるためにガラスの天井がいったん築かれてしまうと，それを破ることは女性には困難である」，(c)「性差別は非合法な行為であるとずっと考えられてきたので，それは起こらない」という意味。なお，(b)は〈事実〉に即した内容ではあるが，指示語の指し示す具体例（ウォルマートの悪しき慣習）から導き出せる内容ではない。

問6．ここでのsplitは「分断された」という意味の過去分詞（つまり形容詞）なので，(b)が正解。他の選択肢である(a)は自動詞の過去形，(c)は名詞，(d)は他動詞の過去形。

問7．ここでのworthはbe worth～「～の価値がある」という用法である。その～に当たるのが空所の直後にあるlessなので，「～ほどの価値がない」という意味になる。また，it isに続く形なので，受動態のtakenであるとも判断し，空所には(a) taken to be worthを入れる。なお，この部分は空所の直前にあるor「すなわち」によって，その前にあるsocially undervaluedの言い換えであるという意味的なアプローチも可能である。

問8．predominantlyは「主に，たいていは」という意味の副詞なので，(c)「圧倒的に」が最も意味が近い。他の選択肢は，(a)「実際に」，(b)「文化的に」，(d)「伝統的に」という意味。

問9．直前で「女性はケアワークを『本能的に』行うと考えられている」と述べられ，直後で「ケアワークには『技能の習得』が必要」と述べられている。この両者は逆接の関係だと判断できるので，空所には(b)「(だが)現実的には」が入る。他の選択肢は，(a)「さらに」，(c)「この意味において」，(d)「(順番として）次に」という意味。

問10．下線部はA be known as B「AはBとして知られている」のBに当たる部分で，論理的には$A=B$という関係だとわかる。そのAには指示語のThisが含まれ，その指示内容は直前の文の内容（男性が「ピンクカラー」仕事に就くと給料も良く，昇進も早い）だと考えるのが自然なので，(c)が正解。

問11．そもそもconflictは「衝突，葛藤」という意味だが，ここではbetween work and family「仕事と家庭の間の」という語句によって修飾されている。ということは，ここでの「葛藤」とは，〈仕事と家庭のどちらをどのくらいの割合で行うのか〉という「葛藤」だとわかる。よって，(d)が正解。

問12．(a)は第3段第3文（However, although companies …），(b)は第4段第3文（Although Wal-Mart has …），(d)は第5段第4文～最終文（The term emotional … of emotional labor.），(e)は最終段最終文（Since quitting and …）と合致するが，(c)は第5段第3文（While “white collar” …）と「低い給与が特徴の」の部分が合致しない。本文では「技能に応じて収入の幅は広い」と述べられている。

❖講　評

2022 年度も大問は8題で，長文読解問題3題，英作文問題1題，文法・語彙問題4題という構成である。

3題の長文読解問題が出題の中心である。出題された英文は，Ⅰが「肥満の子供が途上国でも増える理由」を論じた論説文，Ⅶが「サーフィンが与える真の喜び」を述べた随筆文，Ⅷは「労働における根強い男女格差」に関する論説文であった。

Ⅰの英文和訳問題は短い時間で構文を把握し，こなれた日本語にするにはかなりの力が要求される。基本構文の理解はもちろん，語順の入れ替え，判断しにくい並列関係や複数の関係詞節などが含まれる文の構造理解にも慣れておく必要がある。Ⅶの空所補充は，語彙自体はそれほど難しくないが，長文の展開を把握しておかないと選びにくいものも含まれる。Ⅷの文体は標準的で，語彙も難しいものではない。ただし，設問の中には文法・語法問題も含まれ，日頃から展開だけでなく文法も意識した読解を習慣づける必要がある。全体で相当量の英文を読む必要があるので，速読力が試される。

Ⅱの和文英訳は，これまでの短文2問の出題から短文1問へ減少した。例年通り，英語で与えられた書き出しに続けて解答する形式で，難しい箇所はなく，基本的な語彙・構文で英訳できるもので取り組みやすい。

文法・語彙問題では 2022 年度もいくつか変化がみられた。2021 年度までの記述式2題・選択式2題から，記述式1題・選択式3題になり，2020・2021 年度と同様の空所補充，誤り指摘に加えて，2020 年度と同様の，日本文に一致するように，与えられた文字から始まる1語を英文の空所に入れる記述式の空所補充問題，与えられた語句を並べ替えて短文の空所を補う，語句整序問題が出題された。

長文読解問題は，英文自体は標準的であるが，試験時間のわりに英文量が多いので，その点では難しいと言える。文法・語彙問題で取りこぼしをしないことが大切である。また，試験時間 90 分の中で時間配分を考え，見直しの時間をとることも必要である。

日本史

I

解答

問1．a－ロ　b－イ　c－イ
問2．a－イ　b－ロ　c－ロ
問3．a－イ　b－ロ　c－ロ
問4．あ－c　い－a
問5．a－イ　b－ロ　c－イ
問6．a
問7．a－ロ　b－イ　c－ロ
問8．う－a　え－d
問9．a－イ　b－ロ　c－ロ
問10．a－ロ　b－イ　c－イ
問11．a－イ　b－ロ　c－ロ
問12．a－イ　b－ロ　c－イ
問13．b
問14．a－ロ　b－イ　c－イ

◀解　説▶

≪古代～中世の社会・経済≫

問1．a．誤文。口分田は，良民男女にそれぞれ2段ではなく，良民男子は2段，良民女子は良民男子の3分の2（1段120歩）が支給された。

b・c．正文。

問2．a．正文。一方で，墾田永年私財法は貴族・寺院や地方豪族たちの私有地の拡大を進め，初期荘園成立の契機となった。

b．誤文。墾田の所有面積は「年齢」ではなく，身分（官位）に応じて限度が設けられた。

c．誤文。新たに開墾した田地は租を免除されたわけではなく，租を納めるべき輸租田であった。

問3．a．正文。

b．誤文。「国司・郡司の干渉を排除」が誤り。東大寺などの大寺院では，国司・郡司に依存しつつ開墾をすすめた。

c．誤文。「目代」は初期荘園の現地の管理者ではない。目代は国司の遙任に伴い，私的な代理者として国司によって任国に派遣された役人で，国衙の在庁官人を率いて国務を総括した。

問5．a・c．正文。

b．誤文。受領は「郷司」ではなく，田堵とよばれる有力農民に田地の耕作を請け負わせた。

問6．「政府から税の免除（不輸）」から空欄1にはa．官省符荘が該当する。ちなみに，国司から税を免除された荘園がd．国免荘である。

問7．a．誤文。後三条天皇は「京枡」ではなく，宣旨枡とよばれる公定の枡を制定した。「京枡」は，豊臣秀吉の時に公定の枡に制定された。

b．正文。

c．誤文。「荘園整理令の影響を受けず，所有する荘園の数に変化はなかった」が誤り。石清水八幡宮は荘園 34 カ所のうち 21 カ所だけが認められ，残りの 13 カ所の荘園が荘園整理令の影響を受けて停止された。

問9．a．正文。

b．誤文。上皇の側近として「御内人」ではなく，院近臣とよばれる一団が形成された。

c．誤文。上皇の命令を伝えるのは「綸旨」ではなく，院宣である。

問10．a．誤文。「崇徳上皇」ではなく，鳥羽上皇が皇女八条院に伝えた荘園群を八条院領という。

b・c．正文。

問11．a．正文。

b．誤文。頼朝が所有する知行国では，頼朝自身を「国司」ではなく，知行国主として，国からの収入を幕府の財政に繰り入れた。

c．誤文。「段銭・棟別銭」は室町時代に課された税で，幕府の重要な財源となった。

問12．a・c．正文。

b．誤文。公暁に暗殺されたのは将軍「源頼家」ではなく，源実朝である。

問14．a．誤文。幕府から使節遵行の権限を与えられたのは「地頭」ではなく，守護である。

b・c．正文。

II 解答

問1．a－ロ　b－イ　c－イ
問2．a－イ　b－ロ　c－ロ
問3．a－イ　b－ロ　c－イ
問4．a－イ　b－ロ　c－ロ
問5．a－イ　b－ロ　c－イ
問6．a－ロ　b－イ　c－ロ
問7．a
問8．a－イ　b－イ　c－ロ
問9．a－イ　b－ロ　c－イ

◀解　説▶

≪江戸時代の社会・経済・政治≫

問1．a．誤文。幕領は，畿内・関東などの要地に多くあった。

b・c．正文。

問2．a．正文。

b．誤文。「館林」には，いわゆる遠国奉行は置かれていない。

c．誤文。遠国奉行は「若年寄」ではなく，老中が統轄した。

問3．a．正文。

b．誤文。大名を監察したのは「大番頭」ではなく大目付で，旗本・御家人を監察したのは「大目付」ではなく目付である。

c．正文。

問4．a．正文。

b．誤文。惣無事令は「徳川家綱」ではなく，豊臣秀吉が戦国大名に出した命令である。

c．誤文。「家臣の子弟を人質として出すことを要求した」が誤り。徳川家綱は政権を安定させるため，大名に対し，人質（証人）の制度を廃止した。

問5．a・c．正文。

b．誤文。新田開発は「米価を上昇させるため」ではなく，米を増産させ価格を安定させるために進められた。

問6．a．誤文。側用人の間部詮房や儒者の新井白石を登用したのは「徳川吉宗」ではなく，6代将軍徳川家宣である。

b．正文。

c．誤文。徳川吉宗は旗本の「荻原重秀」ではなく，大岡忠相や宿駅の名主であった田中丘隅らの有能な人材を登用した。

問8．a・b．正文。

c．誤文。相対済し令は「公正中立な仲介人が間に入って紛争を調停する方法」ではなく，幕府に訴えさせずに当事者間で相談・合意のうえ解決するように命じた法令である。

問9．a・c．正文。

b．誤文。享保期以降の百姓一揆は，代表越訴型一揆が減少し，惣百姓一揆が増加した。

Ⅲ　解答

物価の抑制や流通経済の統制のため発令されたが，輸出用商品を取り扱った在郷商人や自由貿易を主張する列国の反対により十分な効果は上がらなかった。(45字以上80字以内)

◀解　説▶

≪幕末の貿易統制≫

本問では，幕府が五品江戸廻送令を出して貿易統制を行った2つの直接的な理由と，この法令の効果が十分上がらなかった政治的な理由を45字以上80字以内で答えなければならない。

まず，五品江戸廻送令とは雑穀・水油・蠟(ろう)・呉服・生糸の開港場直送を禁じて，江戸の問屋を経由して輸出するように命じた法令であることを確認しておこう。

貿易統制を行った2つの直接的な理由を考えてみると，本来，①江戸の問屋を通して輸出される商品を，在郷商人などが生産地から横浜へ直送したため，江戸の問屋を中心とする流通機構を破綻させた。その結果，②江戸市中への消費物資の入荷が減少して物価の高騰を招いた。そのため幕府は，物価抑制と流通経済の統制を目的に五品江戸廻送令を出したのである。

次に，五品江戸廻送令の効果が十分上がらなかった政治的な理由であるが，日米修好通商条約は，「通商は自由貿易とすること」が定められており，生産地から直接商品の集荷を担い，③輸出向け商品を取り扱った在郷商人や取引の自由を主張する列国の反対で効果は上がらなかったのである。

以上①～③の内容を，45字以上80字以内にまとめればよい。

Ⅳ　解答

問1．a－ロ　b－イ　c－ロ
問2．b・c・d
問3．c
問4．d
問5．d
問6．a－イ　b－ロ　c－ロ
問7．a・b・c・d
問8．c
問9．a

◀解　説▶

≪戦後の対日占領政策≫

問1．a．誤文。極東委員会は「東京」ではなく，ワシントンに置かれた。東京に置かれたのは対日理事会である。

b．正文。

c．誤文。対日理事会はアメリカ・イギリス・ソ連・中国の代表で構成されており，フランスは含まれない。

問5．アメリカの陸軍長官であったのはd．ロイヤルである。「日本の経済的な自立を促し，共産主義への防波堤にせよ」と演説した。

問6．a．正文。

b．誤文。北大西洋条約機構とワルシャワ条約機構の説明が逆である。北大西洋条約機構はアメリカと西欧諸国の共同防衛組織，ワルシャワ条約機構はソ連と東欧7カ国の共同防衛組織である。

c．誤文。ドイツ民主共和国とドイツ連邦共和国を管理する国が逆である。アメリカと西欧諸国が管理するのがドイツ連邦共和国（西ドイツ），ソ連が管理するのがドイツ民主共和国（東ドイツ）である。

問7．難問。c．信用拡張制限とは経済安定九原則のうち，資金貸出制限の項目に該当する。

問9．a．正文。警察予備隊は，在日アメリカ軍が朝鮮に出動した空白を埋めるために，GHQの指令により第3次吉田茂内閣が設置した。

b．誤文。警察予備隊の創設は1950年，海上警備隊の創設は1952年であり，同時ではない。

c．誤文。警察予備隊は，後に「警備隊」ではなく，保安隊に改組されて強化された。

V　解答

問1．a

問2．a－ロ　b－ロ　c－イ

問3．c

問4．c

問5．a－ロ　b－イ　c－イ

問6．a－イ　b－イ　c－イ

問7．a－イ　b－ロ　c－ロ

問8．a－イ　b－ロ　c－イ

問9．c

問10．b

◀解　説▶

≪独立後の日本と冷戦≫

問1．奄美諸島は日本が主権を回復した翌年の1953年に返還された。

問2．a．誤文。1952年には「日米地位協定」ではなく，日米行政協定が締結された。

b．誤文。アメリカ軍立川基地をめぐって「内灘事件」ではなく，砂川事件が起こった。

c．正文。

問3．c．OAPECは1968年，アラブ産油国の利益を守るために設立された組織である。

問5．a．誤文。日本は，朝鮮民主主義人民共和国（北朝鮮）ではなく，中国との貿易拡大をめざして，国交のない同国と準政府間貿易（LT貿易）の取り決めを結んだ。

b・c．正文。

問7．a．正文。

b．誤文。「アメリカに追いつくことはなかった」が誤り。1980年代後半，一人当たり国民所得（ドル表示）でアメリカを追い抜いた。

c．誤文。プラザ合意は，「先進国首脳会議」ではなく，5カ国蔵相・中央銀行総裁会議（G5）で行われた。

問8．a・c．正文。

b．誤文。「ヤルタ」ではなく，マルタで米ソ首脳会談が開かれ，「冷戦の終結」が米ソ共同で宣言された。

問10．日米安保共同宣言は，橋本龍太郎首相とクリントン大統領の日米首脳会談後に発表された。

❖講　評

2020・2021年度の大問4題から，2022年度は大問5題となり，文章正誤判定・語句選択・論述1問（45～80字）の構成であった。大問で論述問題が出題されたため，5題となったが，分量的には例年通りであった。原始時代の出題はみられなかったが，古代から戦後まで幅広く出題され，特に戦後は1990年代までの内容が問われた。

Ⅰ　古代から中世の社会・経済をテーマに出題された。荘園などの土地制度に関する設問が中心であった。受験生が苦手とする分野でもあり，しっかり学習できていない者は解答に迷ったかもしれない。文章正誤判定問題は教科書の知識を問うものであり，ミスをせずにしっかり得点を稼ぎたい。

Ⅱ　江戸時代の社会・経済・政治分野に関する問題が出題された。文章正誤判定問題がほとんどであるが，教科書レベルで難度もそれほど高くなく，標準的な問題であった。

Ⅲ　幕末の貿易統制に関する問題で，五品江戸廻送令を発令するに至った2つの直接的な理由と，その効果が十分上がらなかった政治的な理由を解答させる論述問題であった。五品江戸廻送令の内容がわかっていても，発令されるに至った背景を理解できていなければ，正確な解答は書けない。45字以上80字以内と字数制限もあるので，簡潔にまとめる力も必要となる。

Ⅳ　戦後のGHQによる対日占領政策をテーマに，それに関連した問題が出題された。問7は経済安定九原則の項目を全部知っていても難しかったのではないだろうか。問8も教科書には記載されているが，やや詳細な内容である。

Ⅴ　独立後の日本と冷戦をテーマに出題された。1990年代の出来事までが問われており，戦後をしっかり学習できていない受験生は難しく感じたかもしれない。特に，問10の日本の総理大臣を答える問題は解答に迷ったのではないだろうか。

■世界史■

Ⅰ　解答

設問１．③・④　設問２．①・③
設問３．(あ)―②　(い)―②　(う)―①
設問４．(あ)―②　(い)―①　(う)―②
設問５．②・⑤　設問６．②・③　設問７．②・④
設問８．スペインとイギリスが戦争に介入したから。(10 字以上 20 字以内)
設問９．①　設問 10．④　設問 11．④・⑤　設問 12．①・③

◀解　説▶

≪ジュネーヴの歴史≫

設問１．③誤文。ジュネーヴ軍縮会議（1927 年）は，アメリカ，日本，イギリスの対立で失敗に終わった。

④誤文。トルコはオスマン帝国の時代から独立国家であり，共和国に政体が変わったのであって，「独立が，ジュネーヴ会議で正式に承認された」は誤り。

設問２．①誤文。イタリア戦争は，フランス王シャルル８世のイタリア侵入が発端となった。

③誤文。カトー=カンブレジ条約で，ハプスブルク家はミラノ・ナポリ・シチリアを領有した。

設問３．(あ)誤文。カルヴァンが著したのは『キリスト教綱要』である。『キリスト者の自由』は，ルターの著書。

(い)誤文。カルヴァンは予定説を主張し，禁欲的な労働による蓄財を肯定した。

(う)難問。正文。オランダのカルヴァン派であるゴイセンは，スペイン国王フェリペ２世に抵抗して独立戦争を起こし，イギリスのカルヴァン派であるピューリタンが，チャールズ１世に対してピューリタン革命を起こしたように，カルヴァン派は「暴君に対する抵抗権を認め」ていると考えられる。

設問４．やや難。(あ)誤り。マリア=テレジアはオーストリア大公であり，神聖ローマ皇帝ではない。

(う)誤り。フランツ=ヨーゼフ1世は1848年に即位したオーストリア皇帝である。神聖ローマ帝国は1806年に滅亡している。

設問5．難問。②誤文。スイスの13自治州がハプスブルク家から事実上独立したのは，15世紀末の1499年である。

⑤誤文。1848年のフランス二月革命の影響を受け，同年スイスでは民主的な連邦憲法が制定された。

設問6．②誤文。ルターをヴァルトブルク城にかくまったのは，ザクセン選帝侯フリードリヒである。

③誤文。カルヴァンがルターの宗教改革に影響を受け，独自の宗教改革を行った。

設問7．②誤文。マッツィーニは「青年イタリア」を組織した共和主義者で，1849年に建国されたローマ共和国の執政官となった。

④誤文。イタリア王国は，エリトリアを植民地とした後，エチオピア侵入（1895～96年）を行って失敗した。その後，ムッソリーニ政権が1935年に再度エチオピアに侵攻し，翌年併合している。

設問8．ナントの王令（勅令）で終息に向かった危機とはユグノー戦争である。この戦争の際の国際関係として，カトリックのスペインとプロテスタントのイギリスが介入したことを述べればよい。

設問10．やや難。①誤文。選択肢の内容は，モンテスキューが主張した三権分立である。

②誤文。選択肢の内容は，ホッブズが主張した社会契約説である。

③誤文。選択肢の内容は，ロックが主張した社会契約説である。

⑤誤文。ルソーは，「自然に帰れ」と説いたように，文明の進歩には懐疑的であった。

設問11．④誤文。ケープ植民地は17世紀からオランダが経営し，19世紀初頭のウィーン会議でイギリス領となった。フランスの植民地ではない。

⑤誤文。アカデミー=フランセーズを創設したのは，リシュリューである。

設問12．①誤文。第2回対仏大同盟は，ナポレオンのエジプト遠征を機に結ばれた。

③誤文。エジプト遠征は，イギリスとインドの連絡路を絶つために1798年から行われた。大陸封鎖令に違反したことを理由に行われたのはロシア遠征。

Ⅱ **解答**　設問１．１－③　２－②　３－①　４－③　５－①
６－④　７－②　８－①　９－②　10－③
設問２．④　設問３．鉱山採掘権　設問４．(あ)－②　(い)－①　(う)－②
設問５．第一次世界大戦にドイツが敗北したため。(20 字以内)
設問６．④・⑤　設問７．③　設問８．②

◀解　説▶

≪鉄道の歴史≫

設問３．列強は清に借款を貸しつける代わりに，鉄道敷設権や鉱山採掘権など，様々な利権を獲得していった。

設問４．(あ)誤文。3B 政策は，ヴィルヘルム２世が進めた政策。
(う)誤文。ドイツの拡大に対して，イギリス・フランス・ロシアは三国協商を結んだ。

設問５．ドイツがバグダード鉄道の敷設権を失った理由が問われている。第一次世界大戦に敗れたドイツは，ヴェルサイユ条約で海外植民地と海外における一切の利権を失ったことを想起しよう。

設問６．①誤文。関東軍は独断で柳条湖事件を起こし，中国東北部を占領した。
②誤文。関東軍ははじめ溥儀を執政として，1932 年に満州国を建国した。溥儀を皇帝に擁立したのは，1934 年のことである。
③誤文。日本はまずドイツと 1936 年に日独防共協定を結んだ。

設問７．リード文に「下関から，釜山・奉天・北京・ハノイを経てシンガポールまで結ぶ路線」とあるのに注意したい。これらをすべて含んでいるのは③で，(ア)東京・(イ)下関・(ウ)釜山・(キ)奉天（瀋陽）・(ク)北京・(コ)ハノイ・(シ)シンガポールである。

Ⅲ **解答**　設問１．④　設問２．①・④　設問３．③・④
設問４．②・④　設問５．②・⑤　設問６．③・⑤
設問７．②・⑤　設問８．③・⑤　設問９．②・③　設問 10．②・④
設問 11．資本主義の進展によって労働者階級が台頭し，労働運動などが社会問題となったため。(30 字以上 40 字以内)
設問 12．①・③

◀解　説▶

≪民主政治の歴史≫

設問1．(い)フーヴァー=モラトリアムが宣言されたのは，1931 年である。(う)ドイツでヒトラーが首相に就任したのは，1933 年である。(あ)フランスで人民戦線内閣が成立したのは，1936 年である。

設問2．②誤文。アルジェリアを征服したのは，フランスである。

③誤文。ドイツはロカルノ条約を破棄して，ラインラントに進駐した。

⑤誤文。西安事件で蔣介石を拘束したのは，張学良である。

設問3．①誤文。イタリア南部は，ナポレオンの占領直前はスペイン=ブルボン朝が支配していた。

②誤文。「未回収のイタリア」は，南チロルとトリエステである。

⑤誤文。イタリアは，ヨーロッパ経済共同体の原加盟国である。

設問4．①誤文。ファシズムの指導者は，極端な国粋主義により国民の諸権利を奪って暴力的な独裁を行った。

③誤文。イタリアは第一次世界大戦の戦勝国で，賠償金を負担していない。

⑤誤文。ハンガリーでは，ハンガリー=ソヴィエト共和国を倒したホルティが独裁体制を敷いた。ピウスツキは，ポーランドで独裁を進めた政治家である。

設問5．①誤文。フランスで成年女性が選挙権を獲得したのは，第二次世界大戦後の 1945 年である。

③誤文。イギリスにおける 1918 年の第四次選挙法改正では，21 歳以上の男性と 30 歳以上の女性に選挙権が認められた。男女平等の選挙となったのは 1928 年の第五次選挙法改正である。

④誤文。アメリカで女性が参政権を獲得したのは 1920 年なので，「南北戦争後の奴隷解放で全ての人に連邦議会での選挙権が認められた」は誤り。

設問6．①誤文。王政復古期のチャールズ 2 世によるカトリック強制政策に対抗して，1679 年に人身保護法が成立した。名誉革命はその後の 1688～89 年。

②誤文。ナポレオン法典（民法典）では，私有財産の不可侵や契約の自由などが認められ，フランス革命の成果を反映した内容であった。

④誤文。孫文は清朝の実力者である袁世凱と取引を行って宣統帝を退位させて清朝を滅ぼすと，その代償として臨時大総統の地位を袁世凱に譲った。

設問 7．①誤文。スコラ学は，キリスト教神学とアリストテレスなど古代ギリシアの哲学が融合して発展した。
③誤文。明の時代には，現実社会に役立つ実学が発達した。
④誤文。ニュートンやハーヴェーの時代には，中世的な錬金術や占星術などへの関心も継続しており，近現代科学への過渡期であった。
設問 8．①誤文。パガン朝など，ミャンマーの諸王朝では上座部仏教が信仰された。
②誤文。16 世紀初頭にポルトガルがマラッカ王国を滅ぼし，以降ポルトガルがマラッカ海峡を勢力下においてアジア交易を行った。
④誤文。ミャンマーのコンバウン（アラウンパヤー）朝はビルマ戦争でイギリスに敗北し，英領インドに併合された。
設問 9．①誤文。蔣介石は上海クーデタで共産党を弾圧し，第一次国共合作が崩壊した。
④誤文。チリのアジェンデは，議会選挙により平和的に社会主義政権をたてた。
⑤誤文。エリツィンは，ゴルバチョフに対する共産党のクーデタに抵抗した。
設問 10．①誤文。アテネの民会は，18 歳以上の成年男性市民全員が参加した。
③誤文。「全ての市民」が誤り。元老院は，公職を経験した貴族（パトリキ）から選出された終身議員で構成された。
⑤誤文。帝政期のローマで発達した奴隷制農場経営（ラティフンディア）では，戦争捕虜である奴隷が使役された。
設問 11．難問。ディズレーリ以降の保守党が貧富の格差の解消を訴えた理由が問われている。19 世紀後半は産業革命の進展により，資本主義が発達して，労働運動などが社会問題となった。このため保守党は労働者の保護をめざすなど，政策の方針転換をすすめた。なお，別解の方向性として，ディズレーリの首相在任時期（1868 年，1874～1880 年）と第二回選挙法改正（1867 年）に注目したい。1 回目の就任直前に第二回選挙法改正が成立したことで，都市工業労働者の上層にも選挙権が拡大された。このため，労働者の支持を得るべく貧富の格差の解消を訴えたという方向で解答することも可能である。

設問12．②誤文。韓国では1980年の光州事件など，軍部による民主化運動の弾圧が行われた。

④誤文。ドイモイ政策を行ったのは，ベトナムである。

⑤誤文。カンボジアではシハヌークが失脚した後，急進左派勢力の赤色クメールにより，民主カンプチアが成立した。

Ⅳ　解答

設問1．②　設問2．⑤　設問3．②　設問4．③
設問5．①　設問6．②　設問7．①　設問8．⑤
設問9．④

設問10．（アメリカ大陸には，）各文明間に交易ネットワークがなかった。（20字以内）

設問11．④・⑤　設問12．③

◀解　説▶

≪世界の一体化とグローバリゼーション≫

設問1．やや難。①誤文。ペスト（黒死病）の流行により，ヨーロッパでは人口の三分の一が失われたとされている。

③誤文。チオンピ（梳毛工(そもう)）の反乱が起こったのは，フィレンツェである。

④誤文。イングランドでは，ジョン=ボールを指導者として，農民反乱のワット=タイラーの乱が起きた。

⑤誤文。フランスで起きた農民反乱は，ジャックリーの乱である。

設問2．⑤誤文。イベリア半島最後のイスラーム王朝は，ナスル朝である。

設問3．①誤文。ポルトガルは12世紀に，カスティリャから独立した。

③誤文。イサベルは，スペイン王国の女王である。

④誤文。ポルトガルで地理や航海術の研究をすすめたのは，「航海王子」エンリケである。

⑤誤文。ブラジルに漂着したのはカブラルで，これによってブラジルはポルトガル領となった。

設問8．⑤誤文。インカ帝国の皇帝アタワルパは，ピサロによって処刑された。

設問10．難問。アメリカ大陸は交易する上でアジアとどのように状況が異なっていたかについて説明することが求められている。アジアが交易する上でどのような状況だったかについては，第2段落に「ポルトガルは，……各地に拠点をつくり，アジア域内の交易ネットワークに参入することに成功した」と説明されている。この状況とアメリカ大陸を比較してみると，アメリカ大陸にはアステカ王国やインカ帝国など様々な文明が存在したが，これらの間にアジアのような交易ネットワークは存在していなかったので，この点を指摘したい。

設問11．④誤文。IS（「イスラム国」）は，正式な国家として認められていない。

⑤誤文。「アメリカ合衆国の証券会社が倒産したことによって生じた世界的な金融危機」とは2008年のリーマン=ショックを指している。先進各国が不況に陥ると，比較的ダメージの少なかったBRICSの世界経済への影響力が強まることになった。

❖講　評

Ⅰ　ジュネーヴの歴史を題材として，近世から近代のヨーロッパ史が問われた。12問中7問が誤っている文章を2つ選択させる誤文選択問題で，判断すべき選択肢が5つと多いことから時間がとられやすい。特に設問5のスイス，設問10のルソーについては詳細な知識が問われた。また，設問3と設問4の正誤問題は，深い知識と推察力が問われるなど難度が高かった。設問8の論述は指定文字数が少なく，文章をまとめる力が問われた。

Ⅱ　鉄道の歴史をテーマに，ヨーロッパ・東アジアを中心に広く近現代史から問われた。設問1および設問2の空所補充は基本的な出題であった。設問4では正誤問題，設問6では正文選択問題が出題されたが，いずれも標準レベルの問題であった。設問5の論述も書きやすい。設問7の地図問題は一見難問にみえるが，リード文に鉄道駅の都市名が記されているため，きちんと本文を読めば正答を導き出せるだろう。大問の中では最も解きやすいので，失点は最小限に抑えたい。

Ⅲ　民主政治の歴史をとりあげながら，古代から現代まで欧米史を中心に出題された。12問中10問が正文選択問題なので〔1〕と同様，時間をとられやすい。設問9および設問12は，第二次世界大戦後の現代史が問われたため，学習の度合いで点差が出やすかった。設問1の年代配列問題は標準レベル。設問11の論述は，労働運動の高まりやイギリスの選挙法改正との関連を思い浮かべる必要があり，難問であった。

Ⅳ　グローバリゼーションをテーマに，世界各地の歴史が古代から現代まで幅広く問われた。12問中5問出題された正文（誤文）選択問題は，誤りの部分がわかりやすい問題が多いが，設問1はやや難であった。空所補充や一問一答形式の問題，設問4と設問9に出題された地図問題は基本～標準レベルの出題であった。設問10の論述問題は，問題文の文脈から題意を読み取ることが求められていたため難問となった。

政治・経済

I

解答 問1. (1)1－n　2－t　3－o　4－a　5－h
6－c　7－k　8－d　9－i　10－p　11－e
(2)ア－g　イ－b　ウ－e　エ－f
問2. a－イ　b－ロ　c－イ　d－イ
問3. a－イ　b－イ　c－イ　d－ロ
問4. ロ

◀解　説▶

≪国際経済（貿易）≫

問1. (1)1. GATTはGeneral Agreement on Tariffs and Trade（関税及び貿易に関する一般協定）の頭文字を取った略称である。

2. 最恵国待遇は，GATT第1条に規定されている原則で，条約の締結国が他の国に与えているもっとも有利な条件を相手の締約国にも与えること。

3. 内国民待遇は，GATT第3条に規定されている原則で，輸入品に対する待遇を外国企業にも国内企業と同じ条件で与えること。

4. WTOはWorld Trade Organizationの略称で世界貿易機関。

5. FTAはFree Trade Agreementの略称で自由貿易協定。

6. EPAはEconomic Partnership Agreementの略称で経済連携協定。

7. ASEANはAssociation of South-East Asian Nationsの略称で東南アジア諸国連合。

8. APECはAsia Pacific Economic Cooperationの略称でアジア太平洋経済協力会議。

9. NAFTAはNorth American Free Trade Agreementの略称で北米自由貿易協定。

10. MERCOSURはMercado Común del Surの略称で南米南部共同市場。

11. TPP11は正式名称Comprehensive and Progressive Agreement for Trans-Pacific Partnershipで，環太平洋パートナーシップに関する包括的及び先進的な協定。CPTPPとも略されている。

(2)ア．日本とEUのEPA締結は2013年から交渉が始まり，2018年に署名，発効したのは2019年である。

イ．ユーロ紙幣やコインが発行されたのは2002年である。

ウ．イギリスのEU離脱を巡る国民投票は，2016年にキャメロン保守党政権によって行われ，離脱約52％，残留約48％の僅差で離脱が決定された。

エ．TPP11が再交渉で合意文書に署名をしたのは2018年である。

問2．a．正文。POSシステム（販売時点情報管理システム）などによる情報収集を仕入れや販売に活用しているコンビニエンス・ストアの例などがある。

b．誤文。「忘れられる権利」は「新しい人権」であり，日本国憲法には明記されていない。

c．正文。デジタル・ディバイドと称されている。

d．正文。GAFAと称されるGoogle，Amazon，Facebook（現Meta），Appleなどの巨大情報企業は，プラットフォーム企業と呼ばれている。

問3．a．正文。WTOの林産物交渉でも輸出国と輸入国の利害，環境保護への取り組みの違いで合意形成が難しい。

b．正文。2011年の第8回閣僚会議で，近い将来の一括妥結は断念することになった。

c．正文。例えば，コメや小麦など，国内農産物の保護と自由貿易の原則は，利害が絡み合意形成は難航しやすい。

d．誤文。紛争処理における全会一致の原則はGATTであり，WTOでは全加盟国が異議を唱えない限り否決されないというネガティブ・コンセンサス方式をとっているので，GATTより紛争処理の困難度は低くなっている。

問4．誤文。水平的分業と垂直的分業が逆である。1960年の貿易構造は原材料を輸入して製品を輸出する垂直分業的な貿易構造であるが，2019年には機械類を輸入して機械類を輸出する水平分業的な貿易構造に変化している。

問1．1．25　2．連座　3．政治資金規正
4．政治資金団体　5．政党助成

問２．a）秘密選挙（秘密投票も可）　b）直接選挙

問３．a－ロ　b－ロ　c－ロ

問４．A党－３名　B党－３名　C党－０名

問５．中央選挙管理会

問６．a－ロ　b－ロ　c－イ

問７．a－ロ　b－ロ　c－ロ

問８　a－イ　b－ロ　c－ロ

◀解　説▶

≪選挙制度≫

問１．１．戦前の選挙制度では，選挙権は満 25 歳以上の男子のみに与えられていた。

２．連座制は，候補者と一定の関係のある者が買収や供応など悪質な選挙違反を行った場合，候補者本人の当選を無効とする制度。

３．政治資金規正法は，政治家の資金の流れを透明化するために報告，公開することを規定した法律。「規制」ではなく，「規正」と書くことに注意。

４．企業・団体による政治献金は，政党が指定した政治資金団体に対してのみ許され，政治家が指定した資金管理団体への献金は禁止されている。

５．政党助成法は，1994 年に制定された政党への公的資金の助成を定めた法律。

問２．a）憲法 15 条 4 項は，投票の秘密を規定している。

b）憲法 93 条 2 項は，地方公共団体の長や議員の直接選挙を規定している。なお，選挙の５つの基本原則とは，普通選挙，秘密選挙（投票），直接選挙以外に平等選挙，自由選挙とされている。

問３．a．誤文。小選挙区制では選挙区が小さくなっているので，有権者と候補者の関係は密接になりやすい。

b．誤文。小選挙区制では選挙区から当選するのは一人だけなので，大政党に有利で，二大政党制に結びつきやすく，政治が安定しやすいとされている。

c．誤文。小選挙区制では選挙区から当選するのは一人だけなので，死票が多くなり，少数意見が反映されにくいとされている。

問４．各政党の得票数 1200 万，930 万，270 万を１，２，３，…と整数で割ると，A党は，1200，600，400，…，B党は 930，465，310，…，C党

は270，135，90，…となる。その数字の大きい順に定数までを当選者にすると，定数6名なので310までが当選する。したがって，A党は3名当選，B党も3名当選，C党は0名である。

問5．国レベルの選挙管理を担うのは中央選挙管理会である。「委員会」でないことに注意。

問6．a．誤文。共産党は政党交付金を受けておらず，公明党の政党交付金の比率は2割強であり，「全ての政党」という記述は誤り。

b．誤文。政党交付金が交付される政党は，国会議員が5名以上もしくは，直近の国政選挙で2％以上の得票率を得た政党である。

c．正文。国民一人あたり250円相当の税金が政党助成に使われている。導入当時は「コーヒー一杯分のお金」と言われた。

問7．a．誤文。参議院の議員定数配分では最高裁判所は違憲判決を出していない。二度出されているのは衆議院議員総選挙である。

b．誤文。衆議院議員総選挙では，例えば2009年の2.30倍から2012年の2.43倍と一票の格差が拡大したことがある。

c．誤文。2019年の参議院選挙での最も大きな格差は，福井県選挙区と宮城県選挙区の間であった。

問8．a．正文。政党・候補者・有権者とも無条件ではないがインターネットの利用が解禁された。

b．誤文。日本では，戸別訪問は戦後の一時期を除き，1925年の普通選挙法以来禁止されている。日本以外では，戸別訪問を禁止している国は少ない。

c．誤文。公職選挙法142条でポスターやビラの配布の制限が規定されている。

Ⅲ　解答

問1．1．1889　2．社会的身分
3．男女共同参画社会基本
4．アイヌ施策推進（アイヌ民族支援，アイヌ新も可）
5．夫婦別姓制（夫婦別氏制，選択的夫婦別姓制，選択的夫婦別氏制も可）

問2．a－イ　b－イ　c－ロ　d－イ　e－イ

問3．a－ロ　b－イ　c－イ

問4．e

問5．(1)不利益者の格差是正のために一定の範囲で特別な措置を行うこと（30字以内）

(2)議会議員の選挙において女性の候補者の割合を2025年までに35％になるようにすること

問6．パートナーシップ制度

◀解　説▶

≪平等権≫

問1．1．大日本帝国憲法は1889（明治22）年に制定されている。

2．社会的身分が入る。

3．1999年に制定されたのは男女共同参画社会基本法である。

4．2019年制定の法律の正式名称は「アイヌの人々の誇りが尊重される社会を実現するための施策の推進に関する法律」であり，アイヌ施策推進法と略される。アイヌ民族支援法，アイヌ新法は通称名である。

5．現民法の夫婦同氏制に対しては夫婦別姓制になるが，別姓も選択できるという選択的夫婦別姓制でも可。なお，法律上の用語は姓ではなく氏なので，「夫婦同氏」に合わせれば，「夫婦別氏」になる。

問2．a．正文。伊藤博文らが君主の権限が強いプロイセン憲法を範として作成している。

b．正文。第8条1項に緊急勅令の規定があり，2項で次の帝国議会での承諾を得なければならないとの規定がある。

c．誤文。第5条に「天皇ハ帝国議会ノ協賛ヲ以テ立法権ヲ行フ」とある。また，第56条に枢密顧問の規定があり，「天皇ノ諮詢ニ応ヘ重要ノ国務ヲ審議ス」とあり，立法に関して枢密院の協賛を経るものではない。

d．正文。大日本帝国憲法には内閣の規定がなく，第55条に「国務各大臣ハ天皇ヲ輔弼シ其ノ責ニ任ス」とあるだけだった。

e．正文。例えば，第29条の言論の自由などの規定には「法律ノ範囲内ニ於テ」との制限が付いていた。

問3．a．誤文。すべての裁判所に違憲審査権があるが，日本国憲法第81条で最高裁判所が違憲審査の終審裁判所として位置付けられている。

b．正文。違憲判決の効力は，その裁判で扱った事件に関してのみ及ぶものであり，違憲とされた法律の条文がただちに無効とされて削除されるわけではない。

c．正文。違憲審査権は国会が制定した法律だけでなく，行政機関による命令（政令・省令など）や処分に対しても行使できる。

問4．ジェンダーギャップ指数は，経済，政治，教育，健康の4つの分野のデータから作成されるが，総合で日本は156カ国中120位である（2022年2月現在）。

問5．(1)アファーマティブ・アクションとも言われ，女性やマイノリティなど不利益を受けている人たちの実質的平等を確保するために，一定の範囲で特別な措置を行うことを言う。

(2)ほかに，候補者の一定割合を女性に割り当てるクオータ制の導入，議員活動と家庭生活との両立支援の整備，政党内役員の女性の割合を高めるための数値目標の設定や積極的改善措置の実施，なども考えられよう。

問6．東京渋谷区のパートナーシップ証明制度，大阪市のパートナーシップ宣誓証明制度など，出題時（2022年2月）では130近い自治体でパートナーシップ制度が導入されている。

❖講　評

例年通り，記述，論述中心のオーソドックスな形式の問題が出題されているが，2022年度は大問1題がマークシート法のみの問題となり，やや変化を見せている。設問レベルでは，2022年度も，2021年度同様，日頃の着実な学習の成果が生きるような問題が大半である。一部に教科書ではまだ記載されていない時事的事項や法律知識を問う問題も出題されている。

Ⅰ　貿易を中心としてWTOや国際経済機関に関する知識を問う問題である。問1の(1)の貿易に関するGATTやWTO，地域的経済統合，貿易協定などの知識は教科書レベルの基本問題である。(2)の年号は日頃の学習での注意力が問われる。問2の正誤問題は比較的易しい。問3の正誤問題では，bのドーハ・ラウンドの現状の判断が迷うかもしれない。dはネガティブ・コンセンサスという言葉を知らなくとも内容で判断できよう。問4は例年，説明文に相当する内容を論述させる問題だが，説明文の正誤問題となった。

Ⅱ　選挙に関連する知識問題である。問1の空所補充は教科書に扱われている内容であるが，４の政治資金団体などは脚注レベルなので，教科書をどこまで詳細に読み込んでいるかが問われるだろう。問２は憲法条文の理解が必要である。問３の正誤問題は選挙制度に関する基本的理解があれば判断できよう。問４のドント式計算は，方式を覚えていればあとは計算を間違えないようにすればよい。問５は地方公共団体の選挙管理委員会と異なり，普段はあまりなじみのない機関なので，日頃の関心が求められる問題。問６の正誤判定も政党の政治資金に関する報道などに注目していると判定できる。問７はｃの参議院の定数不均衡はやや細かい知識。問８も選挙に関心をもって注意していると細かい知識がなくとも判断できよう。

Ⅲ　平等権に関連する知識と理解を問う問題である。問１の空所補充は基本。４のアイヌ施策推進（アイヌ民族支援，アイヌ新）法は時事問題に注意していれば解答できよう。問２は大日本帝国憲法に関しての基本事項の確認である。問３も違憲審査権の基本事項である。問４のジェンダーギャップ指数は推定でも正解できよう。問５の⑴のポジティブ・アクションは基本事項だが，30 字でまとめられるかどうかが問われる。⑵は時事的要素が強いが，日頃新聞などに目を通していれば例はあげられるだろう。問６も日頃どこまで関心を寄せているかが解答できるかどうかの分かれ目になるだろう。

数学

I　解答

(1)　$$|\overrightarrow{AB}|^2=|\overrightarrow{OB}-\overrightarrow{OA}|^2$$
$$=|\overrightarrow{OB}|^2-2\overrightarrow{OA}\cdot\overrightarrow{OB}+|\overrightarrow{OA}|^2$$
$$=2r^2-2r^2\cos\frac{2}{3}\pi$$
$$=3r^2$$

$BC=x\quad(x>0)$ とすると，$AC=3x$ であり，$\angle ACB=\dfrac{\pi}{3}$ であるから

$$|\overrightarrow{AB}|^2=|\overrightarrow{CB}-\overrightarrow{CA}|^2$$
$$=|\overrightarrow{CB}|^2-2\overrightarrow{CA}\cdot\overrightarrow{CB}+|\overrightarrow{CA}|^2$$
$$=x^2-2\cdot x\cdot 3x\cdot\frac{1}{2}+9x^2$$
$$=7x^2$$

したがって　　$7x^2=3r^2$

$x>0$ より

$$x=\frac{\sqrt{21}}{7}r\qquad\therefore\quad AC=\frac{3\sqrt{21}}{7}r\quad\cdots\cdots(\text{答})$$

別解　正弦定理により

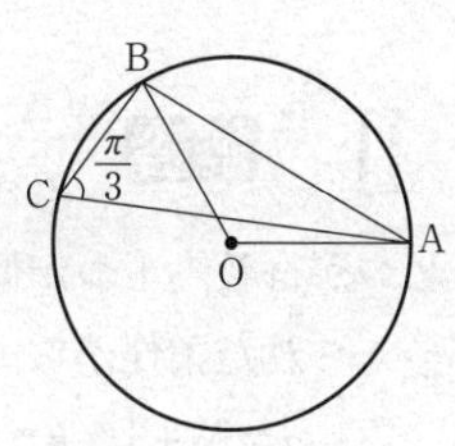

$$\frac{AB}{\sin\frac{\pi}{3}}=2r\qquad\therefore\quad AB=\sqrt{3}\,r$$

$BC=x\quad(x>0)$ とおくと，$AC=3x$ であるから，

余弦定理により

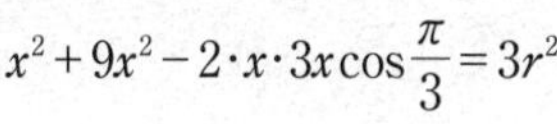

$$x^2+9x^2-2\cdot x\cdot 3x\cos\frac{\pi}{3}=3r^2$$

$$7x^2=3r^2$$

$x>0$ より

$$x=\frac{\sqrt{21}}{7}r\qquad\therefore\quad AC=\frac{3\sqrt{21}}{7}r$$

(2)　$$|\overrightarrow{AC}|^2=|\overrightarrow{OC}-\overrightarrow{OA}|^2$$

$$=|\overrightarrow{OC}|^2-2\overrightarrow{OA}\cdot\overrightarrow{OC}+|\overrightarrow{OA}|^2$$

$$\frac{27}{7}r^2=2r^2-2\overrightarrow{OA}\cdot\overrightarrow{OC}$$

$$\therefore\quad \overrightarrow{OA}\cdot\overrightarrow{OC}=-\frac{13}{14}r^2\quad\cdots\cdots(答)$$

(3)　$\triangle AOC=\dfrac{1}{2}\sqrt{|\overrightarrow{OA}|^2|\overrightarrow{OC}|^2-(\overrightarrow{OA}\cdot\overrightarrow{OC})^2}$

$$=\frac{1}{2}\sqrt{r^4-\left(-\frac{13}{14}\right)^2r^4}$$

$$=\frac{3\sqrt{3}}{28}r^2\quad\cdots\cdots(答)$$

◀解　説▶

≪円に内接する三角形の辺の長さ，内積の値，三角形の面積≫

(1)　$BC=x$ とおくと，$AC=3x$ であるから，$|\overrightarrow{AB}|^2=|\overrightarrow{CB}-\overrightarrow{CA}|^2$ から x の値を求める。

(2)　$|\overrightarrow{AC}|^2=|\overrightarrow{OC}-\overrightarrow{OA}|^2$

$$=|\overrightarrow{OC}|^2-2\overrightarrow{OA}\cdot\overrightarrow{OC}+|\overrightarrow{OA}|^2$$

から，$\overrightarrow{OA}\cdot\overrightarrow{OC}$ を求める。

(3)　$\triangle AOC=\dfrac{1}{2}\sqrt{|\overrightarrow{OA}|^2|\overrightarrow{OC}|^2-(\overrightarrow{OA}\cdot\overrightarrow{OC})^2}$ として求める。

II　解答

(1)　$a+b+c$ が偶数のとき，a，b，c がすべて偶数であるか，または，2つが奇数，1つが偶数である。

2つが奇数，1つが偶数と仮定する。

与えられた条件から，k，l，m を整数として

$$a=2k+1,\quad b=2l+1,\quad c=2m$$

としても一般性を失わない。このとき

$$ab+bc+ca$$
$$=(2k+1)(2l+1)+2m(2l+1)+2m(2k+1)$$
$$=2(2kl+2ml+2mk+k+l+2m)+1$$

$2kl+2ml+2mk+k+l+2m$ は整数であるから，$ab+bc+ca$ は奇数である。

これは条件に反する。

一方，a，b，c がすべて偶数であるとき，$ab+bc+ca$ は偶数となる。

したがって，a，b，c はいずれも偶数である。　(証明終)

(2)　命題は真である。

証明：$a+b+c$，$ab+bc+ca$ がともに 8 の倍数ならば，ともに偶数であるから，(1)の結果により，a，b，c は偶数である。

よって，$a=2a'$，$b=2b'$，$c=2c'$　(a'，b'，c' は整数) とおけ，m，n を整数として

$$\begin{cases} 2a'+2b'+2c'=8m \\ 2a'\cdot 2b'+2b'\cdot 2c'+2c'\cdot 2a'=8n \end{cases}$$

$$\therefore\quad \begin{cases} a'+b'+c'=4m \\ a'b'+b'c'+c'a'=2n \end{cases}$$

$a'+b'+c'$，$a'b'+b'c'+c'a'$ はともに偶数であるから，(1)の結果から，a'，b'，c' は偶数である。

したがって，a，b，c はすべて 4 の倍数である。　(証明終)

◀解　説▶

≪倍数の証明≫

(1)　$a+b+c$ が偶数である a，b，c の偶奇の組合せは 2 通りであるから，背理法を利用して，結果に反する条件から矛盾を導く。

(2)　(1)を利用すると，a，b，c は a'，b'，c' を整数として $2a'$，$2b'$，$2c'$ と表され，さらに a'，b'，c' が偶数であることが証明できる。

Ⅲ　解答

(1)　$y=ax^2+bx+c$

$y'=2ax+b$

よって，$\mathrm{P}(p,\ ap^2+bp+c)$ における接線 l の方程式は

$$\begin{aligned} y&=(2ap+b)(x-p)+ap^2+bp+c \\ &=(2ap+b)x-ap^2+c \quad \cdots\cdots(答) \end{aligned}$$

(2)　直線 l が放物線 C_1 と異なる 2 点で交わるとき，(1)から

$$x^2=(2ap+b)x-ap^2+c$$

$$x^2-(2ap+b)x+ap^2-c=0 \quad \cdots\cdots①$$

この方程式の 2 解が α，β であるから，解と係数の関係から

$$\begin{cases} \alpha+\beta=2ap+b \\ \alpha\beta=ap^2-c \end{cases}$$

$$\therefore\quad (\alpha-\beta)^2=(\alpha+\beta)^2-4\alpha\beta$$

$$=(2ap+b)^2-4(ap^2-c)$$
$$=4(a^2-a)p^2+4abp+b^2+4c \quad \cdots\cdots(\text{答})$$

(3)　$S=\int_{\alpha}^{\beta}\{(2ap+b)x-ap^2+c-x^2\}dx$

$$=-\int_{\alpha}^{\beta}(x-\alpha)(x-\beta)dx$$
$$=\frac{1}{6}(\beta-\alpha)^3$$
$$=\frac{1}{6}\{\sqrt{|4(a^2-a)p^2+4abp+b^2+4c|}\}^3$$

これがPの取り方によらず一定であるとき

$$\begin{cases} a^2-a=0 \\ ab=0 \end{cases}$$

$a\neq 0$ であるから　　$a=1,\ b=0$

このとき，①は異なる2つの実数解をもつから，①の判別式を D とすると

$$D=(2ap+b)^2-4(ap^2-c)=4c>0$$

よって，$a,\ b,\ c$ の条件は

$$a=1,\ b=0,\ c>0 \quad \cdots\cdots(\text{答})$$

このとき　　$S=\dfrac{4}{3}c\sqrt{c}$　……(答)

◀解　説▶

≪接線の方程式，直線と放物線で囲まれる部分の面積≫

(1)　C_2 の方程式を $y=f(x)$ とすると，$l : y=f'(p)(x-p)+f(p)$ と表せる。

(2)　$(\alpha-\beta)^2=(\alpha+\beta)^2-4\alpha\beta$

であり，解と係数の関係から，$\alpha+\beta,\ \alpha\beta$ を $a,\ b,\ c,\ p$ の式に適用する。

(3)　$-\int_{\alpha}^{\beta}(x-\alpha)(x-\beta)dx=\dfrac{1}{6}(\beta-\alpha)^3$

これが p によらない式になる条件を考える。

❖講　評

大問3題の出題で，すべて記述式である。

Ⅰ　平面ベクトルの図形への応用である。内積を利用して線分 AC の長さを求めることができ，これから $\overrightarrow{OA}\cdot\overrightarrow{OC}$ の値を求めることができる。これからさらに，△AOC の面積を求めることができる。

Ⅱ　整数の倍数に関する証明問題である。$a+b+c$ が偶数であることは a，b，c の偶奇に関する２つの条件となるから，ここに背理法を適用する。(2)は(1)を利用することで明解な証明ができる。

Ⅲ　放物線 C_2 の接線と放物線 C_1 とで囲まれる部分の面積が一定である条件を求めるものであるが，一定であるためには C_1 と C_2 の x^2 の係数と軸が等しく，かつ，接線ともう１つの放物線が２点で交わることが必要十分条件となる。

各大問とも論理の組み立てのしっかりした問題である。小問間の論理の流れをつかんで考えたい。

となっている人物は、しばしば敬語の敬意の方向によって特定することが可能である。敬語の種類だけでなく、誰に対する敬意なのかということも意識して普段から古典作品に触れておくとよいだろう。和歌解釈はまず直訳をしてから、修辞法などを加味したうえで真に伝えたい内容を読み取ろう。

ど反語を表しうる助詞が含まれないため、「いられようか」と反語のように訳しているC・Eも不適当。

〔問六〕　二首の和歌には共通して「このみ」という言葉が含まれている。「このみ」は「この身」と漢字まじりでも表記できるが、あえて平仮名にすることで「この身」と椎の実を指す「木の実」どちらの意味も持たせている。よって、Bが適当。

〔問七〕「ば」は順接の接続助詞であるということから、「来ても」と逆接になっているA・Cは不適当。「とまる」は現代語と同じく〝停止する〟などといった意味であることから、〈この身が停止する〉つまり〈変わらない〉と解釈するとよい。また、女御殿の和歌は大納言殿との別れを惜しむものであることからも、それへの返歌として、別れても自分は変わらないという内容を詠んだものだと推測したい。

❖講　評

大問三題で、一の現代文は長文である。現代文は内容説明と空所補充が、古文は口語訳と和歌に関する問いが主となっている。

一の現代文は、コロナ禍という時事的な話題に絡めて知性について論じた文章。難解な文章であったが、知性というものについて筆者がどのような立場から定義づけを行い、何を主張しているのかを一つずつ的確に把握して解答できるとよい。特に〔問四〕に関しては、傍線部を含む段落だけからでは内容を掴みにくいものの、本文全体を通して、科学が政治的決定に影響を及ぼすという内容であると判断できるかどうかが肝である。

二の現代文は法の世界における紛争当事者の語りについての文章であり、本文自体も短く、設問数も少ない。しかし〔問四〕や〔問五〕のオなど、絶妙に迷わせる問題が目立つ。本文に加え、選択肢の文章自体の丁寧な読み取りも必要だ。

三の古文は敬語の読み取りに基づいて主語を把握する〔問四〕、および和歌解釈を問う〔問七〕が難問である。主語しようもない、つらい、甚だしい〟などといった意味の形容詞「わりなし」の連体形である。「絆（ほだし）」は〝差し障り〟という意味。

(9)副詞の「なかなか」は〝かえって〟、形容動詞の「なかなかなり」は〝かえって～だ、中途半端だ〟という意味。どちらにしても頻出語なので、辞書的意味を確実に覚えておこう。

〈問三〉「ほど」は〝～くらい、～頃〟をはじめとした多義語であり、文脈によって幅広く解釈して構わない。傍線部(4)直前の「さらば」は〝そうであるならば〟という意味であるが、この部分が指す内容としては、「御匣殿の御事（注から、東宮の妃になることだとわかる）など出て来て、いとど見捨てがたく」なるといったようなことである。したがって「このほど」も御匣殿の慶事の前であるという状況を指す。この時点でA・Bに絞られるが、ここは出家のことについて大納言殿が考えている内容であるということ、またこの後の女御殿による和歌の中に「別れ」とあることからも、Aが適当。当時、出家とは俗世間と縁を切ることであった。

〈問四〉(5)接続助詞「て」の後は、特に明示されていない限り、主語は「て」の前と同一である。傍線部(6)の発言は大納言殿によるものであり、大納言殿が出家について悩み、残念に思っているということなので、ここの主語も大納言殿である。

(7)助詞「つつ」の後は、特に明示されていない限り、主語は「つつ」の前と同一のものである。すると、「御心ひとつをおぼしまどはす」のは出家のことで悩んでいる大納言殿であると考えられるため、ここの主語も大納言殿である。

(8)「せ」（助動詞「す」の連用形）が使役であれば使役の対象が「～に」「～へ」などで明示されることが多いが、ここでは、使役の対象である他者が存在せず、「せ」は尊敬の意味である。主語は直前に示されているように女御殿である。

〈問五〉「いふかひなき」は〝どうしようもない、つまらない〟という意味であるため、辞書的意味から外れるA・Bは不適当。また、「む」は推量の助動詞であり、疑問詞と絡むことで疑問文を形成するものではあるが、「や」「か」なことである。この（出家の）ご意志があるということは、女御殿もご存知でいらっしゃるけれど、いつということはご存知でない。

こうしているうちに、椎の実をある人が持参したので、（大納言殿は）女御殿の御方へ差し上げなさった、（その）お箱の蓋をお返し申し上げなさるというので、女御殿は、

　この世に生きていながら別れるようなことよりは、かえってこの木の実のように死んでしまっているこの身であってほしいものよ。（別れの辛さを味わいたくはないから）

と申し上げなさったので、大納言はご返歌に、

　奥山の椎の木のもとをたずねて来たならば、差し上げたものと変わらぬ様子で木になっている木の実のように、俗世間にいるのと変わらないこの身であることをおわかりにならないことがあろうか。いや、きっとおわかりになるはずだ。

女御殿は、たいそう悲しく思いなさる。

▲解　説▼

〔問一〕「おこなひ」は〝仏道修行、勤行〟という意味である。辞書的な意味を知らなかったとしても、ここは大納言殿の娘が亡くなった後のことについて述べている箇所であること、直後に「法師と同じさまなる御ありさま」とあることから、仏事に関係するEが適当。

〔問二〕(2)「あいなき」は〝気に入らない、つまらない〟という意味の形容詞「あいなし」の連体形。ここでは、直後の文で〈出家は素晴らしいものなのに〉と逆接で表していることから、直前の「これ」は大納言殿が出家しないまま勤行ばかりしていることを指す。この状態への評としてはAが適当。

(3)「世にすぐれめでたかんなるものを」と逆接で導かれた箇所であるから、素晴らしくないものを選ぶ必要があるため、A・Bは不適当。Cは御匣殿への思いについて「無分別」とする根拠がないため不適当。『わりなき』は〝どう

三

出典 『栄花物語』〈巻第二十七 ころものたま〉

解答

〔問一〕 E
〔問二〕 (2)－A (3)－D (9)－A
〔問三〕 A
〔問四〕 D
〔問五〕 D
〔問六〕 B
〔問七〕 B

◆全 訳◆

こうして四条の大納言殿は、（ご息女である）内大臣殿の北の方が亡くなられた後は、すべてのことにすっかり気落ちしておしまいになって、物思いに沈んで仏前で勤行なさって日々をお過ごしになる。法師と同様の有様でいらっしゃるが、「これも思えば不本意なことだ。たとえ一日であっても出家の功徳というものは、世の中でも非常に尊く素晴らしいことだと聞いているのに、今しばらくしたら、御匣殿の（東宮妃になられる）ことなども出てきて、ますます（この世を）見捨てがたく、どうしようもないご執着でいらっしゃるだろう。それならば、今が（出家には）たいそう良い機会だ」と決心なさって、人知れずしかるべき文書などを整理して始末し、荘園の管理人たちを呼び寄せなさって、適当な処理のことなどを仰せつけなどして、やはり（出家は）今年のうちにとお思いになるにつけて、女御殿のことが、やはり人知れずおかわいそうで（ご自身は）心細く思われなさって、「人の心は、とてもどうしようもないものであることよ。どうして（俗世間のことなどに執着して）思い出すのだろうか」とまったく我ながらも残念に思われなさるのだろう。「何（の影響）があろうものか」と思いをめぐらせなさっては、人知れずお心一つを迷わせていらっしゃるのも、たいそう気の毒なるのだということをおさえておく。そのうえで、傍線部(2)直前の「そうした」は「日常的な生活世界……語るべき」を指しており、日常とは違う形式であっても、法の世界ではルール指向的に語ったほうがよいということをふまえると、Dが適当。

〔問三〕　空欄(3)直後の一文「人々は……意識することなく」から、人々は語りの形式が複数あるということを意識していない、つまり自らが語りの形式を選択しているという認識は持ち合わせていないということがわかる。よって、Aが適当。

〔問四〕「そうして」は、直前の「たとえ戦略的にではあれ、……意味する」を指す。さらに「この連接」とは、「語りの形式と……意識されざる連接」を指す。したがって、戦略的に、つまり問二で確認したように〈そうすることによって何か自分が得をする、あるいは損をしないために〉日常とは異なる語りの形式を選択してしまうことは、本来解釈枠組やアイデンティティといった、自己認識の部分に密接に結びついているものを切り離してしまうということである。また戦略的に語りの形式を変える場面について、本文では「法の世界」におけることとされているため、Dが適当。

〔問五〕　アはルール指向的な語りが日常においても関係指向的な語りより優れているとしている点が誤り。日常世界については第四段落において言及があるが、どちらが優れているかということについては触れられていない。イは「不平等に扱われる」が誤り。第三段落において、「不利に扱われる」とされているのみで、不平等ではない。ウはルール指向的な語りが日常において有益としている点が誤り。最終段落「換言するならば」から始まる一文によれば、日常における二つの語りの形式は自己認識の差異によるものであり、どちらがどう有益かということについては述べられていない。エは最終段落第一文に、オは第三段落に合致する。

二

出典　阿部昌樹『ローカルな法秩序――法と交錯する共同性』〈勁草書房〉

解答

〔問一〕C　〔問二〕D

〔問三〕A

〔問四〕D

〔問五〕ア−B　イ−B　ウ−B　エ−A　オ−A

◆要　旨◆

法廷における紛争当事者の語りには、権利や責任は紛争当事者の社会的状況に関わりのない普遍的なものと捉える「ルール指向的な語り」と、権利や責任は紛争当事者の社会的状況と関わる相対的なものと捉える「関係指向的な語り」の二極があるが、有効なのは「ルール指向的な語り」である。人々はこの二つの語りの形式を、世界や自己についての解釈や認識の仕方に基づいて無意識に選択している。したがって、法廷において有利となるために、日常では「関係指向的な語り」をする人が「ルール指向的な語り」を選択したとしても、自らの語りに対して違和感が生じてしまうのだ。

◆解　説◆

〔問一〕　第二段落から、「ルール指向的に語る人々」は「権利や責任を、……として捉え」るという特徴をまずおさえておく。また、「ルール指向的に語る人々」と「関係指向的に語る人々」は「二つの極」であり、対立するものであるため、「関係指向的に語る人々は、……考えている」という内容はそのまま「ルール指向的に語る人々」の特徴と対応すると思われる。すると、空欄(1)の内容は「関係指向的に語る人々」の説明における「また、法は、……考えている」を要約した〈法は柔軟性を持つ〉という考えと対になるはずである。したがって、〈柔軟〉の逆となるCが適当。

〔問二〕　まず「戦略」という言葉から、そうすることによって何か自分が得をする、あるいは損をしないために選択をすウィルスが「事後的合目的性」という知性を持ってなされたことであるが、今回は専門家つまり医学者の「事前的合目的性」がウィルスの「事後的合目的性」に敗北したということである。よって、Aが正解。〈事前〉の敗北であるという点に言及のないB～Dは不適当。Eはコロナウィルスに対処する手段は犠牲となる個体が多くないと見つからないとしている点が誤り。そのような根拠は本文中にない。

〈問六〉　まずは第五段落より、「自然の言葉」が誰でも確かめられる数などのことを指す、つまり客観的であるということ、それに対して「形容詞」は意見の食い違いを生む、つまり主観的であるということを、また「フィクション」については、第六段落より科学的根拠のない絆のことを指すということをおさえておく。「集団が共有するフィクションを操作する」を適切に説明しているBが正解。Aは「絆」が「年長者」のことと限定されているわけではないため不適当。Cは近代社会が知性を軽視する傾向にあるとしている点が誤り。そのような根拠は本文中にない。Dは「フィクション」を「操作」して「権力を得やすくなる」という内容をおさえておらず、誤り。Eは「フィクション」を「雇用の拡大を約束する」ことと誤認している点が誤り。

〈問七〉　アは第五段落に、イは第七段落に、エは最終段落に合致する。ウは「独自の評価をしなければならない」が誤り。第十段落では、あくまで「財政負担削減のターゲット」とすべきではないと述べているのみで、「むしろ……恒常的な投資を生かして経済を回転させる」べきであるとされている。オはSARSやMERSについて「自己保存と殺人がふたつとも目的になっている」としている点が誤り。第四段落ではそもそもウィルスの目的を「自己保存であり、殺人ではない」としている。またウィルスは「自己保存を達成するために……結果としてしばしば宿主の生命を奪う」のであり、SARSやMERSが大量に人を殺したとしても、それはあくまで結果としてそうなったというだけであり、殺人も目的であるという根拠はない。

▲解　説▼

〔問二〕 文章全体から判断する。Aは「知性」を「合理性」に限定している点が誤り。第六段落第二文によれば、知性には「合理性」の他「恣意性」という定義もある。Bは「科学者として」が誤り。筆者が自身を科学者と称している記述は本文中にない。Cは「個人は文明を支える主体性を持っていた」が誤り。第七段落最終文によれば、個人は主体性を持っているのではなく、仮想の主体に動かされるという、いわば客体性を持っていると言える。Eは「政治家の知性が学者の知性に劣っている」が誤り。第五段落の内容を示している選択肢と思われるが、政治家と学者を比較して優劣をつけているような記述はない。Dは第六・七段落に合致する。

〔問三〕 空欄⑵とは、直後の「後者については」以降によれば「科学に基づく統治」、「環境危機と内因性危機への同時対処のための……『生命の防波堤』の建設」、「リバタリアン的な自由概念からの脱却」の三つを示唆するものである。すると、B～Eはいずれも限定的な範囲のことを指しており、〈統治〉、〈建設〉、〈脱却〉すべてを満たすことができない。したがって、「社会体制の整備」と包括的にまとめているAが適当。

〔問四〕 Aは「純粋に……経済学の問題に変わっていった」が誤り。第二段落によれば、内因性の深刻な危機である第二次世界大戦への対応は「福祉国家と成長レジーム、国際協調体制の確立」であり、純粋に経済だけのこととは言えない。Bは「福祉国家と成長レジーム、国際協調体制」の「確立」は「国民の」というよりも〈国際的に〉が妥当であるため不適当。Cは森林の破壊が地球温暖化などにつながったとしている点が誤り。第二段落によれば、森林資源から石炭への転換は、環境変動に強い経済システムの樹立と、外因から内因へという「深刻な危機」の原因の転換をもたらしたのである。Dは科学者が政策を決定するようになったとしている点が誤り。本文中にそのような根拠はないうえ、実際の社会状況を鑑みてもそのような事実はない。Eは第三段落に合致する。

〔問五〕 第三段落より、「合目的性」は知性の一つの特性であるということ、また〈知性〉と〈知能〉は言い換え可能であるということをおさえておく。傍線部⑹を含む一文によれば、ウィルスとの闘いは医学者が「事前的合目的性」、

国語

一

出典　長尾伸一「複合危機と資本主義の未来―エコロジー的近代化、ウェルフェア、自然の統治」（『思想』二〇二〇年一〇月号、岩波書店）

解答

〔問一〕⑷枯渇　⑸画然　⑺威嚇　⑼堅固　⑽軌道

〔問二〕D

〔問三〕A

〔問四〕E

〔問五〕A

〔問六〕B

〔問七〕ア―A　イ―A　ウ―B　エ―A　オ―B

◆要　旨◆

「知性」とは、「合理性」と「恣意性」の二つに定義できる。「恣意性」は不合理な行動を行いうるものであり、これがあることから、人間は知的生命としては不完全と言える。しかし、「恣意性」があるからこそ人間は社会を構成し、文明を支えてきたことも事実である。ただ環境危機、パンデミックといった複合危機にさらされている現状においては「合理性」としての科学を重視し、むやみに「恣意性」に惑わされるべきではない。危機の全体をとらえ、生活保障とコロナ危機のどちらにも対処しつつ、環境危機にも対応できる持続可能な発展軌道を採る必要がある。

//////////////////// · memo · ////////////////////

教学社 刊行一覧

2025年版 大学赤本シリーズ

374大学556点 全都道府県を網羅

国公立大学(都道府県順)

全国の書店で取り扱っています。店頭にない場合は，お取り寄せができます。

1 北海道大学(文系－前期日程)
2 北海道大学(理系－前期日程) 医
3 北海道大学(後期日程)
4 旭川医科大学(医学部〈医学科〉) 医
5 小樽商科大学
6 帯広畜産大学
7 北海道教育大学
8 室蘭工業大学／北見工業大学
9 釧路公立大学
10 公立千歳科学技術大学
11 公立はこだて未来大学 総推
12 札幌医科大学(医学部) 医
13 弘前大学 医
14 岩手大学
15 岩手県立大学・盛岡短期大学部・宮古短期大学部
16 東北大学(文系－前期日程)
17 東北大学(理系－前期日程) 医
18 東北大学(後期日程)
19 宮城教育大学
20 宮城大学
21 秋田大学 医
22 秋田県立大学
23 国際教養大学 総推
24 山形大学 医
25 福島大学
26 会津大学
27 福島県立医科大学(医・保健科学部) 医
28 茨城大学(文系)
29 茨城大学(理系)
30 筑波大学(推薦入試) 医 総推
31 筑波大学(文系－前期日程)
32 筑波大学(理系－前期日程) 医
33 筑波大学(後期日程)
34 宇都宮大学
35 群馬大学 医
36 群馬県立女子大学
37 高崎経済大学
38 前橋工科大学
39 埼玉大学(文系)
40 埼玉大学(理系)
41 千葉大学(文系－前期日程)
42 千葉大学(理系－前期日程) 医
43 千葉大学(後期日程) 医
44 東京大学(文科) DL
45 東京大学(理科) DL 医
46 お茶の水女子大学
47 電気通信大学
48 東京外国語大学 DL
49 東京海洋大学
50 東京科学大学(旧 東京工業大学)
51 東京科学大学(旧 東京医科歯科大学) 医
52 東京学芸大学
53 東京藝術大学
54 東京農工大学
55 一橋大学(前期日程)
56 一橋大学(後期日程)
57 東京都立大学(文系)
58 東京都立大学(理系)
59 横浜国立大学(文系)
60 横浜国立大学(理系)
61 横浜市立大学(国際教養・国際商・理・データサイエンス・医〈看護〉学部)
62 横浜市立大学(医学部〈医学科〉) 医
63 新潟大学(人文・教育〈文系〉・法・経済科・医〈看護〉・創生学部)
64 新潟大学(教育〈理系〉・理・医〈看護を除く〉・歯・工・農学部) 医
65 新潟県立大学
66 富山大学(文系)
67 富山大学(理系) 医
68 富山県立大学
69 金沢大学(文系)
70 金沢大学(理系) 医
71 福井大学(教育・医〈看護〉・工・国際地域学部)
72 福井大学(医学部〈医学科〉) 医
73 福井県立大学
74 山梨大学(教育・医〈看護〉・工・生命環境学部)
75 山梨大学(医学部〈医学科〉) 医
76 都留文科大学
77 信州大学(文系－前期日程)
78 信州大学(理系－前期日程) 医
79 信州大学(後期日程)
80 公立諏訪東京理科大学 総推
81 岐阜大学(前期日程) 医
82 岐阜大学(後期日程)
83 岐阜薬科大学
84 静岡大学(前期日程)
85 静岡大学(後期日程)
86 浜松医科大学(医学部〈医学科〉) 医
87 静岡県立大学
88 静岡文化芸術大学
89 名古屋大学(文系)
90 名古屋大学(理系) 医
91 愛知教育大学
92 名古屋工業大学
93 愛知県立大学
94 名古屋市立大学(経済・人文社会・芸術工・看護・総合生命理・データサイエンス学部)
95 名古屋市立大学(医学部〈医学科〉) 医
96 名古屋市立大学(薬学部)
97 三重大学(人文・教育・医〈看護〉学部)
98 三重大学(医〈医〉・工・生物資源学部) 医
99 滋賀大学
100 滋賀医科大学(医学部〈医学科〉) 医
101 滋賀県立大学
102 京都大学(文系)
103 京都大学(理系) 医
104 京都教育大学
105 京都工芸繊維大学
106 京都府立大学
107 京都府立医科大学(医学部〈医学科〉) 医
108 大阪大学(文系) DL
109 大阪大学(理系) 医
110 大阪教育大学
111 大阪公立大学(現代システム科学域〈文系〉・文・法・経済・商・看護・生活科〈居住環境・人間福祉〉学部－前期日程)
112 大阪公立大学(現代システム科学域〈理系〉・理・工・農・獣医・医・生活科〈食栄養〉学部－前期日程) 医
113 大阪公立大学(中期日程)
114 大阪公立大学(後期日程)
115 神戸大学(文系－前期日程)
116 神戸大学(理系－前期日程) 医
117 神戸大学(後期日程)
118 神戸市外国語大学 DL
119 兵庫県立大学(国際商経・社会情報科・看護学部)
120 兵庫県立大学(工・理・環境人間学部)
121 奈良教育大学／奈良県立大学
122 奈良女子大学
123 奈良県立医科大学(医学部〈医学科〉) 医
124 和歌山大学
125 和歌山県立医科大学(医・薬学部) 医
126 鳥取大学 医
127 公立鳥取環境大学
128 島根大学 医
129 岡山大学(文系)
130 岡山大学(理系) 医
131 岡山県立大学
132 広島大学(文系－前期日程)
133 広島大学(理系－前期日程) 医
134 広島大学(後期日程)
135 尾道市立大学 総推
136 県立広島大学
137 広島市立大学
138 福山市立大学 総推
139 山口大学(人文・教育〈文系〉・経済・医〈看護〉・国際総合科学部)
140 山口大学(教育〈理系〉・理・医〈看護を除く〉・工・農・共同獣医学部) 医
141 山陽小野田市立山口東京理科大学 総推
142 下関市立大学／山口県立大学
143 周南公立大学 新 総推
144 徳島大学 医
145 香川大学 医
146 愛媛大学 医
147 高知大学 医
148 高知工科大学
149 九州大学(文系－前期日程)
150 九州大学(理系－前期日程) 医
151 九州大学(後期日程)
152 九州工業大学
153 福岡教育大学
154 北九州市立大学
155 九州歯科大学
156 福岡県立大学／福岡女子大学
157 佐賀大学 医
158 長崎大学(多文化社会・教育〈文系〉・経済・医〈保健〉・環境科〈文系〉学部)
159 長崎大学(教育〈理系〉・医〈医〉・歯・薬・情報データ科・工・環境科〈理系〉・水産学部) 医
160 長崎県立大学 総推
161 熊本大学(文・教育・法・医〈看護〉学部・情報融合学環〈文系型〉)
162 熊本大学(理・医〈看護を除く〉・薬・工学部・情報融合学環〈理系型〉) 医
163 熊本県立大学
164 大分大学(教育・経済・医〈看護〉・理工・福祉健康科学部)
165 大分大学(医学部〈医・先進医療科学科〉) 医
166 宮崎大学(教育・医〈看護〉・工・農・地域資源創成学部)
167 宮崎大学(医学部〈医学科〉) 医
168 鹿児島大学(文系)
169 鹿児島大学(理系) 医
170 琉球大学 医

2025年版　大学赤本シリーズ

国公立大学 その他

171 〔国公立大〕医学部医学科 総合型選抜・学校推薦型選抜※ 医 総推
172 看護・医療系大学〈国公立 東日本〉※
173 看護・医療系大学〈国公立 中日本〉※
174 看護・医療系大学〈国公立 西日本〉※
175 海上保安大学校／気象大学校
176 航空保安大学校
177 国立看護大学校
178 防衛大学校 総推
179 防衛医科大学校(医学科) 医
180 防衛医科大学校(看護学科)

※No.171〜174の収載大学は赤本ウェブサイト(http://akahon.net/)でご確認ください。

私立大学①

北海道の大学(50音順)

201 札幌大学
202 札幌学院大学
203 北星学園大学
204 北海学園大学
205 北海道医療大学
206 北海道科学大学
207 北海道武蔵女子大学・短期大学
208 酪農学園大学(獣医学群〈獣医学類〉)

東北の大学(50音順)

209 岩手医科大学(医・歯・薬学部) 医
210 仙台大学 総推
211 東北医科薬科大学(医・薬学部) 医
212 東北学院大学
213 東北工業大学
214 東北福祉大学
215 宮城学院女子大学 総推

関東の大学(50音順)

あ行(関東の大学)

216 青山学院大学(法・国際政治経済学部－個別学部日程)
217 青山学院大学(経済学部－個別学部日程)
218 青山学院大学(経営学部－個別学部日程)
219 青山学院大学(文・教育人間科学部－個別学部日程)
220 青山学院大学(総合文化政策・社会情報・地球社会共生・コミュニティ人間科学部－個別学部日程)
221 青山学院大学(理工学部－個別学部日程)
222 青山学院大学(全学部日程)
223 麻布大学(獣医、生命・環境科学部)
224 亜細亜大学
226 桜美林大学
227 大妻女子大学・短期大学部

か行(関東の大学)

228 学習院大学(法学部－コア試験)
229 学習院大学(経済学部－コア試験)
230 学習院大学(文学部－コア試験)
231 学習院大学(国際社会科学部－コア試験)
232 学習院大学(理学部－コア試験)
233 学習院女子大学
234 神奈川大学(給費生試験)
235 神奈川大学(一般入試)
236 神奈川工科大学
237 鎌倉女子大学・短期大学部
238 川村学園女子大学
239 神田外語大学
240 関東学院大学
241 北里大学(理学部)
242 北里大学(医学部) 医
243 北里大学(薬学部)
244 北里大学(看護・医療衛生学部)
245 北里大学(未来工・獣医・海洋生命科学部)
246 共立女子大学・短期大学
247 杏林大学(医学部) 医
248 杏林大学(保健学部)
249 群馬医療福祉大学・短期大学部
250 群馬パース大学 総推
251 慶應義塾大学(法学部)
252 慶應義塾大学(経済学部)
253 慶應義塾大学(商学部)
254 慶應義塾大学(文学部) 総推
255 慶應義塾大学(総合政策学部)
256 慶應義塾大学(環境情報学部)
257 慶應義塾大学(理工学部)
258 慶應義塾大学(医学部) 医
259 慶應義塾大学(薬学部)
260 慶應義塾大学(看護医療学部)
261 工学院大学
262 國學院大學
263 国際医療福祉大学 医
264 国際基督教大学
265 国士舘大学
266 駒澤大学(一般選抜T方式・S方式)
267 駒澤大学(全学部統一日程選抜)

さ行(関東の大学)

268 埼玉医科大学(医学部) 医
269 相模女子大学・短期大学部
270 産業能率大学
271 自治医科大学(医学部) 医
272 自治医科大学(看護学部)／東京慈恵会医科大学(医学部〈看護学科〉)
273 実践女子大学 総推
274 芝浦工業大学(前期日程)
275 芝浦工業大学(全学統一日程・後期日程)
276 十文字学園女子大学
277 淑徳大学
278 順天堂大学(医学部) 医
279 順天堂大学(スポーツ健康科・医療看護・保健看護・国際教養・保健医療・医療科・健康データサイエンス・薬学部) 総推
280 上智大学(神・文・総合人間科学部)
281 上智大学(法・経済学部)
282 上智大学(外国語・総合グローバル学部)
283 上智大学(理工学部)
284 上智大学(TEAPスコア利用方式)
285 湘南工科大学
286 昭和大学(医学部) 医
287 昭和大学(歯・薬・保健医療学部)
288 昭和女子大学
289 昭和薬科大学
290 女子栄養大学・短期大学部 総推
291 白百合女子大学
292 成蹊大学(法学部－A方式)
293 成蹊大学(経済・経営学部－A方式)
294 成蹊大学(文学部－A方式)
295 成蹊大学(理工学部－A方式)
296 成蹊大学(E方式・G方式・P方式)
297 成城大学(経済・社会イノベーション学部－A方式)
298 成城大学(文芸・法学部－A方式)
299 成城大学(S方式〈全学部統一選抜〉)
300 聖心女子大学
301 清泉女子大学
303 聖マリアンナ医科大学 医
304 聖路加国際大学(看護学部)
305 専修大学(スカラシップ・全国入試)
306 専修大学(前期入試〈学部個別入試〉)
307 専修大学(前期入試〈全学部入試・スカラシップ入試〉)

た行(関東の大学)

308 大正大学
309 大東文化大学
310 高崎健康福祉大学
311 拓殖大学
312 玉川大学
313 多摩美術大学
314 千葉工業大学
315 中央大学(法学部－学部別選抜)
316 中央大学(経済学部－学部別選抜)
317 中央大学(商学部－学部別選抜)
318 中央大学(文学部－学部別選抜)
319 中央大学(総合政策学部－学部別選抜)
320 中央大学(国際経営・国際情報学部－学部別選抜)
321 中央大学(理工学部－学部別選抜)
322 中央大学(5学部共通選抜)
323 中央学院大学
324 津田塾大学
325 帝京大学(薬・経済・法・文・外国語・教育・理工・医療技術・福岡医療技術学部)
326 帝京大学(医学部) 医
327 帝京科学大学 総推
328 帝京平成大学 総推
329 東海大学(医〈医〉学部を除く－一般選抜)
330 東海大学(文系・理系学部統一選抜)
331 東海大学(医学部〈医学科〉) 医
332 東京医科大学(医学部〈医学科〉) 医
333 東京家政大学・短期大学部 総推
334 東京経済大学
335 東京工科大学
336 東京工芸大学
337 東京国際大学
338 東京歯科大学
339 東京慈恵会医科大学(医学部〈医学科〉) 医
340 東京情報大学
341 東京女子大学
342 東京女子医科大学(医学部) 医
343 東京電機大学
344 東京都市大学
345 東京農業大学
346 東京薬科大学(薬学部) 総推
347 東京薬科大学(生命科学部) 総推
348 東京理科大学(理学部〈第一部〉－B方式)
349 東京理科大学(創域理工学部－B方式・S方式)
350 東京理科大学(工学部－B方式)
351 東京理科大学(先進工学部－B方式)
352 東京理科大学(薬学部－B方式)
353 東京理科大学(経営学部－B方式)
354 東京理科大学(C方式、グローバル方式、理学部〈第二部〉－B方式)
355 東邦大学(医学部) 医
356 東邦大学(薬学部)

2025年版　大学赤本シリーズ

私立大学②

357 東邦大学（理・看護・健康科学部）
358 東洋大学（文・経済・経営・法・社会・国際・国際観光学部）
359 東洋大学（情報連携・福祉社会デザイン・健康スポーツ科・理工・総合情報・生命科・食環境科学部）
360 東洋大学（英語〈3日程×3カ年〉）
361 東洋大学（国語〈3日程×3カ年〉）
362 東洋大学（日本史・世界史〈2日程×3カ年〉）
363 東洋英和女学院大学
364 常磐大学・短期大学 総推
365 獨協大学
366 獨協医科大学（医学部） 医

な行（関東の大学）

367 二松学舎大学
368 日本大学（法学部）
369 日本大学（経済学部）
370 日本大学（商学部）
371 日本大学（文理学部〈文系〉）
372 日本大学（文理学部〈理系〉）
373 日本大学（芸術学部〈専門試験併用型〉）
374 日本大学（国際関係学部）
375 日本大学（危機管理・スポーツ科学部）
376 日本大学（理工学部）
377 日本大学（生産工・工学部）
378 日本大学（生物資源科学部）
379 日本大学（医学部） 医
380 日本大学（歯・松戸歯学部）
381 日本大学（薬学部）
382 日本大学（N全学統一方式－医・芸術〈専門試験併用型〉学部を除く）
383 日本医科大学 医
384 日本工業大学
385 日本歯科大学
386 日本社会事業大学 総推
387 日本獣医生命科学大学
388 日本女子大学
389 日本体育大学

は行（関東の大学）

390 白鷗大学（学業特待選抜・一般選抜）
391 フェリス女学院大学
392 文教大学
393 法政大学（法〈Ⅰ日程〉・文〈Ⅱ日程〉・経営〈Ⅱ日程〉学部－A方式）
394 法政大学（法〈Ⅱ日程〉・国際文化・キャリアデザイン学部－A方式）
395 法政大学（文〈Ⅰ日程〉・経営〈Ⅰ日程〉・人間環境・グローバル教養学部－A方式）
396 法政大学（経済〈Ⅰ日程〉・社会〈Ⅰ日程〉・現代福祉学部－A方式）
397 法政大学（経済〈Ⅱ日程〉・社会〈Ⅱ日程〉・スポーツ健康学部－A方式）
398 法政大学（情報科・デザイン工・理工・生命科学部－A方式）
399 法政大学（T日程〈統一日程〉・英語外部試験利用入試）
400 星薬科大学 総推

ま行（関東の大学）

401 武蔵大学
402 武蔵野大学
403 武蔵野美術大学
404 明海大学
405 明治大学（法学部－学部別入試）
406 明治大学（政治経済学部－学部別入試）
407 明治大学（商学部－学部別入試）
408 明治大学（経営学部－学部別入試）
409 明治大学（文学部－学部別入試）
410 明治大学（国際日本学部－学部別入試）
411 明治大学（情報コミュニケーション学部－学部別入試）
412 明治大学（理工学部－学部別入試）
413 明治大学（総合数理学部－学部別入試）
414 明治大学（農学部－学部別入試）
415 明治大学（全学部統一入試）
416 明治学院大学（A日程）
417 明治学院大学（全学部日程）
418 明治薬科大学 総推
419 明星大学
420 目白大学・短期大学部

ら・わ行（関東の大学）

421 立教大学（文系学部－一般入試〈大学独自の英語を課さない日程〉）
422 立教大学（国語〈3日程×3カ年〉）
423 立教大学（日本史・世界史〈2日程×3カ年〉）
424 立教大学（文学部－一般入試〈大学独自の英語を課す日程〉）
425 立教大学（理学部－一般入試）
426 立正大学
427 早稲田大学（法学部）
428 早稲田大学（政治経済学部）
429 早稲田大学（商学部）
430 早稲田大学（社会科学部）
431 早稲田大学（文学部）
432 早稲田大学（文化構想学部）
433 早稲田大学（教育学部〈文科系〉）
434 早稲田大学（教育学部〈理科系〉）
435 早稲田大学（人間科・スポーツ科学部）
436 早稲田大学（国際教養学部）
437 早稲田大学（基幹理工・創造理工・先進理工学部）
438 和洋女子大学 総推

中部の大学（50音順）

439 愛知大学
440 愛知医科大学（医学部） 医
441 愛知学院大学・短期大学部
442 愛知工業大学 総推
443 愛知淑徳大学
444 朝日大学 総推
445 金沢医科大学（医学部） 医
446 金沢工業大学
447 岐阜聖徳学園大学 総推
448 金城学院大学
449 至学館大学 総推
450 静岡理工科大学
451 椙山女学園大学
452 大同大学
453 中京大学
454 中部大学
455 名古屋外国語大学 総推
456 名古屋学院大学 総推
457 名古屋学芸大学 総推
458 名古屋女子大学 総推
459 南山大学（外国語〈英米〉・法・総合政策・国際教養学部）
460 南山大学（人文・外国語〈英米を除く〉・経済・経営・理工学部）
461 新潟国際情報大学
462 日本福祉大学
463 福井工業大学
464 藤田医科大学（医学部） 医
465 藤田医科大学（医療科・保健衛生学部）
466 名城大学（法・経営・経済・外国語・人間・都市情報学部）
467 名城大学（情報工・理工・農・薬学部）
468 山梨学院大学

近畿の大学（50音順）

469 追手門学院大学 総推
470 大阪医科薬科大学（医学部） 医
471 大阪医科薬科大学（薬学部） 総推
472 大阪学院大学 総推
473 大阪経済大学 総推
474 大阪経済法科大学 総推
475 大阪工業大学 総推
476 大阪国際大学・短期大学部 総推
477 大阪産業大学 総推
478 大阪歯科大学（歯学部）
479 大阪商業大学 総推
480 大阪成蹊大学・短期大学 総推
481 大谷大学 総推
482 大手前大学・短期大学 総推
483 関西大学（文系）
484 関西大学（理系）
485 関西大学（英語〈3日程×3カ年〉）
486 関西大学（国語〈3日程×3カ年〉）
487 関西大学（日本史・世界史・文系数学〈3日程×3カ年〉）
488 関西医科大学（医学部） 医
489 関西医療大学 総推
490 関西外国語大学・短期大学部 総推
491 関西学院大学（文・法・商・人間福祉・総合政策学部－学部個別日程）
492 関西学院大学（神・社会・経済・国際・教育学部－学部個別日程）
493 関西学院大学（全学部日程〈文系型〉）
494 関西学院大学（全学部日程〈理系型〉）
495 関西学院大学（共通テスト併用日程〈数学〉・英数日程）
496 関西学院大学（英語〈3日程×3カ年〉） 新
497 関西学院大学（国語〈3日程×3カ年〉） 新
498 関西学院大学（日本史・世界史・文系数学〈3日程×3カ年〉） 新
499 畿央大学 総推
500 京都外国語大学・短期大学 総推
502 京都産業大学（公募推薦入試） 総推
503 京都産業大学（一般選抜入試〈前期日程〉）
504 京都女子大学 総推
505 京都先端科学大学 総推
506 京都橘大学 総推
507 京都ノートルダム女子大学 総推
508 京都薬科大学 総推
509 近畿大学・短期大学部（医学部を除く－推薦入試） 総推
510 近畿大学・短期大学部（医学部を除く－一般入試前期）
511 近畿大学（英語〈医学部を除く3日程×3カ年〉）
512 近畿大学（理系数学〈医学部を除く3日程×3カ年〉）
513 近畿大学（国語〈医学部を除く3日程×3カ年〉）
514 近畿大学（医学部－推薦入試・一般入試前期） 医 総推
515 近畿大学・短期大学部（一般入試後期） 医
516 皇學館大学 総推
517 甲南大学 総推
518 甲南女子大学（学校推薦型選抜） 新 総推
519 神戸学院大学 総推
520 神戸国際大学 総推
521 神戸女学院大学 総推
522 神戸女子大学・短期大学 総推
523 神戸薬科大学 総推
524 四天王寺大学・短期大学部 総推
525 摂南大学（公募制推薦入試） 総推
526 摂南大学（一般選抜前期日程）
527 帝塚山学院大学 総推
528 同志社大学（法、グローバル・コミュニケーション学部－学部個別日程）

2025年版　大学赤本シリーズ

私立大学③

529 同志社大学(文・経済学部－学部個別日程)
530 同志社大学(神・商・心理・グローバル地域文化学部－学部個別日程)
531 同志社大学(社会学部－学部個別日程)
532 同志社大学(政策・文化情報〈文系型〉・スポーツ健康科〈文系型〉学部－学部個別日程)
533 同志社大学(理工・生命医科・文化情報〈理系型〉・スポーツ健康科〈理系型〉学部－学部個別日程)
534 同志社大学(全学部日程)
535 同志社女子大学 総推
536 奈良大学 総推
537 奈良学園大学 総推
538 阪南大学 総推
539 姫路獨協大学 総推
540 兵庫医科大学(医学部) 医
541 兵庫医科大学(薬・看護・リハビリテーション学部) 総推
542 佛教大学 総推
543 武庫川女子大学 総推
544 桃山学院大学 総推
545 大和大学・大和大学白鳳短期大学部 総推
546 立命館大学(文系－全学統一方式・学部個別配点方式)／立命館アジア太平洋大学(前期方式・英語重視方式)
547 立命館大学(理系－全学統一方式・学部個別配点方式・理系型3教科方式・薬学方式)
548 立命館大学(英語〈全学統一方式3日程×3カ年〉)
549 立命館大学(国語〈全学統一方式3日程×3カ年〉)
550 立命館大学(文系選択科目〈全学統一方式2日程×3カ年〉)
551 立命館大学(IR方式〈英語資格試験利用型〉・共通テスト併用方式)／立命館アジア太平洋大学(共通テスト併用方式)
552 立命館大学(後期分割方式・「経営学部で学ぶ感性＋共通テスト」方式)／立命館アジア太平洋大学(後期方式)
553 龍谷大学(公募推薦入試) 総推
554 龍谷大学(一般選抜入試)

中国の大学(50音順)

555 岡山商科大学 総推
556 岡山理科大学 総推
557 川崎医科大学 医
558 吉備国際大学 総推
559 就実大学 総推
560 広島経済大学
561 広島国際大学 総推
562 広島修道大学
563 広島文教大学 総推
564 福山大学／福山平成大学
565 安田女子大学 総推

四国の大学(50音順)

567 松山大学

九州の大学(50音順)

568 九州医療科学大学
569 九州産業大学
570 熊本学園大学
571 久留米大学(文・人間健康・法・経済・商学部)
572 久留米大学(医学部〈医学科〉) 医
573 産業医科大学(医学部) 医
574 西南学院大学(商・経済・法・人間科学部－A日程)
575 西南学院大学(神・外国語・国際文化学部－A日程／全学部－F日程)
576 福岡大学(医学部医学科を除く－学校推薦型選抜・一般選抜系統別日程) 総推
577 福岡大学(医学部医学科を除く－一般選抜前期日程)
578 福岡大学(医学部〈医学科〉－学校推薦型選抜・一般選抜系統別日程) 医 総推
579 福岡工業大学
580 令和健康科学大学 総推

医 医学部医学科を含む
総推 総合型選抜または学校推薦型選抜を含む
DL リスニング音声配信　新 2024年 新刊・復刊

掲載している入試の種類や試験科目，収載年数などはそれぞれ異なります。詳細については，それぞれの本の目次や赤本ウェブサイトでご確認ください。

難関校過去問シリーズ

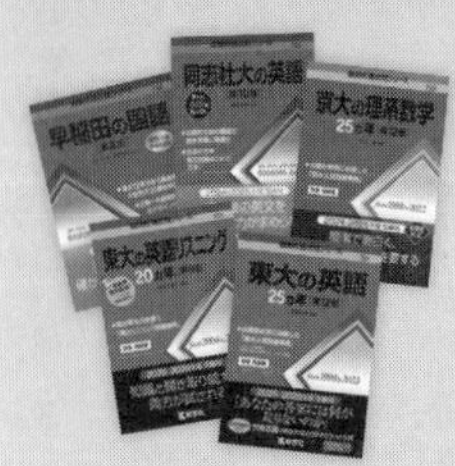

出題形式別・分野別に収録した
「入試問題事典」
20大学 73点

定価**2,310～2,640**円(本体2,100～2,400円)

先輩合格者はこう使った!
「難関校過去問シリーズの使い方」

61年，全部載せ!
要約演習で，総合力を鍛える

東大の英語 要約問題 UNLIMITED

国公立大学

東大の英語25カ年[第12版] 改
東大の英語リスニング20カ年[第9版] DL 改
東大の英語 要約問題 UNLIMITED
東大の文系数学25カ年[第12版] 改
東大の理系数学25カ年[第12版] 改
東大の現代文25カ年[第12版] 改
東大の古典25カ年[第12版] 改
東大の日本史25カ年[第9版] 改
東大の世界史25カ年[第9版] 改
東大の地理25カ年[第9版] 改
東大の物理25カ年[第9版] 改
東大の化学25カ年[第9版] 改
東大の生物25カ年[第9版] 改
東工大の英語20カ年[第8版] 改
東工大の数学20カ年[第9版] 改
東工大の物理20カ年[第5版] 改
東工大の化学20カ年[第5版] 改
一橋大の英語20カ年[第9版] 改
一橋大の数学20カ年[第9版] 改
一橋大の国語20カ年[第6版] 改
一橋大の日本史20カ年[第6版] 改
一橋大の世界史20カ年[第6版] 改
筑波大の英語15カ年 新
筑波大の数学15カ年 新
京大の英語25カ年[第12版]
京大の文系数学25カ年[第12版]
京大の理系数学25カ年[第12版]
京大の現代文25カ年[第2版]
京大の古典25カ年[第2版]
京大の日本史20カ年[第3版]
京大の世界史20カ年[第3版]
京大の物理25カ年[第9版]
京大の化学25カ年[第9版]
北大の英語15カ年[第8版]
北大の理系数学15カ年[第8版]
北大の物理15カ年[第2版]
北大の化学15カ年[第2版]
東北大の英語15カ年[第8版]
東北大の理系数学15カ年[第8版]
東北大の物理15カ年[第2版]
東北大の化学15カ年[第2版]
名古屋大の英語15カ年[第8版]
名古屋大の理系数学15カ年[第8版]
名古屋大の物理15カ年[第2版]
名古屋大の化学15カ年[第2版]
阪大の英語20カ年[第9版]
阪大の文系数学20カ年[第3版]
阪大の理系数学20カ年[第9版]
阪大の国語15カ年[第3版]
阪大の物理20カ年[第8版]
阪大の化学20カ年[第6版]
九大の英語15カ年[第8版]
九大の理系数学15カ年[第7版]
九大の物理15カ年[第2版]
九大の化学15カ年[第2版]
神戸大の英語15カ年[第9版]
神戸大の数学15カ年[第5版]
神戸大の国語15カ年[第3版]

私立大学

早稲田の英語[第11版] 改
早稲田の国語[第9版] 改
早稲田の日本史[第9版] 改
早稲田の世界史[第2版] 改
慶應の英語[第11版] 改
慶應の小論文[第3版] 改
明治大の英語[第9版] 改
明治大の国語[第2版] 改
明治大の日本史[第2版] 改
中央大の英語[第9版] 改
法政大の英語[第9版] 改
同志社大の英語[第10版]
立命館大の英語[第10版]
関西大の英語[第10版]
関西学院大の英語[第10版]

DL リスニング音声配信
新 2024年 新刊
改 2024年 改訂

共通テスト対策関連書籍

共通テスト対策 も 赤本で

① 過去問演習

2025年版

共通テスト 赤本シリーズ

全12点

A5判／定価1,320円
(本体1,200円)

- 英国数には新課程対応オリジナル実戦模試 掲載！
- 公表された新課程試作問題はすべて掲載！
- くわしい対策講座で得点力UP
- 英語はリスニングを10回分掲載！赤本の音声サイトで本番さながらの対策！

- 英語 リーディング／リスニング DL
- 数学I, A／II, B, C
- 国語
- 歴史総合, 日本史探究
- 歴史総合, 世界史探究
- 地理総合, 地理探究
- 公共, 倫理
- 公共, 政治・経済
- 物理
- 化学
- 生物
- 物理基礎／化学基礎／生物基礎／地学基礎

DL 音声無料配信

② 自己分析

赤本ノートシリーズ 過去問演習の効果を最大化

▶共通テスト対策には

赤本ノート（共通テスト用）

赤本ルーズリーフ（共通テスト用）

共通テスト赤本シリーズ

新課程攻略問題集

全26点に対応!!

▶二次・私大対策には

大学赤本シリーズ

全556点に対応!!

赤本ノート（二次・私大用）

③ 重点対策

共通テスト 赤本プラス

新課程攻略問題集

基礎固め&苦手克服のための分野別対策問題集!!
厳選された問題でかしこく対策

- 英語リーディング
- 英語リスニング DL
- 数学I, A
- 数学II, B, C
- 国語（現代文）
- 国語（古文, 漢文）
- 歴史総合, 日本史探究
- 歴史総合, 世界史探究
- 地理総合, 地理探究
- 公共, 政治・経済
- 物理
- 化学
- 生物
- 情報I

DL 音声無料配信

全14点 好評発売中！

A5判／定価1,320円（本体1,200円）

手軽なサイズの実戦的参考書

目からウロコのコツが満載！

直前期にも！

満点のコツ シリーズ

赤本 ポケット

いつも受験生のそばに―赤本

大学入試シリーズ＋α
入試対策も共通テスト対策も赤本で

入試対策

赤本プラス

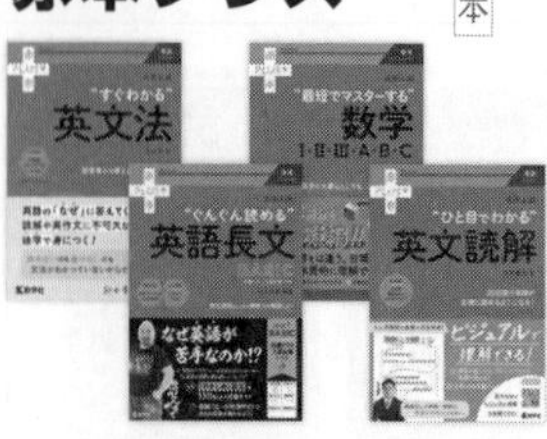

赤本プラスとは，過去問演習の効果を最大にするためのシリーズです。「赤本」であぶり出された弱点を，赤本プラスで克服しましょう。

- 大学入試 すぐわかる英文法 DL
- 大学入試 ひと目でわかる英文読解
- 大学入試 絶対できる英語リスニング DL
- 大学入試 すぐ書ける自由英作文
- 大学入試 ぐんぐん読める 英語長文〔BASIC〕 DL
- 大学入試 ぐんぐん読める 英語長文〔STANDARD〕 DL
- 大学入試 ぐんぐん読める 英語長文〔ADVANCED〕 DL
- 大学入試 正しく書ける英作文
- 大学入試 最短でマスターする 数学Ⅰ・Ⅱ・Ⅲ・A・B・C
- 大学入試 突破力を鍛える最難関の数学
- 大学入試 知らなきゃ解けない 古文常識・和歌
- 大学入試 ちゃんと身につく物理
- 大学入試 もっと身につく 物理問題集（①力学・波動）
- 大学入試 もっと身につく 物理問題集（②熱力学・電磁気・原子）

入試対策

英検®赤本シリーズ

英検®（実用英語技能検定）の対策書。
過去問集と参考書で万全の対策ができます。

▶過去問集（2024年度版）

- 英検®準1級過去問集 DL
- 英検®2級過去問集 DL
- 英検®準2級過去問集 DL
- 英検®3級過去問集 DL

▶参考書

- 竹岡の英検®準1級マスター DL
- 竹岡の英検®2級マスター CD DL
- 竹岡の英検®準2級マスター CD DL
- 竹岡の英検®3級マスター CD DL

CD リスニングCDつき　DL 音声無料配信
新 2024年新刊・改訂

入試対策

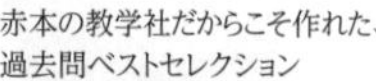

赤本の教学社だからこそ作れた、
過去問ベストセレクション

- 東大数学プレミアム
- 東大現代文プレミアム
- 京大数学プレミアム〔改訂版〕
- 京大古典プレミアム

入試対策

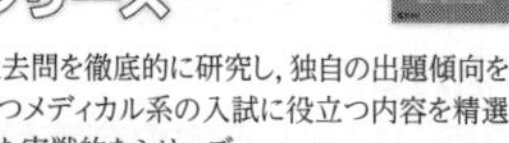

過去問を徹底的に研究し，独自の出題傾向をもつメディカル系の入試に役立つ内容を精選した実戦的なシリーズ。

- 〔国公立大〕医学部の英語〔3訂版〕
- 私立医大の英語〔長文読解編〕〔3訂版〕
- 私立医大の英語〔文法・語法編〕〔改訂版〕
- 医学部の実戦小論文〔3訂版〕
- 医歯薬系の英単語〔4訂版〕
- 医系小論文 最頻出論点20〔4訂版〕
- 医学部の面接〔4訂版〕

入試対策

体系シリーズ

国公立大二次・難関私大突破へ，自学自習に適したハイレベル問題集。

- 体系英語長文
- 体系英作文
- 体系現代文
- 体系世界史
- 体系物理〔第7版〕

入試対策

単行本

▶英語

- Q&A即決英語勉強法
- TEAP攻略問題集 CD
- 東大の英単語〔新装版〕
- 早慶上智の英単語〔改訂版〕

▶国語・小論文

- 著者に注目! 現代文問題集
- ブレない小論文の書き方 樋口式ワークノート

▶レシピ集

- 奥薗壽子の赤本合格レシピ

入試対策　共通テスト対策

赤本手帳

- 赤本手帳（2025年度受験用）プラムレッド
- 赤本手帳（2025年度受験用）インディゴブルー
- 赤本手帳（2025年度受験用）ナチュラルホワイト

入試対策

風呂で覚えるシリーズ

水をはじく特殊な紙を使用。いつでもどこでも読めるから，ちょっとした時間を有効に使える！

- 風呂で覚える英単語〔4訂新装版〕
- 風呂で覚える英熟語〔改訂新装版〕
- 風呂で覚える古文単語〔改訂新装版〕
- 風呂で覚える古文文法〔改訂新装版〕
- 風呂で覚える漢文〔改訂新装版〕
- 風呂で覚える日本史〔年代〕〔改訂新装版〕
- 風呂で覚える世界史〔年代〕〔改訂新装版〕
- 風呂で覚える倫理〔改訂版〕
- 風呂で覚える百人一首〔改訂版〕

共通テスト対策

満点のコツシリーズ

共通テストで満点を狙うための実戦的参考書。
重要度の増したリスニング対策は
「カリスマ講師」竹岡広信が一回読みにも
対応できるコツを伝授！

- 共通テスト英語〔リスニング〕 満点のコツ〔改訂版〕 新 DL
- 共通テスト古文 満点のコツ〔改訂版〕 新
- 共通テスト漢文 満点のコツ〔改訂版〕 新

入試対策　共通テスト対策

赤本ポケットシリーズ

▶共通テスト対策

- 共通テスト日本史〔文化史〕

▶系統別進路ガイド

- デザイン系学科をめざすあなたへ

2025 年版　大学赤本シリーズ　No. 315

中央大学（法学部－学部別選抜）

編　集　教学社編集部
発行者　上原 寿明
発行所　教学社
〒606-0031
京都市左京区岩倉南桑原町56
電話　075-721-6500
振替　01020-1-15695
印　刷　太洋社

2024 年 7 月 10 日　第 1 刷発行
ISBN978-4-325-26374-6
定価は裏表紙に表示しています